Bernd Biermann, Doris Kaiser



# Gesund leben

Biologie
Gesundheitslehre
Hygiene

für Berufs- und Berufsfachschulen

6. Auflage

Bestellnummer 01340

Bildungsverlag EINS
westermann

**Vorwort zur 6. Auflage**

Das in der Praxis bewährte Unterrichtswerk „Gesund leben“ liegt nun dank reger Nachfrage in der 6. Auflage vor.

Beibehalten haben wir die **anerkannte Konzeption:** Auf einer Seite oder Doppelseite wird ein Unterrichtsthema zusammenhängend, **übersichtlich** und **anschaulich** behandelt. Besonderen Wert haben wir darauf gelegt, die fachlichen Inhalte interessant und für die Lernenden verständlich darzustellen. Dazu verknüpfen wir diese, wo möglich, mit **Anwendungsbeispielen aus der beruflichen Praxis** und geben wichtige Hinweise für die eigene **gesunde Lebensführung**.

**Neu** sind die Erweiterungen der Lernsituationen am Anfang eines jeden Hauptkapitels. Damit soll der Einstieg in ein komplexes Thema für die Lernenden und Lehrenden erleichtert werden. Auch hier stehen die Anwendungen aus der beruflichen Praxis und/oder die gesunde Lebensführung im Vordergrund.

**Aufgaben zur Festigung** des Gelernten befinden sich in der Regel direkt im Anschluss an den jeweiligen Text. Besondere **Übungsseiten** am Ende der einzelnen Kapitel enthalten Vertiefungsaufgaben. Ein umfangreicher **Lösungsband**, der auch die ausgefüllten Arbeitsblätter des **Arbeitsheftes** (Bestell-Nr. 01341) enthält, gehört zum Lehrwerk (Bestell-Nr. 01342 als Download und 01343 als Print).

In der 6. Auflage haben wir vor allem Aktualisierungen vorgenommen und dabei auch wieder Anregungen von Kolleginnen und Kollegen aus der Praxis aufgegriffen. Dafür sind wir immer dankbar und aufgeschlossen (E-Mail-Adresse s. unten). Wir wünschen allen Lehrenden und Lernenden viel Erfolg in der Unterrichtspraxis.

Doris Kaiser, Bernd Biermann
November 2018

Die in diesem Werk aufgeführten Internetadressen sind auf dem Stand zum Zeitpunkt der Drucklegung. Die ständige Aktualität der Adressen kann vonseiten des Verlages nicht gewährleistet werden. Darüber hinaus übernimmt der Verlag keine Verantwortung für die Inhalte dieser Seiten.

**service@bv-1.de**
**www.bildungsverlag1.de**

Bildungsverlag EINS GmbH
Ettore-Bugatti-Straße 6-14, 51149 Köln

ISBN 978-3-427-**01340**-2

westermann GRUPPE

# Inhaltsverzeichnis

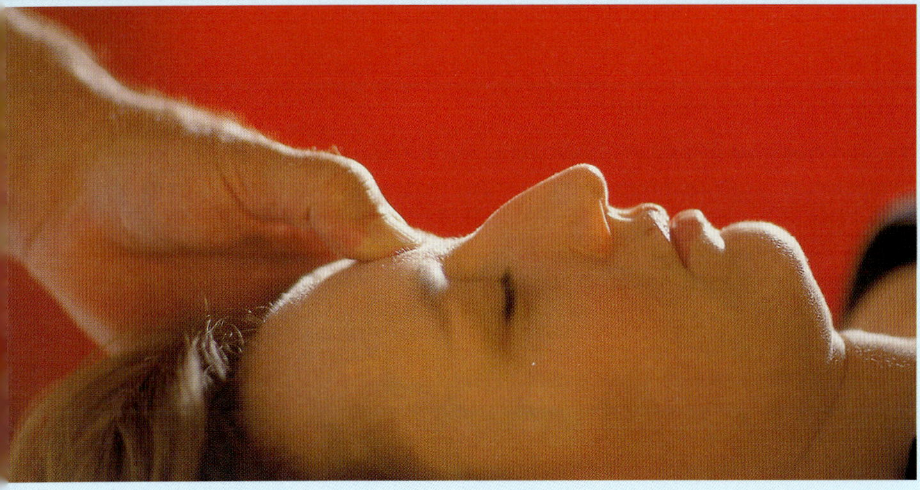

# 1 Gesundheit – Krankheit

*Was bedeutet uns Gesundheit?*

*Unseren Freunden und Verwandten wünschen wir zum Jahreswechsel: „Ein gesundes neues Jahr!" Und wenn wir jemanden treffen, den wir lange nicht gesehen haben, erkundigen wir uns nach seinem Befinden, indem wir fragen: „Wie geht es dir?" Wir sind beruhigt, wenn er sagt: „Danke, gut!" Denn die eigene Gesundheit und die der uns nahe stehenden Menschen ist uns wichtig.*

1. *Stellen Sie Redewendungen des Alltags zusammen, die das Thema Gesundheit, Krankheit oder Wohlbefinden betreffen. Nennen Sie die Anlässe und den Sinn der jeweiligen Redewendung.*
2. *Sammeln Sie Zeitschriftenartikel, die sich mit gesunder Lebensführung beschäftigen, zum Beispiel gesunde Ernährung, sportliche Aktivitäten. Halten Sie ein Referat darüber.*
3. *Sammeln Sie Zeitungsartikel über gesundheitspolitische Themen, zum Beispiel zu den Krankenkassenbeiträgen und -leistungen, Zuzahlung zu Medikamenten und Behandlungskosten. Erklären Sie die unterschiedlichen Positionen der Interessengruppen.*
4. *Stellen Sie ein eigenes Gesundheitsprogramm, zum Beispiel „Fit in den Frühling", zusammen. Berichten Sie darüber.*

*Tag der Seltenen Erkrankungen – den Seltenen eine Stimme geben*

*Seit dem Jahr 2008 jährt sich jedes Jahr am letzten Tag des Februars der „Tag der Seltenen Erkrankungen". Gegründet wurde diese Kampagne von der EURORDIS und wird in Deutschland von der ACHSE e. V. (Allianz Chronischer Seltener Erkrankungen) vorrangig initiiert. In Deutschland leiden rund 4 Mio. Menschen an einer seltenen Krankheit, wovon weltweit geschätzte 6000 verschiedene existieren. Vielfach sieht man es den Betroffenen nicht an, dass sie eine solche schlimme Krankheit haben, weshalb sie genauso in den Kindergarten, in die Schule oder zur Arbeit gehen wie andere Menschen auch. Dennoch kann mit solchen chronischen Erkrankungen eine dauerhafte Beeinträchtigung der Lebensqualität einhergehen. Diese kann sich sogar so weit verschlechtern, sodass man regelrecht „behindert" wird, welches ein Schwerbehindertenausweis dokumentiert.*

1. *Recherchieren Sie im Internet über die Definition des Begriffes „Behinderung" lt. Schwerbehindertengesetz unter www.behinderung.org/gesetze/SchwbG und www.rechtswoerterbuch.de/recht/s/schwerbehinderung sowie im Sozialgesetzbuch (SGB IX), Rehabilitation und Teilhabe behinderter Menschen.*
2. *Welche Rechtsansprüche haben Schwerbehinderte bzgl. Pflegeunterstützung? Informieren Sie sich im Internet und berichten Sie.*

## 1.1 Krankheiten erkennen und behandeln

*Volleyballspiel: Astrid steht direkt am Netz. Sie springt steil hoch und schlägt den Ball mit Wucht zum 6 : 5 in die gegnerische Hälfte. Beim nächsten Schritt verspürt sie einen stechenden Schmerz in der rechten Wade, so als ob sie dort ein Stein getroffen hätte. Sie kann den rechten Fuß nicht mehr belasten. Zwei Mitspielerinnen stützen sie und bringen sie vom Spielfeld. Der Arzt stellt später fest, dass Astrid sich einen Muskelfaserriss zugezogen hat.*

Wie geht der Arzt vor, um eine Krankheit zu erkennen und zu behandeln? Zunächst fragt er nach der *Vorgeschichte* der Krankheit und nach den **Symptomen**. Das sind die vom Patienten empfundenen charakteristischen Schmerzen und Beschwerden einer Erkrankung. Wer schon einmal an einer *Mandelentzündung* erkrankt ist, weiß, dass sie sich mit Halsschmerzen und Schluckbeschwerden ankündigt.

Mithilfe weiterer *ärztlicher Untersuchungen*, z. B. durch Abtasten bestimmter Körperteile, durch Abhorchen mit dem Stethoskop oder durch Anfertigen einer Röntgenaufnahme, kann sich der Arzt ein genaues Bild von einer Erkrankung machen. Diesen wichtigen Schritt, bei dem die Krankheit exakt bestimmt wird, bezeichnet der Arzt als **Diagnose**.

Erst wenn der Arzt weiß, um welche Krankheit es sich handelt, leitet er die notwendigen Heilmaßnahmen ein. Er nennt diese Phase der Behandlung **Therapie**. Für jede Krankheit gibt es eigene Therapien. So wird der Muskelfaserriss in der Regel durch Schonung und Ruhigstellen (ggf. Eingipsen) des betroffenen Beins behandelt. Die Heilung erfolgt dann meist von selbst. Bei einer Mandelentzündung müssen oft Medikamente verordnet werden, weil die Krankheitserreger sich sonst ausbreiten und auch andere Organe, z. B. Niere und Herz, befallen können. Es handelt sich um Antibiotika, die das Wachstum der Bakterien hemmen.

Manche Krankheiten verlaufen zunächst ohne Schmerzen oder erkennbare äußere Anzeichen ab. Dazu gehören viele *Krebserkrankungen*. Deshalb wird von einem bestimmten Alter an zu regelmäßigen **Vorsorgeuntersuchungen** geraten. Der Arzt kann mit bestimmten Diagnosemethoden Krebserkrankungen frühzeitig erkennen und so die Heilungschancen verbessern.

Ohne Schmerzen laufen auch *psychische Krankheiten* ab. Im Gegensatz zu den körperlichen Krankheiten handelt es sich hierbei um Störungen des geistig-seelischen Gleichgewichts. Unsere Gesundheit hängt auch von seelischen Zuständen wie Angst und Unzufriedenheit ab. Viele Menschen mit psychischen Problemen flüchten in Alkoholmissbrauch und *Drogenabhängigkeit*. Die Therapie psychischer Krankheiten erweist sich oft als langwierig.

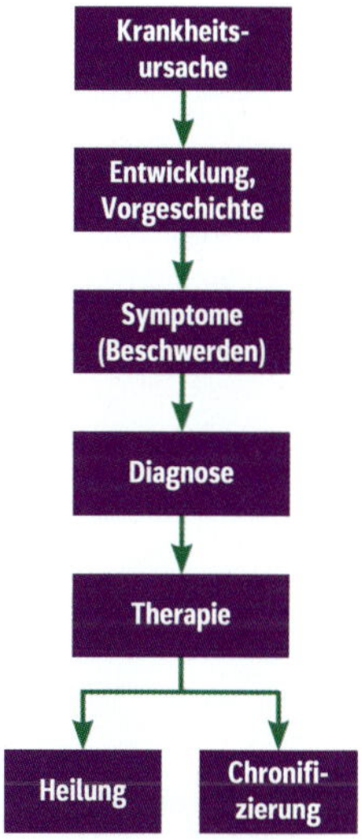


**1.** Welche Sportverletzungen haben Sie schon gehabt? Nennen Sie jeweils die Vorgeschichte, Symptome, Diagnose und Therapie.

**2.** Welche Infektionskrankheiten (Kinderkrankheiten) haben Sie schon durchgemacht? Nennen Sie jeweils die Vorgeschichte, Symptome, Diagnose und Therapie.

## 1.2 Gesundheit – ein subjektiver Begriff?

*Katrin wacht mit Kopfschmerzen auf. Sie geht erst einmal auf den Balkon und atmet die frische Morgenluft tief ein. Nach dem Frühstück fühlt sie sich schon etwas besser und geht zur Arbeit.*

*Auch Michael hat morgens Kopfschmerzen. Er mag gar nicht aufstehen, nimmt sofort eine Tablette, meldet sich beim Arbeitgeber krank und verbringt den ganzen Tag bei zugezogenem Vorhang im Bett.*

Menschen reagieren sehr unterschiedlich auf gesundheitliche Beeinträchtigungen. Einige leiden schon unter kleinen Beschwerden und fühlen sich krank, andere ignorieren Unpässlichkeiten und Alltagsbeschwerden einfach und lassen sich davon in ihrem gewohnten Tagesablauf nicht stören.

Insofern erscheint es schwierig, eine allgemeingültige **Definition von Gesundheit** zu formulieren. Die Weltgesundheitsorganisation (WHO) versteht unter Gesundheit „den Zustand vollkommenen physischen (körperlichen), psychischen (seelischen) und sozialen (gesellschaftlichen) Wohlbefindens (...)." Das ist sicher ein schwer erreichbarer Idealzustand.

Jeder Mensch erkrankt irgendwann im Laufe seines Lebens. Meist verlaufen Krankheiten akut: Sie treten plötzlich mit mehr oder weniger schwerwiegenden Symptomen auf und klingen mit oder ohne ärztliche Behandlung wieder vollständig ab. **Akute Krankheiten** sind zum Beispiel Muskelfaserriss, Mandelentzündung oder Grippe.

Bestimmte Krankheiten können chronisch werden: Die Symptome beginnen oft langsam und schleichend und klingen trotz Behandlung nicht wieder vollständig ab. **Chronische Krankheiten** ziehen sich über lange Zeit, oft lebenslang hin. Beispiele dafür sind Rheuma, Bluthochdruck oder Zuckerkrankheit.

Manche Krankheiten verlaufen in Schüben: Bei diesen **rezidivierenden Krankheiten** wechseln sich Phasen der Besserung und Verschlimmerung ab. Nach „scheinbarem" Abklingen der Krankheit tritt diese plötzlich wieder auf. Beispiele sind Neurodermitis, Krebserkrankungen oder Depressionen.

1. Nennen Sie Vorteile und Gefahren unterschiedlicher Reaktionen von Menschen auf Krankheitssymptome.
2. Erklären Sie den Begriff „eingebildeter Kranker" (Hypochonder).
3. Gibt es in Ihrer Hausapotheke schmerzlindernde Mittel (z. B. Tabletten, Salben, Zäpfchen, Tees, Kühl- oder Wärmekissen)? Welche konkreten Schmerzen können damit gelindert werden? Berichten Sie.

### Schmerz – Schmerztherapie

*Der Schmerz hat eine **Warn- und Schutzfunktion.** Er warnt vor Krankheiten und schädigenden Einflüssen auf den Körper und ermöglicht es uns, Schutz- und Abwehrmaßnahmen zu ergreifen. So ziehen wir blitzschnell unsere Hand zurück, wenn wir versehentlich auf eine heiße Herdplatte fassen, und bewahren uns vor größeren Schäden. Schmerzen werden je nach Art und Stärke als unangenehm bis unerträglich empfunden, wobei die Beurteilung stark von subjektiven Faktoren abhängig ist. Schmerzstillende **Medikamente** gehören zu den am meisten verschriebenen Arzneimitteln in Deutschland. In schweren Fällen werden Morphium oder Opiate verabreicht.*

*Manche Patienten mit chronischen Schmerzen konnten erfolgreich durch **Akupunktur** behandelt werden.*

*(Schmerzrezeptoren, s. S. 103)*

# 1.3 Wir werden immer älter

*Frau Klein hat kürzlich ihren 103. Geburtstag im Kreise ihrer Freunde im Altersheim gefeiert. Sie kann sich noch ziemlich genau an ihre Kindheit zu Anfang des letzten Jahrhunderts erinnern: Im Jahr 1900 betrug die Lebenserwartung in Deutschland für einen neugeborenen Jungen 45 und für ein Mädchen 48 Jahre. Heute, mehr als 100 Jahre später, ist die Lebenserwartung um 60 % auf 78 Jahre für männliche und auf über 83 Jahre für weibliche Neugeborene gestiegen. Insofern stellt Frau Klein in ihrer Generation einen Ausnahmefall dar. Worauf ist der starke Anstieg der Lebenserwartung in Deutschland zurückzuführen?*

1. Lebensbedingungen in Indien

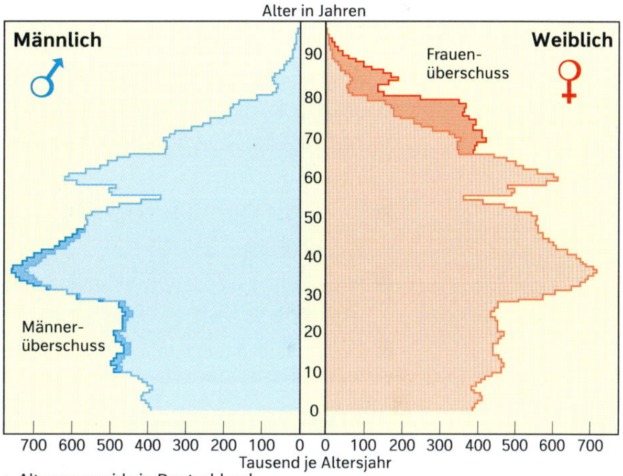


2. Alterspyramide in Deutschland

Drei **Einflussfaktoren** haben den *Anstieg der Lebenserwartung* vor allem bewirkt:

- *Verbesserung der hygienischen Wohn- und Lebensbedingungen.* So verfügen heute – anders als vor hundert Jahren – fast alle Wohnungen in Deutschland über fließendes Wasser und über eine eigene Toilette mit Wasserspülung. Das Abwasser der Häuser wird in geschlossenen Rohren abgeleitet.
- *Ausreichende Ernährung.* Heute muss in Deutschland kein Kind mehr unter Hunger oder Fehlernährung leiden. Allerdings nimmt die Armut in unserem Land wieder zu.
- *Unser Gesundheitssystem* (s. Kap. 1.5) besteht aus einem dichten Netz von Ärzten, Krankenhäusern, Apotheken und Gesundheitsbehörden, das dank gesetzlicher Krankenversicherung allen zugänglich ist.

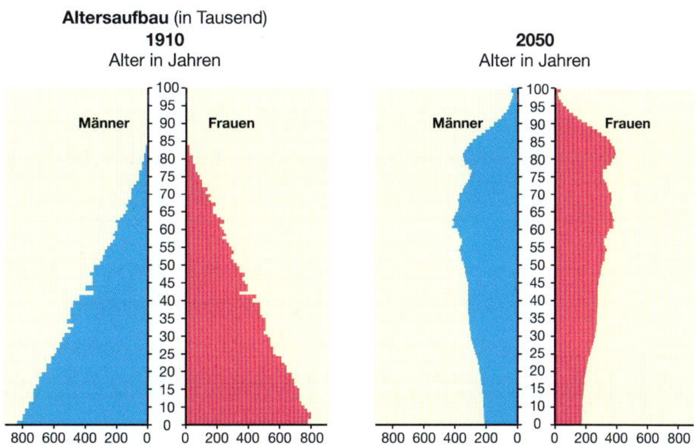


3. Bevölkerungsentwicklung (Quelle: Statistisches Bundesamt)

Aber nicht überall auf der Welt haben sich die Lebensbedingungen so gut entwickelt wie in Deutschland und den westlichen Industrieländern. In vielen Entwicklungsländern sind

die hygienischen Wohn- und Lebensbedingungen, die Ernährungslage und das Gesundheitswesen katastrophal. So beträgt die Lebenserwartung für Neugeborene zum Beispiel in Afrika auch heute nur 60 Jahre.
Während Anfang dieses Jahrhunderts in Deutschland Infektionskrankheiten die häufigste Todesursache waren, sind heute durch veränderte Lebensbedingungen **Zivilisations- und Alterskrankheiten** an die erste Stelle getreten. Herz- und Kreislaufversagen sowie Krebserkrankungen verursachen drei Viertel aller Todesfälle in Deutschland (s. Abb. 1, S. 57).

Der **Alterungsprozess** ist ein natürlicher Vorgang, den wir durch gesunde Lebensführung zwar beeinflussen, aber nicht aufhalten können. Mit steigendem Alter nimmt der Stoffwechsel der Zellen ab, sodass die Körpergewebe schlechter ernährt werden. Dies hat vielfältige Auswirkungen auf die Organfunktionen.

- So verlangsamt sich zum Beispiel die Wundheilung.
- Außerdem lässt die Abwehrkraft des Immunsystems nach.
- Durch Entkalkung und Schwund der Knochenbälkchen entsteht Osteoporose, was zu Knochenbrüchen führen kann.
- Die Seh- und Hörfähigkeit nimmt ab.

Einerseits beobachten wir bei älteren Menschen, dass ihre Leistungsfähigkeit nachlässt. Andererseits gibt es immer mehr Senioren, die ein aktives Leben führen. Nur knapp 2 % der 65- bis 70-Jährigen, der sogenannten „jungen Alten" sind heute pflegebedürftig, aber 35 % der über 85-Jährigen.

Zur Bewertung des Pflegebedarfs werden heute sechs Lebensbereiche erfasst:

1. Mobilität: Wie selbstständig bewegt sich ein Mensch in seinem Alltag? Z. B.: Treppen steigen, aus dem Bett aufstehen.
2. Kognitive und kommunikative Fähigkeiten: Wie ausgeprägt ist die örtliche und zeitliche Orientierung eines Menschen?
3. Verhaltensweisen und psychische Problemlagen: Wie gut kann ein Mensch sein Verhalten und Handeln steuern? Z. B.: nächtliche Unruhe, aggressives Verhalten, Antriebslosigkeit.
4. Selbstversorgung: Wie selbstständig ist ein Mensch bei der Verrichtung wichtiger täglicher Versorgungen? Z. B.: Toilettengang, Körperpflege, An- und Ausziehen, Ernährung.
5. Bewältigung von und selbstständiger Umgang mit krankheits- und therapiebedingten Anforderungen und Belastungen: Kann ein Mensch selbstständig nötige Medikamente einnehmen oder Hilfsmittel benutzen?
6. Gestaltung des Alltagslebens und sozialer Kontakte: Wie eigenständig kann ein Mensch seinen Alltag organisieren? Z. B.: Tagesablauf strukturieren, sich selbst versorgen.

Eine häufige Krankheit des hohen Alters ist die *Demenz*, die Altersverwirrtheit. Es handelt sich dabei um einen fortschreitenden Verlust bestimmter geistiger Fähigkeiten. Die Betroffenen leiden vor allem unter Gedächtnisstörungen, wobei besonders das Kurzzeitgedächtnis stark nachlässt. Dazu kommt oft eine erhebliche Orientierungslosigkeit in neuen Umgebungen, sodass sich Demente ohne fremde Hilfe oft verlaufen.
Für pflegebedürftige Menschen gibt es in Deutschland heute ein breites Angebot an Einrichtungen: ambulante Pflegedienste, Tages-, Nacht- und Kurzzeitpflege, Betreute Wohnungen, Altenheime und Altenwohngemeinschaften.

---

**1.** Erklären Sie, warum in den westlichen Industrieländern die Lebenserwartung in den letzten 100 Jahren so stark gestiegen ist.

**2.** Nennen Sie gesellschaftliche Probleme, die mit der steigenden Lebenserwartung verbunden sein können.

---

# 1.4 Leben mit Behinderungen

*Sabine (31) ist seit einem schweren Motorradunfall vor zwei Jahren querschnittsgelähmt. Sie braucht einen Rollstuhl. „Erst war es ein schwerer Schock für mich", sagt sie, „aber meine Eltern und Freunde, die Ärzte und die Pfleger haben sich alle total um mich gekümmert und mir Mut gemacht. Heute schaue ich nur noch nach vorne und versuche, das Beste aus meinem Leben zu machen."*

In Deutschland leben zurzeit etwa acht Millionen Menschen mit Behinderung. Das sind etwa 10 % der Bevölkerung. Als **behindert** werden Personen bezeichnet, die an bestimmten körperlichen, geistigen oder seelischen Störungen leiden. Eine Behinderung kann von Geburt an bestehen oder durch Krankheiten, Unfälle oder andere Ereignisse ausgelöst werden.

Dabei werden folgende **Formen von Behinderungen** unterschieden:

- Körperbehinderungen,
- geistige Behinderungen (verminderte Intelligenz, IQ von 30–60),
- Lernbehinderungen (IQ von 60–85),
- seelische Behinderungen (z. B. Verhaltensstörungen),
- Sprachbehinderungen (z. B. Stottern),
- Blindheit und Sehbehinderungen,
- Gehörlosigkeit und Hörbehinderungen.

Mehrfachbehinderung liegt vor, wenn zwei oder mehrere der genannten Formen zusammentreffen.

Je nach Art und Schwere der Behinderung gibt es in Deutschland **gesetzliche Vorschriften**, die Menschen mit Behinderung das Leben in der Gemeinschaft erleichtern sollen. Dazu gehören beispielsweise: Rehabilitationsmaßnahmen, Förderung durch Fort- und Weiterbildungsmaßnahmen sowie Umschulungen und kostenlose Beförderung in öffentlichen Verkehrsmitteln. Arbeitgeber haben die Pflicht, eine bestimmte Zahl von Schwerbehinderten zu beschäftigen oder eine Ausgleichszahlung zu leisten.

Damit ist es jedoch nicht getan. Wir alle müssen mehr Verständnis für das Zusammenleben mit unseren behinderten Mitbürgern aufbringen. Viele Menschen fühlen sich unsicher im Umgang mit Menschen mit Behinderung und meiden deshalb den Kontakt mit ihnen. 2009 sind in Deutschland die **UN-Konventionen über die Rechte von Menschen mit Behinderungen** in Kraft getreten. Dadurch sollen Menschen mit Behinderung besser in die Gesellschaft integriert und das Verständnis füreinander gefördert werden. Man spricht von „Inklusion".

**1.** Informieren Sie sich in Ihrer Schule, inwieweit bereits Inklusion erfolgreich betrieben wird. Führen Sie Interviews mit betreffenden Mitschülern/Mitschülerinnen. Berichten Sie.

**2.** Welche Vorteile kann die gemeinsame, integrative Erziehung von Kindern mit und ohne Behinderung in Kindergarten und Schule haben?

**3.** Was versteht man dabei unter „Nachteilsausgleich"? Machen Sie dies an konkreten Fallbeispielen deutlich.

1. Teilnehmer an den Paralympics

2. Integrative Kindergruppe

## 1.5 Inklusion

*„Niemand darf wegen seiner Behinderung benachteiligt werden", so steht es in unserem* ***Grundgesetz*** *Artikel 3 Absatz 3.*
*Das Bundesteilhabegesetz (BTHG), welches von 2017 bis 2023 in vier Stufen umgesetzt wird, hat zum Ziel, dass Menschen mit Behinderung eine Eingliederungshilfe zum modernen Teilhaberecht erhalten. Dabei sollen sich die Leistungen am persönlichen Bedarf orientieren. Leistungen sollen laut Gesetz nicht länger institutionszentriert, sondern personenzentriert bereitgestellt werden. Das* ***Sozialgesetzbuch*** *SGB IX regelt die Rehabilitation und Teilhabe behinderter Menschen in Deutschland.*

Obwohl es also in Deutschland schon seit Langem Gesetze zur Sicherstellung der Gleichberechtigung von Menschen mit Behinderung gibt, hat die UN-Konvention von 2006 über die Rechte von Menschen mit Behinderung wichtige Impulse für die Umsetzung der Inklusion in unserem Lande gebracht. **Inklusion** bedeutet, dass Menschen mit Behinderung sich vollständig und gleichberechtigt an allen gesellschaftlichen Prozessen beteiligen können. Der Gedanke der Inklusion liegt darin, dass behinderte Mitmenschen nicht nur am öffentlichen und gesellschaftlichen Leben teilhaben, sondern daran als „Teilgabe" aktiv beteiligt sein sollen.
Beginnen soll Inklusion schon in den Kindergärten. In den Schulen soll sie fortgeführt und in der Arbeitswelt vollendet werden.
Gemeinsam werden erst wenige Kinder mit und ohne Behinderungen unterrichtet. Die Bundesländer sind verpflichtet, ihre Schulgesetze anzupassen. Ebenso müssen räumliche, personelle und mediale Grundvoraussetzungen für die Inklusion in Kindergärten und Schulen geschaffen werden.
Darunter versteht man nicht nur Barrierefreiheit für Rollstuhlfahrer, sondern auch die Ausstattung mit speziellen technischen Mitteln, z. B. für sehbehinderte Lernende, zusätzliches Personal wie Gebärdensprachler für Gehörlose oder Schulassistenten bei geistigen oder seelischen Erkrankungen sowie computerunterstützter Unterricht z. B. bei spastischen Lähmungen. Hierzu müssen öffentliche Gebäude und Arbeitsstätten nach der Norm DIN 18040-1 barrierefrei gestaltet sein: Platz für Rollstuhlfahrer, keine Stufen, behindertengerechte Toilettenanlagen, tastbare Orientierungshilfen u. v. m.

1. Informieren Sie sich im Internet über Raul Krauthausen, Temple Gradin und Joana Zimmer. Berichten Sie.
2. Informieren Sie sich im Internet ausführlich zum BTHG (z. B. unter www.bmas.de). Berichten Sie.

# 1.6 Unser Gesundheitssystem

In Deutschland gibt es ein dichtes Netz von Institutionen und Einrichtungen, die der Erhaltung und Förderung der Gesundheit dienen. Dazu gehören vor allem
- die Praxen der niedergelassenen Ärzte,
- die Krankenhäuser,
- der öffentliche Gesundheitsdienst.

Für besondere Patientengruppen und für spezielle Krankheiten gibt es niedergelassene **Ärzte**, z. B. Kinderärzte, Frauenärzte, Augenärzte oder Zahnärzte. Bei leichten Beschwerden oder bei Krankheiten, die man noch nicht genau einschätzen kann, empfiehlt es sich, zunächst einen *Facharzt für Allgemeinmedizin* aufzusuchen. Er wird die Krankheit genau diagnostizieren und sie dann entweder selbst behandeln oder den Patienten an einen geeigneten Facharzt überweisen.

Wenn eine stationäre Versorgung eines Patienten notwendig ist, erfolgt die Einweisung in ein **Krankenhaus.** Viele ortsnahe Krankenhäuser verfügen über unterschiedliche Abteilungen, in denen Spezialärzte tätig sind, z. B. Chirurgische Abteilung, Abteilung für Innere Medizin usw. Andererseits gibt es auch Fachkliniken, die auf bestimmte Krankheitsbilder spezialisiert sind, wie Kinderkrankenhäuser, Kur- und Rehabilitationskliniken.

Der **öffentliche Gesundheitsdienst** hat die Aufgabe, die gesundheitliche Situation der gesamten Bevölkerung zu beobachten und gegebenenfalls Maßnahmen zu ergreifen, um Gefahren abzuwehren. Er besteht aus unterschiedlichen Behörden. Auf der Ebene der Kreise und Städte sind die *Gesundheitsämter* zuständig. Sie haben unter anderem folgende Aufgaben:
- Überwachung der Einhaltung der Gesundheitsgesetze,
- Überwachung von Arztpraxen, Krankenhäusern, Apotheken und Rettungsdiensten,
- Kontrolle des Arzneimittelverkehrs,
- Sicherung der Wasser- und Lebensmittelhygiene,
- Bekämpfung und Verhütung von übertragbaren Krankheiten durch Impfungen und Desinfektionsmaßnahmen, z. B. bei Maul- und Klauenseuche, Hirnhautentzündung,
- Schulärztlicher Dienst, z. B. Einschulungsuntersuchung,
- Beratung und Begutachtung für Menschen mit Behinderung, Suchtkranke und infizierte Patienten (Tuberkulose, Geschlechtskrankheiten, AIDS),
- Mütterberatung und Gesundheitserziehung.

**1.** Erklären Sie die Aufgaben der drei Bereiche des Gesundheitssystems.
**2.** Nennen Sie wichtige Fachärzte und deren Behandlungsfelder, z. B. Gynäkologe – Frauenheilkunde.
**3.** Erkundigen Sie sich bei verschiedenen Krankenkassen (gesetzliche und private) über deren Leistungen und Beiträge. Berichten Sie darüber.

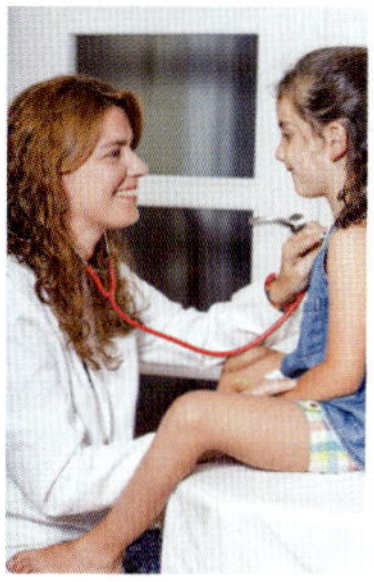
1. Diagnose bei einer niedergelassenen Ärztin

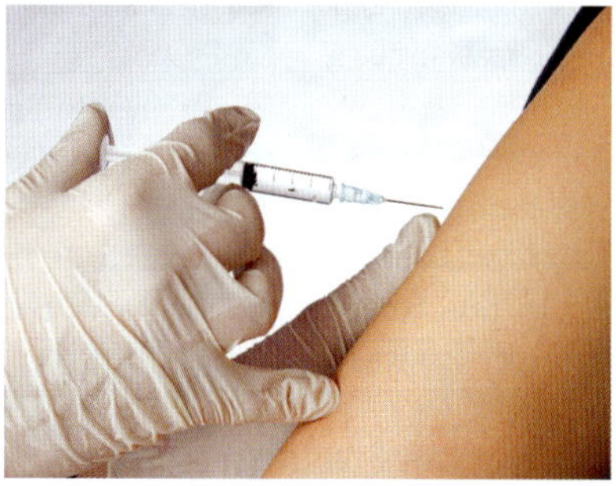
2. Impfung im Gesundheitsamt

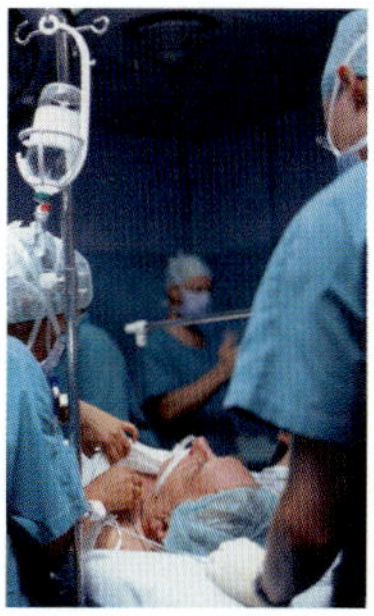
3. Operation in einem Krankenhaus

1. Zähne putzen

2. Lärmschutz

# 1.7 Öffentliche Gesundheitsvorsorge

*Erinnern Sie sich noch an die Zeit zurück, als der Schulzahnarzt in die Grundschule kam? Sicher hat auch Sie damals manchmal das schlechte Gewissen geplagt, wenn Sie sich nicht regelmäßig morgens, mittags und abends sowie nach jeder Mahlzeit Ihre Zähne geputzt hatten.*

Der Schulzahnarzt wird vom **Gesundheitsamt** eingesetzt. Das ist eine staatliche Behörde, die in erster Linie der Gesundheitsfürsorge und -vorsorge der Bevölkerung dient. Zu ihren Aufgaben in diesem Bereich gehören zum Beispiel:

- Mütterberatung
- Tuberkulosebekämpfung und -vorsorge
- Bekämpfung und Vorsorge von Geschlechtskrankheiten

Weitere Aufgaben liegen bei der Hygieneüberwachung und Seuchenbekämpfung, z. B.:

- Überwachung von Badeanstalten
- Überwachung der Lebensmittelhygiene
- Verhütung und Bekämpfung übertragbarer Krankheiten

Außerdem leisten die Gesundheitsämter vertrauensärztliche und gerichtsärztliche Tätigkeiten, z. B. das Erstellen von Gutachten und Gesundheitszeugnissen und die Hilfe bei der Aufklärung von Verbrechen.

Besonders spezialisierte Behörden des Gesundheitswesens sind zum Beispiel: Lebensmittelchemie- und Veterinäruntersuchungsamt, Medizinaluntersuchungsamt, Landeskrankenhäuser, Gewerbeaufsichtsämter und Wasserwirtschaftsbehörde.

*Oberste Verwaltungsbehörden* auf Landesebene sind die **Landesgesundheitsministerien**, auf Bundesebene das **Bundesgesundheitsministerium** mit dem Gesundheitsausschuss des Bundestages, dem Bundesgesundheitsrat und dem Bundesgesundheitsamt.

Das Zusammenwirken dieser Ämter wird an folgendem Beispiel deutlich: Beim Verdacht auf Vogelgrippe in einem Mastviehbetrieb wird dies sofort dem Veterinärsamt mitgeteilt. Dieses untersucht den Fall und lässt ggf. den Betrieb sperren. Alle Tiere müssen dann auf Veranlassung der Bezirksregierung getötet werden. Die Untersuchungsergebnisse der Kadaver werden bei einem positiven Befund an das Bundesgesundheitsministerium weitergegeben. Dieses kann z. B. ein Exportverbot für Geflügelfleisch veranlassen.

**1.** Informieren Sie sich im Gesundheitsamt über die aktuellen Vorsorgeprogramme. Berichten Sie.

**2.** Sammeln Sie aus der Tagespresse Zeitungsartikel über Aktivitäten des Gesundheitsamtes. Berichten Sie.

**3.** Erstellen Sie einen Katalog über die meldepflichtigen Infektionskrankheiten nach dem Infektionsschutzgesetz. Auf welchen Übertragungswegen können Epidemien ausbrechen?

# Übung: Gesundheit – Krankheit

### *A1 Altenpflege*

Besichtigen Sie ein Altenpflegeheim und berichten Sie darüber, z. B. unter folgenden Gesichtspunkten:

- Berufsbild Altenpfleger/-in
- Tagesablauf im Pflegeheim
- Kosten und Finanzierung der Unterbringung
- Besondere Aktivitäten für alte Menschen

### *A2 Menschen mit Behinderung*

a) Besuchen Sie eine Behinderteneinrichtung und berichten Sie darüber, z. B. unter folgenden Gesichtspunkten:
   - Menschen mit welchen Behinderungen werden betreut?
   - Welche schulischen, Berufsbildungs- und Rehabilitationsangebote werden für die Menschen mit Behinderung bereitgehalten?

b) Verbinden Sie einem Mitschüler die Augen und führen Sie ihn durch das Schulgebäude. Beide Partner berichten anschließend über ihre Erfahrungen.

c) Leihen Sie einen Rollstuhl aus und versuchen Sie, damit Ihre üblichen Ziele in der Schule zu erreichen. Welche Erfahrungen haben Sie gemacht?

d) Informieren Sie sich über die Hilfsmittel-Verordnung und die Leistungsangebote. Berichten Sie.

### *A3 Inklusion*

a) Erkundigen Sie sich über die Ausbildungsmöglichkeit zum „Integrationshelfer" (Schulassistent). Berichten Sie darüber.

b) Erkundigen Sie sich über die Möglichkeiten, bei welchen Behörden ein/eine Schulassistent/-in von betroffenen Erziehungsberechtigten beantragt werden kann. Berichten Sie darüber.

c) Schauen Sie sich den Dokumentationsfilm „Berg Fidel – eine Schule für alle" von Hella Wenders an. Diskutieren Sie im Anschluss mit Ihrer Klasse darüber.

### *A4 Arztpraxis, Krankenhaus*

Besuchen Sie eine Arztpraxis oder ein Krankenhaus und berichten Sie darüber, z. B. unter folgenden Gesichtspunkten:

- Berufsbild Gesundheits- und Krankenpflegerin, Medizinische Fachangestellte (MFA)
- Tagesablauf auf einer Station
- Organisation einer Arztpraxis (Terminabstimmung mit Patienten, Patientendatei usw.)

### *A5 Gesundheitsamt*

a) Erkundigen Sie sich beim örtlichen Gesundheitsamt über dessen Aufgaben. Berichten Sie darüber.

b) Informieren Sie sich im Gesundheitsamt oder beim Kinderarzt über das Vorsorgeprogramm U1 bis U11 bei Kindern und J1 und J2 bei Jugendlichen. Befragen Sie dazu Eltern, ob sie alle Vorsorgeuntersuchungen für ihre Kinder wahrnehmen. Berichten Sie.

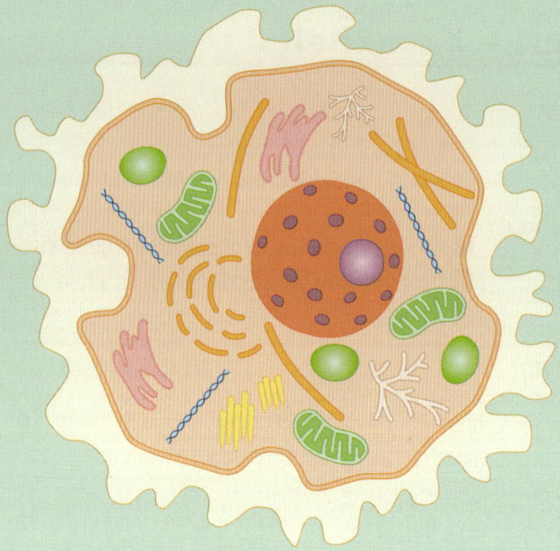

# 2 Zellen – Bausteine des Lebens

<u>*Mit dem Mikroskop Krankheiten erkennen*</u>

*Rita befindet sich im ersten Ausbildungsjahr einer dreijährigen Ausbildung zur Medizinischen Fachangestellten (MFA). Zu ihren Aufgaben gehört die Unterstützung des Arztes bei der Diagnose und Therapie. Heute soll Rita zum ersten Mal eine Urinprobe im Labor u. a. mit dem Mikroskop untersuchen.*

1. *Erklären Sie den Aufbau und die Handhabung des Lichtmikroskops (s. S. 33).*
2. *Erläutern Sie, wie man ein mikroskopisches Präparat herstellt und färbt (s. S. 33, 34).*
3. *Informieren Sie sich über Harnuntersuchungen (Arztpraxis, Internet). Erklären Sie, welche Krankheiten vorliegen können, wenn Rita folgende Bestandteile im Harn feststellen würde: rote und/oder weiße Blutkörperchen; Zucker (Glukose); Eiweißstoffe (Proteine); Nitrit; Ketone (Aceton).*

<u>*Krebs: Der Patient steht im Mittelpunkt*</u>

*Die Diagnose Krebs ist kein Todesurteil, aber Personen, die an Krebs erkrankt sind, benötigen viel Zuwendung, Betreuung und Unterstützung durch andere Menschen.*
*Dafür kommt neben der Familie und den Freunden auch qualifizierte Hilfe in Form von* ***psychologischer Unterstützung*** *in Betracht. Spezielle Krebsberatungsstellen stehen den Betroffenen und ihren Angehörigen zur Verfügung. Oft hilft auch das Wissen, in der Krise nicht allein zu sein.* ***Selbsthilfegruppen*** *bieten Informationen und Hilfe im Umgang mit der Erkrankung und ihren Auswirkungen auf die persönliche Lebenssituation an.*
*Die* ***Hospiz-Bewegung*** *hat sich das Ziel gesetzt, unheilbar Kranke in ihrer letzten Lebensphase eine respektvolle, umfassende und kompetente Betreuung zu bieten. Im Vordergrund steht „Palliative care“, das heißt Sorge für Lebensqualität und Schmerzfreiheit statt „Medical care“, also eine einseitig auf Heilung ausgerichtete Behandlung.*

1. *Informieren Sie sich über Ziele und Aufgaben von Hospizen im Internet (z. B. unter www.hospize.de) und/oder durch einen Besuch eines Hospizes in Ihrer Nähe. Berichten Sie.*
2. *Informieren Sie sich über Ziele und Aufgaben von Krebsberatungsstellen im Internet (z. B. unter www.krebsgesellschaft.de) und/oder durch Besuch einer Krebsberatungsstelle in Ihrer Nähe. Berichten Sie.*
3. *Informieren Sie sich über Ziele und Aufgaben von Selbsthilfegruppen im Internet (www.krebshilfe.de) und/oder durch Besuch einer Selbsthilfegruppe in Ihrer Nähe. Berichten Sie.*

Um die Jahrhundertwende entdeckte man mit Lichtmikroskopen im Zellplasma stäbchenförmige und ovale Körperchen, die **Mitochondrien.** Man findet sie in fast allen pflanzlichen und tierischen Zellen. Die stäbchenförmigen Mitochondrien sind nur wenige tausendstel Millimeter lang, der Durchmesser der kugeligen ist sogar noch kleiner.

In jeder Zelle liegen einige hundert bis mehrere tausend solcher Mitochondrien, in Leberzellen z. B. über 2 000. Mitochondrien vermehren sich durch Teilung. Zellen mit hoher Stoffwechselaktivität, die viel Energie benötigen, wie z. B. Herzmuskelzellen, weisen eine besonders hohe Mitochondriendichte auf. In Mitochondrien werden energiereiche Substanzen hergestellt, die bei der Zellatmung eine wichtige Rolle spielen. Deshalb bezeichnet man die Mitochondrien auch als „Kraftwerke der Zelle".

Schon bei der ersten Betrachtung von Zellen mit dem Elektronenmikroskop fiel den Wissenschaftlern auf, dass Zellen von einem ausgedehnten „Kanalsystem", dem **Endoplasmatischen Retikulum,** durchzogen sind. Es besteht aus Röhren und flachen Hohlräumen, die das gesamte Zellplasma durchziehen. Endoplasmatisches Retikulum (ER) heißt so viel wie „innerplasmatisches Netzwerk".

Dieses untereinander verbundene, von Membranen umgrenzte Hohlraumsystem stellt Verbindungswege zwischen den Zellorganellen her und verbindet die Kernmembran mit der Zellmembran. Heute weiß man: Das ER dient dem Stoff- und Flüssigkeitstransport der Zelle und der Speicherung von Stoffen.

In manchen Bereichen sind dem Endoplasmatischen Retikulum winzige, körnchenartige Gebilde, die **Ribosomen,** aufgelagert. Ribosomen stellen Eiweiße her, die über das „Kanalsystem" ungehindert transportiert werden können.

**Lyosomen** enthalten Verdauungsenzyme. Damit werden zum Beispiel altes Zellmaterial und eingedrungene Bakterien abgebaut.

Der **Golgi-Apparat**, benannt nach dem italienischen Forscher Camillo Golgi (1843–1926), dient zur Verpackung von Stoffen, die aus der Zelle ausgeschleust werden sollen. Dazu schnüren sich kleine Bläschen ab, die zur Zellmembran wandern und den Inhalt nach außen entleeren.

1. Erklären Sie den Begriff Zellorganelle.
2. Beschreiben Sie tabellarisch den Grundaufbau einer Zelle und die Funktion ihrer Bestandteile.

**Im Mikroskop misst man mit kleinen Einheiten!**

| *1 Meter (m) hat ...* | | | *Das heißt ...* |
|---|---|---|---|
| 10 | $= 10^1$ | Dezimeter (dm) | 1 dm = 0,1 m |
| 100 | $= 10^2$ | Zentimeter (cm) | 1 cm = 0,01 m |
| 1 000 | $= 10^3$ | Millimeter (mm) | 1 mm = 0,001 m |
| 1 000 000 | $= 10^6$ | Mikrometer (µm) | 1 µm = 0,000001 m |
| 1 000 000 000 | $= 10^9$ | Nanometer (nm) | 1 nm = 0,000000001 m |

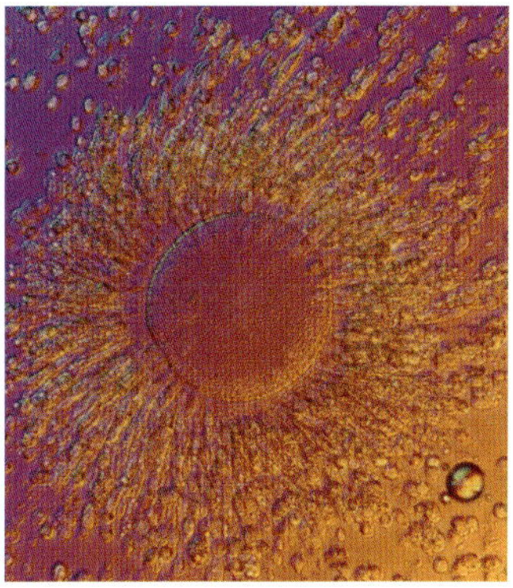

1. Menschliche Eizelle

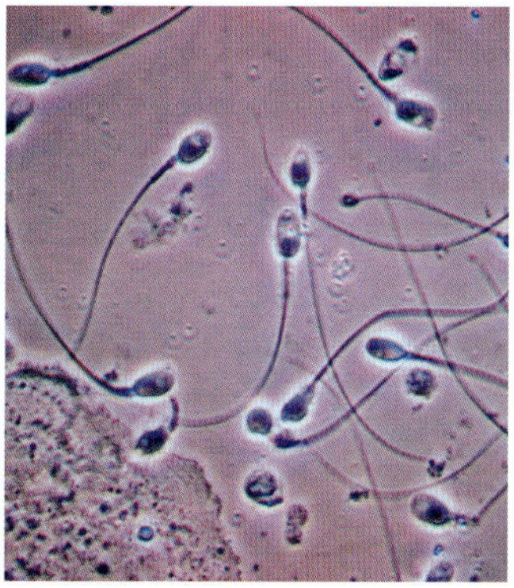

2. Menschliche Spermazellen

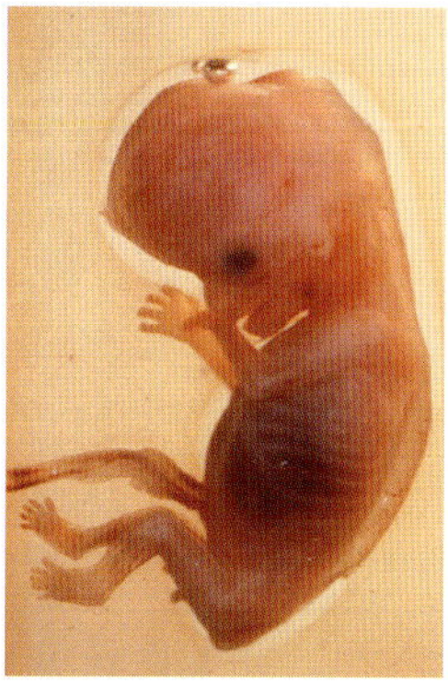

3. Menschlicher Embryo

## 2.3 Zellen mit unterschiedlichen Aufgaben

Aus der Vereinigung einer weiblichen Eizelle mit einer männlichen Spermazelle entsteht die Ursprungszelle für ein neues Lebewesen. Die befruchtete Zelle beginnt, sich zu teilen. Es bilden sich zwei Zellen, die sich wiederum teilen. Nun sind es schon vier, die sich erneut teilen, und so geht es weiter. Aber wie entsteht daraus ein so komplexes Lebewesen wie der Mensch?

Nach den ersten Zellteilungen beginnt die ***Differenzierung***. Die bisher gleich aussehenden Zellen verändern sich und passen sich als unterschiedliche Zelltypen an ihre zukünftigen Aufgaben an.
Zellen mit gleicher Funktion bilden ein **Gewebe**. Man unterscheidet ***vier Hauptgewebearten***.
**1. Epithelgewebe** bedecken die äußeren und inneren Oberflächen des Körpers, zum Beispiel der Haut, des Magen-Darmtrakts, der Luft- und der Harnwege. Das *Deckepithel* kann ein- oder mehrschichtig sein. *Drüsenepithelien* sondern Sekrete ab, zum Beispiel aus Schweißdrüsen.
**2.** Für das **Binde- und Stützgewebe** ist kennzeichnend, dass die Zellen weit voneinander entfernt liegen. Es dient der Formgebung und Formerhaltung des Körpers. Man unterscheidet *Bindegewebe, Knorpelgewebe und Knochengewebe*.
**3.** Das **Muskelgewebe** besteht aus Muskelzellen. Sie enthalten Fasern, die sich zusammenziehen können. Dadurch werden Bewegungen möglich.
**4. Nervengewebe** dient der Nachrichtenübermittlung im Körper. Es besteht aus *Nervenzellen* sowie aus Stütz- und Hüllzellen, den *Gliazellen*. Der Zellkörper mit dem Zellkern hat viele kurze bäumchenartige Verästelungen, die *Dendriten* und einen langen Fortsatz, das Axon.
Zur Bildung von **Organen** schließen sich verschiedene Gewebearten in einer abgeschlossenen Form zusammen. Solche Organe sind zum Beispiel das Herz, die Niere, die Leber, die Lunge, der Magen, das Auge und auch die Haut.
Wenn sich mehrere Organe zu einer gemeinsamen Tätigkeit vereinen, bilden sie ein **Organsystem.** Beispielsweise besteht das Organsystem des Verdauungsstraktes aus Mundhöhle, Speiseröhre, Magen, Darm und Verdauungsdrüsen. Gehirn, Rückenmark und Nerven formen das Nervensystem, Muskeln das Muskelsystem, Blutgefäße und Herz bilden das Blutgefäßsystem.
Organsysteme mit ihren Zellen, Geweben und Organen bilden einen lebendigen Naturkörper, den **Organismus,** der zu Bewegung, Stoffwechsel und Vermehrung befähigt ist.

*Deckzellen*, die eng nebeneinander liegen, bilden den Abschluss von Organen und bedecken die Oberfläche des Körpers. Das Deckgewebe der Haut schützt den Körper vor Umwelteinflüssen und vor Wasserverlust.

*Drüsenzellen* erzeugen Flüssigkeiten. Manche Drüsenzellen geben ihre Produkte in den Körper ab, z. B. die abgebildeten Drüsenzellen des Dünndarms. Andere Drüsenzellen, wie die Schweißdrüsen, haben die Aufgabe, Stoffe auszuscheiden.

*Blutzellen* dienen vorwiegend dem Stofftransport. Weiße Blutkörperchen (Bildmitte) können sich selbstständig bewegen. Sie sorgen für die Abwehr von Krankheitserregern, indem sie diese auffressen und verdauen.

*Muskelzellen* sind sehr lang gestreckt und zeigen häufig eine Querstreifung. Sie können sich zusammenziehen und ermöglichen durch die Verkürzung Fortbewegung, Herzschlag und andere lebenswichtige Funktionen im Körper.

*Nervenzellen* haben die Aufgabe, Informationen aus der Umwelt aufzunehmen, weiterzuleiten und zu verarbeiten. Sie liegen vor allem im Gehirn und im Rückenmark und bilden das Zentralnervensystem (ZNS).

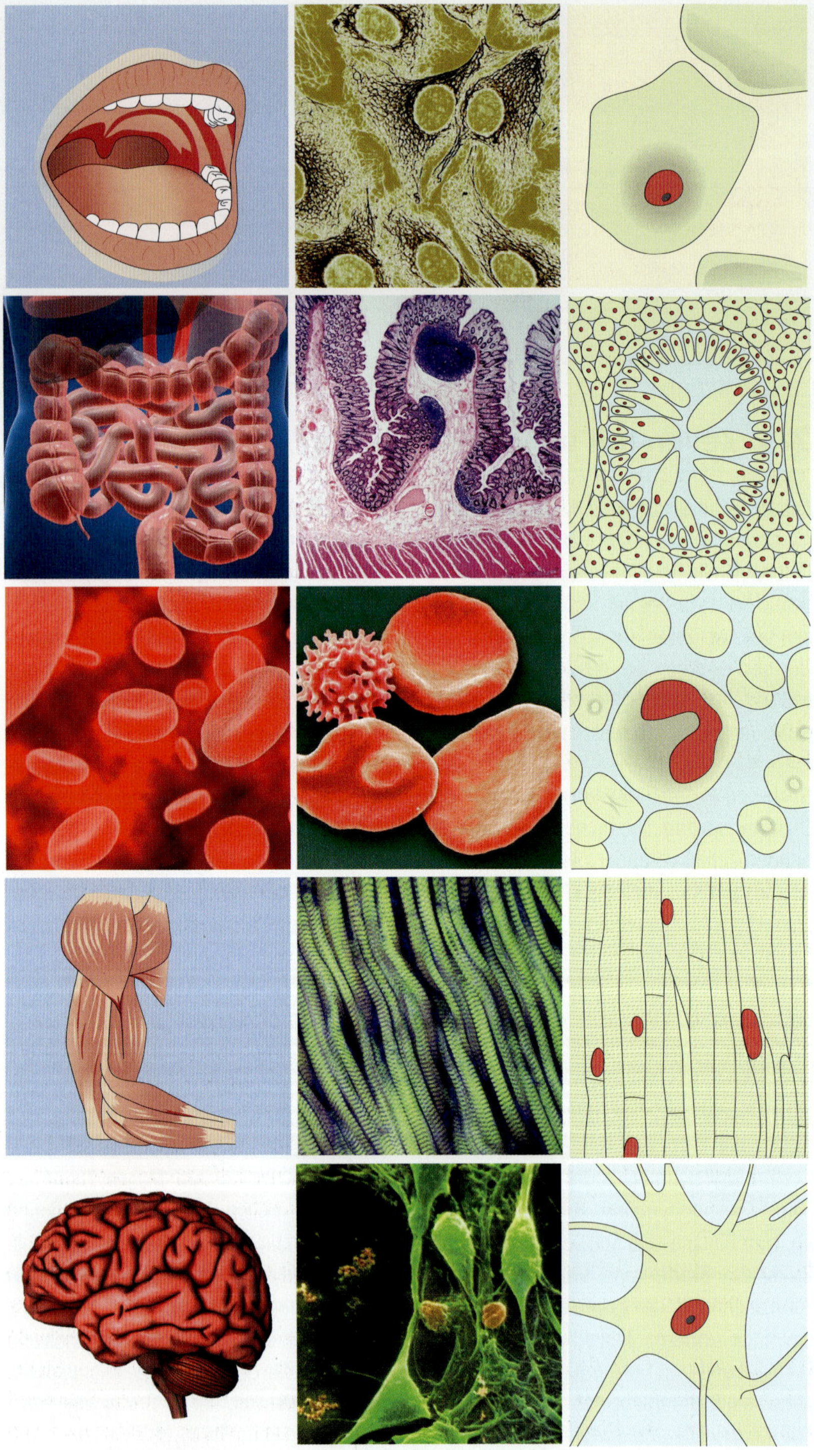

4. Zellen mit unterschiedlichen Aufgaben beim Menschen

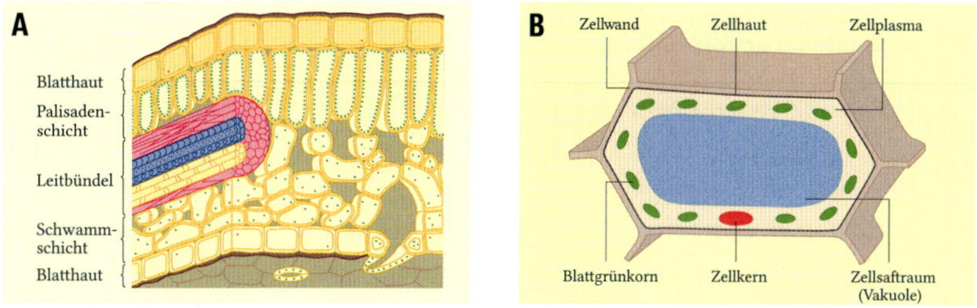


1. Laubblatt: A Schema, B Palisadenzelle (Schema)

## 2.4 Ohne Pflanzen können wir nicht leben

*Ein heißer Sommertag: Karin und Frank gehen im Wald spazieren. „Hier ist die Luft frisch und angenehm kühl!", sagt Frank. Ob Linden, Eichen oder Kastanien, Bäume und Grünpflanzen schmücken nicht nur das Stadtbild, sie verbessern auch die Qualität unserer Luft. Aber wie können Grünpflanzen zur Luftverbesserung beitragen? Der Querschnitt durch ein Blatt (Abb. 1) zeigt, dass Blätter aus mehreren Schichten aufgebaut sind, die wie eine „grüne Fabrik" zusammenarbeiten.*

Pflanzenzellen sind von einer festen Hülle, der **Zellwand,** umschlossen. Sie bestimmt die Form der Zelle, verleiht ihr Festigkeit und grenzt sie zu den Nachbarzellen ab. Bei wachsenden Zellen ist diese Zellwand noch dehnbar, bei ausgewachsenen Zellen dagegen meist starr und verdickt. Zellwände bestehen überwiegend aus Zellulose. Sie sind durchlässig für Wasser und darin gelöste Stoffe.

Auch **Vakuolen** findet man nur in Pflanzenzellen. Es sind innere Hohlräume der Zelle, in denen sich Zellsaft befindet. Dieser kann farblos sein oder auch Farbstoffe enthalten, wie z. B. bei roten oder gelben Blütenblättern.

Im Plasma von grünen Pflanzenzellen liegen die meist kugel- oder linsenförmigen Blattgrünkörner, die **Chloroplasten.** Sie enthalten den grünen Farbstoff Chlorophyll. Welche Funktion haben diese grünen Zellorganellen der Pflanzen?

Aus der Luft nimmt die Pflanze Kohlendioxid auf. Das Gas gelangt durch *Spaltöffnungen*, kleine verschließbare Poren an der Blattunterseite, in das Blattgewebe. Mithilfe der Wurzeln nimmt die Pflanze Wasser aus der Erde auf. Es wird durch ein Leitungssystem bis in die Blätter geführt. In den Chloroplasten der Blattgewebe erfolgt eine chemische Reaktion, bei der aus Kohlendioxid und Wasser der Nährstoff Traubenzucker gebildet wird. Die Energie für diesen chemischen Prozess bezieht die Pflanze aus dem Sonnenlicht. Deshalb bezeichnet man den Vorgang als **Fotosynthese.**

$$\text{Kohlendioxid} + \text{Wasser} \xrightarrow[\text{Chlorophyll}]{\text{Sonnenlicht}} \text{Traubenzucker} + \text{Sauerstoff}$$

Pflanzen produzieren also bei der Fotosynthese Sauerstoff, den wir wiederum zur **Atmung** brauchen. Was geschieht mit dem Sauerstoff in unserem Körper? Alle Lebewesen benötigen Energie, um Lebensvorgänge wie Wachstum, Stoffwechsel oder Bewegung aufrechtzuerhalten. Diese Energie gewinnen sie durch den Abbau energiereicher Stoffe, vor allem von Zucker. Dabei wird Sauerstoff verbraucht und Wasser, Kohlendioxid und

## Wozu braucht die Pflanze Dünger?

*Neben Kohlenstoff, Sauerstoff und Wasser benötigen Pflanzen Mineralsalze wie Stickstoff, Phosphor, Kalium und zusätzliche Spurenelemente. Sie werden mit dem Wasser, in dem sie gelöst sind, aus dem Boden aufgenommen. Sind im Boden nicht genügend dieser Grundstoffe vorhanden, können sie der Pflanze durch* ***Düngung*** *zugeführt werden. Jede einzelne Pflanzenart benötigt Mineralsalze in unterschiedlicher Zusammensetzung. Die am geringsten vorhandene Menge an Grundstoffen begrenzt die Entwicklung der Pflanze. Dieses* ***Minimumgesetz*** *wird häufig durch ein Fass veranschaulicht: Die Breite der Fassdauben stellt die Menge der benötigten Grundstoffe dar. Die kurze Fassdaube verdeutlicht, dass zu wenig von einem Stoff vorhanden ist. Das Wasser im Fass kann aber nur so hoch wie die kürzeste Daube stehen.*
*Bei Überdüngung wird dem Boden mehr an Nährstoffen zugeführt, als die Pflanzen aufnehmen können. Sie werden in Flüsse und Seen gespült und führen dort zu starkem Algenwachstum.*

**A** Vollnährlösung **B** ohne Stickstoff

Energie frei. Dieser Vorgang geschieht in den Zellen und ist bei Menschen, Tieren und Pflanzen gleich.

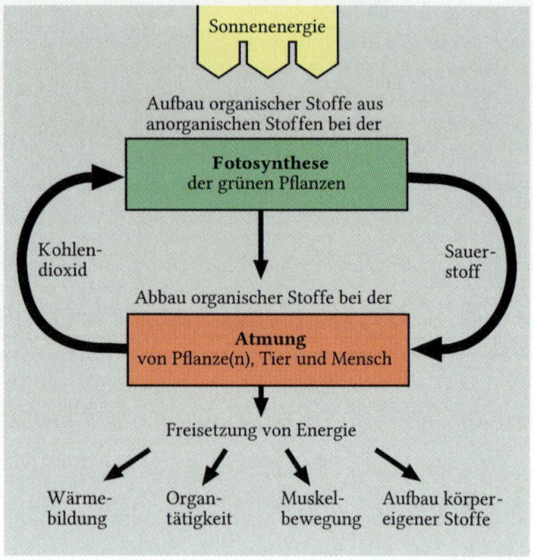


2. Zusammenhang zwischen Fotosynthese und Atmung

Die für die Fotosynthese notwendigen Stoffe Wasser und Kohlendioxid entstehen bei der Atmung. Der für die Atmung erforderliche Sauerstoff ist ein „Abfallprodukt" der Fotosynthese. Die beiden gegenläufigen Vorgänge bilden einen Stoffkreislauf (Abb. 2).
Pflanzen atmen ständig, können aber nur bei Licht Fotosynthese betreiben. Dennoch geben sie fünfmal so viel Sauerstoff ab, wie sie zur Atmung brauchen. Unsere Luft wird also durch Bäume und andere Grünpflanzen mit dem lebensnotwendigen Sauerstoff angereichert. Auch die Luftfeuchtigkeit wird durch Pflanzen beeinflusst: Über die Spaltöffnungen der Blätter gelangt bei der Aufnahme von Kohlendioxid aus der Luft verdunstetes Wasser in die Atmosphäre.

**1.** Erklären Sie die Fotosynthese.
**2.** Erläutern Sie den Zusammenhang zwischen Fotosynthese und Atmung.
**3.** Informieren Sie sich über die Abholzung von Regenwäldern und die Auswirkungen für das Weltklima. Berichten Sie.

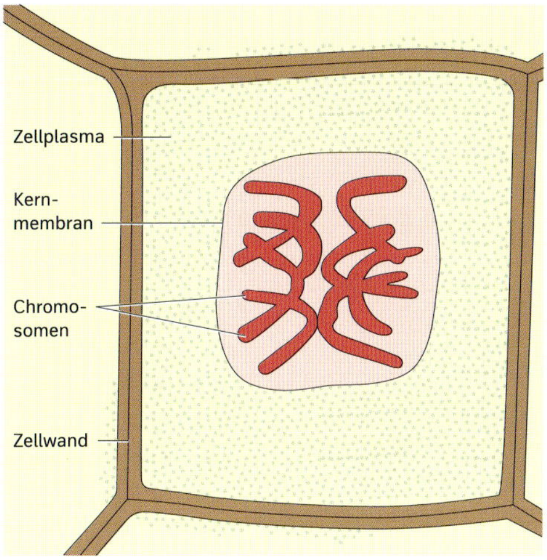


1. Zellkern mit Chromosomen

## 2.5 Ohne Zellteilung kein Wachstum

*Wenn ein Kind jedes Jahr einige Zentimeter wächst, eine Wunde heilt oder jemand durch Training Muskulatur aufbaut, geschieht dies durch Bildung neuer Körperzellen. Ständig müssen in unserem Körper Zellen neu gebildet werden, um Wachstumsvorgänge zu ermöglichen und zugrunde gegangene Zellen im Organismus zu ersetzen. Doch wie vermehren sich Körperzellen?*

Körperzellen vermehren sich durch **Zellteilung,** bei der aus einer Mutterzelle zwei Tochterzellen entstehen. Zellteilungen verlaufen bei allen Lebewesen weitgehend gleich und sind ein Grundvorgang des Lebens.
Zur mikroskopischen Untersuchung dieser Vorgänge eignen sich die Wurzelspitzen von Pflanzen besonders gut, weil hier ständig Zellteilungen stattfinden. Zeitrafferfilmaufnahmen im Mikroskop lassen erkennen, dass solche Zellteilungen in einzelnen Phasen ablaufen. Sie sind in den Momentaufnahmen auf der nächsten Seite abgebildet.
Zu Beginn der **Prophase** liegt die Erbsubstanz als Knäuel dünner Fäden im Zellkern. Durch Verkürzung und Verdichtung entstehen daraus die im Lichtmikroskop gut erkennbaren Chromosomen. Sie bestehen aus zwei zusammenhängenden Chromatiden. Während der **Metaphase** rücken die Chromosomen in die Zellmitte und die Chromatiden heften sich an Spindelfasern, die von den Zellpolen ausgehen. In der **Anaphase** verkürzen sich die Spindelfasern. Dadurch werden die Chromatiden jedes Chromosoms getrennt und zu entgegensetzten Zellpolen gezogen. In der **Telophase** entfalten sich die Chromatiden wieder zum fädigen Knäuel. Es entstehen zwei neue Kernmembranen und eine neue Zellmembran teilt die beiden entstandenen Tochterzellen.
Damit ist die Mitose abgeschlossen. Während der **Interphase** – so nennt man die Zeit zwischen zwei Mitosen – wachsen die beiden Tochterzellen zur Größe der Mutterzelle heran und die Erbsubstanz wird wieder verdoppelt. Damit ist jede Zelle für die nächste Teilung vorbereitet.

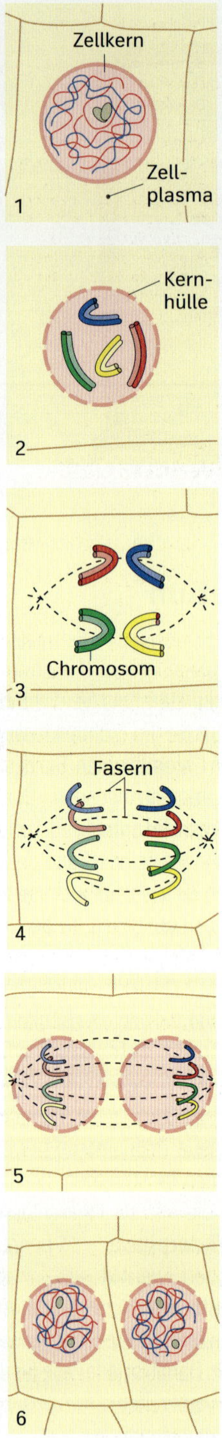


### *Wie sich Zellen teilen*

Unser Körper besteht aus vielen Milliarden Zellen, die alle aus einer befruchteten Eizelle durch fortgesetzte Teilung hervorgegangen sind. Jede neu entstandene Zelle enthält die immer gleiche Anzahl von Chromosomen. Wie ist das möglich?

**Prophase**

1. Zu Beginn einer Zellteilung ist der Zellkern noch deutlich vom Zellplasma abgegrenzt. Die Fäden der Erbsubstanz verkürzen und verdicken sich.
2. Die Fäden der Erbsubstanz haben sich weiter verkürzt, die Form der Chromosomen ist deutlich zu sehen. Die Kernhülle löst sich auf. Mit sehr guten Mikroskopen lässt sich erkennen, dass jedes Chromosom bereits aus zwei Chromatiden besteht, die noch zusammenhängen.

**Metaphase**

3. Die Chromosomen wandern zur Mitte der Zelle, wo sie sich wie auf einem Teller in einer Ebene, der *Äquatorialebene*, anordnen. Jede Chromatide hängt an Fasern, die von den beiden Polen der Zelle ausgehen.

**Anaphase**

4. Durch Verkürzung der Fasern werden die Chromatiden getrennt und zu den Zellpolen hin auseinandergezogen.

**Telophase**

5. Dort rücken sie dicht zusammen. Danach bilden sich neue Kernmembranen.
6. Aus den Chromosomen entsteht wieder ein fädiges Netzwerk der Erbsubstanz. Die neuen Zellkerne sind bereits von einer Kernhülle umgeben. Dabei enthält jede der beiden Tochterzellen den gleichen Chromosomensatz wie die Ursprungszelle. Die Tochterzellen wachsen zur Größe der Mutterzelle heran. Nun kann der Vorgang der Zellteilung von Neuem beginnen.

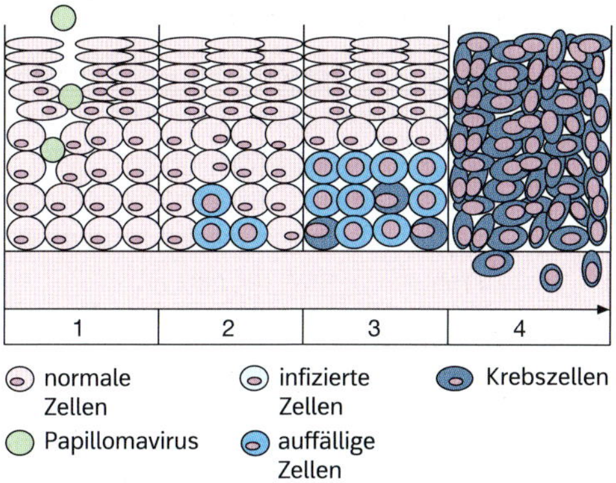


1. Entstehung von Gebärmutterhalskrebs

(1) Papillomaviren dringen über Risse in die Schleimhaut ein.
(2) Das Virus infiziert Zellen in tieferen Hautschichten und entzieht sich so der Immunabwehr.
(3) Durch Virusvermehrungen entstehen Wucherungen.
(4) In der Endphase integriert der Erreger sein Erbgut in das der Wirtszelle und verwandelt sie so in eine Tumorzelle. Ein bösartiger Gebärmutterhalstumor kann entstehen.

# 2.6 Krebs – fehlgesteuertes Zellwachstum

### 2.6.1 Wie entsteht Krebs?

Gesunde Zellen wachsen und vermehren sich nur in dem Maße, wie es für den Körper sinnvoll ist. So erneuern sich zum Beispiel im Blut eines gesunden Menschen innerhalb von zehn Tagen etwa 40 Millionen weiße Blutkörperchen.

Krebszellen dagegen zeichnen sich durch ungeordnete Zellteilung aus. Sie können in allen Körperteilen entstehen und zu Geschwülsten, den **Tumoren,** heranwuchern, die das gesunde Gewebe verdrängen und zerstören. Einzelne Krebszellen können über die Blut- und Lymphwege in andere Körperteile gelangen. Dort bilden sie dann Tochtergeschwülste, die **Metastasen.** Nach dem Grad der Gefährlichkeit unterscheidet man gutartige und bösartige Tumore.

Gutartige Tumore sind meistens nicht lebensbedrohend, wachsen langsam, wuchern nicht in das umgebende Gewebe hinein und sind scharf abgegrenzt. Sie schädigen den Körper nur durch ihre Ausdehnung und den Druck auf benachbarte Organe. Beispiele für gutartige Tumore sind Muskelgeschwülste der Gebärmutter, des Dünndarms und des Magens oder Polypen in der Nasenschleimhaut.

Bösartige Tumore, **Karzinome,** weisen eine hohe Zellteilungsrate und damit ein rasches Wachstum auf. Sie breiten sich in das umliegende Gewebe hinein aus, durchsetzen und zerstören es. Dabei verlieren die Krebszellen die charakteristische Struktur der Mutterzelle (Entdifferenzierung).
Je nachdem, wie schnell der Tumor wächst und sich Metastasen im Körper ausbreiten, führt eine unbehandelte bösartige Krebserkrankung früher oder später zum Tod. Hauptursachen hierfür sind die Zerstörung des gesunden Gewebes, das seine Funktion verliert, innere Blutungen und giftige Stoffwechselprodukte der Krebszellen, die den Organismus belasten.
Aber wie wird aus einer gesunden Zelle eine Krebszelle? Für diese Umwandlung sollen **Onkogene** verantwortlich sein. Diese Krebsgene sind natürliche Bestandteile des Erbgutes einer Zelle und spielen eine wichtige Rolle bei der raschen Zellteilung der frühen Keimentwicklung. Später, wenn die Zellen differenziert sind und sich spezialisierte Gewebe und Organe entwickelt haben, werden sie nicht mehr gebraucht und vom Körper „abgeschaltet“. Durch verschiedene Einflüsse können diese Onkogene wieder „eingeschaltet“ werden und das ungehemmte Zellwachstum einleiten.

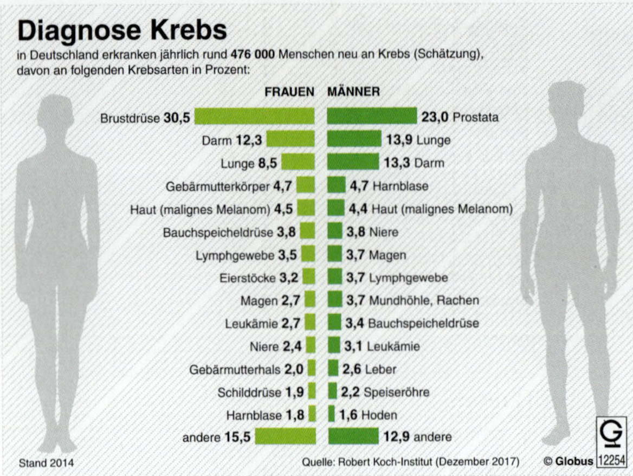


2. Häufigkeit von Krebserkrankungen

Es gibt chemische, physikalische und andere Faktoren (z. B. Viren), die eine Zellentartung auslösen können. Zu diesen **Karzinogenen** gehören u. a. die Inhaltsstoffe des Tabakrauchs, Pilzgifte (Aflatoxine) in verschimmelten Nahrungsmitteln, bestimmte Stickstoffverbindungen (Nitrosamine), die z. B. beim Grillen in Räucherfleisch entstehen, Teer, Asbest, Röntgenstrahlen, UV-Strahlen, radioaktive Strahlen und auch bestimmte Viren. Es ist noch nicht geklärt, unter welchen Voraussetzungen seelische Belastungen an der Krebsauslösung beteiligt sind. Auch Erbanlagen beeinflussen das Krebsrisiko.

Krebszellen entstehen laufend unbemerkt in unserem Körper. Das Abwehrsystem, bestehend aus weißen Blutzellen und Antikörpern, erkennt aber den entstehenden Krebs und bekämpft ihn wirksam. Erst bei einer geschwächten Abwehr kann sich der Krebs ausdehnen und zur Krebserkrankung führen.

Wie hoch ist das **Risiko,** an Krebs zu erkranken, und wie kann man dazu beitragen, eine Erkrankung zu vermeiden? Nach den Herz-Kreislauf-Erkrankungen steht Krebs in den Industrienationen an zweiter Stelle der Todesursachen. Täglich sterben in Deutschland etwa 400 Menschen an einer Form des Krebses. Häufigste Krebserkrankungen beim Mann sind Lungen-, Magen-, Darm- und Prostatakrebs, bei der Frau Brust-, Magen- und Darmkrebs. Das Risiko, an Krebs zu erkranken, steigt mit dem Alter.

Zigarettenrauchen steht an erster Stelle als Auslöser für krebsbedingte Todesfälle (im Mittel 30 %). Vergleicht man Nichtraucher und Raucher, so erkranken starke Zigarettenraucher 10- bis 25-mal häufiger an Lungen- und Bronchialkrebs. U. a. verursacht werden diese Erkrankungen durch die Aufnahme der im Zigarettenrauch enthaltenen Bestandteile des Teers (z. B. Benzpyren, Nitrosamine). Das Nikotin selbst wirkt nicht karzinogen.

Krebserkrankungen gelten als besonders heimtückisch, weil anfangs meist keine Schmerzen auftreten. Es gibt aber Warnzeichen, die auf eine Krebserkrankung hinweisen können:

- tastbare Knoten oder Verhärtungen, z. B. in Brust, Haut oder Zunge,
- Wunden, die nicht heilen – Schwellungen, die nicht abklingen – Muttermale, die sich verfärben,
- anhaltende Heiserkeit, trockener Husten oder Schluckbeschwerden,
- anhaltende Verdauungsstörungen,
- außergewöhnlich heftige Regelblutungen, Blutungen außerhalb der Periode oder nach dem Eintritt der Wechseljahre,
- scheinbar grundlose Blutungen und ungewöhnliche Absonderungen,
- unerklärlicher Gewichtsverlust,
- Abgeschlagenheit und Appetitlosigkeit.

Diese Warnzeichen müssen nicht Krebs bedeuten. Man sollte aber einen Arzt aufsuchen.

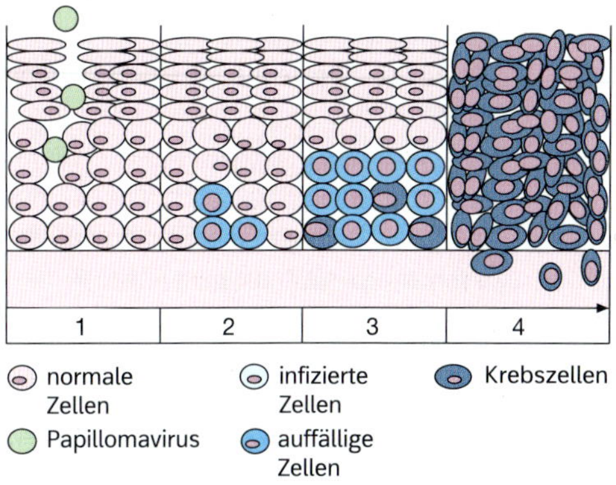


(1) Papillomaviren dringen über Risse in die Schleimhaut ein.
(2) Das Virus infiziert Zellen in tieferen Hautschichten und entzieht sich so der Immunabwehr.
(3) Durch Virusvermehrungen entstehen Wucherungen.
(4) In der Endphase integriert der Erreger sein Erbgut in das der Wirtszelle und verwandelt sie so in eine Tumorzelle. Ein bösartiger Gebärmutterhalstumor kann entstehen.

1. Entstehung von Gebärmutterhalskrebs

## 2.6 Krebs – fehlgesteuertes Zellwachstum

### 2.6.1 Wie entsteht Krebs?

Gesunde Zellen wachsen und vermehren sich nur in dem Maße, wie es für den Körper sinnvoll ist. So erneuern sich zum Beispiel im Blut eines gesunden Menschen innerhalb von zehn Tagen etwa 40 Millionen weiße Blutkörperchen.

Krebszellen dagegen zeichnen sich durch ungeordnete Zellteilung aus. Sie können in allen Körperteilen entstehen und zu Geschwülsten, den **Tumoren,** heranwuchern, die das gesunde Gewebe verdrängen und zerstören. Einzelne Krebszellen können über die Blut- und Lymphwege in andere Körperteile gelangen. Dort bilden sie dann Tochtergeschwülste, dic **Mctastasen.** Nach dem Grad der Gefährlichkeit unterscheidet man gutartige und bösartige Tumore.

Gutartige Tumore sind meistens nicht lebensbedrohend, wachsen langsam, wuchern nicht in das umgebende Gewebe hinein und sind scharf abgegrenzt. Sie schädigen den Körper nur durch ihre Ausdehnung und den Druck auf benachbarte Organe. Beispiele für gutartige Tumore sind Muskelgeschwülste der Gebärmutter, des Dünndarms und des Magens oder Polypen in der Nasenschleimhaut.

Bösartige Tumore, **Karzinome,** weisen eine hohe Zellteilungsrate und damit ein rasches Wachstum auf. Sie breiten sich in das umliegende Gewebe hinein aus, durchsetzen und zerstören es. Dabei verlieren die Krebszellen die charakteristische Struktur der Mutterzelle (Entdifferenzierung).
Je nachdem, wie schnell der Tumor wächst und sich Metastasen im Körper ausbreiten, führt eine unbehandelte bösartige Krebserkrankung früher oder später zum Tod. Hauptursachen hierfür sind die Zerstörung des gesunden Gewebes, das seine Funktion verliert, innere Blutungen und giftige Stoffwechselprodukte der Krebszellen, die den Organismus belasten.
Aber wie wird aus einer gesunden Zelle eine Krebszelle? Für diese Umwandlung sollen **Onkogene** verantwortlich sein. Diese Krebsgene sind natürliche Bestandteile des Erbgutes einer Zelle und spielen eine wichtige Rolle bei der raschen Zellteilung der frühen Keimentwicklung. Später, wenn die Zellen differenziert sind und sich spezialisierte Gewebe und Organe entwickelt haben, werden sie nicht mehr gebraucht und vom Körper „abgeschaltet“. Durch verschiedene Einflüsse können diese Onkogene wieder „eingeschaltet“ werden und das ungehemmte Zellwachstum einleiten.

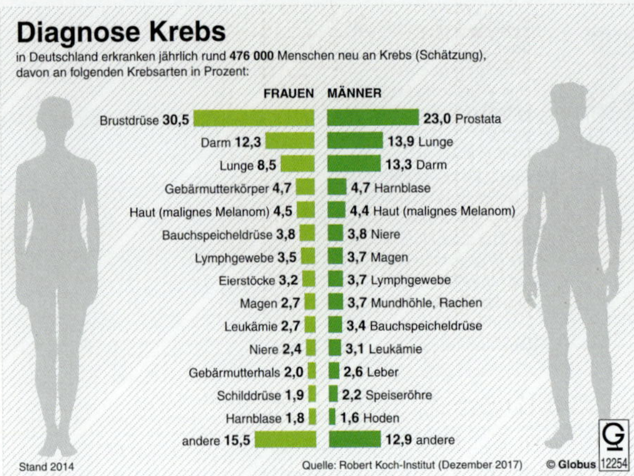

2. Häufigkeit von Krebserkrankungen

Es gibt chemische, physikalische und andere Faktoren (z. B. Viren), die eine Zellentartung auslösen können. Zu diesen **Karzinogenen** gehören u. a. die Inhaltsstoffe des Tabakrauchs, Pilzgifte (Aflatoxine) in verschimmelten Nahrungsmitteln, bestimmte Stickstoffverbindungen (Nitrosamine), die z. B. beim Grillen in Räucherfleisch entstehen, Teer, Asbest, Röntgenstrahlen, UV-Strahlen, radioaktive Strahlen und auch bestimmte Viren. Es ist noch nicht geklärt, unter welchen Voraussetzungen seelische Belastungen an der Krebsauslösung beteiligt sind. Auch Erbanlagen beeinflussen das Krebsrisiko.

Krebszellen entstehen laufend unbemerkt in unserem Körper. Das Abwehrsystem, bestehend aus weißen Blutzellen und Antikörpern, erkennt aber den entstehenden Krebs und bekämpft ihn wirksam. Erst bei einer geschwächten Abwehr kann sich der Krebs ausdehnen und zur Krebserkrankung führen.

Wie hoch ist das **Risiko,** an Krebs zu erkranken, und wie kann man dazu beitragen, eine Erkrankung zu vermeiden? Nach den Herz-Kreislauf-Erkrankungen steht Krebs in den Industrienationen an zweiter Stelle der Todesursachen. Täglich sterben in Deutschland etwa 400 Menschen an einer Form des Krebses. Häufigste Krebserkrankungen beim Mann sind Lungen-, Magen-, Darm- und Prostatakrebs, bei der Frau Brust-, Magen- und Darmkrebs. Das Risiko, an Krebs zu erkranken, steigt mit dem Alter.

Zigarettenrauchen steht an erster Stelle als Auslöser für krebsbedingte Todesfälle (im Mittel 30 %). Vergleicht man Nichtraucher und Raucher, so erkranken starke Zigarettenraucher 10- bis 25-mal häufiger an Lungen- und Bronchialkrebs. U. a. verursacht werden diese Erkrankungen durch die Aufnahme der im Zigarettenrauch enthaltenen Bestandteile des Teers (z. B. Benzpyren, Nitrosamine). Das Nikotin selbst wirkt nicht karzinogen.

Krebserkrankungen gelten als besonders heimtückisch, weil anfangs meist keine Schmerzen auftreten. Es gibt aber Warnzeichen, die auf eine Krebserkrankung hinweisen können:

- tastbare Knoten oder Verhärtungen, z. B. in Brust, Haut oder Zunge,
- Wunden, die nicht heilen – Schwellungen, die nicht abklingen – Muttermale, die sich verfärben,
- anhaltende Heiserkeit, trockener Husten oder Schluckbeschwerden,
- anhaltende Verdauungsstörungen,
- außergewöhnlich heftige Regelblutungen, Blutungen außerhalb der Periode oder nach dem Eintritt der Wechseljahre,
- scheinbar grundlose Blutungen und ungewöhnliche Absonderungen,
- unerklärlicher Gewichtsverlust,
- Abgeschlagenheit und Appetitlosigkeit.

Diese Warnzeichen müssen nicht Krebs bedeuten. Man sollte aber einen Arzt aufsuchen.

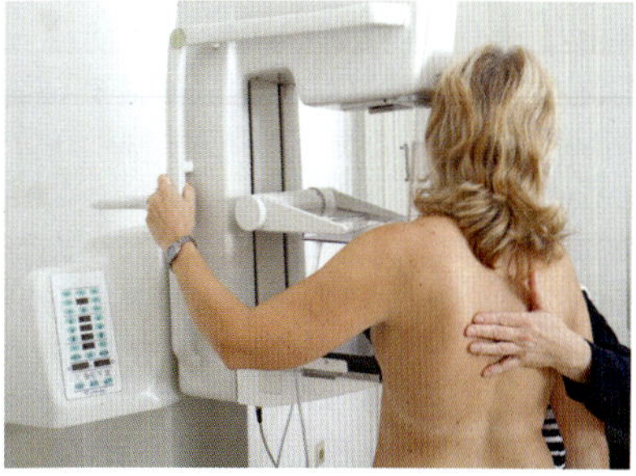

1. Krebsdiagnostik

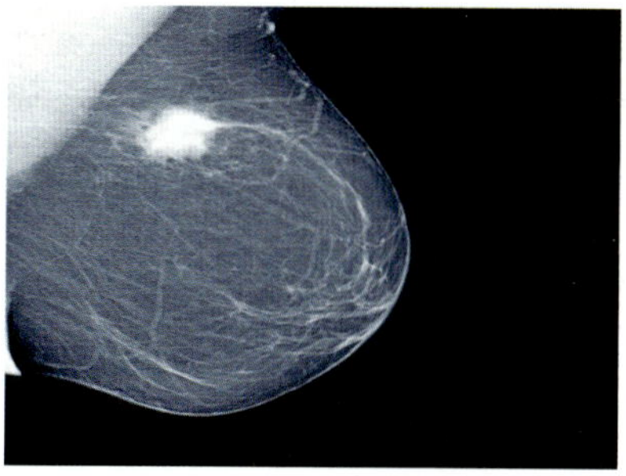

2. Tumor in einer Brust

### 2.6.2 Die Diagnose „Krebs" ist kein Todesurteil

*Manchmal denkt Regina noch an den Tag zurück, als sie den Knoten in ihrer linken Brust ertastete. Es ist jetzt genau zwölf Jahre her. Die ärztliche Untersuchung ergab damals die Diagnose Krebs. Der Knoten konnte operativ ohne Amputation aus der Brust entfernt werden. Eine anschließende Chemotherapie sollte verhindern, dass sich Metastasen bilden. In jährlichen Kontrolluntersuchungen wurde dies nachgeprüft. Heute gilt Regina als geheilt.*

Je früher eine Krebserkrankung erkannt wird, umso größer sind die Heilungschancen. Dies gilt z. B. für Brustkrebs oder Prostatakrebs. Deshalb besteht in Deutschland für Männer und Frauen ab einem bestimmten Alter die Möglichkeit, einmal jährlich eine kostenlose ärztliche **Vorsorgeuntersuchung** zur **Früherkennung** besonders gefährlicher Organkrebse vornehmen zu lassen.
Bereits beim geringsten Verdacht auf Krebs wird der Arzt alle zur Verfügung stehenden notwendigen **Diagnosemethoden** einsetzen, um festzustellen, ob eine Krebserkrankung vorliegt. Je nach Krebsart wendet er unterschiedliche Methoden an. Bei Brustkrebs oder Hautkrebs kann dies zunächst durch *Betrachtung* und *Abtastung* geschehen, um Knoten oder Verhärtungen zu erkennen. *Abstriche*, z. B. von der Mundschleimhaut oder dem Gebärmuttermund, werden auf Krebszellen untersucht. Weitere Aufschlüsse gibt eine *Laboruntersuchung des Blutes* auf Krebs-Antikörper und andere Substanzen.
Andere Krebsarten, wie Lungenkrebs, können durch *Röntgenuntersuchungen* festgestellt werden. Auch bei der *Mammografie* wird die Brust mithilfe eines Röntgengerätes kontrolliert. Ein weiteres Röntgenuntersuchungsverfahren ist die *Computertomografie*, die ein genaues Querschnittsbild des Körpers wiedergibt. Zunehmend wird heute auch die *Ultraschalldiagnostik* eingesetzt, die z. B. eine Erkrankung der Leber, der Bauchspeicheldrüse oder der Niere sichtbar macht. Sie ist völlig unschädlich und ermöglicht wiederholte Untersuchungen. Aufwändiger und wesentlich teurer, aber ebenfalls ungefährlich ist die *Kernspintomografie*, bei der mithilfe eines Magnetfeldes Schnittbilder des Körpers dargestellt werden. Bei der *Szintigrafie* werden radioaktive Substanzen eingesetzt, um den Krebs zu identifizieren.
Ergänzt werden diese Diagnosemethoden durch endoskopische Untersuchungen, das Einführen einer dünnen biegsamen Röhre mit Beleuchtungsgerät und einer kleinen Kamera, die dem Arzt optische Eindrücke bei der Spiegelung von Magen, Darm oder Luftröhre vermitteln. Mithilfe der *Endoskopie* oder der *Punktion* mit Hohlnadeln können auch kleinste Gewebeproben aus dem Körper entnommen und anschließend auf entartete Zellen geprüft werden.

Die Diagnose „Krebs" löst bei den meisten Menschen starke Ängste aus. Viele halten Krebs für unheilbar, obwohl heute bei Früherkennung einiger Krebsarten wie Hautkrebs oder Leukämie (Blutkrebs) gute Heilungsaussichten bestehen.

Bei der Behandlung von Krebserkrankungen, der **Krebstherapie,** wird versucht, alle im Körper befindlichen Krebszellen zu beseitigen. Dafür stehen verschiedene Methoden zur Verfügung. Verbleiben allerdings Krebszellen im Körper, können an gleicher Stelle oder durch die Bildung von Metastasen in anderen Geweben neue Tumore entstehen.

Ist die Krebsgeschwulst örtlich begrenzt, so wird sie durch *Operation* entfernt. Dennoch können sich trotz scheinbar vollständiger operativer Beseitigung noch weitere Krebszellen im gesunden Gewebe befinden. Um diese zu vernichten, wendet man weitere unterstützende Therapiemethoden an.

Bei der *Strahlentherapie* führt die Bestrahlung mit ionisierenden energiereichen Strahlen zur Zerstörung der Krebszellen. Beim Durchdringen von Gewebe erzeugen die Strahlen dort geladene Teilchen (Ionen), die die Krebszellen vernichten. Meist wird dabei auch gesundes Gewebe in Mitleidenschaft gezogen. Als Nebenwirkung dieser Behandlung tritt oft Müdigkeit, allgemeine Hinfälligkeit und Übelkeit auf.

Auch Medikamente, sogenannte Zytostatika, können die Entwicklung und Vermehrung von Krebszellen hemmen. Man setzt sie bei der *Chemotherapie* ein. Leider wirken diese Medikamente auch auf gesunde Zellen. Haarausfall und starke Übelkeit sind daher eine häufige Begleiterscheinung der Chemotherapie. Bei bestimmten Krebserkrankungen, z. B. der Schilddrüse, kann auch eine *Hormontherapie* Erfolg versprechen.

Menschliche Papillomaviren (HPV) sind schon lange dafür bekannt, lästige aber harmlose Warzen zu verursachen. Aber es gibt auch Stämme, die zu Gebärmutterhalskrebs führen können (s. Abb. 1, S. 29). Frauen infizieren sich unbemerkt häufig schon beim ersten Geschlechtsverkehr. Zwischen dieser Infektion und dem Ausbruch der Krebserkrankung können allerdings Jahrzehnte liegen. Ein neuer Impfstoff soll Mädchen vor dem ersten Geschlechtsverkehr immunisieren und so vor Gebärmutterhalskrebs schützen. Umstritten ist noch, ob die Impfung auch bei bereits infizierten Frauen wirkt.

Eine gesunde Lebensführung kann die Wahrscheinlichkeit senken, an Krebs zu erkranken. Zur **Krebsverhütung** (Prävention) gehören der vollkommene Verzicht auf das Rauchen und ein maßvoller Alkoholgenuss. Wer außerdem für eine ausgewogene Ernährung mit wenig Fleisch und Fett und viel ballaststoffreichem Gemüse, Kartoffeln, Salat und Obst sorgt, kann das Krebsrisiko weiter herabsetzen. Ausgiebige Sonnenbäder und Sonnenbrand sollte man meiden, denn sie begünstigen die Entstehung von Hautkrebs. Die Gefahr, durch den Kontakt mit bestimmten chemischen Substanzen an Krebs zu erkranken, konnte inzwischen nachhaltig gesenkt werden. So wurden z. B. die karzinogenen Bestandteile in Industrie- und Autoabgasen verringert. Früher häufig verwendete Baustoffe wie Asbest, dessen Staub Krebs auslösen kann, sind durch unbedenkliche ersetzt worden.

1. Nennen Sie Beispiele für Krebs erregende Stoffe (Karzinogene) und Möglichkeiten, wie man sich durch gesunde Lebensführung davor schützen kann.
2. Erkundigen Sie sich bei einer Krankenkasse nach Krebsvorsorgeuntersuchungen und berichten Sie darüber.
3. Berichten Sie an einem Krebsbeispiel über Diagnose- und Therapiemethoden.

# Übung: Zellen, Bausteine des Lebens

*Bedienung des Lichtmikroskops*

- Stellen Sie zu Beginn des Mikroskopierens die kleinste Vergrößerung ein.
- Legen Sie das Präparat über die Öffnung des Objekttisches.
- Schalten Sie das Mikroskop ein.
- Schauen Sie durch das Okular und stellen Sie durch Drehen des Triebrades die Schärfe ein. Regulieren Sie mit der Blende die Helligkeit und den Kontrast.
- Eine stärkere Vergrößerung erreichen Sie durch Drehen des Objektivrevolvers. Stellen Sie wieder vorsichtig scharf, ohne dass das Objektiv das Objekt berührt.
- Fassen Sie nicht mit den Fingern auf die Linsen von Okular und Objektiv. Säubern Sie diese ggf. mit einem weichen Lappen.

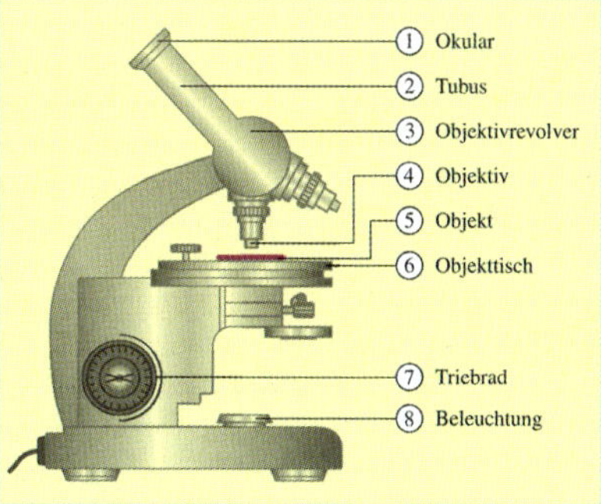


1. Aufbau eines Lichtmikroskops

## *A1 Mikroskopieren von Mundschleimhautzellen*

a) Geben sie einen Tropfen Wasser auf einen Objektträger. Schaben Sie mit einem sauberen Holzspatel oder mit einem Teelöffel vorsichtig von der Innenseite Ihrer Wange etwas Schleimhaut ab. Übertragen Sie die Schleimhaut auf den Wassertropfen und verrühren Sie beides. Setzen Sie seitlich an den Wassertropfen ein Deckgläschen an und legen Sie es vorsichtig auf. Mikroskopieren Sie das Präparat bei starker Vergrößerung und zeichnen Sie es.

b) Färben Sie das Präparat mit Methylenblau. Geben sie dazu mit einer Pipette einen Tropfen Methylenblau an den Rand des Deckgläschens. Saugen Sie den Farbstoff durch Anlegen eines Filtrierpapierstreifens auf der gegenüberliegenden Seite durch das Präparat. Mikroskopieren Sie das Präparat bei starker Vergrößerung und zeichnen Sie es.

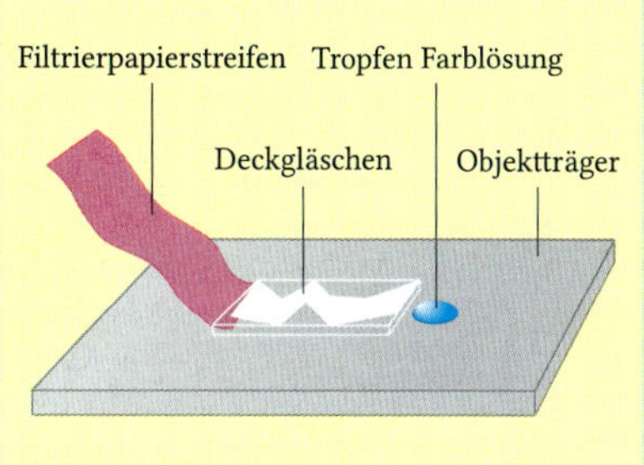


2. Anfärben eines Präparates

## *A2 Mikroskopieren von Leberzellen*

Besorgen Sie sich beim Metzger ein kleines Stück Leber. Ein Stückchen Leber wird in ein Becherglas mit etwas Wasser gegeben und mit einer spitzen Schere so lange zerschnitten, bis eine braunrote Flüssigkeit entsteht. Geben Sie mit einer Pipette etwas von dieser Flüssigkeit an das Ende eines Objektträgers. Nehmen Sie einen zweiten Objektträger und setzen sie diesen mit der schmalen Kante schräg an den Tropfen, sodass dieser an den Objektträger gesaugt wird. Ziehen Sie nun den Objektträger so über den liegenden Objektträger vor dem Tropfen her, dass sich die Flüssigkeit auf dem Objektträger verteilt. Sie haben ein Ausstrichpräparat hergestellt. Geben Sie mit einem Glasstab einen Tropfen Orcein-Essigsäure auf das Präparat. Mikroskopieren Sie das Präparat bei mittlerer Vergrößerung und zeichnen Sie es.

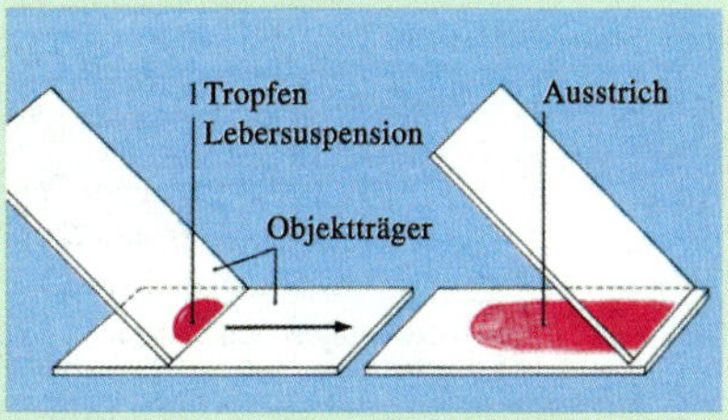


3. Anfertigen eines Ausstrichpräparates

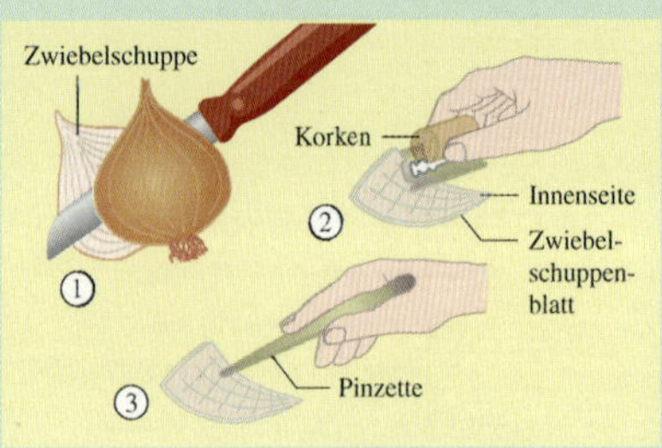


4. Anfertigen eines Zwiebelschuppen-Präparates

### *A3 Mikroskopieren von Pflanzenzellen*

a) Blattzellen der Wasserpest: Geben Sie einen Tropfen Wasser auf einen Objektträger. Zupfen Sie mit einer Pinzette ein Blatt der Wasserpest ab und übertragen Sie es in den Wassertropfen. Legen Sie ein Deckgläschen auf und mikroskopieren und zeichnen Sie das Präparat. Beachten Sie die Plasmabewegung anhand der Chloroplasten.

b) Zwiebelhäutchen: Schneiden Sie eine rote Küchenzwiebel längs durch. Die Zwiebelschuppen haben auf der Innenseite ein feines mattes Häutchen. Schneiden Sie mit einer Rasierklinge quadratische Muster von etwa 0,5 cm Kantenlänge hinein. Geben Sie einen Tropfen Wasser auf einen Objektträger. Lösen Sie mit einer Pinzette ein Stück des Zwiebelhäutchens von 0,5 × 0,5 cm und übertragen Sie es in den Wassertropfen. Legen Sie ein Deckgläschen auf und mikroskopieren und zeichnen Sie das Präparat. Färben Sie das Präparat mit Methylenblau wie in A1 b) beschrieben.

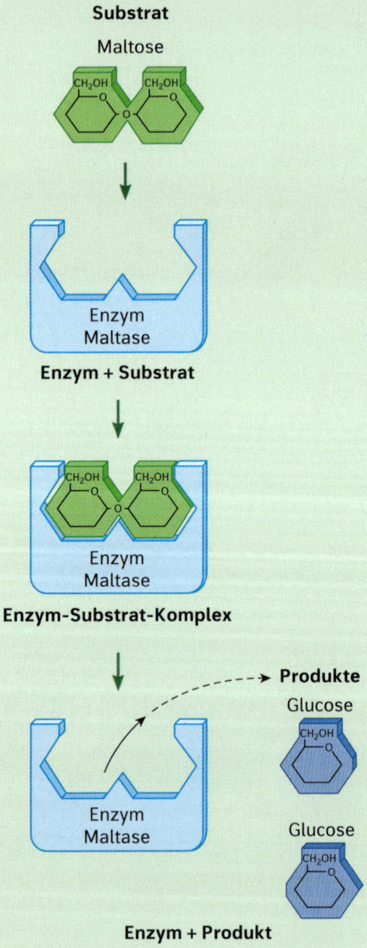


### *A4 Enzyme*

Enzyme bewirken nicht nur den Abbau, d. h. die Verdauung, von Nährstoffen im Magen-Darmtrakt (s. S. 46, 47), sondern sie sind auch an allen Stoffwechselreaktionen in der lebenden Zelle beteiligt. Wissenschaftler gehen davon aus, dass es im menschlichen Körper etwa 3 000 verschiedene Enzyme gibt.

Enzyme sind kompliziert geformte Eiweiße mit einer taschenartigen Vertiefung. In diese passt bei jedem Enzym nur eine bestimmte Substanz, die man **Substrat** nennt. Das heißt, Enzym und Substrat passen wie Schlüssel und Schloss zusammen. Enzym und Substrat gehen eine lockere Verbindung ein, den **Enzym-Substrat-Komplex**. Jedes Enzym kann auch nur eine einzige chemische Reaktion mit dem Substrat umsetzen, zum Beispiel das Molekül an einer bestimmten Stelle spalten. Nach der Reaktion löst sich der Enzym-Substrat-Komplex auf: Aus dem Substrat sind neue Produkte entstanden. Das Enzym geht unverändert aus der Reaktion hervor und kann weitere Substratmoleküle binden. Ein Enzym ist ein **Biokatalysator**.

1. Erklären Sie anhand der Abbildung den Ablauf einer Enzymreaktion.
2. a) Füllen Sie ein Reagenzglas zur Hälfte mit Wasser und lösen Sie darin eine Löffelspitze Stärke.
   b) Nehmen Sie davon je zwei kleine Proben mit der Pipette und überprüfen Sie diese mit Kaliumiodid-Lösung auf Stärke und mit einem Teststreifen auf Zucker.
   c) Geben Sie in das Reagenzglas etwas Speichel und erwärmen Sie den Ansatz im Wasserbad bei 35 °C. Entnehmen Sie nach ca. 30 Minuten wieder Proben mit der Pipette und untersuchen Sie diese mit Kaliumiodid-Lösung und mit dem Zuckerteststreifen.
   d) Erklären Sie die Versuchsergebnisse.

# 3 Stoffwechsel und Energieumsatz des menschlichen Körpers

## 3.1 Ernährung und Verdauung

*Wie gesund ernähren sich Kinder und Jugendliche?*

*Im Rahmen einer bundesweiten Studie zur Gesundheit von Kindern und Jugendlichen in Deutschland hat das Robert Koch-Institut erstmals von 2009 bis 2012 in 167 Städten und Gemeinden 16450 Kinder und Jugendliche zwischen 0 und 17 Jahren untersucht. Das Untersuchungsprogramm bestand aus Befragungen der Eltern und ab 11 Jahren auch der Jugendlichen selbst sowie aus medizinischen Untersuchungen und Tests. Die Studie heißt* ***KiGGS****. Das ist keine Abkürzung, sondern ein reines Kunstwort. Insgesamt gab es vier Untersuchungsbereiche: Ernährung, motorische Entwicklung, Umweltbelastungen und psychische Gesundheit. Und das hat die KiGGS-Studie im Bereich der Ernährung ergeben:*
*Übergewicht: Jeder Fünfte der untersuchten 3- bis 17-Jährigen ist übergewichtig, ein Drittel davon sogar adipös (fettleibig). Damit haben Übergewicht und Adipositas bei Kindern und Jugendlichen in Deutschland im Vergleich mit den Jahren 1985 bis 1999 um 50 % zugenommen.*
*Fehlernährung: Mehr als die Hälfte der Kinder und Jugendlichen isst zu wenig Getreide, Gemüse, Obst, Milchprodukte, Fisch und Beilagen wie Kartoffeln, Reis und Nudeln. Der Konsum von Süßigkeiten, Snacks und gesüßten Getränken hingegen ist zu hoch.*

1. *Informieren Sie sich im Internet über die KiGGS-Studie (www.kiggs-studie.de) und halten Sie ein Referat darüber: methodisches Vorgehen der KiGGS-Studie, wichtige Ergebnisse, daraus abgeleiteter Handlungsbedarf für Kitas und Schulen.*
2. *Informieren Sie sich im Internet (www.bzga.de) über Kampagnen zur Gesundheitsförderung in Kitas und Schulen. Halten Sie darüber ein Referat.*
3. *Sammeln Sie Ideen zum Thema „Ernährung von Kindern" für eine Kita.*
   a) *Zielgruppe: Kinder im Kindergartenalter unter Einbeziehung der Erzieher/-innen und Eltern*
   b) *Zielsetzung: spielerischer Zugang zu gesunder Ernährung, Vermeidung von Übergewicht und Folgeerkrankungen*

*So ernähre ich mich richtig*

*Es ist Frühjahr und Isabel und Julia haben vor, eine Diät zu machen, um ihre ideale „Bikinifigur" für den Sommerurlaub zu bekommen. Sie wollen bewusster essen und ihre Ernährungsgewohnheiten umstellen.*

1. *Stellen Sie tabellarisch aus Kochbüchern bzw. bei Fertiggerichten aus der Packungsangabe für unterschiedliche Speisen und Getränke (z. B. Ihre Lieblingsspeisen und -getränke) die Nährwertangaben zusammen: Brennwert (Energiegehalt) in kJ, Gehalt an Eiweiß, Fett, Kohlenhydraten, Ballaststoffen, ggf. Vitaminen und Spurenelementen (jeweils pro 100 Gramm und pro Packung).*
2. *Stellen Sie eine Liste sehr energiereicher Speisen und Getränke zusammen, die man mäßig zu sich nehmen sollte.*
3. *Entwickeln Sie einen abwechslungsreichen Menüplan unter Beachtung des Energiegehalts von maximal 10000 kJ pro Tag.*

1. Marathonläufer

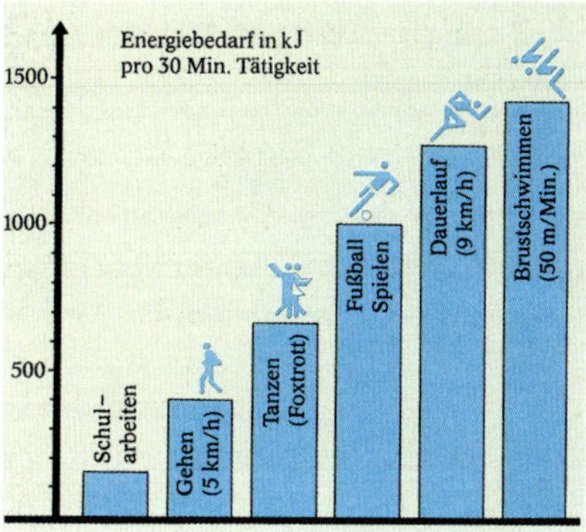


2. Energiebedarf

### 3.1.1 Nährstoffe als Energielieferanten

*Julia will in einer Woche an ihrem ersten Marathonlauf teilnehmen. „Während des Lauftrainings in der Vorbereitungsphase musste ich besonders auf meine Ernährung achten." Nun, wenige Tage vor dem Wettkampf, füllt Julia ihre Energie- und Nährstoffspeicher zusätzlich durch kohlenhydratreiche Lebensmittel auf. Denn am Wettkampftag wird sie viel Energie benötigen, etwa 20 000 Kilojoule.*

Woher bezieht unser Körper diese Energie? Er gewinnt sie aus Nahrungsmitteln. In ihnen sind sie in chemischer Form als die **Nährstoffe** Kohlenhydrate, Fette und Eiweiße gespeichert. Beim Abbau dieser Verbindungen in den Körperzellen wird die chemisch gebundene Energie freigesetzt. Daneben haben die Nährstoffe wichtige Aufgaben als Baustoffe in unserem Körper.

Den **Energiegehalt von Nahrungsmitteln** misst man in Kalorien oder in Joule. Eine *Kilokalorie* (kcal) entspricht der Energie, die nötig ist, um 1 l Wasser von 14,5 °C auf 15,5 °C zu erwärmen. Als neuere Maßeinheit ist das Joule eingeführt worden, wobei 1 kcal ca. 4,2 *Kilojoule* (kJ) entspricht. Als Faustregel gilt, dass ein normal arbeitender Mensch täglich 10 000 kJ an Energie verbraucht.

**Kohlenhydrate** sind aus Kohlenstoff, Wasserstoff und Sauerstoff zusammengesetzt. Sie werden von den grünen Pflanzen im Rahmen der Fotosynthese gebildet. Im menschlichen Organismus spielen sie als schnell verfügbare Energiequelle eine große Rolle. Zu den Kohlenhydraten gehören zum Beispiel Traubenzucker und Fruchtzucker, Rohr- oder Rübenzucker und Milchzucker sowie Stärke. Wir nehmen diese Kohlenhydrate durch Getreideprodukte, Obst, Gemüse, Kartoffeln und auch in Form von zuckerhaltigen Süßigkeiten auf. Der Energiegehalt von 1 g Kohlenhydraten beträgt 17,2 kJ.

**Fette** können pflanzlichen oder tierischen Ursprungs sein. Zu den tierischen Fetten gehören Speck, Schmalz und Butter. Pflanzliche Fette liefern Sojabohnen, Sonnenblumen, Erdnüsse, Kokos- und Ölpalmen sowie Olivenbäume. Fette sind die energiereichsten Nährstoffe unserer Nahrung. Sie enthalten mehr als doppelt so viel Energie wie Kohlenhydrate, nämlich 39 kJ pro Gramm. Öle, z. B. Olivenöl, sind flüssige Fette.

**Eiweiße** kommen ebenfalls in Nahrungsmitteln tierischer und pflanzlicher Herkunft vor, z. B. in Milch, Eiern, Fleisch und Fisch sowie in Hülsenfrüchten und Getreide. Unser Körper benötigt Eiweiße weniger zur Energiegewinnung, sondern vielmehr zum

| Nahrungsmittel (jeweils 100 g) | Nährstoffgehalt (in %): Eiweiße | Fette | Kohlenhydrate | Wasser | Energiegehalt in Kilojoule |
|---|---|---|---|---|---|
| Rindfleisch | 22 | 4 | | 74 | 512 |
| Rotbarsch | 18 | 4 | | 78 | 441 |
| Eier (roh) | 13 | 12 | 1 | 74 | 664 |
| Vollmilch | 3 | 3,5 | 4,5 | 89 | 269 |
| Butter | 1 | 83 | 1 | 15 | 3167 |
| Käse | 26 | 30 | 1 | 43 | 1613 |
| Vollkornbrot | 7 | 2 | 42 | 49 | 904 |
| Kartoffeln | 2 | | 18 | 80 | 301 |
| Spinat | 3 | | 4 | 93 | 113 |
| Äpfel | | | 14 | 86 | 251 |
| Pommes frites | 4 | 8 | 34 | 54 | 924 |
| Pizza | 9 | 9 | 25 | 57 | 905 |
| Bratwurst | 13 | 33 | | 54 | 1436 |

3. Nährstoffgehalt und Energiegehalt verschiedener Nahrungsmittel

Aufbau und zur Erhaltung von Körpersubstanzen wie Muskeln, Haut oder Haaren. Der Energiegehalt von Eiweiß beträgt 17,2 kJ/g.

Unsere Nahrungsmittel enthalten die Nährstoffe Kohlenhydrate, Fett und Eiweiß, wie die Tabelle (Abb. 3) zeigt, in unterschiedlichen Mengen und Zusammensetzungen. Bei der Verarbeitung der Nährstoffe im Körper wird zwischen dem *Betriebsstoffwechsel* und dem *Baustoffwechsel* unterschieden. Zur Energiegewinnung im Betriebsstoffwechsel stehen grundsätzlich alle drei Nährstoffe bereit. Besonders eignen sich hierzu aber die Kohlenhydrate und Fette. Demgegenüber sind beim Baustoffwechsel die Eiweiße und Fette von größerer Bedeutung. So werden zum Beispiel abgestorbene Haut-, Blut- oder Knochenzellen ständig durch neue Zellen ersetzt. Hierbei greift der Körper auf Baustoffe aus der Nahrung zurück.
Nicht nur bei körperlichen Anstrengungen gewinnt der Körper die notwendige Energie aus den Nährstoffen. Sogar bei völliger Ruhe verbraucht unser Organismus Energie, damit auch im Schlaf die notwendigen Körperfunktionen aufrechterhalten werden können. Dazu gehören Atmung, Herztätigkeit, Blutkreislauf, Gehirntätigkeit und die Erhaltung einer gleichmäßigen Körpertemperatur. Der Energieverbrauch bei Ruhe wird **Grundumsatz** genannt.
Alle energieverbrauchenden Vorgänge im Körper, die zusätzlich zum Grundumsatz ablaufen, bezeichnet man als **Leistungsumsatz.** Dabei erfolgt die Steigerung des Energieverbrauchs durch die vermehrte Muskeltätigkeit. Häufig wird der Energieverbrauch für verschiedene Arbeiten oder sportliche Betätigungen überschätzt. Allerdings kann sich der Energiebedarf im Hochleistungssport bis auf 42 000 kJ, z. B. bei Teilnehmern von Tour-de-France-Bergetappen, steigern.

**1.** Erklären Sie den Unterschied zwischen Grund- und Leistungsumsatz.

**2.** Julia isst eine Pizza mit einem Energiegehalt von 2 800 kJ. Errechnen Sie mithilfe der Grafik (s. Abb. 2, S. 37), wie lange sie die verschiedenen Sportarten treiben müsste, um die aufgenommene Energie restlos zu verbrauchen.

### 3.1.2 Von Nährstoffen allein können wir nicht leben

*Als Vasco da Gama 1497 mit seiner Flotte aufbrach, um den Seeweg nach Indien zu entdecken, nahm er ausreichend Proviant für drei Jahre mit an Bord: Schiffszwieback, Pökelfleisch, Wasser und Wein. Dennoch wurden die meisten seiner Seeleute krank und starben. Diese Krankheit der Seefahrer nannte man Skorbut. Heute kennen wir die Ursache dieser Erkrankung: Mangel an Vitamin C!*

**Vitamine** sind lebensnotwendige, organische Verbindungen, die der menschliche Körper nicht selber bilden und nicht über längere Zeit speichern kann. Vitamine müssen deshalb mit der Nahrung aufgenommen werden. Im Körper erfüllen sie zahlreiche Aufgaben und wirken bereits in sehr kleinen Mengen von wenigen Milligramm. Nach ihrem Lösungsverhalten unterscheidet man wasserlösliche und fettlösliche Vitamine. Einige Vitamine, wie das fettlösliche Vitamin A, kommen in der Nahrung nur als *Provitamine* vor und werden erst im Körper zu Vitaminen umgewandelt.
Wird der Körper nicht ausreichend mit Vitaminen versorgt, kommt es zu unterschiedlichen Beschwerden (s. Abb. 2). In einigen Fällen können zu viele Vitamine auch schaden, denn fettlösliche Vitamine werden gespeichert und können z. B. die Leber schädigen. Überschüssige wasserlösliche Vitamine sind dagegen immer unschädlich, weil sie ausgeschieden werden.
Ebenfalls lebensnotwendig für die Stoffwechselvorgänge in unserem Körper ist die Aufnahme von **Wasser.** Es dient unter anderem als Lösungs- und Transportmittel. Weil wir durch Urin, Schweiß und Atmung viel Wasser ausscheiden, muss der Verlust durch täglich 2 bis 2,5 Liter Flüssigkeitsaufnahme ausgeglichen werden.
Neben Nährstoffen, Vitaminen und Wasser ist die Zufuhr von **Mineralstoffen** für unsere Gesundheit unerlässlich. Calcium, Phosphor und Magnesium werden für den Knochenaufbau benötigt; Natrium und Kalium spielen bei der Muskeltätigkeit und bei Vorgängen im Nervensystem eine entscheidende Rolle. Als **Spurenelemente,** die nur in ganz geringen Mengen vorkommen, werden Eisen, Kupfer, Zink, Fluor und Jod benötigt. Sie fördern die Blutbildung, die Zahnschmelzbildung und die Schilddrüsenfunktion.

**1.** Berichten Sie über Spurenelemente: täglicher Bedarf, Vorkommen, Mangelerscheinungen und Behandlung.

**2.** Informieren Sie sich über Ursache, Krankheitszeichen und Behandlung folgender Vitaminmangelkrankheiten: Skorbut, Beriberi, Pellagra, Rachitis, Xerosis, Nachtblindheit.

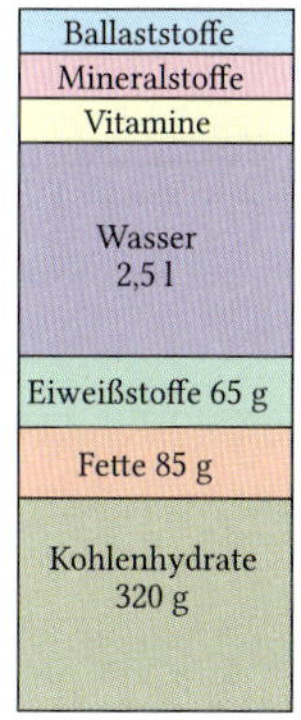


1. Täglicher Bedarf an Stoffen in der Nahrung

| Vitamine | Hauptvorkommen | Wirkungen | Mangelerscheinungen | pro Tag |
|---|---|---|---|---|
| **Vitamin A** (licht- und sauerstoffempfindlich) | **Lebertran, Leber,** Niere, Milch, Butter, Eigelb – als Provitamin A in Möhren, Spinat, Petersilie | Erforderlich für normales Wachstum und Funktion von Haut und Augen | Wachstumsstillstand, Verhornung von Haut und Schleimhäuten, Nachtblindheit | 1,6 mg |
| **Vitamin D** (lichtempfindlich, hitzebeständig) | **Lebertran, Leber,** Niere, Milch, Butter, Eigelb – bildet sich aus einem Provitamin in der Haut | Regelt den Calcium- und Phosphathaushalt, steuert Calciumphosphatbildung für den Knochenbau | Knochenerweichungen und -verkrümmungen **(Rachitis),** Zahnbildung und -anordnung geschädigt | 0,01 mg |
| **Vitamin $B_1$** (sehr sauerstoffempfindlich) | **Hefe, Weizenkeime,** Leber, Nieren, Schweinefleisch, Hülsenfrüchte, Reiskleie, Milch, Eigelb | Fördert den Kohlenhydrat- und Fettstoffwechsel und die Nerventätigkeit | Müdigkeit, Verdauungsstörungen, Nervenkrankheit **„Beriberi",** Wassersucht, Herzschwäche | 1,5 mg |
| **Vitamin $B_{12}$** (hitzebeständig) | **Leber, Milch, Eigelb,** Niere, Fleisch | Aufbau der Zellkernsubstanz, Bildung von Roten Blutkörperchen | Anämie, Veränderung am Rückenmark und an der Lunge, nervöse Störungen | 0,005 mg |
| **Vitamin C** (sauerstoff- und trockenheitsempfindlich) | **Hagebutten, Sanddorn, Johannisbeeren,** Zitrusfrüchte, Kartoffeln, Kohl, Spinat, Tomaten u. a. frisches Gemüse | Entzündungs- und blutungshemmend, fördert die Abwehrkräfte des Organismus, aktiviert Enzyme | Zahnfleisch- und Unterhautblutungen, Müdigkeit, Gelenk- und Knochenschmerzen **(Skorbut),** Anfälligkeit für Infektionen | 75,0 mg |

2. Bedarf an ausgewählten Vitaminen (gelb = fettlöslich, blau = wasserlöslich)

1. Zu viele Süßigkeiten machen dick

$$\text{BMI: Normalgewicht} = \frac{\text{Gewicht in kg}}{\text{Größe in m} \times \text{Größe in m}}$$

| *Klassifikation* | *BMI* |
|---|---|
| Untergewicht | < 18,5 |
| Normalgewicht | 18,5 – 24,9 |
| Übergewicht | ≥ 25 |
| Leichtes Übergewicht | 25 – 29,9 |
| Deutliches Übergewicht | 30 – 39,9 |
| Massives Übergewicht | ≥ 40 |

2. Body-Mass-Index (BMI)

### 3.1.3 Richtig ernähren – aber wie?

Schauen wir uns unter unseren Mitmenschen einmal kritisch um! Wer erscheint uns normalgewichtig, wer ist zu dick, wer zu dünn? Wie kommt es zu diesen Unterschieden beim Körpergewicht? Die Hauptursache für Übergewicht liegt in einer Kombination aus falscher Ernährung und Bewegungsmangel. Das bedeutet, es wird zu viel Energie in Form von Nahrungsmitteln aufgenommen und zu wenig Energie durch zu geringe Muskeltätigkeit verbraucht.

Unser Körper benötigt die einzelnen Nährstoffe in unterschiedlichen Mengen. Die tägliche Nahrung eines Menschen von 70 kg Gewicht sollte aus 300–400 Gramm Kohlenhydraten, 80–100 Gramm Eiweiß und nur 60–80 Gramm Fett bestehen. Tatsächlich nehmen übergewichtige Menschen ständig zu viel Fett, z. B. aus Wurst und Schokolade, und Kohlenhydrate aus stark zuckerhaltigen Süßspeisen und Getränken zu sich. Die Folge ist, dass der Körper energiereiche Reservestoffe bildet und im Unterhautbindegewebe als sichtbare Fettpolster speichert.

**Kohlenhydrate** sollten überwiegend aus vollgetreidehaltigem Brot, Nudeln und Reis und Kartoffeln, Gemüse, frischem Salat und frischem Obst aufgenommen werden. Diese Nahrungsmittel sind außerdem reich an **Ballaststoffen,** die das Sättigungsgefühl fördern und die Darmtätigkeit anregen, aber vom Körper nicht verdaut oder resorbiert werden können. Zu diesen Ballaststoffen gehört die Cellulose, ein Bestandteil der pflanzlichen Zellwände.

Die **Eiweißversorgung** sollte weniger durch Fleisch, sondern vermehrt durch Milchprodukte, vorwiegend in Form von Sauermilch und Quark, erfolgen.
Pflanzliche Fette wie naturbelassene Öle in mäßiger Menge sind tierischen Fetten vorzuziehen. Sogenannte „versteckte Fette" in Wurst oder Schokolade müssen beachtet werden. Allein eine Pizza enthält etwa 70 g Fett und deckt damit den Fettbedarf für einen ganzen Tag.
Als Getränke sind Mineralwasser, Schorlen aus Fruchtsäften und Wasser und Kräutertees besonders günstig. Alkoholische Getränke dagegen sind wahre „Kalorienbomben" und führen ebenso wie Fett im Übermaß zu einer deutlichen Gewichtserhöhung.
Nur bei starkem Übergewicht ist eine kalorienreduzierte, ausgewogene **Diät** über einen längeren Zeitraum zu empfehlen, um abzunehmen und ein **Normalgewicht** zu erreichen. Kurzfristige Diäten dagegen führen zum „Jo-Jo-Effekt": Der Körper stellt sich auf einen geringeren Energieverbrauch ein und sobald wieder normal gegessen wird, erfolgt eine noch stärkere Gewichtszunahme.

Wie viel darf ein Mensch wiegen, um als normalgewichtig zu gelten? Das Gewicht hängt von Alter, Geschlecht und Körpergröße ab. Einen groben Anhaltspunkt für die Berechnung des Sollgewichts in Kilogramm liefert die Broca-Formel: Körpergröße in Zentimetern minus 100. Das **Idealgewicht** besitzt man nach dieser Formel, wenn das Sollgewicht um 10 % unterschritten wird. **Übergewicht** liegt vor, wenn das Sollgewicht um 10 % überschritten wird, bei mehr als 20 % sogar Fettleibigkeit. Eine bessere Berechnung ist mit dem Body-Mass-Index möglich (s. Abb. 2, S. 40).

Doch nicht nur aus ästhetischen Gründen ist eine bewusste Ernährung wichtig. Vielmehr stehen **gesundheitliche Risiken** im Vordergrund. Übergewicht belastet ständig das Skelett- und das Herz-Kreislauf-System. Viele Krankheiten im fortgeschrittenen Alter sind auf eine jahrelange Fehlernährung zurückzuführen. Zu ihnen gehören die Gefäßkrankheiten, die Arteriosklerose, Bluthochdruck und Herzinfarkt begünstigen, außerdem Erkrankungen der Bauchspeicheldrüse wie Diabetes oder eine ständige Erhöhung des Harnsäurespiegels, die zur schweren Gelenkerkrankung Gicht führt. Verschiedenen Krebserkrankungen kann durch eine ballaststoff- und vitaminreiche, aber fettarme Ernährung vorgebeugt werden.

1. Sammeln Sie verschiedene Diät-Vorschläge aus Zeitschriften/Prospekten und bewerten Sie diese.
2. Berechnen Sie Ihr Normal- und Idealgewicht mit der Broca-Formel und dem Body-Mass-Index.
3. Informieren Sie sich über Essstörungen. Berichten Sie.
4. Erstellen Sie vergleichende Übersichten zu verschiedenen Ernährungsalternativen wie Vegetarier und Veganer.

## Essstörungen

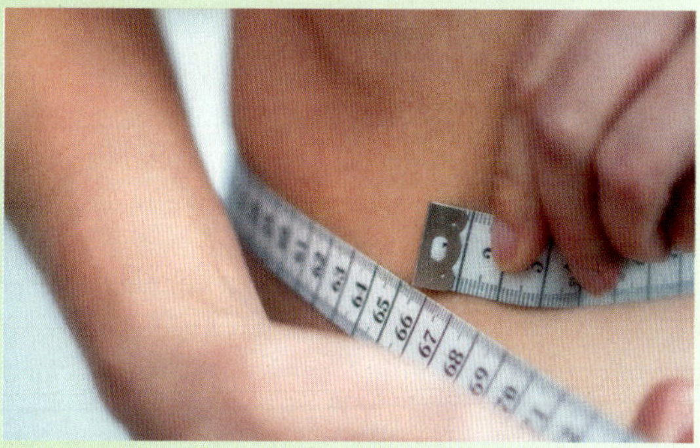

*Die Ursachen für ein krankhaft gestörtes Essverhalten liegen oft im psychischen Bereich.*

*Die **Magersucht** beginnt häufig in der Pubertät und ist geprägt vom Wunsch nach einem geringeren Körpergewicht, dem Streben, noch dünner zu werden, sowie der permanenten Angst vor einer Gewichtszunahme. Als Folge kommt es zu extremem Gewichtsverlust und Störungen der Körperwahrnehmung. Magersucht führt in 10 % aller Fälle zum Tode. Als Ursachen werden das Verlangen nach einer untergewichtigen Figur, dem Schönheitsideal aus der Film- und Modeindustrie oder Schwierigkeiten mit dem Erwachsenwerden angenommen. Es sind deutlich mehr Mädchen als Jungen betroffen. Das Verhältnis beträgt 9:1.*

*Die **Ess-/Brechsucht** (Bulimie) ist gekennzeichnet durch Phasen extremen Heißhungers auf häufig sehr kalorienreiche Nahrungsmittel mit anschließendem Übergeben. Dabei entsteht ein Teufelskreis aus Ess-Attacken, anschließenden Schuldgefühlen und Selbstvorwürfen und mutwillig herbeigeführtem Erbrechen und dem Missbrauch von Abführmitteln.*

*Als Ursachen krankhafter **Fettleibigkeit** kommen suchtartiges Essen ohne Hungergefühl, Bewegungsmangel und Erbfaktoren infrage. Die Essstörung ist aber meist erlernt: Der Erkrankte kann nicht mehr entsprechend auf Hunger- oder Sättigungsgefühle reagieren. Mancher Fettleibige tröstet sich immer wieder mit Fressattacken über unangenehme Lebenslagen wie Trauer, Angst, Langeweile oder Misserfolg hinweg.*

## DGE-Ernährungskreis – eine Hilfe bei der täglichen Lebensmittelauswahl

*Der Ernährungskreis der Deutschen Gesellschaft für Ernährung e. V. (DGE) dient als Wegweiser für eine vollwertige Ernährung. Er teilt das reichhaltige Lebensmittelangebot in sieben Gruppen ein und erleichtert so die tägliche Lebensmittelauswahl. Die Größe der Kreissegmente verdeutlicht das Mengenverhältnis der einzelnen Lebensmittelgruppen zueinander: Je größer ein Segment des Kreises ist, desto größere Mengen sollten aus der Gruppe verzehrt werden. Lebensmittel aus kleinen Segmenten sollten dagegen sparsam verwendet werden. Für eine gesundheitsfördernde, vollwertige Ernährung wird empfohlen, Lebensmittel aus allen sieben Gruppen zu verzehren, das dargestellte Mengenverhältnis zu berücksichtigen und innerhalb der Gruppen zwischen den Lebensmitteln abzuwechseln. Ist die Zusammenstellung an einem Tag nicht ausgewogen, dann sollte an den folgenden Tagen bewusst vollwertig ausgewählt und gegessen werden. Auf die Wochenbilanz kommt es an.*

*Getränke bilden mit einer täglichen Trinkmenge von 1,5 Litern mengenmäßig die größte Lebensmittelgruppe. Danach folgen die pflanzlichen Lebensmittel Getreideprodukte, Kartoffeln, Gemüse sowie Obst. Sie stellen die Basis einer vollwertigen Ernährung dar und liefern Kohlenhydrate, reichlich Vitamine, Mineralstoffe, Ballaststoffe und sekundäre Pflanzenstoffe. Tierische Lebensmittel – möglichst fettarm – ergänzen in kleineren Portionen den täglichen Speisenplan. Sie versorgen den Körper mit hochwertigem Protein, Vitaminen und Mineralstoffen. Fett und fettreiche Lebensmittel sollten eher selten verzehrt werden. Dabei ist die Qualität entscheidend, denn hauptsächlich liefern pflanzliche Öle die essenziellen Fettsäuren.*

(Quelle: www.dge.de/ernährungskreis, 20.07.2018, 09:30)

DGE-Ernährungskreis, Copyright: Deutsche Gesellschaft für Ernährung e. V., Bonn

### 3.1.4 Der Weg der Nahrung durch den Körper

Unter Verdauung versteht man die Umwandlung der aufgenommenen Nahrungsstoffe in eine für den Körper geeignete Form. In den verschiedenen Abschnitten des Verdauungssystems werden zunächst die Nährstoffe in ihre Bausteine zerlegt. Durch die Dünndarmwand gelangen sie dann ins Blut und werden im Körper verteilt.

A. Die Verdauung der Nahrung beginnt bereits in der **Mundhöhle.** Mit den Schneidezähnen beißt man mundgerechte Bissen ab, die mithilfe der Backenzähne zerkleinert werden. Drei Speicheldrüsenpaare sondern Speichel in die Mundhöhle ab, der beim Kauen von der Zunge unter die Nahrung gemengt wird. Dadurch wird der Speisebrei gleitfähig. Die Speichelflüssigkeit enthält ein Enzym. Dies ist ein Wirkstoff, der Stärke in Zucker zerlegen kann.

B. Nach dem Kauen wird die Nahrung verschluckt. Dazu schiebt die Zunge den Speisebrei nach hinten in den Rachenraum. Dann setzt der Schluckvorgang, ausgelöst durch einen Reflex, ohne unser Zutun ein. Beim Schlucken verschließt der Kehldeckel die Luftröhre, sodass die Nahrung nur in die **Speiseröhre**, nicht in die Luftröhre gelangt. Die muskulösen Wände der Speiseröhre ziehen sich hinter jedem Nahrungsbissen zusammen und befördern so die Speisen aktiv in den Magen hinein.

C. Der **Magen** besteht aus kräftigen Muskelwänden, die mit der faltigen Magenschleimhaut ausgekleidet sind. Im Magen, der bis zu 2 Liter Speisebrei aufnehmen kann, wird die Nahrung gesammelt und ständig durchgeknetet. Gleichzeitig wird der Speisebrei mit Magensaft durchmischt, der aus Drüsen in der Magenschleimhaut abgesondert wird. Der Magensaft enthält verdünnte Salzsäure und Enzyme, die besonders für die Zerlegung von Eiweiß von Bedeutung sind.

D. Der Speisebrei gelangt nach ein bis sieben Stunden portionsweise über den Magenausgang, den Pförtner, in den **Dünndarm.** Der erste Abschnitt heißt Zwölffingerdarm, weil er so lang ist wie zwölf Finger breit sind. Hier geben Leber und Bauchspeicheldrüse ihre Verdauungssäfte ab. Je nach Bedarf gelangt die in der Gallenblase gespeicherte Galle in den Darm. Sie bewirkt, dass Fett emulgiert, d. h., in winzige Tröpfchen zerteilt wird. Der Bauchspeichel enthält mehrere Enzyme. Sie spalten die Fette, die noch nicht zerlegten Kohlenhydrate und die Eiweißstoffe auf.

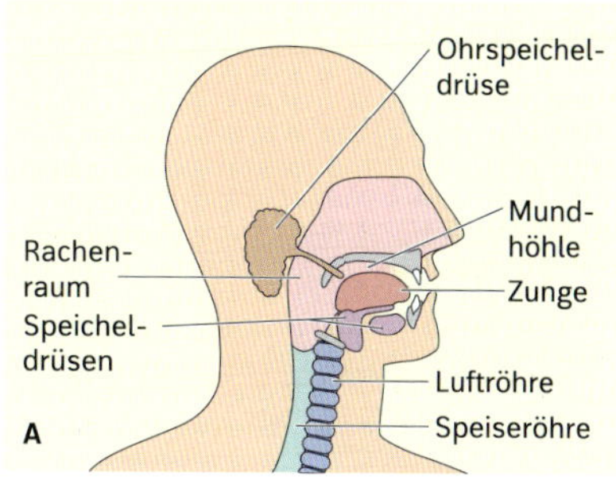


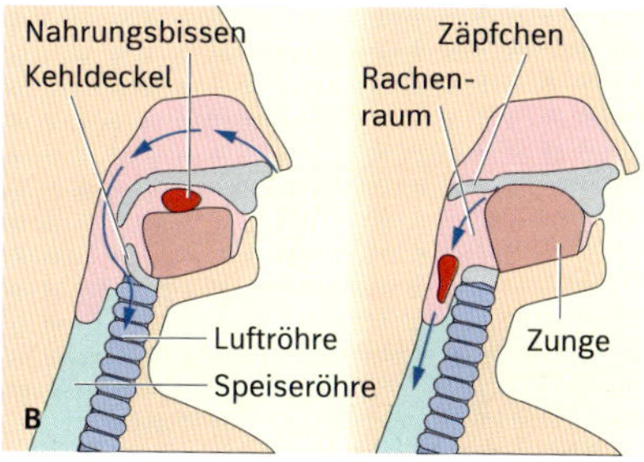


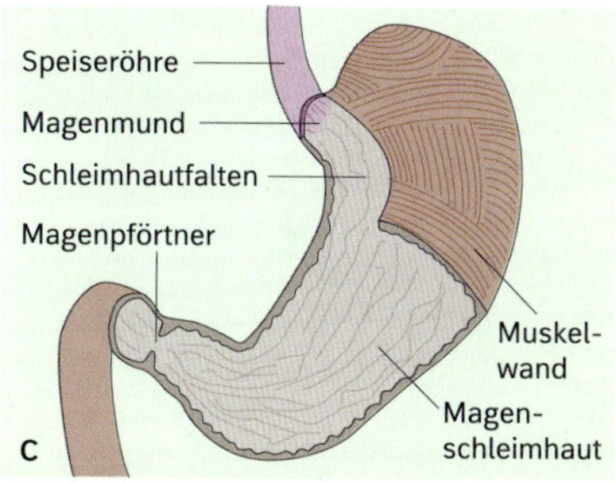


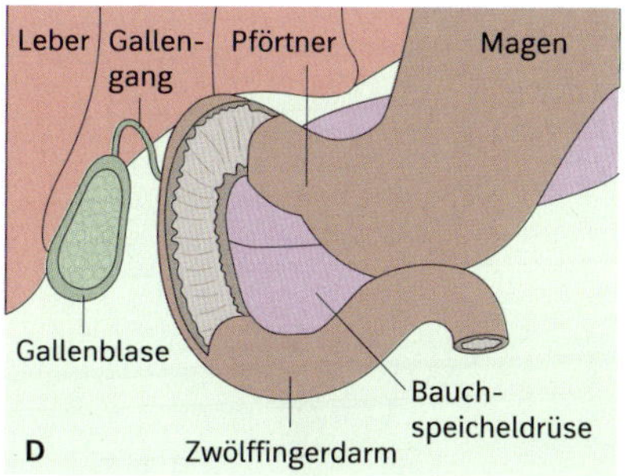

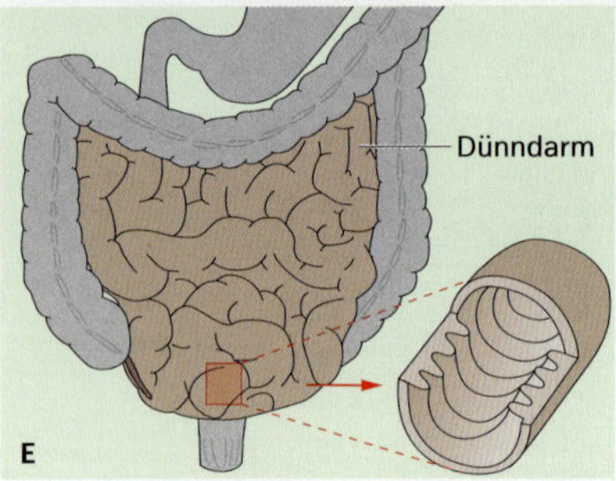


E. Der sich anschließende Teil des **Dünndarms** liegt gewunden in der Mitte der Bauchhöhle. Er ist von einer feinen Haut umspannt, dem Bauchfell. Mit dem Bauchfell ist der Darm an den Wänden der Bauchhöhle befestigt. Würde man alle Darmschlingen auseinander ziehen, käme man auf eine Länge von 3 bis 4 Metern. Die Dünndarmwände sind mit einer Muskelschicht ausgestattet. Diese Muskeln sorgen dafür, dass der Nahrungsbrei ständig in Bewegung bleibt und durch rhythmische, wellenartige Darmbewegungen weiterbefördert wird.

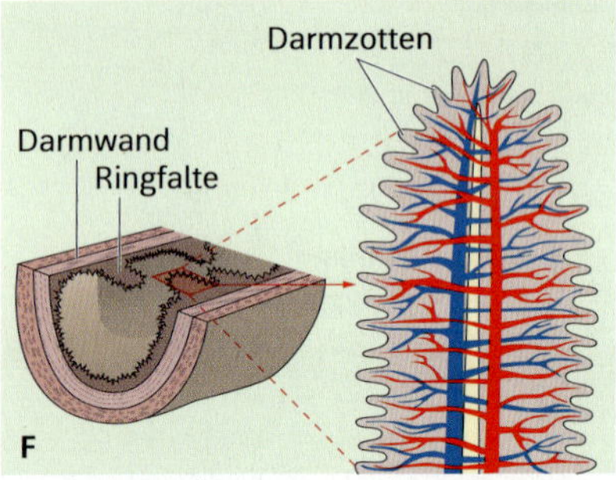


F. Im **Dünndarm** erfolgt die Aufnahme der gelösten Nährstoffe in den Körper. Dies geschieht mithilfe der Darmzotten. Sie liegen dicht aneinander auf zahlreichen Ringfalten, die in den Darmhohlraum hineinragen. Darmzotten sind mit einem Geflecht feinster Blutgefäße durchzogen. Außerdem beginnt hier jeweils ein Lymphgefäß. Über die Darmzotten gelangen zerlegte Kohlenhydrate in Form von Einfachzuckern sowie Eiweißbestandteile in Form von Aminosäuren in die Blutgefäße. Die gespaltenen Fette werden vom Lymphgefäß aufgenommen. Von den Darmzotten aus werden alle aufgenommenen Stoffe abtransportiert.

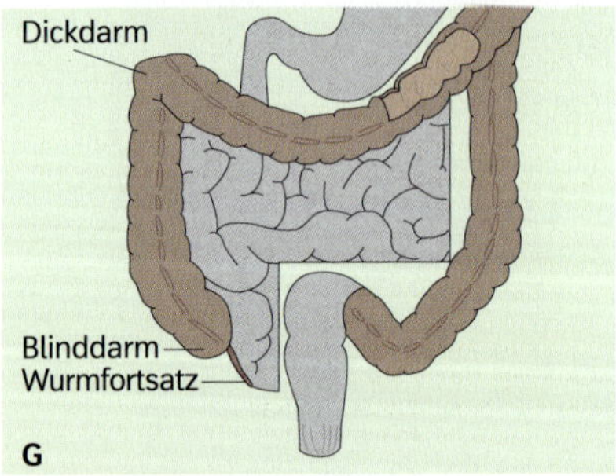


G. Wenn der Nahrungsbrei den **Dickdarm** erreicht, sind ihm der größte Teil der Nährstoffe und die Hauptmenge der Flüssigkeit bereits entzogen worden. Der Dünndarm mündet etwas seitlich in den Dickdarm ein, sodass ein sackartiger Teil übrig bleibt. Am Ende dieses Blinddarms befindet sich ein 5 bis 8 cm langer Wurmfortsatz. Der Dickdarm ist wesentlich weiter als der Dünndarm, aber nur etwa einen Meter lang. In ihm leben Darmbakterien, die letzte Nahrungsreste aufspalten.

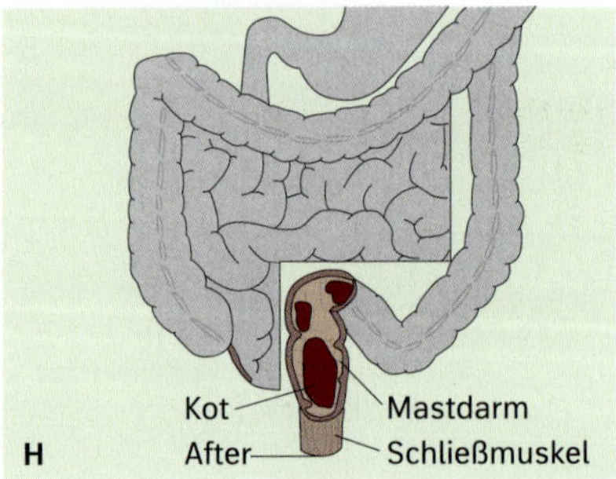


H. Die Bewegungen des Dickdarms sind im Gegensatz zum Dünndarm langsam und träge. Deshalb sammeln sich nur nach und nach alle unverdaulichen Nahrungsbestandteile als Kot im **Mastdarm** an. Ein Ringmuskel sorgt dafür, dass die Austrittsöffnung geschlossen bleibt. Nur von Zeit zu Zeit erfolgt eine Entleerung über den After. Die Nahrung benötigt auf dem Weg durch den Verdauungskanal etwa 24 Stunden von der Aufnahme bis zur Ausscheidung.

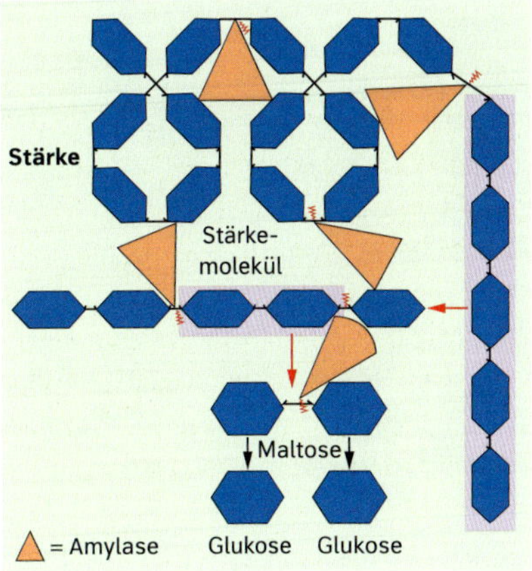


1. Abbau von Stärke

### 3.1.5 Enzyme bewirken die Verdauung

Enzyme sind von Körperzellen gebildete Eiweißverbindungen. Ohne ihre Anwesenheit wären die gesamten chemischen Umsetzungen in unserem Körper nicht möglich. Innerhalb der Zellen werden die jeweiligen Enzyme erst wirksam, wenn sie zum Abbau von Nährstoffen oder zum Aufbau von Körpersubstanz gebraucht werden. Auch Verdauungsenzyme bilden sich erst dann, wenn Nahrung aufgenommen wird.

Mithilfe der verschiedenen **Verdauungsenzyme** werden die in unserer Nahrung enthaltenen Nährstoffe in kleine lösliche Bausteine zerlegt.

Diesen Vorgang nennt man Verdauung. Die Zerlegung der Nährstoffe beginnt bereits im Mund. Im Mundspeichel ist das Enzym **Amylase** (Ptyalin) enthalten. Es spaltet die wasserunlösliche, langkettige Stärke in der Nahrung in wasserlöslichen Malzzucker auf (s. Abb. 2). Fette und Eiweiße werden im Mund noch nicht verdaut.

Im Magen sondern Drüsenzellen der Magenschleimhaut pro Tag etwa 2 Liter Magensaft ab. Die im Magensaft enthaltene 0,5%ige Salzsäure vernichtet normalerwei-

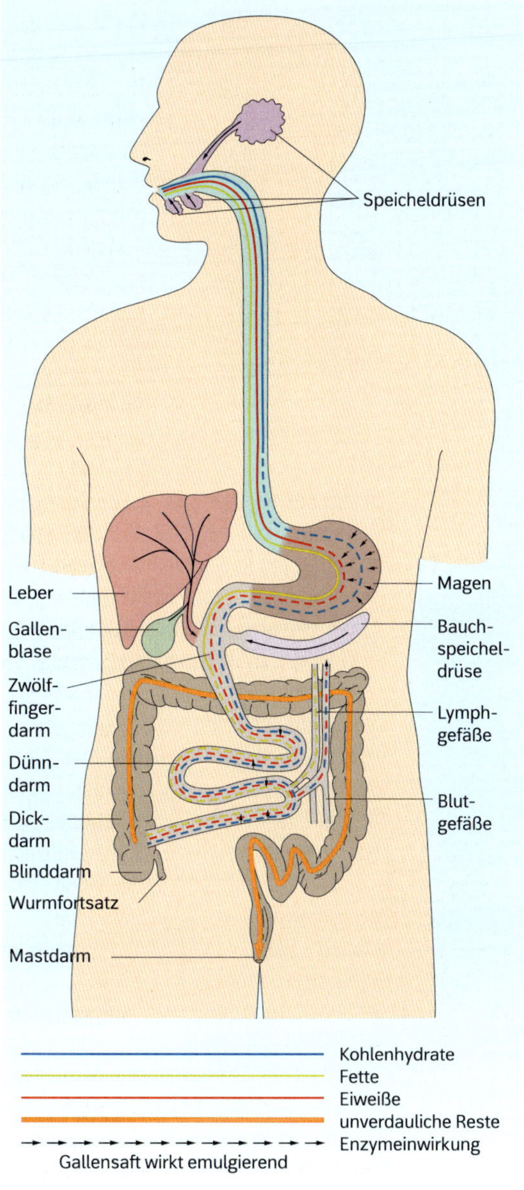


| Verdauungssaft | tägliche Menge | Enzyme (Auswahl) |
|---|---|---|
| Mundspeichel | 1 l – 1,5 l | Amylase *(Ptyalin)* |
| Magensaft | 1,5 l – 2 l | Pepsin |
| Bauchspeichel | ~ 1,5 l | Trypsin, Chymotrypsin, Erepsin |
| Darmsaft | 2 l – 3 l | Amylase, Maltase, Laktase, Lipase |

2. Verdauungsvorgänge

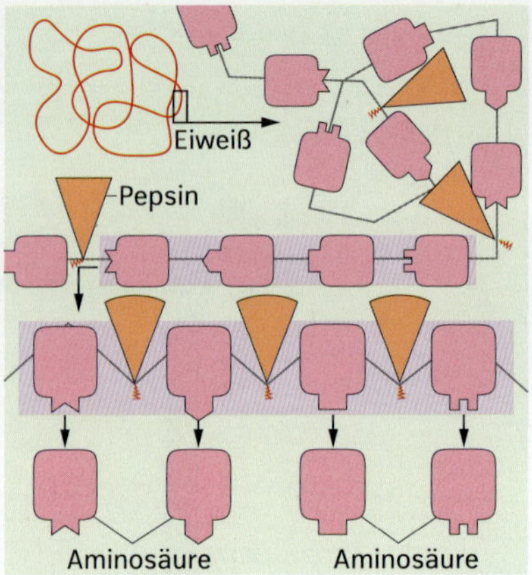


3. Abbau von Eiweiß

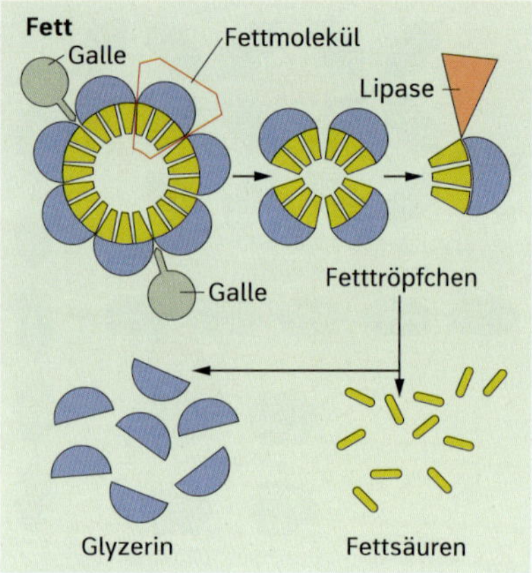


4. Abbau von Fett

se die mit der Nahrung aufgenommenen Bakterien. Außerdem lässt sie Eiweiße quellen und vergrößert dadurch ihre Oberfläche. Nun kann das Enzym **Pepsin** einwirken. Es spaltet die langkettigen Eiweißmoleküle in Bruchstücke, die Polypeptide (s. Abb. 3).

Der gut durchmischte saure Nahrungsbrei gelangt durch den Magenpförtner portionsweise in den Dünndarm. Sein erster Abschnitt ist der Zwölffingerdarm. Ein Teil des Verdauungssaftes wird hier von den eigenen Schleimhautzellen gebildet. Auch die Leber und die Bauchspeicheldrüse sondern Verdauungswirkstoffe in den Zwölffingerdarm ab.
Die Leber produziert je nach aufgenommener Fettmenge mehr oder weniger viel Gallensaft. Ein Teil davon ist in der Gallenblase gespeichert. Die Galle enthält keine Enzyme. Sie emulgiert das Nahrungsfett in feinste Fetttröpfchen. Nun kann durch diese Oberflächenvergrößerung ein Enzym der Bauchspeicheldrüse, die **Lipase**, besser einwirken und das Fett in Glycerin und Fettsäuren zerlegen (s. Abb. 4).
Weitere Enzyme der Darmschleimhaut und der Bauchspeicheldrüse sind **Erepsin** und **Trypsin.** Sie dienen zur Zerlegung der Polypeptide bis zu den Aminosäuren (s. Abb. 3). **Amylase** setzt die im Mund begonnene Zerlegung der Stärke fort. Sie baut die noch vorhandene Stärke zu Maltose ab. Durch das Enzym **Maltase** kann die Maltose schließlich in Traubenzucker (Glukose) zerlegt werden (s. Abb. 2).
Die chemische Umwandlung der Nahrungsbausteine im Darm ist damit abgeschlossen. Aus dem Nährstoff Eiweiß sind Aminosäuren, aus Fetten Fettsäuren und Glycerin und aus Stärke Traubenzucker entstanden. Sie können nun in dieser Form durch die Darmwand ins Blut bzw. in die Lymphe gelangen. Damit stehen die Grundbausteine allen Zellen zur Energiegewinnung oder als Baustoffe zur Verfügung.
Der fast völlig verdaute Nahrungsbrei gelangt aus dem Dünndarm in den Dickdarm. Hier befindet sich die Darmbakterienflora, die ballaststoffhaltige Kohlenhydrate und Eiweißreste weiter abbaut.

1. Erklären Sie den Begriff „Verdauung".
2. Erklären Sie die Wirkung der Magensäure.
3. Erklären Sie die Wirkung der Gallensäure bei der Verdauung.

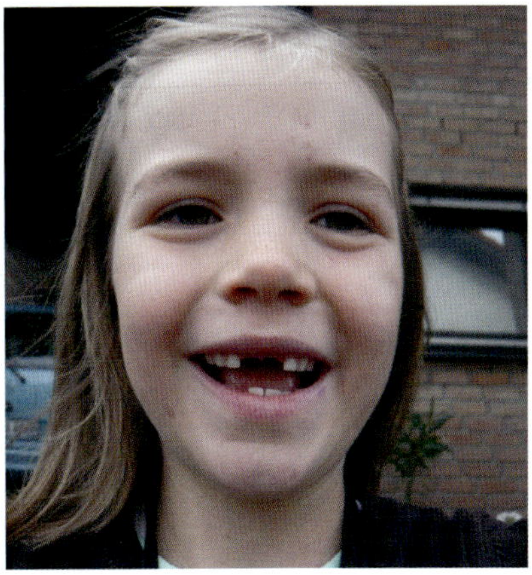

1. Johanne im Zahnwechsel

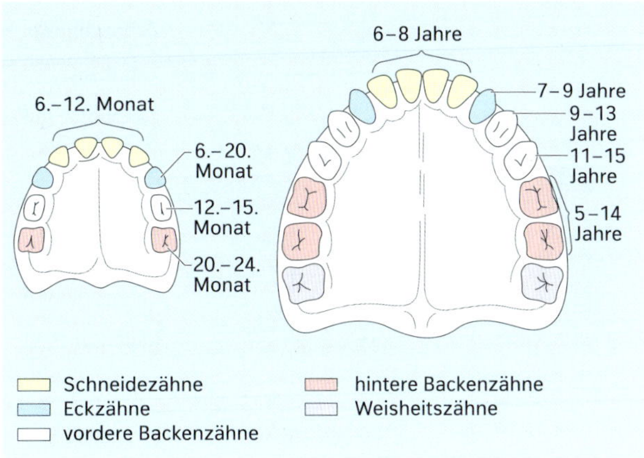


2. Milchgebiss und Dauergebiss

### 3.1.6 Zahnpflege muss sein

*Johanne hat Mühe, von dem Apfel ein Stück abzubeißen. Sie ist sechs Jahre alt und gerade im Zahnwechsel. Ihre Milchschneidezähne sind ausgefallen und die Schneidezähne des bleibenden Gebisses sind noch nicht nachgewachsen.*

Bei kleinen Kindern entwickelt sich zuerst das **Milchgebiss** mit 20 Zähnen. Etwa vom sechsten Lebensjahr an wachsen im Kiefer unter den Milchzähnen die Zähne des bleibenden Gebisses heran. Sie schieben die Milchzähne vor sich her: Diese werden locker und fallen aus. Das vollständige Gebiss eines Erwachsenen, das **Dauergebiss,** hat 32 Zähne. Die hintersten Backenzähne, die meist erst nach dem 20. Lebensjahr erscheinen, nennt man Weisheitszähne.

Im Spiegel kann man selbst sehen, dass Zähne unterschiedlich geformt sind. Vorne sitzen die **Schneidezähne** mit ihren scharfen Kanten. Mit ihnen beißen wir mundgerechte Bissen ab. Die spitzen **Eckzähne** halten dabei die Nahrung fest. Beim Kauen wird der Bissen zwischen den breiten Kronen der **Backenzähne** zerquetscht und zerrieben. Wenn die Zähne nach dem Zahnwechsel schief aus dem Kiefer herauswachsen, kann man schlechter beißen oder kauen. Deshalb sollte dann ein Kieferorthopäde die Zahnstellung regulieren.

Damit unsere Zähne ihre harte Arbeit täglich über viele Jahrzehnte verrichten können, müssen sie besonders widerstandsfähig sein. Die oberste Schicht des Zahns ist mit dem mineralstoffhaltigen Zahnschmelz bedeckt (s. Abb. 3, S. 48). Das ist die härteste Substanz, die im Körper vorkommt. Darunter liegt das knochenartige Zahnbein, das die Hauptmasse des Zahns ausmacht. Es ragt in den Kieferknochen hinein und verankert den Zahn darin mit seinem unteren Teil, der Zahnwurzel. Zahnwurzeln sind mit Zahnzement überzogen. Er sorgt zusammen mit den Fasern der Wurzelhaut für den festen Sitz der Zähne im Kiefer. Im Inneren des Zahns befindet sich die Zahnhöhle mit dem Zahnmark, das stark von Blutgefäßen und Nerven durchzogen ist. Die Blutgefäße dienen der Ernährung des Zahns; die Nerven zeigen durch Schmerzen an, wenn ein Zahn geschädigt oder krank ist.

**So bleiben die Zähne weiß!**

Kinder haben meist viel weißere Zähne als Erwachsene, denn im Laufe der Jahre lagern sich immer mehr dunkle Pigmente aus der Nahrung in den Zahnschmelz ein. Kaffee, schwarzer Tee, Nikotin und Rotwein sind dafür verantwortlich. Vor allem schwarzer

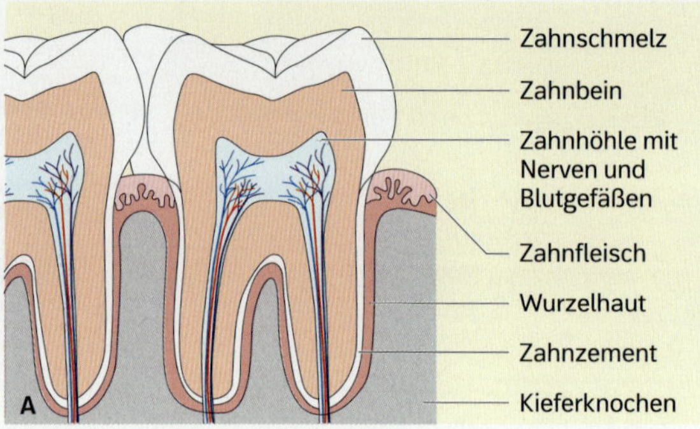

3. Aufbau eines Zahns

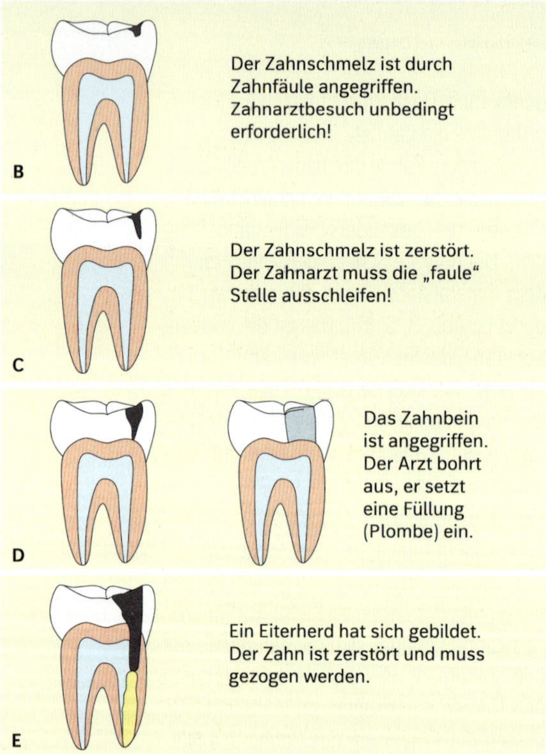

4. Entstehung von Karies

Tee mit Zitrone färbt den Zahnschmelz gelblich: Die Zitronensäure entzieht die Mineralien und die Teepigmente übernehmen ihren Platz. Auch Cola und stark säurehaltige Nahrungsmittel und Getränke saugen die Mineralstoffe aus dem Zahnschmelz. Wer auf solche Genüsse nicht verzichten möchte, sollte sofort danach seine Zähne mit einer mineralstoffhaltigen Zahnpasta putzen.

## Hart, aber nicht unzerstörbar

In unserer Mundhöhle leben ca. 50 Milliarden Bakterien, von denen einige Arten für die Entstehung von **Zahnkaries** verantwortlich sind. Sie bilden zusammen mit Zucker und Speiseresten einen zähen, fest an den Zähnen haftenden Zahnbelag, die **Plaque**. Die schädlichen Bakterien nehmen den Zucker aus der Nahrung auf und verwandeln ihn innerhalb kurzer Zeit in verschiedene Säuren, die die Zahnsubstanz entkalken. So können weitere Bakterien eindringen und innere Teile des Zahns angreifen. Die Plaque lässt sich durch richtiges Zähneputzen entfernen, entsteht aber nach jeder Mahlzeit von neuem.

## Karies vorbeugen – aber wie?

1. *Ernährung:* Viel Rohkost und Vollkornprodukte anstelle von stark aufbereiteten kohlenhydratreichen Lebensmitteln essen!
2. *Zahnpflege:* Zähne nach jeder Mahlzeit, wenigstens aber morgens und abends mindestens zwei Minuten lang gründlich putzen! – Immer vom Zahnfleisch in Richtung Zahn, also von rot nach weiß bürsten! – Eine neue Zahnbürste entfernt 30 % mehr Plaque als eine drei Monate alte! – Fluoridhaltige Zahnpasta verwenden! – Elektrische Zahnbürsten erleichtern die Arbeit. Mit Zahnseide die Zahnzwischenräume reinigen!
3. *Zahnarztbesuch:* Zweimal jährlich Zähne auf Schäden kontrollieren lassen!

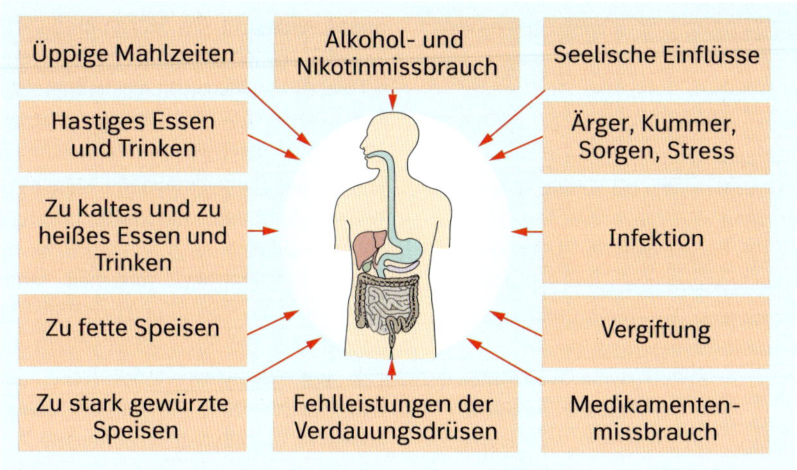


1. Wichtige Ursachen, die Erkrankungen der Verdauungsorgane auslösen können

### 3.1.7 Erkrankungen der Verdauungsorgane

Ein **Dünndarmkatarrh** wird verursacht durch verunreinigte Nahrungsmittel oder Wasser. In südlichen Ländern werden Obst und Gemüse häufig noch mit Jauche gedüngt und die darin enthaltenen Darmbakterien bei der Zubereitung nicht ausreichend entfernt. Auch das Wasser aus der Leitung kann mit Bakterien verunreinigt sein und hat dann keine Trinkwasserqualität. Gelangen solche Bakterien in den Magen und Darm, kommt es zu übermäßigen Gärungsvorgängen. Schmerzhafte Blähungen sind die Folge. Gegen verdorbene Speisen schützt sich der Magen durch Erbrechen. Vermehrte, krampfhafte Darmbewegungen befreien den Verdauungskanal rasch von den schädlichen Stoffen, ohne dass der Nahrungsbrei vorher eingedickt wurde. Der Körper verliert dabei viel Wasser und Salze, die ersetzt werden müssen. Vorübergehendes Fasten, viel Tee und leichte Kost lassen die Krankheit innerhalb von vier bis sieben Tagen abklingen.

Ballaststoffarme Ernährung und zu wenig Bewegung führen zur **Verstopfung**. Der Darm wird träge, die Dickdarm- und Mastdarmtätigkeit ist verlangsamt. Um wieder eine geregelte Darmtätigkeit zu erreichen, sollte die Verstopfung ursächlich behandelt werden. Dazu gehören der Verzehr von ausreichend Vollkornprodukten, Gemüse und Obst, verbunden mit regelmäßiger körperlicher Betätigung. Auch ausreichendes Trinken ist sehr wichtig. Abführmittel sind, vor allem bei ständigem Gebrauch, für die Behandlung einer chronischen Verstopfung nicht geeignet.

Ein „verdorbener Magen“, der **Magenkatarrh**, entsteht durch verdorbene Speisen, zu viel oder zu hastiges Essen und Trinken, durch zu fette oder ungewohnt stark gewürzte Speisen oder durch den Genuss von zu heißen oder zu kalten Mahlzeiten und Getränken. Saures Aufstoßen, Sodbrennen, Druckgefühl in der Magengegend, Appetitlosigkeit und Übelkeit sind die Folge.

Halten diese Symptome über längere Zeit an, kann eine **Magenschleimhautentzündung (Gastritis)** vorliegen. Häufig ist sie durch übermäßigen Koffein-, Alkohol- oder Nikotingenuss oder durch Ärger und

## Parasiten, die uns krank machen

*Sie verbringen ihr Leben in völliger Dunkelheit, immer von Nahrung umgeben, und brauchen sich um nichts zu kümmern als um die Fortpflanzung. Die Rede ist von Würmern, die als lästige Schmarotzer oder Parasiten den Darm des Menschen befallen können. Zu ihnen gehören Bandwurm, Spulwurm und Madenwurm. Sie rufen bei ihrem Wirt, dem Menschen, Verdauungsstörungen, Bauchschmerzen und Abmagerung hervor.*

*Verursacher der bei uns selten gewordenen Bandwurmkrankheit ist meist der* ***Rinderbandwurm****. Er lebt im Dünndarm des Menschen. Hier klammert er sich mit den Saugnäpfen des Kopfes an der Dünndarmwand fest. Organe wie Augen, Ohren, Darm und Magen besitzt der Rinderbandwurm nicht. Sein bis zu 12 Meter langer Körper besteht aus über 2 000 Gliedern. In jedem* ***Glied*** *reifen Tausende von Eiern heran. Die Endglieder reißen ab und gelangen mit dem Kot nach außen. Ein Teil der Eier erreicht über Dung oder in Abwässern Wiesen und Felder. Wenn die Eier mit dem Futter, z. B. Gras, von Rindern aufgenommen werden, schlüpfen aus ihnen winzige* ***Hakenlarven.*** *Sie gelangen über die Blutbahn in das Muskelfleisch der Tiere. Hier setzen sie sich fest und reifen zu blasenförmigen* ***Finnen*** *heran. Isst der Mensch solches finnenhaltiges, rohes Rindfleisch, etwa als rohes Hackfleisch, so entsteht im Magen aus einer Finne ein Bandwurm. Dieser setzt sich im Dünndarm fest und wächst heran.*

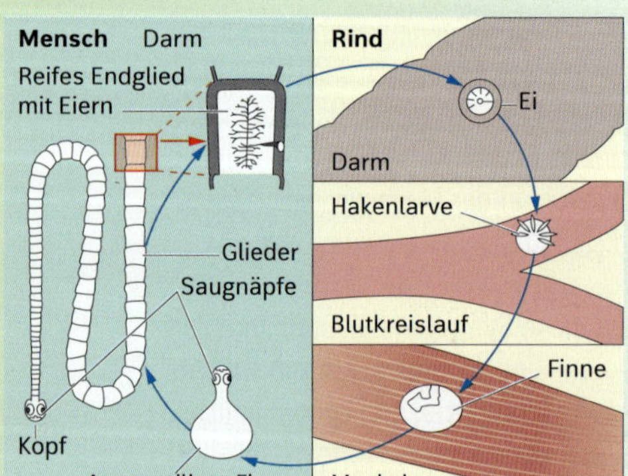


2. Lebenslauf eines Rinderbandwurms

Stress verursacht. Der Magen produziert zu viel Säure und die schützende Schleimschicht des Magens wird angegriffen. Gelingt es nicht, diese Entzündung mit ärztlicher Hilfe auszuheilen, können sich Magen- und Darmgeschwüre bilden, häufig verursacht durch das Bakterium Helicobacter pylori.

Verdauungsstörungen entstehen aber nicht nur, wenn Magen- und Darmtätigkeit gestört sind. Bei Stoffwechselerkrankungen, wie Erkrankungen der Leber, der Bauchspeicheldrüse und der Gallenblase, kommt es zu ähnlichen Beschwerden.

Der Wechsel von Durchfall und Verstopfung, Darmkrämpfe, sichtbares oder verstecktes Blut im Stuhl und Gewichtsverlust können ein Zeichen für eine **Krebserkrankung** des Dickdarms sein. Fettreiche und ballaststoffarme Kost begünstigen diese Erkrankung. Wird das Darmkarzinom rechtzeitig erkannt, bestehen nach einer Operation gute Heilungsaussichten. Zur Früherkennung bieten die Krankenkassen deshalb kostenlose Untersuchungen an.

Harmloser dagegen ist eine **Blinddarmentzündung**, die sich in starken Bauchschmerzen, Fieber und Erbrechen äußert. Aber auch hier muss rasch gehandelt werden, indem durch eine Operation der entzündete Wurmfortsatz entfernt wird.

Grundsätzlich gilt: Bei anhaltenden Verdauungsstörungen muss der Arzt aufgesucht werden.

1. Warum gilt bei der Ernährung in vielen südlichen Ländern die Regel „Koch es, brat es oder vergiss es!"?
2. Berichten Sie über Erkrankungen der Verdauungsorgane: Ursache, Krankheitszeichen, Behandlung.

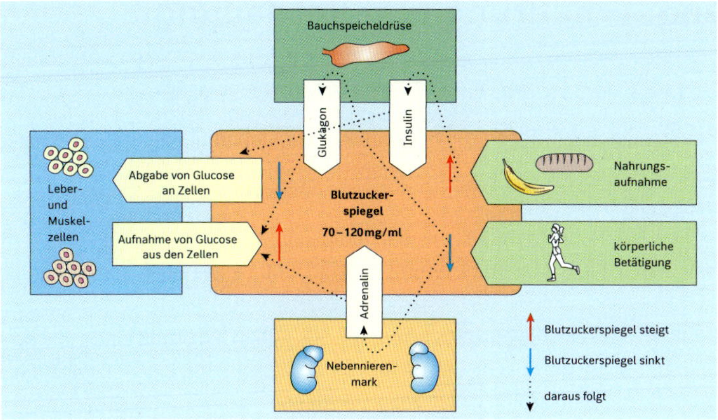


1. Regulierung des Blutzuckerspiegels

### 3.1.8 Diabetes – Fehlsteuerung des Stoffwechsels

*„Fleisch und Bein schmelzen im Urin zusammen. Die Kranken hören niemals auf, Flüssigkeit abzugeben. Die Flut ist nicht zu stoppen, als ob eine Wasserleitung geöffnet worden wäre. Das Leben der Kranken ist kurz, elend und schmerzvoll." So beschrieb der Arzt Arataeus von Kappadozien bereits 150 n. Chr. eine Krankheit, die wir heute Zuckerkrankheit oder Diabetes nennen.*

Was verläuft falsch im Körper bei der Stoffwechselstörung Zuckerkrankheit? Die mit der Nahrung zugeführten Kohlenhydrate werden im Körper zu Glukose (Traubenzucker) umgewandelt. Damit die Glukose von den Körperzellen als Energielieferant aufgenommen werden kann, benötigen sie das Hormon **Insulin**. Es wird in den Inselzellen der **Bauchspeicheldrüse** gebildet. Dabei gilt: Je mehr Zucker im Blut ist, desto mehr Insulin wird produziert. Wird die Glukose nicht sofort zur Energiegewinnung gebraucht, speichert sie der Körper mithilfe des Insulins in der Leber in Form von **Glykogen**. So wird der Blutzuckerspiegel immer konstant gehalten. Bei Diabetikern (Zuckerkranken) ist dieser Ablauf gestört. Aufgrund ihrer Erkrankung steigt der Glukosegehalt im Blut an.

Es lassen sich zwei unterschiedliche Arten von Diabetes unterscheiden. Beim **Typ I** sind die Inselzellen der Bauchspeicheldrüse durch eine Erkrankung zerstört. Auch Kinder und Jugendliche können darunter leiden. Weil wenig oder kein Insulin mehr gebildet werden kann, muss es von außen gespritzt zugeführt werden. Beim **Typ II**, auch Altersdiabetes genannt, sind die Körperzellen durch Überforderung für das Insulin unempfindlich geworden. Es handelt sich um eine ernährungsbedingte Wohlstandserkrankung mit zunächst schleichendem Verlauf, die gehäuft bei Menschen über 40 Jahren vorkommt. Bei ihnen reicht meist die dauernde Einhaltung einer leichten Diät, mehr Bewegung und eine gezielte Gewichtsabnahme aus, um die Blutzuckerwerte zu normalisieren. Bei beiden Typen wird eine erbliche Veranlagung vermutet.

Wird der Diabetes nicht behandelt, kommt es zu schweren **gesundheitlichen Folgeschäden**: Herz- und Gefäßerkrankungen, Schädigungen der Netzhaut des Auges und Nervenschäden. Durch eine individuelle Therapieplanung und eine gesunde Lebensführung können Diabetiker heute ein weitgehend normales Leben führen.

# Übung: Ernährung und Verdauung

### *A1 Nachweis von Stärke, Eiweiß und Fett*

Stärke: Füllen Sie in ein Reagenzglas etwas Wasser, geben Sie eine Spatelspitze Stärke hinzu und rühren Sie die Lösung um. Geben Sie einen Tropfen Iodlösung hinzu. Der Farbumschlag zeigt Stärke an.
Untersuchen Sie Nahrungsmittel mit der Iodlösung auf ihren Stärkegehalt, z. B. Brot, Fruchtsaft, Milch, Käse, Margarine, Wurst, Früchte, und beschreiben Sie die Ergebnisse.

Eiweiß: Füllen Sie in ein Reagenzglas etwas Wasser, geben Sie etwas Eiklar des Hühnereis hinzu und rühren Sie die Lösung um. Testen Sie die Lösung mit einem Eiweißteststreifen aus der Apotheke. Der Farbumschlag zeigt Eiweiß an.
Untersuchen Sie in Wasser gelöste Nahrungsmittel mit dem Teststreifen auf Eiweißgehalt, z. B. Brot, Fruchtsaft, Milch, Käse, Wurst, Früchte, und beschreiben Sie die Ergebnisse.

Fett: Geben Sie auf ein Löschblatt einen Tropfen Öl und daneben einen Tropfen Wasser. Halten Sie das Löschblatt nach dem Trocknen gegen das Licht. Untersuchen Sie auf Löschblattstreifen zerdrückte Nahrungsmittel mit der Fettfleckprobe auf Fett, z. B. Brot, Fruchtsaft, Milch, Käse, Wurst, Früchte, und beschreiben Sie die Ergebnisse.

### *A2 Zusatzstoffe in Nahrungsmitteln*

Beschaffen Sie sich von der Verbraucherzentrale eine Liste mit Zusatzstoffen (E-Nummern). Erklären Sie, welcher Effekt durch diese Stoffe erreicht werden soll. Untersuchen Sie die Deklarationsschilder verpackter Nahrungsmittel sowie Speisekarten im Hinblick auf diese Stoffe. Informieren Sie sich auch über die Gefahren und Risiken dieser Stoffe.

### *A3 Mineralwasser*

Erstellen Sie eine Tabelle, welche Mineralstoffe in verschiedenen Mineralwässern vorkommen. Welche Mineralwässer sind für die Herstellung von Babynahrung geeignet?

### *A4 pH-Wert*

Der pH-Wert gibt an, wie sauer oder alkalisch eine Lösung ist. Die pH-Skala reicht von pH = 0 bis pH = 14. Dabei gilt:
pH < 7: saure Lösung, je niedriger der pH-Wert, desto saurer ist die Lösung
pH = 7: neutrale Lösung
pH > 7: alkalische Lösung, je höher der pH-Wert, desto alkalischer ist die Lösung
Testen Sie mit einem Indikatorpapier verschiedene Lösungen, z. B. Leitungswasser, Mineralwasser, Fruchtsäfte und Erfrischungsgetränke, Speichel usw. Erstellen Sie eine Tabelle mit den Spalten 1) Testlösung, 2) gemessener pH-Wert.

# 3.2 Herz und Blutkreislauf

## Herz- und Kreislauftraining

*Georg trainiert mehrfach in der Woche im Fitness-Studio. Dabei kontrolliert er regelmäßig seine Pulsfrequenz und seinen Blutdruck.*

1. *Messen Sie Ihre Pulsfrequenz und Ihren Blutdruck in Ruhe, unmittelbar nach einem körperlichen Training sowie ca. 15 Minuten nach Beendigung des Trainings. Vergleichen Sie Ihre Ergebnisse mit Werten von Leistungssportlern. Berichten Sie.*
2. *Informieren Sie sich in der Gesundheits- und Fitnessliteratur über Empfehlungen für die Einhaltung von Pulsfrequenz- und Blutdruckwerten beim Training und im Wettkampf.*
3. *Stellen Sie ein persönliches Trainingsprogramm zusammen.*

## Blutspende – Blutprodukte

*Blut ist ein kostbarer Saft. Zurzeit werden in Deutschland pro Jahr etwa 5 Millionen* **Blutkonserven** *verbraucht. Dabei steigt der Bedarf an Transfusionsblut aufgrund der Fortschritte in der modernen Medizin ständig.*
*Die Eigenblutspende spielt mit ca. 100 000 Einheiten pro Jahr nur eine untergeordnete Rolle. Sie kann nur bei geplanten Operationen eingesetzt werden. Dazu gibt der Patient zwei bis vier Wochen vor einem OP-Termin bis zu viermal eigenes Blut ab.*
**Blutprodukte** *sind Arzneimittel, die aus menschlichem Blut für die Transfusion an einen Empfänger gewonnen werden. Sie unterliegen strengen Sicherheits- und Hygieneanforderungen, die im Arzneimittelgesetz und im Transfusionsgesetz festgeschrieben sind.*

1. *Informieren Sie sich über Blutspenden im Internet (z. B. www.blutspende.de oder www.drk-blutspende.de) und/oder bei einem Blutspendedienst in Ihrer Nähe. Berichten Sie in Form eines Referates über:*
   a) *den Ablauf einer Blutspende,*
   b) *Arten von Blutspenden und*
   c) *Blutprodukte und ihre Verwendung.*

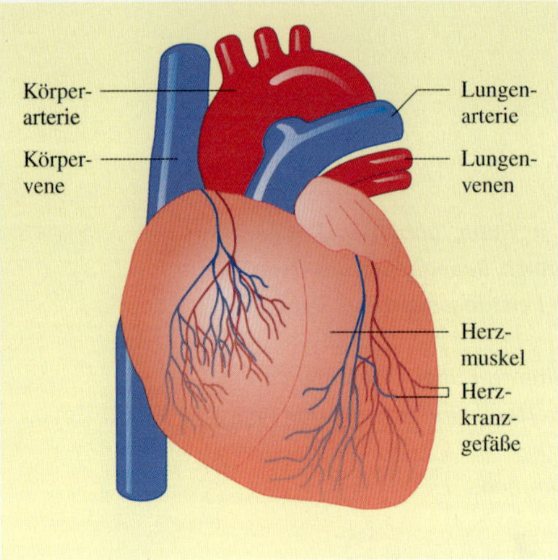

1. Herz von vorn gesehen

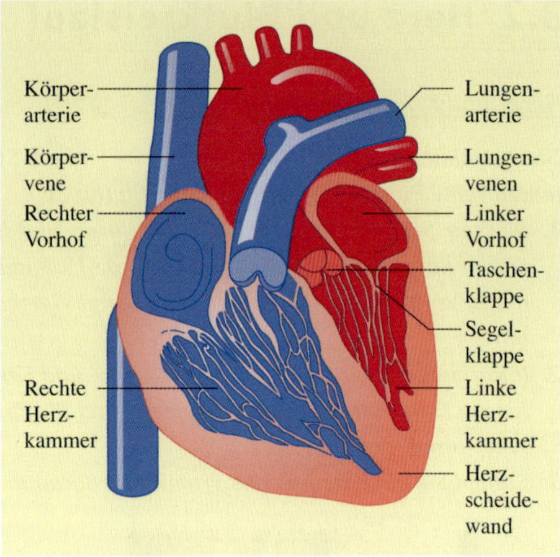

2. Längsschnitt eines Herzens von vorn gesehen

### 3.2.1 Das Herz – ein Hohlmuskel

Das Herz des Menschen liegt dicht hinter dem Brustbein, zu zwei Dritteln links und zu einem Drittel rechts von der Mittellinie des Körpers. Es ist etwas schräg gestellt, und beim Schlagen berührt die Herzspitze die Rippen des Brustkorbs auf der linken Seite. An dieser Stelle können wir die Herzschläge bei körperlicher Anstrengung spüren.

Unser Herz schlägt ununterbrochen das ganze Leben lang und treibt den Blutstrom an, der den Körper durchfließt. Weil unsere Organe bei Anstrengungen mehr Nährstoffe und Sauerstoff benötigen, muss dann mehr Blut an die Verbrauchsstellen gelangen. Das Herz schlägt schneller, die Pulsfrequenz steigt. Aber auch das Herz selbst muss für seine Arbeit mit täglich mehr als 25 Litern Sauerstoff versorgt werden.

Äußerlich betrachtet ist das Herz ein ovaler, kräftiger Hohlmuskel, etwa so groß wie die Faust seines Besitzers. An Bindegeweben befestigt, hängt es zwischen den beiden Lungenflügeln. Es ist von einer mehrschichtigen Wand umgeben. Große Blutgefäße münden am Herzen: die **Arterien**, die das Blut vom Herzen wegführen, und die **Venen**, die das Blut zum Herzen hin transportieren. Das Herz ist von *Herzkranzgefäßen* überzogen, die den Herzmuskel selbst mit Blut versorgen.

Im Innern ist das Herz durch die Herzscheidewand in zwei Hälften geteilt. In jeder Hälfte befinden sich je zwei Hohlräume: die linke **Hauptkammer** und der **Vorhof** sowie die rechte Hauptkammer und der Vorhof. Zwischen den Vorhöfen und den Hauptkammern liegen die *segelförmigen* **Herzklappen**. Sie lassen das Blut nur in eine Richtung strömen, wirken also wie Ventile. Zwischen den Hauptkammern und den großen Arterien befinden sich ebenfalls Klappen, die *Taschenklappen*.

Der Herzmuskel arbeitet selbstständig (autonom) und rhythmisch. Allerdings beeinflussen das vegetative Nervensystem sowie das Hormonsystem die Leistung des Herzens: Zum Beispiel wenn wir uns erschrecken oder aufgeregt sind, schüttet die Nebennierenrinde das Hormon Adrenalin aus. Es erhöht die Herzfrequenz.

Wie arbeitet der Hohlmuskel Herz? Die nebenstehenden Abbildungen verdeutlichen in vier Phasen, wie das Herz arbeitet.

1. Zunächst strömt das Blut vom Körper und von den Lungen in die erschlafften rechten und linken *Vorhöfe* ein. Die Muskeln der Hauptkammern dagegen sind in dieser Phase zusammengezogen, sie sind dick und die Hauptkammern klein.
2. Jetzt beginnen sich die Vorhofmuskeln zusammenzuziehen. Die Taschenklappen in den zuführenden Adern verhindern, dass das Blut in die Blutgefäße zurückfließt. Es wird durch die Herzklappen hindurch in die *Hauptkammern* gedrückt. Dabei entspannt sich die Hauptkammermuskulatur. Die Hauptkammern werden groß und füllen sich. Diesen Vorgang nennt man **Diastole**.
3. Das Blut befindet sich nun in der Hauptkammer, deren Muskulatur sich zusammenzieht. Die Herzklappen mit ihrer Ventilfunktion verhindern ein Zurückströmen des Blutes. Es wird durch die beiden großen *Arterien* in den Körper gepresst. Den Vorgang des Zusammenziehens der Hauptkammern und Austreibens des Blutes nennt man **Systole**.
4. Für kurze Zeit ist jetzt das ganze Herz erschlafft. Die Vorkammern füllen sich wieder und der ganze Zyklus beginnt von vorn.

---

1. Erklären Sie die Begriffe „Arterie" und „Vene".
2. Erläutern Sie den Aufbau und die Arbeitsweise des Herzens.
3. Welche Bedeutung haben die Herzkranzgefäße?
4. Wie wird der Rückfluss des Blutes im Herzen und in den Blutgefäßen verhindert?

---

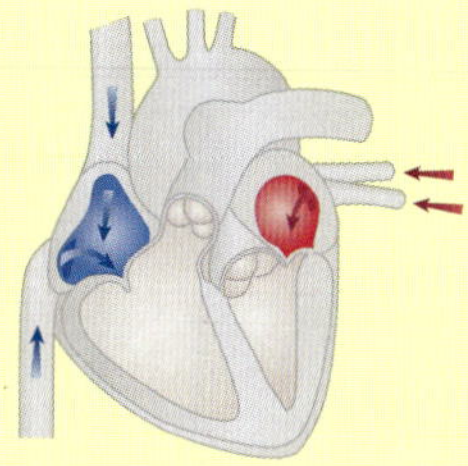

1. Der Herzmuskel ist erschlafft, Blut fließt in die Vorhöfe.

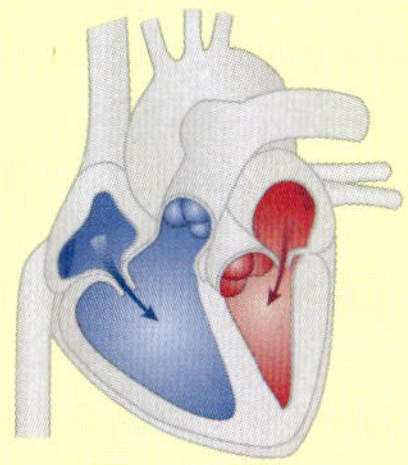

2. Die Vorkammern ziehen sich zusammen, das Blut wird in die Hauptkammern gedrückt.

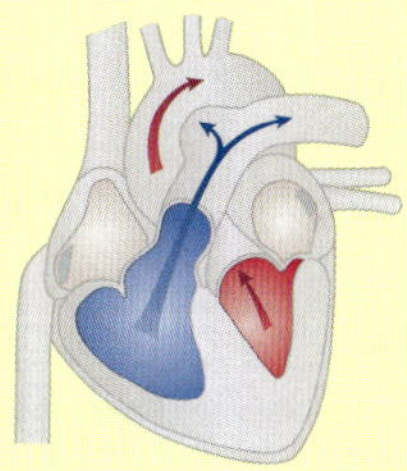

3. Die Muskulatur der Hauptkammern zieht sich zusammen, das Blut wird in die Arterien gedrückt.

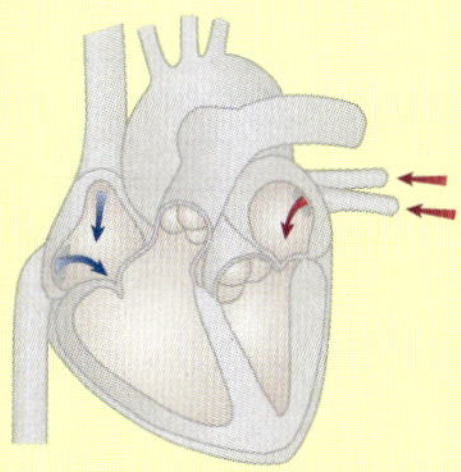

4. Der Herzmuskel erschlafft, erneut füllen sich die Vorkammern mit Blut.

3. Pumpvorgang beim Herz des Menschen

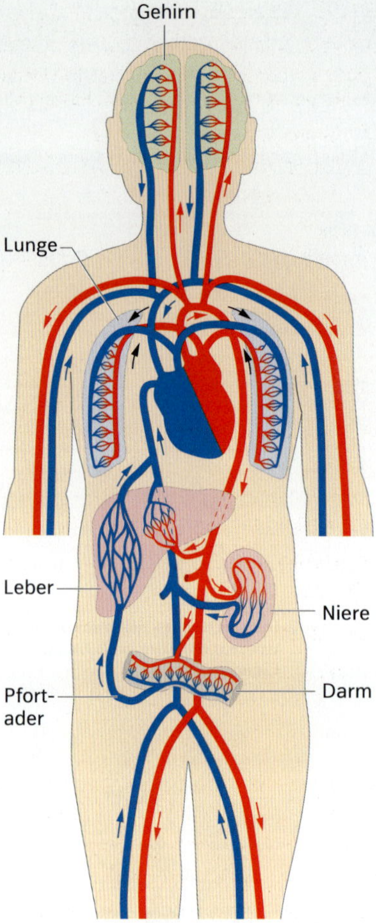

1. Der Blutkreislauf des Menschen

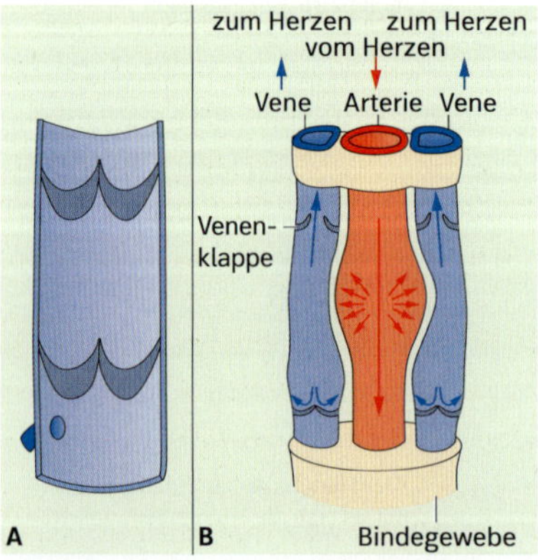

2. Bluttransport in den Venen: A Venenklappen, B Transport durch den Pulsschlag einer Arterie

### 3.2.2 Das Blut im Kreisverkehr

Wohin gelangt das Blut durch die Pumpkraft des Herzens? Im **Körperkreislauf** wird das Blut zunächst über die Hauptschlagader (Aorta) zu den großen Arterien, kleinen Arterien und schließlich zu winzigen Verästelungen in den Organen, den Kapillaren, geleitet. So kann das Blut alle Organe mit Sauerstoff und Nährstoffen versorgen. Das sauerstoff- und nährstoffarme Blut sammelt sich wieder in größeren Blutgefäßen, den Venen, und fließt zum Herzen zurück. Das Blut, das durch die Kapillaren des Darms strömt, nimmt die kleinsten Bausteine der verdauten Nahrung auf. Durch die Pfortader werden sie sofort in die Leber transportiert. Hier werden Giftstoffe ausgesondert.

Für die Sauerstoffaufnahme gibt es einen eigenen Teilkreislauf, den **Lungenkreislauf**. Er führt von der rechten Herzkammer über die Lungenarterien sauerstoffarmes Blut in die Lunge und über die Lungenvenen sauerstoffreiches Blut in die linke Vorkammer. Sowohl Sauerstoff als auch Kohlendioxid können vom Blut leicht aufgenommen und wieder abgegeben werden.

In den Venen gibt es Hilfsmechanismen, die den Rückstrom des Blutes fördern. In Abständen von einigen Zentimetern befinden sich hier **Venenklappen**, die verhindern, dass das Blut in den Adern zurückfließt. Auch die Druckwelle des arteriellen Blutes und die Muskelarbeit des Körpers unterstützen den Rückstrom in den Venen.

1. Erläutern Sie anhand von Abb. 1, wie das Blut mit Sauerstoff angereichert wird.
2. Erläutern Sie anhand von Abb. 2, wie die Venenklappen den Rückfluss des Blutes verhindern.

### 3.2.3 Herz und Kreislauf in Gefahr

Noch vor den bösartigen Geschwülsten sind es die Herz-Kreislauf-Erkrankungen, die in den Industrieländern die meisten Todesopfer fordern. Denn fast die Hälfte aller Menschen bei uns sterben oft viel zu früh an Schäden des Herzens und des Gefäßsystems.

Krankheiten der Kreislauforgane kommen nicht wie ein Blitz aus heiterem Himmel, sondern entstehen oft langsam als Folge einer ungesunden Lebensweise. Lange Zeit lebt man schmerz- und beschwerdefrei, obwohl die Krankheit fortschreitet. Zahlreiche Untersuchungen haben gezeigt, dass es ganz bestimmte Ursachen gibt, die für die Entstehung von Herz- und Gefäßerkrankungen verantwortlich sind: die sogenannten **Risikofaktoren**.

Neben Faktoren wie Geschlecht, Alter und Vererbung, die wir nicht beeinflussen können, zählen Rauchen, übermäßiger Alkoholgenuss und Bewegungsmangel dazu. Auch Ärger, Aufregung, Hetze und dauernder seelischer Druck, der Stress, wirken krankheitsfördernd. In den Umweltrisikofaktoren spiegeln sich die Einflüsse der Industriegesellschaft wider. Deshalb gehören die Herz-Kreislauf-Erkrankungen zu den **Zivilisationskrankheiten**.
Hinzu kommen weitere Risikofaktoren: Bluthochdruck, Stoffwechselstörungen, falsche Ernährung und Übergewicht. Der schädliche Einfluss der Risikofaktoren steigert sich um ein Vielfaches, wenn mehrere Risikofaktoren vorhanden sind. So erleiden Personen mit den drei Risikofaktoren erhöhter Blutfettspiegel, Bluthochdruck und Zigarettenrauchen zehnmal häufiger einen Herzinfarkt als Nichtraucher mit niedrigen Cholesterin- und Blutdruckwerten.

Zu den Herzkrankheiten zählen unter anderem angeborene Herzfehler, Herzrhythmusstörungen, Herzmuskelschwäche und der bereits genannte Herzinfarkt. Ein **Herzinfarkt** ist die Folge von Durchblutungsstörungen am Herzen. Sie entstehen, wenn Herzkranzgefäße, die den Herzmuskel versorgen, durch Kalk- und Fettablagerungen oder einen Blutpfropf verstopfen. Die von der Blutversorgung abgeschnittenen Teile des Herzens werden gelähmt oder sterben ab. Heftige Schmerzen sind die Folge. In schweren Fällen kommt es zum sofortigen Herzstillstand.
Bei den Kreislauferkrankungen stehen der **Bluthochdruck** mit all seinen Folgen sowie die Arterienverkalkung an erster Stelle. Bei unzureichender Behandlung des Bluthochdrucks besteht ein erhöhtes Risiko für Schlaganfall, Hirnblutungen, Herzinfarkt, Herzmuskelschwäche, Schrumpfniere und Nierenversagen.
Die **Arterienverkalkung** ist die häufigste Blutgefäßkrankheit. Sie beginnt meist mit

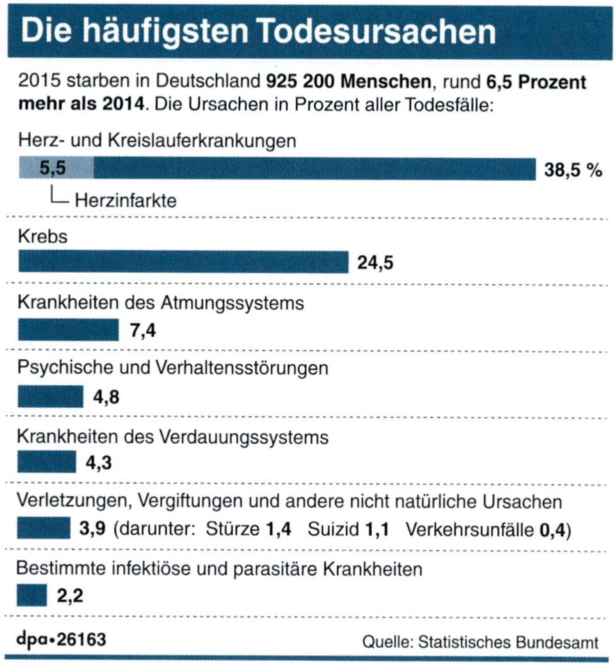


1. Todesursachen

## Der Blutdruck

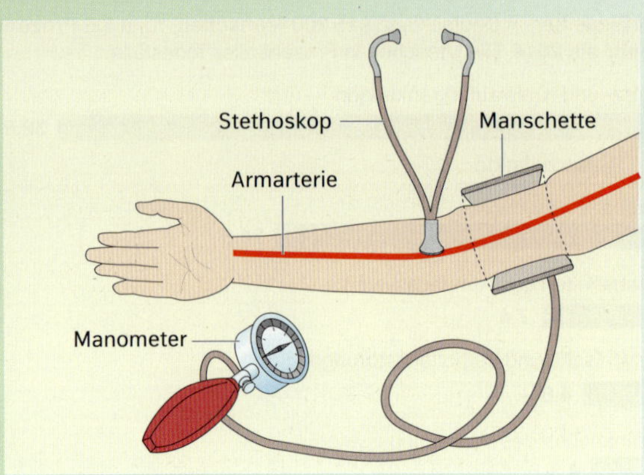


4. Blutdruckmessung

*Wenn der Arzt einen Patienten untersucht, misst er häufig den Blutdruck. Er legt ihm eine aufpumpbare* ***Manschette*** *um den Oberarm. Mithilfe der Manschette wird die im Inneren des Arms liegende Hauptschlagader völlig zusammengedrückt, bis kein Puls mehr zu fühlen ist.*

*Nun setzt der Arzt sein Hörrohr, das* ***Stethoskop****, auf eine Arterie in der Armbeuge und lässt die Luft über ein Ventil langsam aus der Manschette hinaus. In dem Moment, in dem sich das Blut zum ersten Mal wieder seinen Weg in die etwas geöffnete Schlagader bahnen kann, ist im Stethoskop zum ersten Mal ein zischendes Geräusch zu hören. In diesem Augenblick misst der Arzt den Druck, der durch die Systole in der Armarterie erzeugt wird, den* ***systolischen Blutdruck****.*

*Nun wird der Druck in der Manschette weiter vermindert. Mit jedem Pulsschlag ist das zischende Geräusch zu hören. Wenn das Blut wieder normal fließen kann, verschwindet das Geräusch. Jetzt wird der* ***diastolische Blutdruck*** *gemessen: Er entspricht dem Druck, der bei entspannten Hauptkammern in der Arterie herrscht.*
***Bluthochdruck*** *liegt vor, wenn bei mehrmaligem Messen an verschiedenen Tagen und unter Ruhebedingungen ein oberer (systolischer) Blutdruckwert von 140 mmHg und ein unterer (diastolischer) Wert von 90 mmHg oder darüber festgestellt wird (s. Tab., S. 59).*

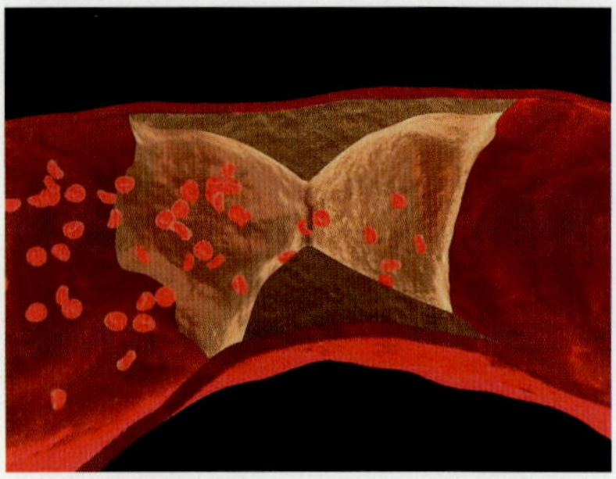

3. Arterienverkalkung

dem Aufquellen der inneren Gefäßwand. Dadurch wird die Gefäßweite eingeengt und der normale Blutfluss behindert. Im weiteren Krankheitsverlauf kommt es durch Einlagerungen von Blutfett und Mineralstoffen zu „Verkalkungen". Als Folge verlieren die Arterien zunehmend an Elastizität und werden brüchig. Sie können nun den Blutstrom nicht mehr nach Bedarf regulieren. Es zeigen sich Durchblutungsstörungen, der Körper ist nicht mehr wie vorher belastbar. Meist tritt diese Krankheit erst bei älteren Menschen auf.
Aber auch Venenerkrankungen beeinträchtigen den Kreislauf des Blutes erheblich. Sie können sich in **Krampfadern** äußern. Bei Menschen, die vorwiegend stehende und bewegungsarme Tätigkeiten ausüben, kommt es in den Füßen und Unterschenkeln zu Blutstauungen. Dadurch erweitern sich die dort befindlichen Venen krankhaft. Schließlich versagen die Venenklappen, sodass der Rückfluss des Blutes zum Herzen gestört ist.

## Gesunderhaltung von Herz und Kreislauf

*Viele Risikofaktoren für Herz-Kreislauf-Erkrankungen können durch eine gesunde Lebensführung ausgeschaltet oder verringert werden.*

1. *Gar nicht erst mit dem* ***Rauchen*** *anfangen oder sich das Rauchen abgewöhnen! Rauchen führt, neben vielen anderen negativen Wirkungen, zu Verengungen und vermehrten Ablagerungen in den Blutgefäßen und verschlechtert so die Durchblutung. Wer eine Schachtel Zigaretten pro Tag raucht, verdoppelt sein Herzinfarktrisiko. Man sagt, dass jede Zigarette sechs Minuten der voraussichtlichen Lebenszeit kostet.*
2. *Auf den* ***Cholesterinspiegel*** *achten! Cholesterin gehört zu den Blutfetten und ist lebenswichtig für den Aufbau der Zellen. In ungünstiger Zusammensetzung mit der Ernährung aufgenommen, kann es sich an den Gefäßinnenwänden ablagern und zur Verengung der Gefäße führen. Cholesterin ist nur in tierischen Produkten, wie Fleisch, Fisch, Innereien, Eigelb, Butter, enthalten. Günstiger sind pflanzliche Fette, insbesondere solche mit mehrfach ungesättigten Fettsäuren in Margarine oder Ölen.*
3. *Bei bestehenden Risikofaktoren besonders gesund leben und weitere Risikofaktoren meiden! Ein hoher Blutdruck, eine Diabeteserkrankung und ein erhöhter Cholesterinspiegel müssen* ***regelmäßig vom Arzt kontrolliert und behandelt*** *werden, um das Risiko einer Herz-Kreislauf-Erkrankung zu vermindern.*
4. ***Übergewicht*** *abbauen und Stress vermeiden!*
5. *Durch viel* ***Sport*** *und körperliche Bewegung den Kreislauf anregen! Regelmäßiger Sport und Bewegung kräftigen die Muskulatur, fördern den Blutfluss in den Gefäßen, verringern das Risiko eines Gefäßverschlusses und können einer Arterienverkalkung vorbeugen. Deshalb sollte man täglich insgesamt mindestens 30 Minuten aktiv sein. Günstig sind Schwimmen, Joggen oder Walken, Inlineskating und andere Ausdauersportarten. Wer nicht täglich Sport treibt, kann dennoch Bewegungsmangel vermeiden: Mit dem Fahrrad anstatt mit dem Bus fahren, die Treppe anstelle des Aufzugs nehmen, eine Haltestelle früher aussteigen und ein Stück zu Fuß gehen.*

1. Schwimmen

2. Joggen

**1.** Nennen Sie Risikofaktoren für Herz- und Kreislauferkrankungen und Vorsorgemaßnahmen.

**2.** Erklären Sie bei einer Herz- und Kreislauferkrankung (z. B. Herzinfarkt, Bluthochdruck, Arterienverkalkung) Entstehung, Verlauf, Diagnose, Behandlung.

**3.** Was bedeuten die Begriffe „systolischer und diastolischer Blutdruck"?

| Blutdruck (in Ruhe) | systolisch (mmHg) | distolisch (mmHg) |
|---|---|---|
| optimal | kleiner als 120 | kleiner als 80 |
| normal | 120–129 | 80–84 |
| hoch-normal | 130–139 | 85–89 |
| Bluthochdruck, leicht | 140–159 | 90–99 |
| Bluthochdruck, mittelschwer | 160–179 | 100–109 |
| Bluthochdruck, schwer | größer/gleich 180 | größer/gleich 110 |

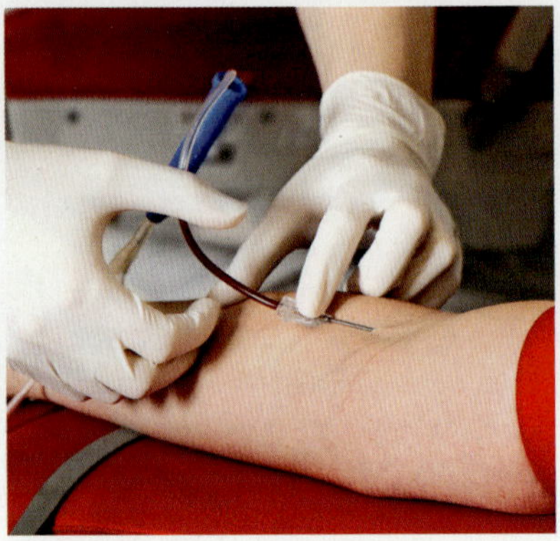

1. Blutabnahme

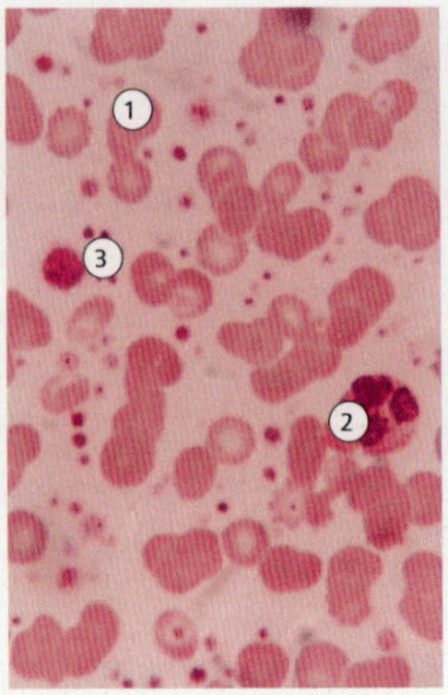


2. Angefärbter Blutausstrich

### 3.2.4 Blut – ein fließendes Organ

Mit einem *Blutausstrich* kann der Arzt das Blut unter dem Mikroskop untersuchen. Im Blutausstrich sind die verschiedenen Blutzellen, die im Blutplasma schwimmen, gut zu erkennen. Sie werden überwiegend im Knochenmark gebildet (s. Abb. 2).

Die **roten Blutkörperchen** (Erythrozyten) kommen am häufigsten vor. In 5 Liter Blut befinden sich davon etwa 25 Billionen, was der Fläche eines halben Fußballfeldes entspricht. Ihre rote Farbe erhalten sie durch den eisenhaltigen Blutfarbstoff, das *Hämoglobin*. Sie haben keinen Zellkern und ihre Form gleicht einer kreisrunden Scheibe mit einer napfförmigen Eindellung. Die Lebensdauer eines roten Blutkörperchens beträgt etwa 120 Tage. Deshalb müssen ständig neue rote Blutkörperchen gebildet werden. Bildung und Abbau halten sich bei Gesunden die Waage. Abgebaut werden sie vor allem in der Milz. Die roten Blutkörperchen nehmen in der Lunge Sauerstoff auf, transportieren ihn und geben den Sauerstoff an die Zellen ab. Bei manchen Blutkrankheiten können Größe, Form und Anzahl der roten Blutkörperchen verändert sein.

**Weiße Blutkörperchen** (Leukozyten) sind größer als die roten Blutkörperchen, haben einen Kern und kommen in wesentlich geringerer Zahl im Blut vor. Auf 600 bis 1 000 rote kommt beim Gesunden ein weißes Blutkörperchen. Nach ihrer Herkunft unterscheidet man *Granulozyten*, die im Knochenmark entstehen, Lymphozyten, die in der Milz und in den *Lymphknoten* gebildet werden, und *Monozyten*, deren Herkunftsort umstritten ist. Ihre Lebensdauer beträgt einige Stunden bis wenige Tage. Liegt eine entzündlich-bakterielle Erkrankung vor, kann sich die Anzahl der weißen Blutkörperchen stark erhöhen. Sie können die Krankheitserreger zerstören, indem sie diese in sich aufnehmen und durch Enzyme verdauen (s. Abb. 1, S. 178). Um auch Krankheitsherde außerhalb der Blutgefäße zu erreichen, können sie ihre Form verändern und die Gefäßbahn verlassen.

Die kleinsten festen Blutbestandteile sind die **Blutplättchen** (Thrombozyten). Sie entstehen im Knochenmark und werden an das Blut abgegeben: Tausende kleine Plättchen mit einem Durchmesser von zwei- bis viertausendstel Millimeter. Die Lebensdauer der Thrombozyten beträgt acht bis 14 Tage. Blutplättchen sind wichtig für die *Blutge-rinnung*. Damit die Blutgerinnung einsetzen kann, zerfallen die Thrombozyten am Ort der Verletzung der

Haut. Dabei wird ein Enzym frei, das die Gerinnung des Blutes in Gang setzt. Über mehrere Zwischenstufen bildet sich ein Netz von Eiweißfäden (Fibrin). Darin verfangen sich die Blutzellen und bilden so einen Pfropf. Die Wunde ist verschlossen. Unter krankhaften Bedingungen kann auch innerhalb der Blutbahn eine Blutgerinnung auftreten, die sogenannte Thrombose.

Ein vielfach angewendetes ärztliches Untersuchungsverfahren ist die Blutsenkung. Das aus der Vene entnommene Blut wird zunächst durch eine Chemikalie ungerinnbar gemacht und in eine dünne Glasröhre gefüllt. Allmählich setzen sich nun die festen Bestandteile des Blutes, die roten und weißen Blutkörperchen und die Blutplättchen nach unten ab. Darüber bleibt eine klare Flüssigkeit, das **Blutplasma**, stehen. Es enthält den für die Gerinnung wichtigen Stoff Fibrinogen. Der Rest, das **Blutserum**, besteht zu 90 % aus Wasser mit den darin gelösten Eiweißen, Fetten, Kohlenhydraten und Mineralstoffen. Eine erhöhte Sinkgeschwindigkeit der Blutkörperchen weist auf einen Abwehrkampf des Körpers hin, etwa bei einer Infektion oder bösartigen Geschwulst.

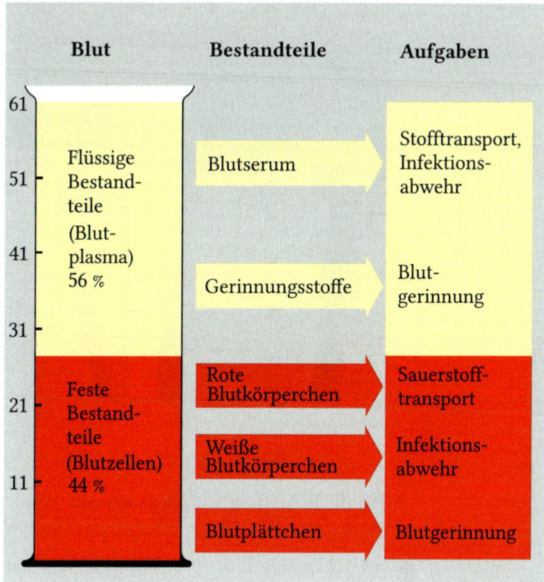


3. Bestandteile und Aufgaben des Blutes

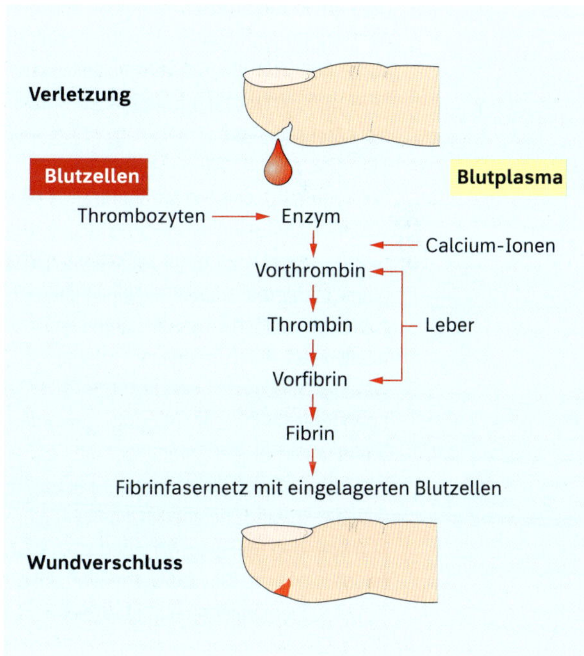


4. Blutgerinnung

1. Wozu braucht der Körper rote Blutkörperchen?
2. Welche Aufgaben haben weiße Blutkörperchen?
3. Welche Funktion haben Blutplättchen?
4. Welche Aufgaben hat das Blutplasma?

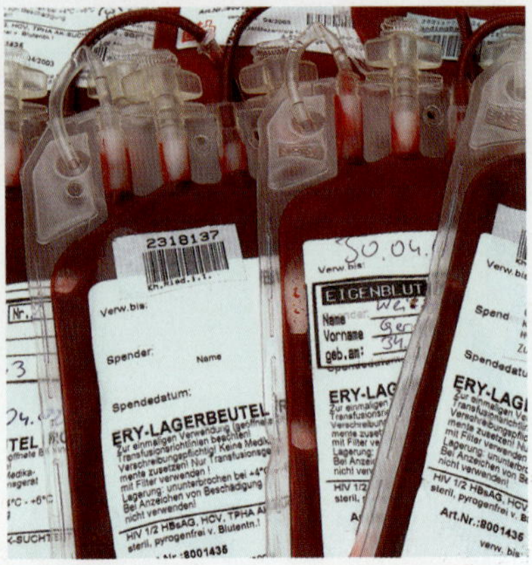


1. Blutkonserven

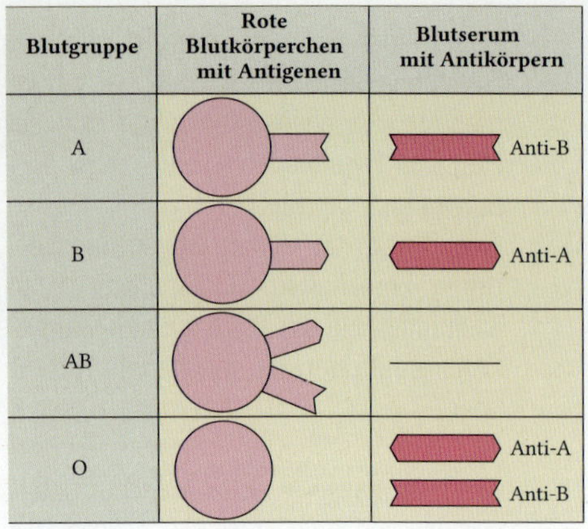


2. Blutgruppen

### 3.2.5 Ist Blutübertragung ein Risiko?

Bei schwerem Blutverlust nach einem Unfall oder bei einer großen Operation ist eine Blutübertragung notwendig. Nur so kann die Sauerstoffversorgung des Körpers durch die Erythrozyten gesichert und die Gerinnungsfähigkeit des Blutes wieder hergestellt werden. Die vermehrte Flüssigkeitsaufnahme in den Blutgefäßen stabilisiert den Kreislauf.

Wie jede medizinische Maßnahme ist eine solche Transfusion nicht ohne Risiko. Die Gefahr, dabei mit dem *Aids-Virus (HIV)* oder mit *Hepatitis-Viren*, die eine Leberentzündung auslösen können, angesteckt zu werden, ist durch intensive Untersuchungen der Blutkonserven und eine strenge Spenderauswahl sehr gering geworden. Wenn vor einer geplanten Operation einige Wochen Zeit vorhanden und der Patient für eine Blutspende geeignet ist, kann er Eigenblut spenden. Bei einer erforderlichen Bluttransfusion wird ihm dann eine Blutkonserve mit seinem eigenen Blut übertragen.

Neben der Gefahr der *Übertragung von Infektionskrankheiten* können auch **Blutgruppenunverträglichkeiten** bei Transfusionen auftreten. Deshalb muss vor jeder Transfusion festgestellt werden, ob sich die Blutgruppen des Spenders und des Empfänger vertragen. Worauf beruht diese Unverträglichkeit?

Untersuchungen haben ergeben, dass es beim Menschen vier **Blutgruppen** gibt: A, B, AB und 0. Blutgruppe A besitzt auf der Oberfläche der roten Blutkörperchen das Antigen A, die Blutgruppe B das Antigen B, die Blutgruppe AB beide Antigene und die Blutgruppe 0 keine Antigene. Jeder Mensch hat von Geburt an in seinem Blut Antikörper gegen diejenigen Antigene, die in seinem Körper nicht vorkommen. Blut mit der Blutgruppe A enthält Antikörper gegen Blutgruppe B. Bei Blutgruppe B ist es umgekehrt. Blutgruppe AB enthält keine Antikörper. Blutgruppe 0 dagegen enthält beide Antikörper. Treffen bei einer Transfusion Antigene auf ihre spezifischen Antikörper, z. B. Antigen A mit Antikörper A, kommt es zum Verklumpen des Blutes. Verklumpte rote Blutkörperchen transportieren nicht genug Sauerstoff und verstopfen die kleinen Blutgefäße (Kapillaren).

Deshalb gilt: Das Empfängerblut darf keine Antikörper gegen das Spenderblut enthalten. Ob sich Spender- und Empfängerblut vertragen, lässt sich nur durch eine **Blutgruppenbestimmung** feststellen. Am sichersten ist die Übertragung innerhalb derselben

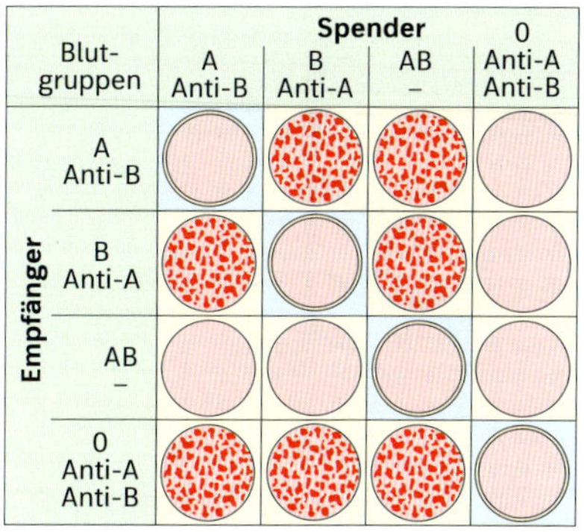

3. Möglichkeiten der Blutübertragung

Blutgruppe. In Notfällen kann das Blut mit der Blutgruppe 0 als „Universalspender" und Blut mit der Gruppe AB als „Universalempfänger" gelten.
Außer den beiden Blutgruppenantigenen A und B hat man noch ein weiteres Blutmerkmal festgestellt. Es ist der **Rhesusfaktor**. In Mitteleuropa ist er bei 85 % der Menschen vorhanden. Sie werden rhesuspositiv (Rh pos) genannt. Etwa 15 % der Menschen haben diesen Faktor nicht: Sie sind rhesusnegativ (Rh neg). Überträgt man einem rhesusnegativen Empfänger das Blut eines rhesuspositiven Spenders, so können sich im Blut des Empfängers Antikörper gegen das Blut des Spenders bilden. Bei einer später stattfindenden erneuten Blutübertragung mit Rh-pos-Blut würde es zur Auflösung der roten Blutkörperchen kommen.
Eine solche **Rhesusunverträglichkeit** ist auch dann wichtig, wenn eine rhesusnegative Frau ein Kind mit positivem Rhesusfaktor bekommt. Gelangt kindliches Blut durch eine geringfügige Verletzung des Mutterkuchens während der Schwangerschaft oder der Geburt in den Kreislauf der Mutter, so kommt es zu Antikörperbildungen gegen das Blut des Kindes. Bei einer erneuten Schwangerschaft mit einem Rh-pos-Kind würden Antikörper in das Blut des Fetus gelangen und dessen rote Blutkörperchen zerstören. Der Fetus kann absterben.

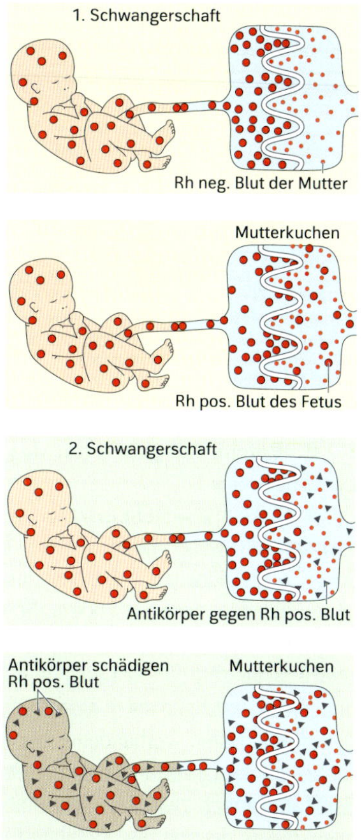

4. Rhesusfaktor und seine Auswirkungen

**1.** Erklären Sie die Methode der Blutgruppenbestimmung.

**2.** Erkundigen Sie sich in einem Krankenhaus oder bei einem Blutspendedienst, wie heute Blut getestet wird, um eine Übertragung von Infektionskrankheiten zu verhindern.

**3.** Informieren Sie sich über Methoden, wie man heute Rhesusunverträglichkeit behandelt.

**4.** Zurzeit werden in Deutschland pro Jahr etwa 4,5 Millionen Blutkonserven verbraucht. Dabei steigt der Bedarf an Transfusionsblut. Informieren Sie sich beim DRK über die Möglichkeiten der Blutspende (www.drk-blutspende.de).

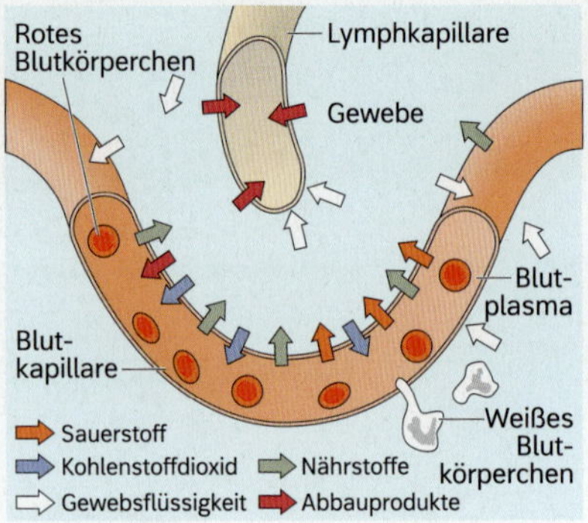


1. Stoffaustausch

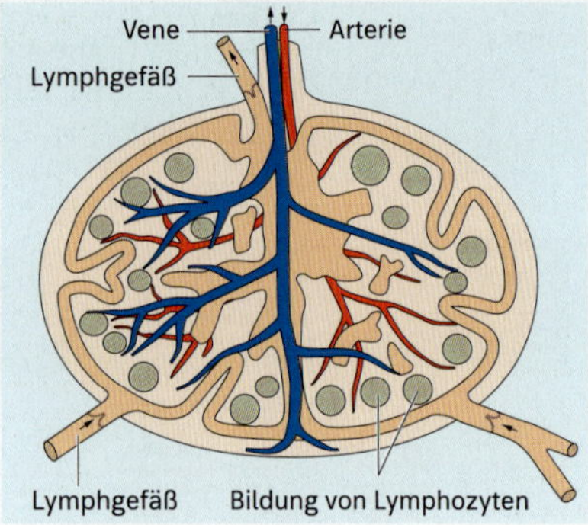


2. Lymphknoten

### 3.2.6 Welche Aufgaben hat das Lymphsystem?

Der Austausch von Stoffen zwischen Blut und Gewebe erfolgt in den kleinsten Blutgefäßen, den Kapillaren. Hier können die im Blutplasma gelösten Nährstoffe und der in den roten Blutkörperchen gespeicherte Sauerstoff die Gefäßwände durchdringen. So gelangen sie in eine zwischen den Körperzellen vorhandene Gewebsflüssigkeit, die **Lymphe**. Sie vermittelt den **Stoffaustausch** zwischen dem Blut und allen Zellen, die von den Kapillaren nicht erreicht werden. Abbauprodukte und Kohlendioxid werden durch die Lymphe ins Blut zurückgeführt.

Das Blut nimmt aber nur einen kleinen Teil der Abbauprodukte wieder auf. Die weitaus größere Menge geht in das **Lymphgefäßsystem** über. Es beginnt in den Zellzwischenräumen der Gewebe mit einem Netz geschlossener Röhren, den Lymphkapillaren. Diese vereinigen sich zu größeren Lymphgefäßen, die hinter den Schlüsselbeinen in die Venen des Blutkreislaufs einmünden. So hat das Lymphgefäßsystem im Gegensatz zum Blutgefäßsystem einen Anfang und ein Ende.

Die Strömungsgeschwindigkeit der Lymphe ist wesentlich geringer als die des Blutes. Ähnlich wie bei den Venen wird auch die Lymphe durch den Druck der Skelettmuskulatur oder durch die Pulswellen benachbarter Arterien weiterbefördert. Auch das rhythmische Zusammenziehen der Lymphgefäße befördert sie vorwärts. Im Lymphgefäßsystem befinden sich Taschenklappen, die ein Zurückfließen verhindern.

Auf dem Weg in das Blutgefäßsystem fließt die Lymphe durch zahlreiche erbsengroße Verdickungen innerhalb des Lymphgefäßsystems. Es sind die **Lymphknoten**. Die oberflächlichen Lymphknoten liegen meist in Gruppen beieinander. Am Hals, in den Achselhöhlen und an den Leistenbeugen sind sie besonders gehäuft.

Die Lymphknoten sind besonders wichtig für unsere **Infektionsabwehr**. Durch Verletzungen der Haut oder über die Schleimhäute können Krankheitserreger ins Gewebe eindringen. Mit dem Lymphstrom geraten sie zu den Lymphknoten und werden dort abgefangen. Die Lymphknoten schwellen an, entzünden sich und sind als harte Knötchen von außen ertastbar. Weiße Blutkörperchen sammeln sich hier und bekämpfen die Krankheitserreger. Bestimmte weiße Blutkörperchen, die Lymphozyten, werden in den Lymphknoten gebildet. Sie können unerwünschte Eindringlinge in den Körper wie ein Filter abfangen, und sie haben die Fähigkeit, Bakteriengiften entgegenzuwirken.

Übersteigt die Zahl der Krankheitserreger die Abwehrkraft des Lymphgefäßsystems, besteht die Gefahr einer *Blutvergiftung*.

## Allergie – was ist das?

*Seit einiger Zeit hat Simone Hautprobleme. An beiden Ohrläppchen haben sich juckende und nässende rote Flecken gebildet, die immer schlimmer werden. Ein Besuch beim Hautarzt kann die Ursache ihrer Beschwerden klären: Simone leidet an einer Allergie. „In meinen Ohrringen war das Metall Nickel enthalten und das vertrage ich nicht. Seit ich die Ohrringe nicht mehr trage, sind die roten, juckenden Stellen verschwunden", erzählt sie.*

*Manche Menschen reagieren auf verschiedene Fremdstoffe aus der Umwelt, die eigentlich keine Gefahr für ihre Gesundheit darstellen, mit einer überschießenden Abwehr des Organismus, einer Allergie. Die Aufnahme der allergieauslösenden Stoffe erfolgt durch Hautkontakt, Einatmen oder bei der Nahrungsaufnahme. Die* ***Allergene*** *können verschiedene Textilien und Metalle, Gräserpollen, Pflanzen, Hausstaub, Duftstoffe, Tierhaare, Nahrungsmittel wie Milch oder Getreide, Insektengifte und Arzneimittel sein. Der Körper antwortet auf den Kontakt mit Entzündungsprozessen im Gewebe und in verschiedenen Organen: Quaddelbildung, Ekzeme, Ödeme, Schnupfen, Asthma oder Durchfall sind die Folge. Was geht im Körper bei einer solchen* ***allergischen Reaktion*** *vor?*

*Wenn Bakterien, Viren oder andere Krankheitserreger (Antigene) in unseren Körper eindringen, ist unser Abwehrsystem gefordert. Unsere weißen Blutkörperchen (Lymphozyten) sind in der Lage, Abwehrstoffe (Antikörper) zu bilden, die zum speziellen Oberflächenmuster des eingedrungenen Antigens passen wie ein Schlüssel zum Schloss. Man spricht von der* ***Antigen-Antikörper-Reaktion.*** *Die so gebildeten größeren Einheiten werden dann von den weißen Blutkörperchen unschädlich gemacht.*

*Wird der Körper erneut von demselben Erreger belästigt, kommt die Produktion der Antikörper viel schneller in Gang, weil die Abwehrzellen unseres Immunsystems über ein „Gedächtnis" (immunologisches Gedächtnis) verfügen. Dies ist die Grundlage für die erworbene Immunität gegen verschiedene Krankheiten. Man schätzt, dass der menschliche Körper auf etwa eine Million verschiedene Antigene mit der Bildung entsprechender Antikörper reagieren kann.*

*Stoffe, die eine Allergie auslösen, werden im Organismus von überempfindlichen Menschen zunächst genauso behandelt wie Krankheitserreger. Bei der Erstberührung mit einem Allergen kommt es zur Sensibilisierung durch Bildung von Antikörpern, die aber nicht schützen, sondern bei erneuten Kontakten zu den oben beschriebenen allergischen Krankheitsbildern führen.*

*Meist ist es schwierig, herauszufinden, auf welchen Stoff der Körper allergisch reagiert. Ein Arzt muss die Lebens- und Ernährungsgewohnheiten des Erkrankten überprüfen und einen Allergietest durchführen. Bei einem solchen Test werden Stoffe, die als Auslöser für die Allergie verdächtigt werden, in sehr geringer Menge dicht unter die Haut gespritzt. Rötungen und Schwellungen zeigen den allergieauslösenden Stoff an. Kennt man das Allergen, sollte man versuchen, es zu meiden. Verschiedene Medikamente können die allergische Reaktion dämpfen.*

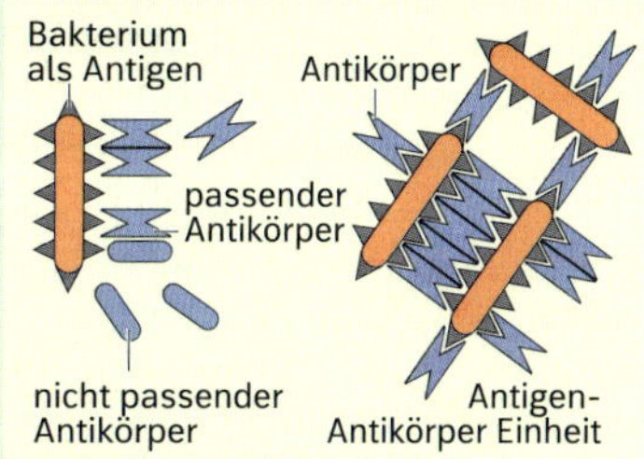

1. Antigen-Antikörper-Reaktion

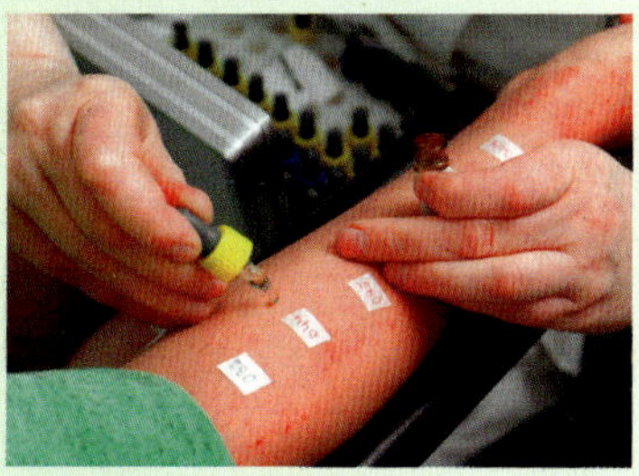
2. Allergietest

# Übung: Herz und Blutkreislauf

### *A1 Infusion*

Informieren Sie sich über die Anwendungsfälle, Wirkungsweise und Durchführung von Infusionen. Berichten Sie darüber.

### *A2 Antiallergika*

Informieren Sie sich über die Anwendungsfälle, Wirkungsweise und Nutzung von Antiallergika. Berichten Sie darüber.

### *A3 Blutersatzflüssigkeiten*

Informieren Sie sich über die Anwendungsfälle, Wirkungsweise, Zusammensetzung und den Einsatz von Blutersatzflüssigkeiten. Berichten Sie darüber.

### *A4 Bluterguss (Hämatom)*

Informieren Sie sich über die Entstehung, Auswirkung und Behandlung von Blutergüssen. Berichten Sie darüber.

### *A5 Herzoperationen*

Informieren Sie sich über Herzoperationen, z. B. Transplantation, Herzschrittmacher, künstliche Herzklappen und die Funktionsweise der Herz-Lungen-Maschine. Berichten Sie.

### *A6 Herzminutenvolumen und sportliches Training*

Durch Ausdauertraining kommt es zu einer Vergrößerung des Herzens und zu einer Kräftigung der Herzmuskulatur.

a) Erklären Sie die Begriffe „Schlagvolumen" und „Herzminutenvolumen".
b) Berechnen Sie die fehlenden Angaben in der Tabelle.
c) Erklären Sie anhand der Tabelle, wie die höhere Leistungsfähigkeit von trainierten Sportlern zustande kommt.

| | **Herzgröße** | | **Schlagvolumen** | | **Herzfrequenz** | | **Herzminutenvolumen** | |
|---|---|---|---|---|---|---|---|---|
| | **Gewicht** | **Volumen** | **Ruhe** | **Belastung** | **Ruhe** | **Belastung** | **Ruhe** | **Belastung** |
| | **g** | **ml** | **ml** | | **Schläge/min** | | **Liter** | |
| **untrainiert** | 200–300 | 600–800 | 60–90 | 75–105 | 60–80 | bis 200 | | |
| **trainiert** | 350–500 | 900–1 300 | 170–200 | 170–200 | 40–60 | bis 200 | | |

### *A7 Vitalfunktionen*

a) Messen Sie folgende Vitalfunktionen bei verschiedenen Testpersonen jeweils unter Ruhe-bedingungen, nach dem Treppensteigen, nach weiteren 5 Minuten Pause: Puls (Schläge pro Minute), Atmung (Atemzüge pro Minute), Blutdruck.
b) Besorgen Sie sich in einer Arztpraxis einen Blutdruckpass für Hochdruckpatienten. Berichten Sie.

# 3.3 Bei der Atmung erfolgt ein Gasaustausch

*Allergien können Erkrankungen verursachen*

*Susanne ist Praktikantin in einer Kita. Als sie mittags das Essen für die Kinder auf den Tisch räumt, erklärt ihr Kerstin, die Gruppenleiterin: „Bitte achte auf Kevin. Er ist Allergiker und bekommt eine glutenfreie Sonderkost. Sein Essen ist entsprechend mit seinem Namen gekennzeichnet. Das normale Essen darf er nicht zu sich nehmen!"*

*Etwa 17 % aller Kinder und Jugendlichen in Deutschland leiden an einer allergischen Erkrankung wie Heuschnupfen, Neurodermitis oder Asthma. Auslöser können Stoffe sein, die eingeatmet werden, z. B. Pollen, Tierhaare oder Hausstaubmilben. Bei den Nahrungsmittelunverträglichkeiten liegen Erdnuss, Weizenmehl, Karotte und Apfel an der Spitze.*

*Allergien können sich bei fortwährendem Kontakt mit dem Allergen verschlimmern. So kann zum Beispiel aus Heuschnupfen Asthma entstehen. Deshalb sollten Allergiker dem Allergen nach Möglichkeit aus dem Weg gehen, zum Beispiel Kontakt zu entsprechenden Tieren meiden, auf den Verzehr der allergieauslösenden Nahrungsmittel verzichten usw.*

1. *Erklären Sie, wie eine Allergie zustande kommt. Nehmen Sie die S. 65 zur Hilfe.*
2. *Informieren Sie sich über Heuschnupfen (z. B. www.heuschnupfen.de): Ursachen, Symptome, Diagnose, Therapie. Berichten Sie.*
3. *Besorgen Sie sich einen Pollenkalender (Apotheke, Internet). Wann ist mit welchen Pollen zu rechnen? Was kann ein Allergiker dann tun?*
4. *Informieren Sie sich über die aktuellen Allergiegefahren durch „Ambrosia" sowie den „Eichenprozessionsspinner".*
5. *Besorgen Sie sich Merkblätter für Eltern aus einer Kita oder aus dem Internet. Welche Empfehlungen werden darin für den Umgang mit allergischen Kindern gegeben?*

*Schadstoffe belasten die Atemwege*

*„Es zieht! Machen Sie sofort das Fenster zu!", ruft Frau Richter der Schwester Elisabeth zu. Frau Richter, die 87-jährige Bewohnerin des Alten- und Pflegeheims „Am Stadtpark", friert leicht und kann Zugluft gar nicht ausstehen. „Aber es muss ja regelmäßig gelüftet werden", sagt Schwester Elisabeth.*

1. *Welche Ursachen gibt es für die Verschmutzung von Raumluft? Welche Gefahren gehen davon aus? Informieren Sie sich im Internet und berichten Sie über eigene Erfahrungen.*
2. *Wie soll man Innenräume richtig lüften? Informieren Sie sich im Internet und berichten Sie über eigene Erfahrungen.*

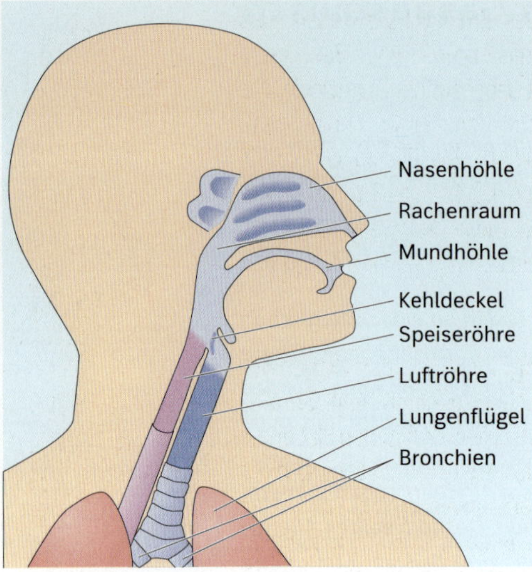


1. Die oberen Atemwege

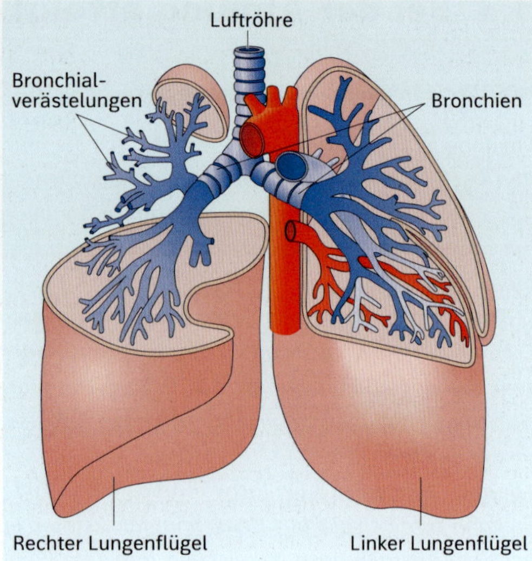


2. Bau der Lunge

### 3.3.1 Wie kommt die Atemluft in den Körper?

Wenn wir uns die Nase zuhalten und die Lippen aufeinanderpressen, ist unsere Atmung unterbrochen, denn die Zugangswege zu den Lungen sind blockiert. Atemluft kann nur durch die **Nase** oder über den **Mund** eingeatmet werden.

Man sollte die Luft möglichst nur durch die Nase einatmen. Die Wände der **Nasenhöhle** sind mit zahllosen winzigen *Härchen* ausgekleidet, die wie mit einem Rechen die durchströmende Luft vorreinigen. Die feuchtwarme *Nasenschleimhaut* feuchtet die Luft beim Vorbeiströmen an und erwärmt sie. Die Nasenhöhle geht in den **Rachenraum** über. Hier kreuzen sich Luft- und Nahrungswege. Der Kehldeckel verhindert, dass beim Schlucken Speiseteile in die Atemwege gelangen. Darunter liegt der aus Knorpelgewebe bestehende **Kehlkopf.** Er ist mit den Stimmbändern verbunden. Beim Schlucken, Sprechen und Singen hebt und senkt sich der Kehlkopf und ist durch die Haut als harter Körper fühlbar.

An den Kehlkopf schließt sich die zehn bis 15 cm lange **Luftröhre** an. Sie wird durch elastische, ringförmige Knorpelspangen gebildet. Ähnlich wie die Metallringe im Schlauch eines Staubsaugers verhindern die Knorpelspangen, dass die Luftröhre beim Einatmen zusammengedrückt wird. An ihrem unteren Ende verzweigt sich die Luftröhre nach rechts und links in zwei Äste, die Stammbronchien. Sie teilen sich beim Eintritt in die Lunge immer weiter auf und verästeln sich, sodass sie an einen auf den Kopf gestellten Baum erinnern. Die Schleimhäute von Luftröhre und **Bronchien** sind mit *Flimmerhärchen* ausgekleidet. Durch ständige Bewegung sorgen sie dafür, dass eingeatmete Staubteilchen wieder nach außen transportiert werden.

Am Ende der feinsten Verästelungen sitzen winzige **Lungenbläschen.** Etwa 300 Millionen von ihnen bilden das schwammartige

Lungengewebe, das von vielen Blutkapillaren durchzogen ist. Bis hierher muss die eingeatmete Luft gelangen, damit der Gasaustausch stattfinden kann.

Die Lunge besteht aus zwei voneinander getrennten Hälften, dem rechten und dem linken **Lungenflügel.** Da die Lunge selbst keine Muskeln besitzt, kann sie selbst keine Atembewegungen ausführen. Wie erfolgt aber das Atmen?

Wie bei einem Blasebalg vergrößert sich beim Einatmen der Brustraum, während er sich beim Ausatmen verkleinert. Die Lunge, die den Brustraum ausfüllt, macht jede Vergrößerung und Verkleinerung mit. Bei der Vergrößerung wird Atemluft durch den entstehenden Unterdruck eingesaugt, bei der Verkleinerung wird sie durch den entstehenden Überdruck ausgepresst. Der Brustkorb kann sich auf zweierlei Weise vergrößern:

**Bauchatmung:** Beim Einatmen zieht sich das nach oben gewölbte Zwerchfell zusammen und flacht dabei ab. Dadurch wird der Innenraum des Brustkorbs erweitert. Das Zwerchfell, das Brust- und Bauchraum trennt, drückt dabei auf die Eingeweide. Die Bauchwand tritt dann etwas hervor. Beim Ausatmen ziehen sich die Bauchmuskeln zusammen und drücken das Zwerchfell wieder nach oben. Diese Atemweise reicht aus, wenn man keine anstrengenden Tätigkeiten ausführt.

**Brustatmung:** Zwischen den Rippen liegen die Zwischenrippenmuskeln. Sie ziehen sich zusammen und heben dabei die Rippen und das Brustbein, sodass sich der Brustkorb stark erweitert und Luft in die Lunge strömt. Beim Ausatmen entspannen sich die Zwischenrippenmuskeln, sodass der Brustkorb in seine Ausgangsstellung zurückkehrt. Die Atemzüge sind wesentlich tiefer als bei der Bauchatmung.

Bei größerem Sauerstoffbedarf, zum Beispiel beim Laufen, atmet man mit Bauch- und Brustatmung gleichzeitig.

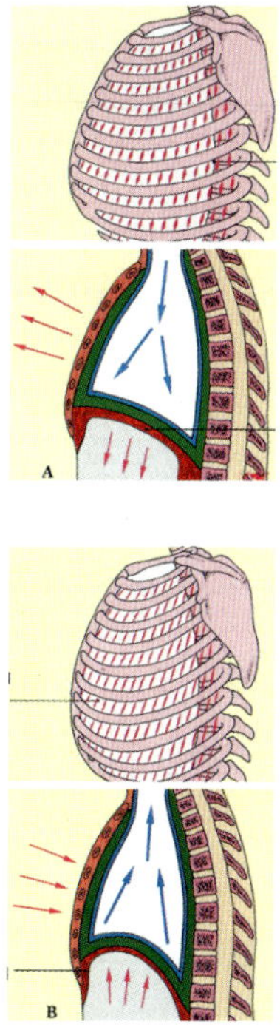

3. Atembewegungen:
A Einatmen, B Ausatmen

### Atemgymnastik

*Unsere Atmung können wir bewusst beeinflussen, indem wir schneller oder langsamer, tiefer oder flacher atmen. Diese Möglichkeit macht man sich bei der Atemgymnastik zunutze. Atemgymnastik kann bei verschiedenen Erkrankungen durch ihre krampflösende Wirkung zum Erfolg führen.*

*Eine typische Krampfkrankheit ist das Bronchialasthma: Der Brustkorb steht hochgezogen in Einatemstellung. Die Bronchialmuskulatur ist verkrampft, der Asthmakranke kann nicht ausatmen. Durch Übung kann der Kranke die Zwerchfellatmung erlernen. Wenn nun ein Asthmaanfall naht, kann er diesen durch bewusste Zwerchfellatmung unterdrücken.*

*Auch andere Krankheitsbilder, bei denen eine Fehlsteuerung des vegetativen Nervensystems vorliegt, wie nervöse Herzstörungen und manche Arten von Kopfschmerzen, lassen sich durch Atemgymnastik positiv beeinflussen. Auch Stotterer müssen eine richtige Atemführung erlernen.*

1. Bronchialbaum der Lungen

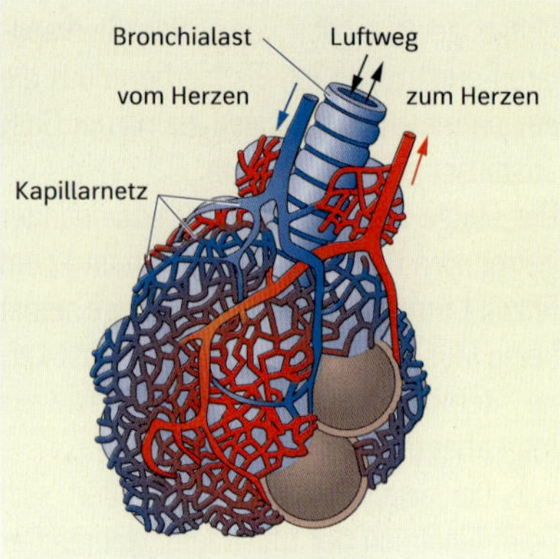


2. Bronchienende mit Lungenbläschen

### 3.3.2 Gasaustausch im Körper

Das Ziel ist erreicht! Erschöpft bleiben die Läufer stehen. Sie atmen hastig mit geöffnetem Mund. In rascher Folge hebt und senkt sich ihr Brustkorb.

Diese Atmung nennt man **äußere Atmung.** Sie umfasst alle Vorgänge, die notwendig sind, um die Außenluft in die Lungenbläschen und die Luft von dort wieder nach außen zu bringen. Die Zahl der Atemzüge ist beim Kind größer als beim Erwachsenen. Sie beträgt beim Neugeborenen 40 bis 50, beim Kleinkind etwa 25 und beim Erwachsenen nur 16 pro Minute in Ruhelage. Im Liegen ist die Anzahl der Atemzüge am niedrigsten, im Stehen höher. Sie steigt mit zunehmender Arbeitsleistung oder bei Fieber. So macht der erschöpfte Läufer etwa 60 Atemzüge pro Minute. Die Atmung passt sich einem erhöhten **Sauerstoffbedarf** an. Dabei nehmen sowohl das *Atemzugvolumen* als auch die *Atemfrequenz* zu.

Gesteuert wird die Atmung durch ein besonderes **Atemzentrum** im Zentralnervensystem. Es reguliert die Atmung unbewusst und hält sie in Gang. Die Atmung wird durch verschiedene seelische Eindrücke wie Freude, Angst oder Schockzustände beeinflusst. Auch Schmerz und Temperaturreize wirken sich auf die Atemtätigkeit aus. So vermindern starke Kältereize den Atemanreiz.

Die eingeatmete Luft setzt sich normalerweise aus 21 % Sauerstoff, 0,03 % Kohlendioxid und etwa 78 % Stickstoff zusammen. Dagegen enthält die ausgeatmete Luft nur noch 17 % Sauerstoff, aber rund 3,5 % Kohlendioxid. Der Stickstoffanteil bleibt weitgehend unverändert. Die Unterschiede in der *Zusammensetzung der eingeatmeten und der ausgeatmeten Luft* zeigen, dass offenbar ein Gasaustausch im Körper stattgefunden hat. Wie kommt dieser zustande?

Der Gasaustausch erfolgt im Lungengewebe. Es besteht aus 300 bis 450 Millionen winzigen Lungenbläschen von etwa 0,25 mm Durchmesser. Sie bilden zusammen eine stark vergrößerte innere Oberfläche. Würde man alle Lungenbläschen eines Erwachsenen nebeneinander legen, ergäbe sich eine Oberfläche von etwa 100 $m^2$. Die dünnen Wände der Lungenbläschen, die nur aus einer einzigen Zellschicht bestehen, sind netzartig von kleinsten Blutkapillaren mit ebenfalls sehr dünnen Wänden umsponnen.

Die Blutkapillaren führen kohlendioxidreiches und sauerstoffarmes Blut aus dem Körper zur Lunge. In den Lungenbläschen ist die Konzentration von Sauerstoff höher und die Konzentration von Kohlendioxid geringer als im Blut. Es besteht ein *Konzentrationsgefälle* zwischen Blut und

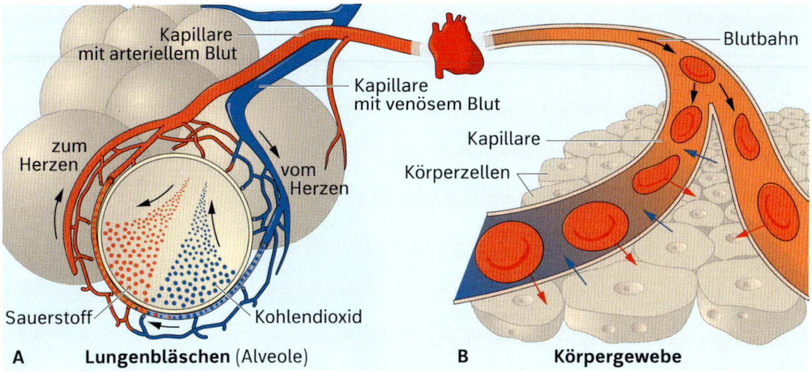


3. Gasaustausch: A in der Lunge, B im Körpergewebe

Atemluft. Zum Konzentrationsausgleich bewegen sich Gase stets von der höheren zur niedrigeren Konzentration. Daher erfolgt eine **Diffusion** des Sauerstoffs aus den Lungenbläschen in das venöse Blut der Kapillaren, und in der anderen Richtung diffundiert Kohlendioxid aus dem venösen Blut in den Luftraum der Lungenbläschen. Im Blut wird der Sauerstoff vom *Hämoglobin* der roten Blutkörperchen gebunden. Auf seinem Weg über die Lungenbläschen reichert sich das Blut nach und nach mit Sauerstoff an, während es andererseits immer mehr Kohlendioxid abgibt. Weil die Diffusionsgeschwindigkeit gering ist, ist für den Gasaustausch eine sehr große Oberfläche notwendig.
Das mit Sauerstoff angereicherte Blut gelangt von der Lunge zum Herzen. Von dort wird es durch den Blutkreislauf zu den Körpergeweben transportiert. Die Gewebe sind von kleinsten Kapillaren durchzogen. Ist der Sauerstoffgehalt in den Zellen geringer als im Blut, diffundiert er in die Zellen. Gleichzeitig gelangt das bei der Zellatmung entstehende Kohlendioxid ins Blut. Auch bei dieser **inneren Atmung** ist die Gasaustauschfläche mit nahezu 6 000 $m^2$ sehr groß. Das nun wieder sauerstoffarme und kohlenstoffdioxidreiche Blut strömt durch die Venen zum Herzen und von dort zur Lunge. Der Vorgang der Sauerstoffaufnahme und Kohlendioxidabgabe beginnt dort von vorn. Auf diese Weise atmet ein Erwachsener täglich bis zu 750 Liter Sauerstoff ein und 600 Liter Kohlendioxid aus.

1. Beschreiben Sie den Weg der Atemluft in den Körper.
2. Erläutern Sie den Unterschied zwischen Brust- und Bauchatmung.
3. Erläutern Sie die äußere und die innere Atmung und erklären Sie den Unterschied der Zusammensetzung der eingeatmeten und der ausgeatmeten Luft.

### Fassungsvermögen der Lunge

*Bei normaler Atmung werden pro Atemzug etwa 0,5 l Luft ein- und wieder ausgeatmet. Holt man besonders tief Luft und atmet dann maximal aus, so kann sich diese Luftmenge auf etwa 2 l erhöhen. Dieses maximale Atemvolumen nennt man die **Vitalkapazität** der Lunge. Auch bei maximaler Ausatmung bleibt noch ein Rest von 1 bis 1,5 l Luft in der Lunge zurück. Zählt man diesen Wert zur Vitalkapazität hinzu, so erhält man die **Totalkapazität.***

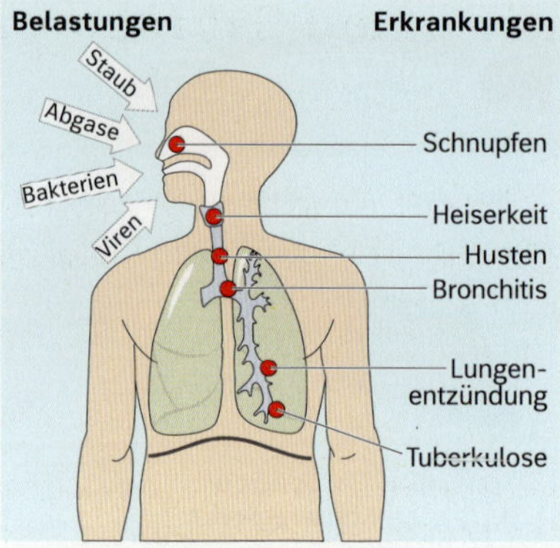


1. Belastungen und Erkrankungen der Atmungsorgane

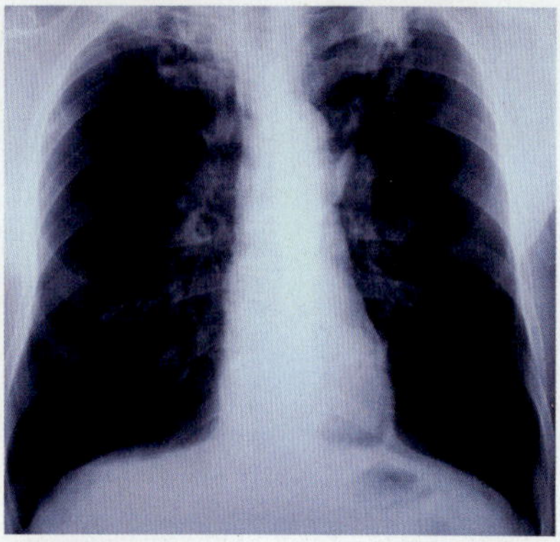

2. Röntgenbild einer Lunge, die mit Tuberkulose infiziert ist

### 3.3.3 Erkrankungen der Atmungsorgane

Staub, Abgase, Bakterien und Viren können mit der Atemluft in unsere Atmungsorgane eindringen und dort Erkrankungen hervorrufen. Solche feinen **Verunreinigungen der Atemluft** werden normalerweise im *Schleim* gebunden und durch die *Flimmerhärchen*, die unsere Bronchien auskleiden, aus den Atemwegen entfernt. Durch starke Luftverschmutzung werden diese Flimmerhärchen geschädigt und können ihre Aufgabe nicht mehr erfüllen.

Mindestens 10 % der deutschen Bevölkerung leiden an einer **chronischen Bronchitis,** einer entzündlichen Veränderung der Atemwege mit ständigem Hustenreiz und Atemnot. Schon kleine Kinder leiden immer häufiger unter **Pseudo-Krupp,** einem Kehlkopfkatarrh mit heiserem bellenden Husten, langgezogenem pfeifendem Einatmen und Erstickungssymptomen. Bei anderen Menschen mit besonderer Veranlagung entwickelt sich durch Umwelteinflüsse **Bronchialasthma,** gekennzeichnet durch plötzliche Einengung der Bronchien und anfallsweise auftretende Atemnot.

Die Symptome bei der *„Chronisch obstruktiven Lungenerkrankung" COPD* (englisch = Chronic Obstructive Pulmonary Disease) sind ähnlich wie beim Asthma. Als Hauptursache für die Entstehung einer COPD gilt das Zigarettenrauchen. Aber auch andere, länger andauernde Reizungen der Lunge mit Schadstoffen am Arbeitsplatz oder in der Umwelt (Staub, Gase) können die Krankheit begünstigen. Unter einer akuten Erkrankung der Atemwege, einer **Erkältungskrankheit,** hervorgerufen durch Viren oder Bakterien, hat sicher jeder schon einmal gelitten. Aber nicht jeder, der Krankheitskeime einatmet, erkrankt. Ein gesunder Körper hat genügend Abwehrkräfte, um damit fertig zu werden. Deshalb sollte man sich möglichst „abhärten". Dazu tragen ausgiebige Aufenthalte an frischer Luft und körperliche Betätigung bei.

Tritt bei einer Erkrankung der Atmungsorgane Fieber auf, ist dies ernster zu nehmen. Ein Arzt sollte die Atemwege abhorchen. So kann er an den Atemgeräuschen feststellen, ob eine **Lungenentzündung** vorliegt. Dabei entzünden sich, hervorgerufen durch Bakterien oder Viren, Bereiche des Lungengewebes. Hohes Fieber, Kopfschmerzen und starker Husten sind oft die ersten Anzeichen.

Die schwerste Infektionskrankheit der Lunge, die **Lungentuberkulose (TBC),** kostete früher Millionen von Menschen das Leben. Heute ist sie in Mitteleuropa verhältnismäßig selten geworden. Verursacht wird diese Erkrankung durch Ansteckung mit Tuberkelbakterien aus der Atemluft, meist bei engem persönlichen Kontakt mit Ausscheidern.

# Übung: Bei der Atmung erfolgt ein Gasaustausch

### *A1 Diffusion*

Überschichten Sie in einem Reagenzglas eine Farblösung (z. B. 1 ml Kaliumpermanganat-Lösung) mit Wasser. Lassen Sie das Reagenzglas ruhig stehen und beobachten Sie die Veränderungen über mehrere Stunden. Erklären Sie den Vorgang.

### *A2 Bedarf an Atemluft*

Zählen Sie Ihre Atemzüge pro Minute in unterschiedlichen Situationen: a) bei ruhigem Liegen, Sitzen und Stehen, b) nach körperlicher Belastung (z. B. 20 Kniebeugen oder Liegestütze). Warum gibt es einen unterschiedlichen Bedarf an Atemluft?

### *A3 Nachweis von Kohlendioxid ($CO_2$) in der Atemluft*

Bauen Sie die Versuchsanordnung gemäß der Zeichnung auf. Atmen Sie mehrfach durch den Schlauch ein und aus. Eine Trübung des Kalkwassers ist ein Hinweis auf $CO_2$. Erklären sie die Versuchsergebnisse.

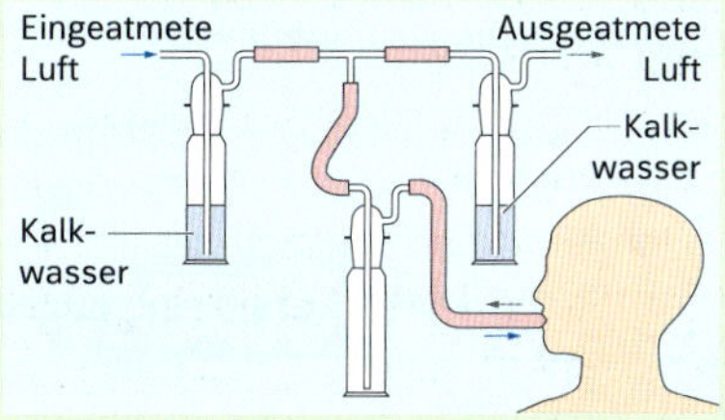


### *A4 Verschmutzung der Atemluft*

Geben Sie mit einer Pipette jeweils einen Tropfen Glycerin auf einen Objektträger und legen Sie mehrere dieser Objektträger an verschiedenen Orten für 24 Stunden aus, z. B. auf der Fensterbank (außen, innen, im Park, an einer Straße, im Zimmer). Decken Sie den Glycerintropfen mit einem Deckgläschen ab, beschriften Sie die Probe und mikroskopieren Sie. Zählen Sie die Anzahl der Schmutzpartikel. Erläutern Sie die Unterschiede.

### *A5 Atemschutzgeräte*

Informieren Sie sich über Atemschutzgeräte, z. B. Bauweise, Funktion, Einsatzbereiche. Berichten Sie.

### *A6 Erkrankungen der Atmungsorgane*

Erkundigen Sie sich über die Entstehung, Diagnose und Behandlung von Erkrankungen der Atmungsorgane. Berichten Sie darüber.

### *A7 Kiemenatmung*

Fische können im Wasser durch ihre Kiemen atmen. Informieren Sie sich über die Kiemenatmung. Erklären Sie die Funktion der Luftpumpe im Aquarium und das Phänomen massenhaften Fischsterbens in heißen trockenen Sommern. Warum müssen Wale regelmäßig auftauchen?

## 3.4 Ausscheidung

*Lukas macht ein freiwilliges soziales Jahr (FSJ) bei einem Wohlfahrtsverband. Er darf den Kleinbus fahren und bringt damit Nierenpatienten zur Dialysestation.*

*Dialyse*

*Bei der Dialyse wird das Blut aus einer Arterie durch eine Nadel entnommen und mit einer Pumpe über einen Schlauch zum Dialysator geführt. In dieser „künstlichen Niere" erfolgt die Auswaschung der Stoffwechselabbauprodukte über Kunststoffmembranen. Danach gelangt das gereinigte Blut über ein Schlauchsystem und eine Nadel in eine Körpervene zurück.*

1. *Stellen Sie tabellarisch die Stationen des Filtervorgangs in den Ausscheidungsorganen zusammen.*
2. *Welche Regulationsaufgaben übernimmt die Niere für den Körper?*
3. *Erklären Sie die Funktionsweise des Dialysegerätes anhand der Abbildung.*

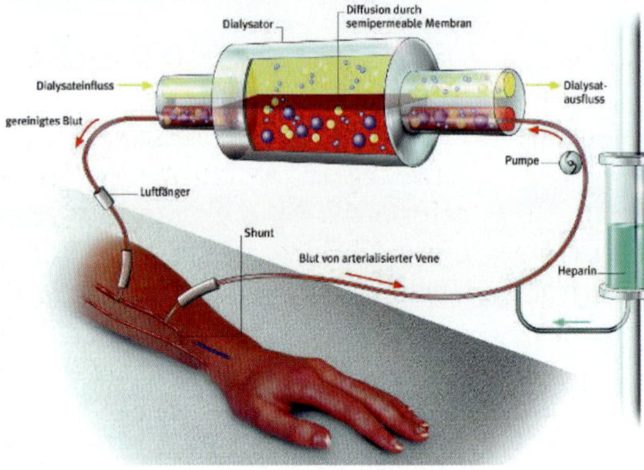


*Transplantation*

*In Deutschland werden pro Jahr etwa fünftausend Organtransplantationen durchgeführt, vor allem von Niere, Leber, Herz, Lunge und Bauchspeicheldrüse. Andererseits warten in unserem Land pro Jahr etwa zwölftausend Menschen auf ein Spenderorgan, die meisten davon jahrelang. Viele sterben, bevor ein rettendes Spenderorgan zur Verfügung steht. Man unterscheidet zwischen Lebendspende und postmortaler Spende. Lebendspenden sind vor allem bei paarigen Organen wie den Nieren möglich.*
*Auf einem Organspendeausweis kann jeder seine Erklärung zur Organspende für den Todesfall schriftlich dokumentieren.*

1. *Informieren Sie sich über den Organspendeausweis. Berichten Sie.*
2. *Erklären Sie, welche Arten von Transplantationen es gibt.*
3. *Informieren Sie sich über die Aufgaben folgender Organisationen: Deutsche Stiftung Organtransplantation (www.dso.de), Deutsche Gesellschaft für Gewebetransplantation (www.dgfg.de) und Eurotransplant (www.eurotransplant.nl). Berichten Sie über deren Aufgaben.*
4. *Sammeln Sie Presseberichte über Organtransplantation. Berichten Sie.*

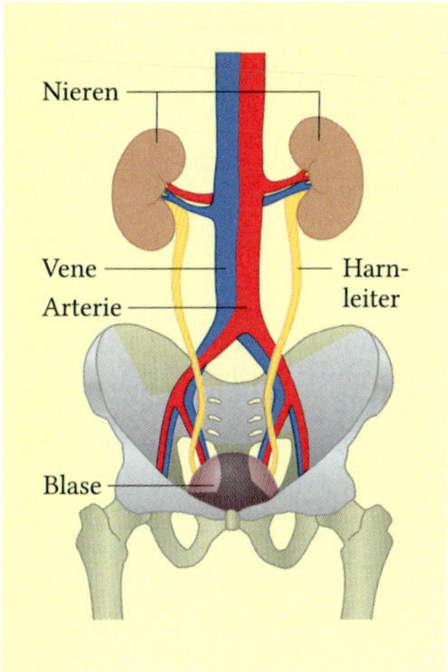


1. Nieren und Blase

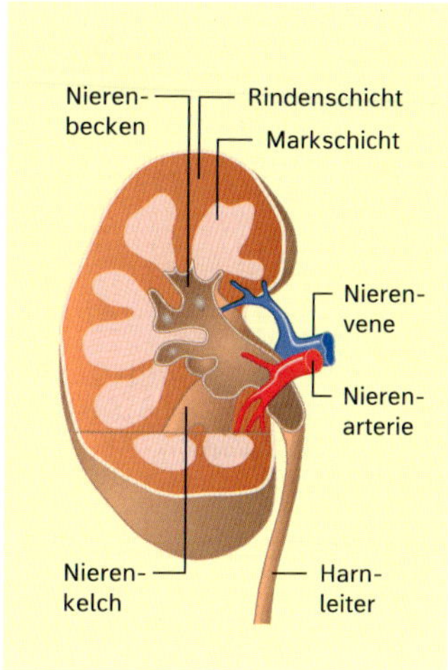


2. Bau der Niere

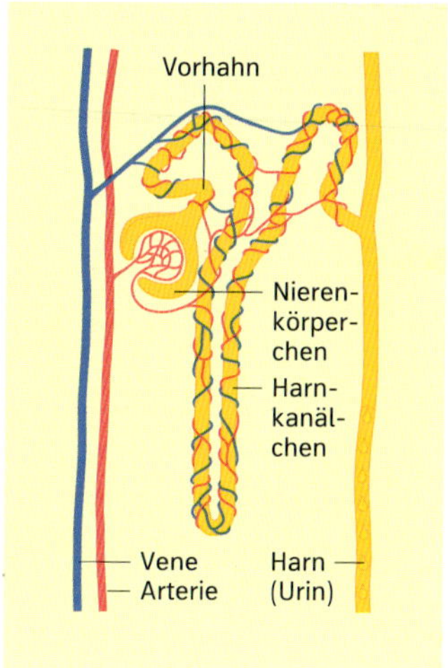


3. Feinbau der Niere

### 3.4.1 Die Nieren – Filteranlagen des Körpers

Wahrscheinlich hat jeder schon einmal die breiten Ledergürtel bemerkt, die Motorradfahrer zum Schutz der Nieren tragen. Diese wichtigen Organe reagieren nämlich sehr empfindlich auf Unterkühlung durch den Fahrtwind. Die Nieren sind so wichtig, weil sie das Blut von schädlichen und überflüssigen Stoffen reinigen.

Wie läuft dieser Reinigungsvorgang ab? Es dauert nur wenige Minuten, bis die gesamte Blutmenge des Körpers einmal durch die Nieren geflossen ist. Dabei entziehen die Nieren dem Blut Wasser und darin gelöste Stoffe. Dies geschieht in der **Nierenrinde.** Hier sitzen Millionen von **Nierenkörperchen**, kleine Bindegewebskapseln, gefüllt mit Knäueln kleinster Blutkapillaren. Die Wände dieser Blutkapillaren wirken wie Filter: Größere Teilchen wie Blutzellen und Eiweiße können nicht hindurchtreten und bleiben im Blut zurück. Kleine Teilchen jedoch wandern mit dem Wasser in die Nierenkörperchen. Auf diese Weise füllen sie sich mit dem **Vorharn.** Der Vorharn enthält alle im Blut gelösten Stoffe. Dies sind sowohl überflüssige oder schädliche Abfallstoffe als auch für den Organismus notwendige Substanzen.

Die notwendigen Stoffe müssen dem Körper wieder zugeführt werden. Wie geht das vor sich? In den Nierenkörperchen beginnen dünne Schläuche, die **Nierenkanälchen,** die sich in vielen Bögen bis ins **Nierenmark** winden. Durch sie fließt der Vorharn. Auf seinem Weg durch die Nierenkanälchen werden dem Vorharn alle Stoffe entzogen und ins Blut zurückgeführt, die der Körper noch verwenden kann. Dazu gehören bis auf wenige Liter fast das gesamte Wasser, aber auch Traubenzucker und Salze. Man nennt diesen Vorgang **Rückresorption.**

Am Ende des Weges durch die Kanälchen bleiben dann nur noch die im Restwasser gelösten Stoffe übrig, die den Körper verlassen sollen. Der **Endharn** ist entstanden. Er enthält zu einem großen Teil *Harnstoff*, ein stickstoffhaltiges Endprodukt des Eiweißstoffwechsels. Über **Harnleiter** und **Blase** wird der im Nierenbecken gesammelte Endharn abgeleitet und durch die *Harnröhre* ausgeschieden.

Die gewaltige Leistung der Nieren verdeutlicht Abb. 4, S. 76.

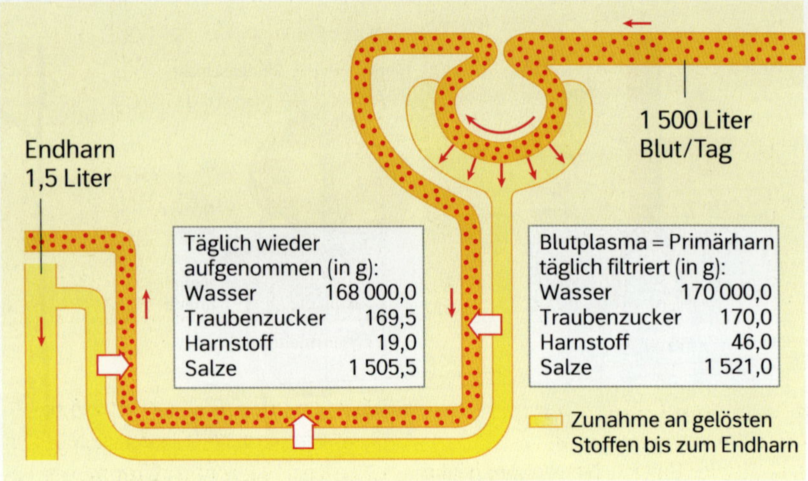


4. Funktionsweise der Niere

## Die Haut als Ausscheidungsorgan

*Unser Körper scheidet nicht die gesamte überschüssige Flüssigkeit mit dem Harn aus. Ein Teil wird mit dem feuchten Atem abgegeben. Und ein nicht geringer Teil wird als **Schweiß** über die Haut ausgeschieden. Dies spüren wir vor allem bei körperlichen Anstrengungen oder bei großer Hitze, wenn der Schweiß fließt. Dann können zeitweise bis zu 2 Liter Flüssigkeit in einer Stunde ausgeschwitzt werden. Aber auch bei völliger Ruhe arbeiten die Schweißdrüsen unserer Haut und verdunsten etwa einen halben Liter Flüssigkeit pro Tag, ohne dass es uns bewusst wird. Besonders viele Schweißdrüsen befinden sich in den Handflächen, Fußsohlen, Achselhöhlen und in der Leistengegend.*

*Schweißbildung unterstützt die **Temperaturregelung des Körpers**, denn die Schweißflüssigkeit auf der Körperoberfläche wirkt durch Verdunstungskälte kühlend. Deshalb sind fiebrige Erkrankungen oft mit starkem Schwitzen verbunden. Auch bei psychischer Erregung, wie Angst vor einer Prüfung, kann man „ins Schwitzen" kommen.*

*Die Wasserausscheidung über die Haut entlastet die Nieren spürbar. Im Schweiß sind u. a. außer Wasser auch Salze, Harnstoff, Aminosäuren und Fettsäuren enthalten. Wir merken es daran, dass Schweiß salzig schmeckt. Normalerweise ist Schweiß geruchlos. Befindet er sich aber einige Zeit an der Luft, werden die in ihm enthaltenen Fettsäuren von Bakterien zersetzt. So kommt der unangenehme Geruch durchgeschwitzter Kleidung zustande.*

**1.** Erklären Sie die Bedeutung der Haut als Ausscheidungs- und Regulationsorgan.

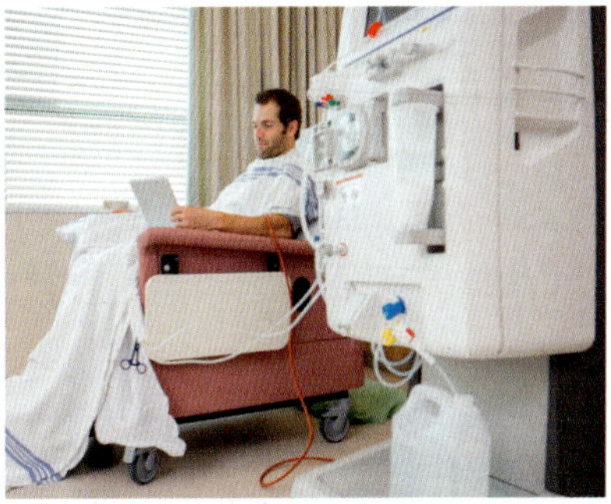

1. Patient am Dialysegerät

2. Nierensteine

### 3.4.2 Erkrankungen der Ausscheidungsorgane

Bei ärztlichen Untersuchungen wird häufig auch der Urin untersucht, denn Bestandteile des Harns können auf eine mögliche Erkrankung hinweisen.

Normalerweise ist Harn eine klare Flüssigkeit. Er kann aber durch Bakterien getrübt sein. Dann liegt eine **Harnwegsinfektion**, die häufigste Erkrankung der Harnblase, vor. Typische Anzeichen einer solchen Erkrankung sind Brennen beim Wasserlassen und häufiges schmerzhaftes und zwanghaftes Wasserlassen. Wärme, viel Trinken und eventuell eine vom Arzt verordnete Behandlung mit Antibiotika begünstigen die Heilung (s. Kap. 7).

Manchmal liegt die Ursache für eine Harnblasenentzündung auch in einem Abflusshindernis. Der Harnleiter oder die Blase kann durch **Nierensteine** oder **Blasensteine** verstopft sein. Sie müssen entfernt werden. Entweder zieht man sie mithilfe einer Schlinge heraus oder zertrümmert sie durch Ultraschallwellen.

Wird die Ursache einer Blasenentzündung nicht behandelt, können Bakterien in die Niere aufsteigen und dort zu einer **Nierenbeckenentzündung** führen. Fieber, Schüttelfrost, Müdigkeit und Schmerzen beim Beklopfen der Nierengegend sind Anzeichen für diese Erkrankung. Auch hier hilft Bettruhe, vermehrtes Trinken und die Einnahme von Antibiotika.

Wenn die Niere nicht ausreichend durchblutet wird und ihre Filterfunktion gestört ist, liegt eine **Niereninsuffizienz,** eine unzureichende Leistung der Nieren, vor. Der Salzhaushalt ist gestört, Wasser wird nicht mehr kontrolliert ausgeschieden und es bilden sich Ödeme. Im Blut reichern sich Harnstoff und andere Stoffe an, die eigentlich mit dem Harn ausgeschieden werden müssten. Diese Krankheit entwickelt sich oft chronisch. Ursachen liegen in Fehlbildungen der Niere, chronischen, nicht behandelten Entzündungen, Diabetes, Bluthochdruck und Arzneimittelmissbrauch.

Die Erkrankten müssen sich regelmäßig zwei- bis dreimal in der Woche einer **Dialyse** unterziehen. Dazu werden sie an ein Dialysegerät, die „künstliche Niere", angeschlossen. Ihr Blut fließt nun durch dieses Gerät und wird beim Durchlauf von den schädlichen Stoffwechselprodukten gereinigt. Außerdem wird überschüssiges Wasser entzogen und der Salzgehalt des Blutes normalisiert. Das gereinigte Blut fließt dann in den Körper zurück. Ohne die Möglichkeit der Dialyse würden die Erkrankten sterben. Begleitet wird die Dialyse von einer individuellen Diät und kontrollierten Flüssigkeitszufuhr je nach Krankheitsbild. Wegen der starken körperlichen und seelischen Belastung durch die Dialyse hoffen viele Nierenkranke auf Heilung durch die *Transplantation* einer gesunden Spenderniere.

# 3.5 Bewegungssystem

*Pflege alter Menschen*

*Frau Schmidt ist 85 Jahre alt und leidet an Knochenschwund (Osteoporose). Ihre Knochen sind sehr brüchig und im letzten Jahr hat sie sich bei einem Sturz einen Oberschenkelhalsbruch zugezogen.*

1. *Informieren Sie sich über Osteoporose (z.B. www.osteoporose-deutschland.de): Krankheitsbild, Ursachen, Diagnose, Behandlung. Berichten Sie. Erklären Sie, warum Osteoporose hauptsächlich bei Frauen auftritt.*
2. *Erkundigen Sie sich über Oberschenkelhalsbrüche bei älteren Patienten: Krankheitsbild, Ursachen, Diagnose, Behandlung. Berichten Sie.*
3. *Informieren Sie sich über Stürze im Alter und den Expertenstandard „Sturzprophylaxe". Berichten Sie.*
4. *Informieren Sie sich über den Expertenstandard „Kontrakturenprophylaxe". Berichten Sie.*

*Rückenschonendes Arbeiten in Kindertagesstätten*

*Teresa macht ein Praktikum in einer Kita. Abends klagt sie oft über Rückenbeschwerden, hervorgerufen durch niedriges Sitzen auf Kindermöbeln, häufiges Bücken, Heben und Tragen der Kinder sowie unbequeme Körperhaltungen.*

1. *Erklären Sie das „richtige Heben" anhand der Abbildungen. Demonstrieren Sie mit einem Gewicht oder einer Puppe, wie man Kinder rückenschonend hebt und trägt.*
2. *Erklären Sie in einem Rollenspiel einer neuen Mitarbeiterin, wie Sie in Ihrer Kita Rücken schonend arbeiten. Benutzen Sie dazu folgende Liste.*

***Wir ...***

- *vermeiden es möglichst, Kinder zu heben und zu tragen.*
- *setzen uns (z.B. zum Trösten) auf ein Sitzkissen zu dem Kind auf den Boden.*
- *tragen – wenn unbedingt nötig – das Kind mit geradem Rücken möglichst nahe am Körper.*
- *tragen bequeme Arbeitsschuhe mit flachen Absätzen und Sohlen, die federn. Sie unterstützen die Wirbelsäule und geben einen besseren Stand.*
- *machen Ausgleichsübungen speziell für unsere Rückenmuskulatur! Spezielle Rückenschulen, Geräte in Fitness-Studios oder rückenfreundliche Sportarten wie Schwimmen helfen uns.*

***Der Wickeltisch ...***

- *hat eine Arbeitshöhe zwischen 85 und 95 cm.*
- *hat eine Aufstiegshilfe für größere Kinder, damit sie selbstständig auf den Wickeltisch steigen können.*

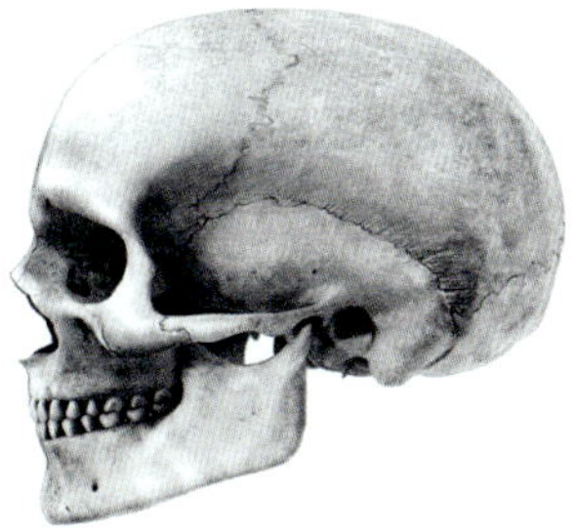

1. Kopfskelett des Menschen

### 3.5.1 Das Skelett – gar nicht so gruselig

Beim Laufen, Springen oder Turnen wird der Körper stark beansprucht. Er muss Erschütterungen ausgleichen, Stöße abfangen und beweglich sein. Wie kann er diese starke Belastung ertragen? Über 200 Knochen sorgen dafür: Sie sind zu einem Knochengerüst, dem Skelett, zusammengesetzt. Es verleiht unserem Körper Halt und schützt die inneren Organe.

Das **Kopfskelett** ist besonders widerstandsfähig. Es besteht aus zahlreichen harten Knochenplatten und schützt dadurch das Gehirn. Bei Neugeborenen sind die einzelnen Schädelknochen noch getrennt und nur bindegewebig unter der Hautdecke verschlossen. Erst zwischen dem zehnten und zwölften Lebensmonat schließen sich die Lücken und verwachsen zu einem starken Schutzpanzer miteinander. Diese gezackten Verwachsungsstellen sind gut zu erkennen; man bezeichnet sie als *Knochennähte*.

Am Rumpfskelett fällt zunächst die **Wirbelsäule** als feste und doch biegsame Mittelachse des Körpers auf. Sie trägt den frei beweglichen Kopf und den Brustkorb und ist im Becken fest verankert. Der **Brustkorb** schützt Herz und Lungen weitgehend vor Verletzungen. Zu ihm gehören zwölf Rippenpaare, die mit der Wirbelsäule beweglich verbunden sind. Sie krümmen sich

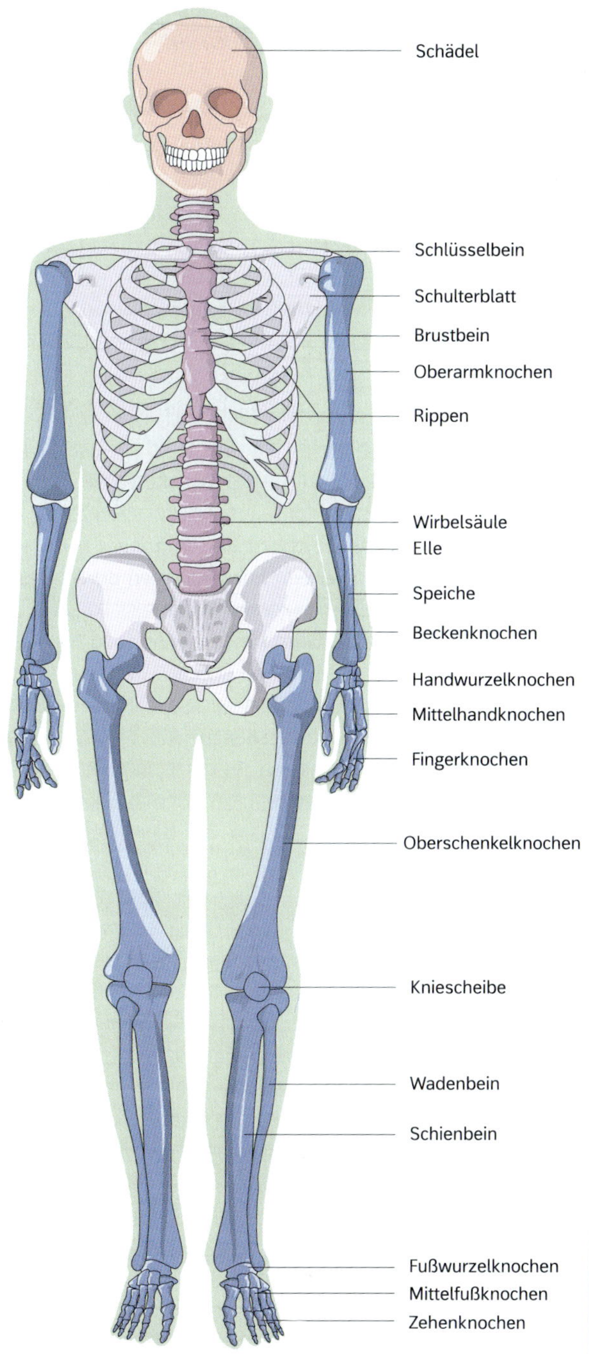


2. Knochengerüst des Menschen

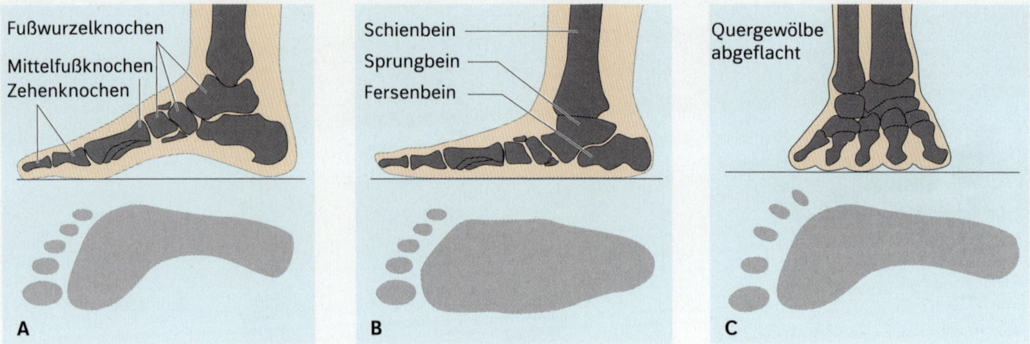


3. Fußgewölbe und Fußabdruck: A Gesunder Fuß, B Plattfuß, C Spreizfuß

bogenförmig nach vorn. Die oberen zehn Rippenpaare sind durch elastische Knorpelstücke am Brustbein befestigt. Der Brustkorb hat also zwei Aufgaben: Er bietet Schutz und ermöglicht gleichzeitig die Atembewegungen.

Am beweglichsten aber sind die Arme und Beine. Man bezeichnet sie als obere und untere **Gliedmaßen**. Jeder Arm und jedes Bein besteht aus 30 Knochen. Damit enthalten unsere Gliedmaßen also mehr als die Hälfte aller Knochen des Skeletts. Die beweglichen Verbindungen des knöchernen Skeletts sind die **Gelenke**: beim Arm das Schulter- und Ellenbogengelenk, das Handgelenk und die verschiedenen Fingergelenke, beim Bein das Hüftgelenk, Kniegelenk, Sprunggelenk und die Zehengelenke. Der *Schultergürtel* verbindet die Arme mit dem Rumpf. Er besteht aus den beiden *Schulterblättern* und aus den *Schlüsselbeinen*. Der *Beckengürtel*, der die Beine mit dem Rumpf verbindet, stellt einen festen Knochenring dar. Er setzt sich aus dem *Kreuzbein* und den schalenförmigen *Beckenknochen* zusammen.

Die Füße tragen im aufrechten Stand die gesamte Körperlast. Dadurch werden sie statisch stark beansprucht. Diese Belastung erfordert ein besonders starkes **Fußskelett**. In ihm sind 26 Knochen zu einem Gewölbe zusammengefügt. Die Fußmuskulatur gibt zusätzlichen Halt.

### Soweit die Füße tragen

*Ein gesunder Fuß berührt den Boden mit Ferse, Außenkante und Zehen. Sind die Fußmuskeln durch Überlastung geschwächt, so können sie das Fußgewölbe nicht mehr tragen. Es drückt sich durch. Je nach Stärke der Absenkung des Längsgewölbes spricht man von einem **Senkfuß** oder **Plattfuß**. Ist das Quergewölbe durchgedrückt, so spreizen sich die Mittelfußknochen auseinander. Es entsteht ein **Spreizfuß**. Neben erblichen Faktoren, einer Schwäche der Muskeln und Bänder, liegen die Ursachen für die Entstehung eines Spreizfußes im häufigen Tragen von zu engen, spitz zulaufenden Schuhen oder Schuhen mit hohen Absätzen und im Bewegungsmangel.*

*Diese Schäden erzeugen Fußschmerzen und können zu Haltungsschäden führen. Wir können sie vermeiden, indem wir die Fußmuskeln durch Wandern oder barfuß Laufen kräftigen.*

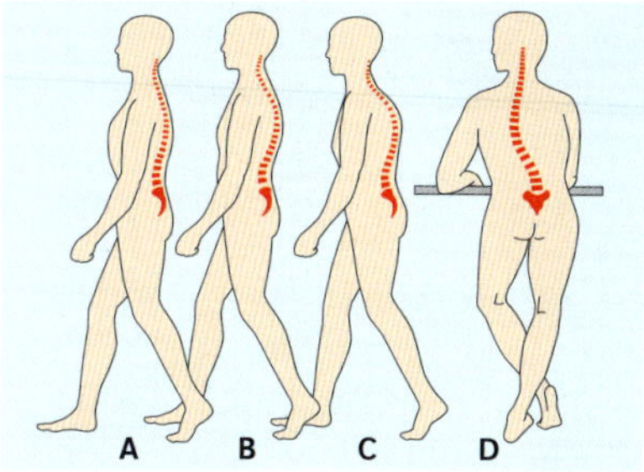


1. Haltungsschäden: A normale Haltung, B Hohlkreuz, C Rundrücken, D seitliche Verkrümmung

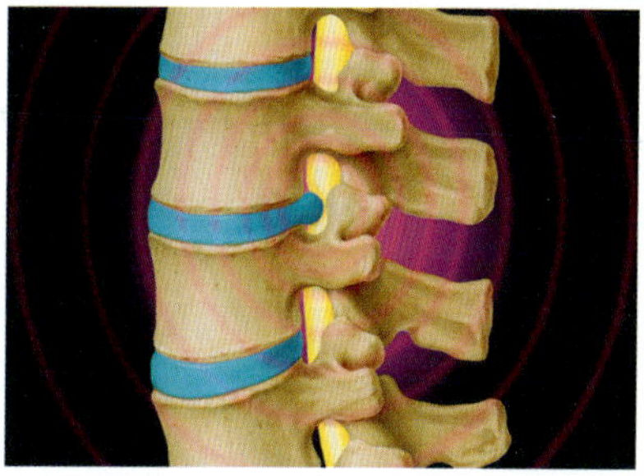

2. Bandscheibenvorfall (mittlere Bandscheibe)

### 3.5.2 Haltungsschäden lassen sich vermeiden

Die aufrechte Haltung des Menschen wird durch die **Wirbelsäule**, auch Rückgrat genannt, ermöglicht. Sie durchzieht als feste, aber biegsame geschwungene Mittelachse unseren Rumpf. Ihre Beweglichkeit verdankt sie der Gliederung in 24 Wirbel: sieben Halswirbel, zwölf Brust- und fünf Lendenwirbel. Verbunden sind die einzelnen Wirbel durch elastische Knorpelplättchen. Man nennt sie Zwischenwirbelscheiben oder **Bandscheiben**. Sie bestehen aus einem äußeren, festen Faserring und einem weichen Zentrum. Bei jeder Biegung der Wirbelsäule verschieben sie sich nach der entgegengesetzten Seite. So machen die Bandscheiben unsere Wirbelsäule beweglich und vermeiden die Reibung der harten, knöchernen Wirbel aneinander.

Die Wirbelsäule ist gekrümmt wie ein doppeltes S. Diese Krümmung wirkt zusammen mit den elastischen Bandscheiben wie ein Stoßdämpfer, der die meisten Stöße federnd abfängt. So werden Erschütterungen, die z. B. beim Laufen oder Springen von den Beinen her auf den Rumpf einwirken, ausgeglichen.

Alle Wirbel des Hals-, Brust- und Lendenabschnitts sind gegeneinander beweglich. So kann man z. B. den Rumpf vorwärts, rückwärts oder seitwärts beugen. Besonders beweglich ist das Rückgrat im Bereich der Lendenwirbel. Die Basis der Wirbelsäule bildet das Kreuzbein, mit dem die fünf Kreuzbeinwirbel fest verwachsen sind und an das sich das Steißbein anschließt.

Die Wirbelsäule wird mithilfe der Rücken- und Bauchmuskeln aufrecht gehalten. Die Rückenmuskeln verkümmern, wenn man häufig krumm sitzt, krumm geht und sich zu wenig bewegt. Ständige einseitige Belastungen, falsches Sitzen und unzweckmäßige Schlafunterlagen begünstigen das Entstehen von **Haltungsschwächen**. Je nach Art der Fehlbelastung kommt es zur Ausbildung von Wirbelsäulenverkrümmungen in Form von *Rundrücken* oder *Flachrücken* oder zu seitlichen *Wirbelsäulenverbiegungen*. Durch die krankhaften Verformungen kann die Wirbelsäule ihre Aufgabe des Abfederns nicht mehr voll erfüllen. Es kommt zu ungleichmäßigen Belastungen der Bandscheiben und Wirbelbänder, die zu Dauerschäden führen können.

Aus einem besonders schweren Fall einer Überbeanspruchung der Wirbelsäule kann ein **Bandscheibenvorfall** entstehen. Dabei ist eine Bandscheibe zwischen den Wirbeln hervorgequollen und drückt gegen die Nerven des Rückenmarks. Starke Schmerzen, Bewegungsstörungen und sogar Lähmungen können die Folge sein.

Der Entstehung von Haltungsschäden kann durch Sport vorgebeugt werden; spezielle krankengymnastische Übungen gleichen Haltungsschwächen aus.

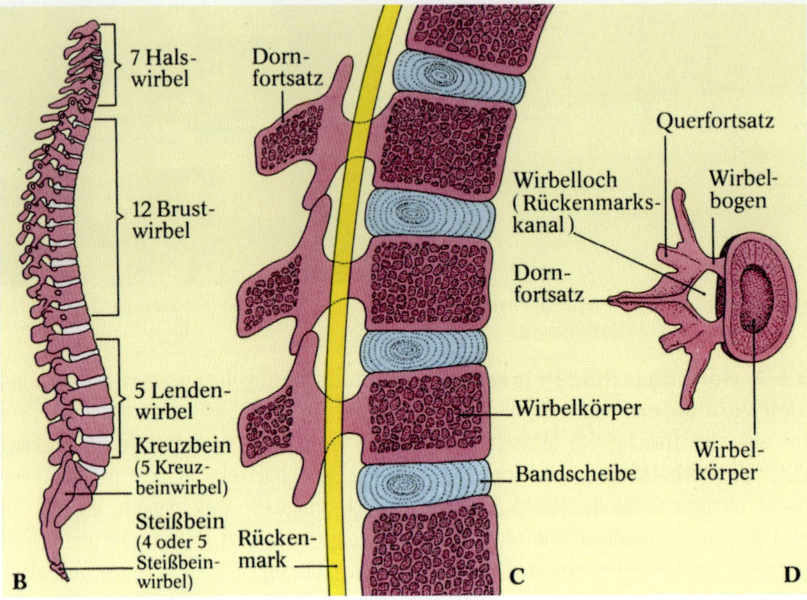


3. Wirbelsäule des Menschen

## Arbeitsplatzgestaltung

*Neben Bewegungsmangel ist eine dauerhaft falsche Sitzhaltung Auslöser für viele Erkrankungen des Bewegungsapparates. Deshalb ist die körpergerechte Gestaltung des Arbeitsplatzes sehr wichtig. Nötig ist ein höhenverstellbarer Stuhl, damit die Sitzhöhe exakt eingestellt werden kann. Die richtige Sitzhöhe bedeutet: ein ca. 90-Grad-Winkel im Ellenbogengelenk, wenn die Unterarme waagerecht auf der Arbeitsfläche liegen und ebenfalls ein 90-Grad-Winkel im Kniegelenk, wenn die Füße vollständig den Boden berühren. Ist die Arbeitsfläche zu hoch und kann nicht nach unten korrigiert werden, benötigt man eine höhen- und neigungsverstellbare Fußstütze. Der Stuhl sollte eine anatomisch geformte Sitzfläche haben und die Rückenlehne muss so eingestellt sein, dass die Wölbung die Lendenwirbelsäule abstützt.*

*Damit die Wirbelsäule auch bei längerem Sitzen nicht einseitig belastet wird, ist es wichtig, dynamisch zu sitzen, d. h. mal vorgeneigt, mal aufrecht und mal nach hinten gelehnt. Dabei sollte die ganze Sitzfläche genutzt und der Rücken immer an der Rückenlehne abgestützt werden. Um ungünstige Arbeitshaltungen mit Verspannungen im Schulter-Nacken-Bereich zu vermeiden, sollten die Oberarme locker herabhängen und die Schultern entspannt sein.*

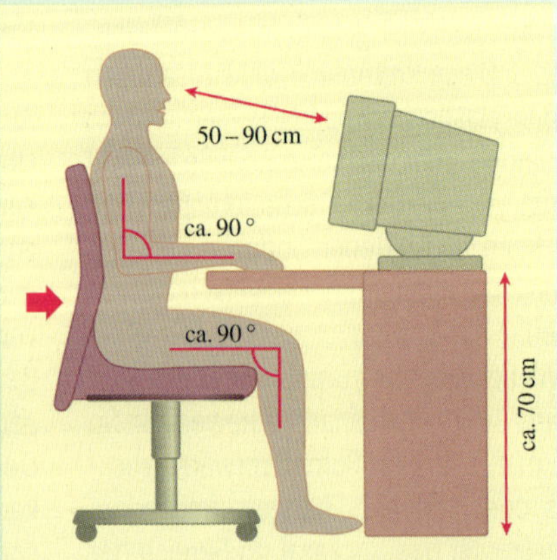


4. Die richtige Sitzhaltung

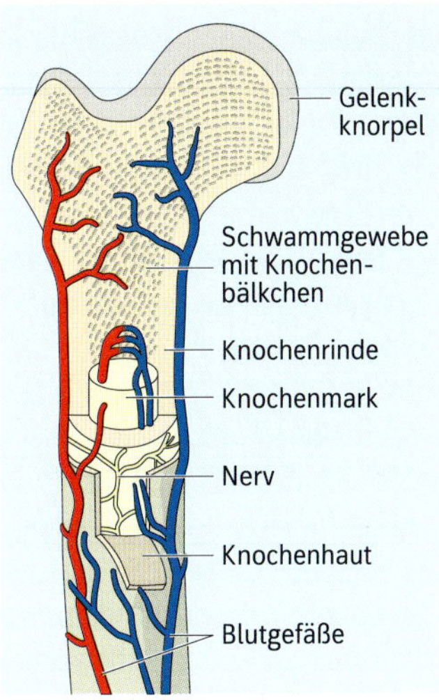


1. Röhrenknochen

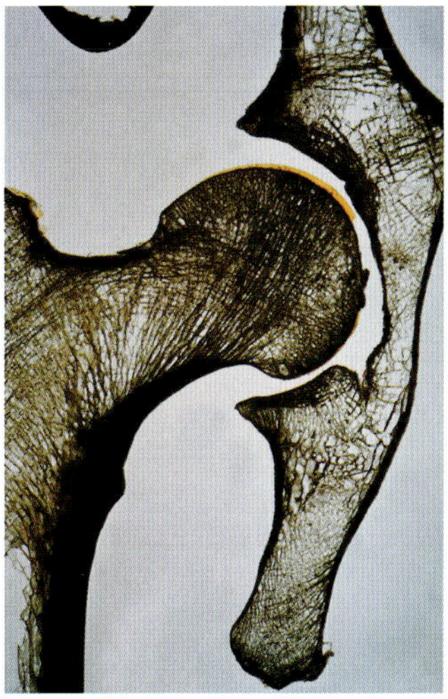

2. Knochenschliff

3. Baukran

### 3.5.3 Der Knochen lebt

*Die Knochen eines Kleinkindes scheinen „bruchsicherer", die eines älteren Menschen dagegen „brüchiger" zu sein. Wie lässt sich dieser Unterschied erklären?*

Untersucht man einen Knochen, stellt man zwei verschiedene Bestandteile fest. Der elastische **Knorpel** besteht aus Kollagen, einer organischen, elastischen Grundsubstanz. Sie ist härter als die Sehnen oder Muskeln, aber weicher als das Knochengewebe und verleiht dem Knochen seine Biegsamkeit. Aus Knorpel sind z. B. die Rippenenden, das Skelett der Nase und der Ohrmuscheln. Seine Festigkeit, Härte und Schwere erhält der Knochen durch die Einlagerung von anorganischen Kalksubstanzen, der **Knochenerde**, in die Grundsubstanz. Dies sind vor allem Mineralsalze wie Calciumphosphat. Darüber hinaus enthält der Knochen ungefähr 20 % Wasser. Im ausgetrockneten Zustand wiegt das Knochenskelett eines Erwachsenen etwa 5 Kilogramm.

Bei Kindern überwiegt zunächst der biegsame Knochenknorpel. Er wird nach und nach durch eingelagerte Mineralien ersetzt. Diese Verkalkung bewirkt, dass der Knochen mit zunehmendem Alter seine Elastizität verliert. Im Alter wird der Knochen durch den Abbau von organischer Substanz, Entkalkung und durch Wasserentzug immer spröder und kann bei stärkeren Belastungen leichter brechen.

Man unterteilt die Knochen in Röhrenknochen, platte Knochen und kurze Knochen. Platte Knochen bilden die Schulterblätter sowie die Kopf-, Gesichts- und Beckenknochen. Kurze Knochen sind die Wirbel sowie die Hand- und Fußwurzelknochen. Unsere Gliedmaßen bestehen aus Röhrenknochen. Am Längsschnitt eines Röhrenknochens lässt sich sein Aufbau gut erkennen. Eine kompakte Knochenmasse, die **Knochenrinde**, bildet den Schaft. Außen besteht die Knochenrinde aus mehreren Schichten dünner *Knochenlamellen*. Weiter nach innen sind solche Lamellen konzentrisch angeordnet und bilden kleine Knochensäulchen. Zwischen den Lamellen liegen *Knochenzellen*. Sie stehen über viele Fortsätze mit benachbarten Zellen in Verbindung und werden durch Blutgefäße versorgt. Die Knochenzellen scheiden ständig Knochensubstanz und Bindegewebsfasern ab. In den jeweils angrenzenden Lamellen verlaufen

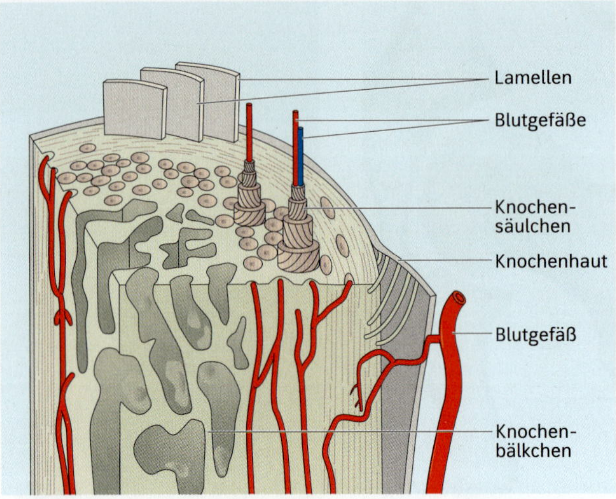


4. Feinbau des Röhrenknochens

diese Bindegewebsfasern so, dass sie sich etwa rechtwinklig kreuzen. Dadurch entsteht ein Verbund, der mit den Baumerkmalen von Sperrholz vergleichbar ist.

Im **Schwammgewebe** des Röhrenknochens sind Knochenbälkchen so angeordnet, dass die dort einwirkenden Druck- und Zugkräfte auf den kompakten Schaft abgeleitet werden. Diese „Konstruktion" kann man mit der Leichtbauweise von Stahlgitterkonstruktionen bei Brücken und Kränen vergleichen. So wird auch beim Schwammgewebe trotz geringen Baumaterials eine hohe Festigkeit erreicht.

Im Inneren der Röhrenknochen befindet sich meist gelbes, in den platten Knochen rotes **Knochenmark**. Das Mark bildet die roten und weißen Blutkörperchen.

Eine besondere Bedeutung für den Bau und die Funktion des Knochens hat die **Knochenhaut**. Von ihr ziehen Blutgefäße in das Knocheninnere, und mit dem Blutstrom werden alle für den Aufbau und das Wachstum des Knochens notwendigen Stoffe zu den Knochenzellen transportiert. Über diese Blutgefäße sind also die Knochen als lebende Organe in den Stoffwechsel des Körpers einbezogen.

Auch bei der Heilung von Knochenbrüchen hat die Knochenhaut eine wesentliche Aufgabe. Sie enthält Knochenbildungszellen, die neues Knochengewebe bilden, wenn dies nötig ist. Der Feinbau der verheilten Bruchstelle entspricht dem ursprünglichen Bau und ermöglicht wieder eine volle Belastung.

Während der Embryonalentwicklung besteht das Skelett zunächst nur aus Knorpel. Nach und nach werden Knorpelzellen durch Knochenzellen ersetzt. Der Knorpel verknöchert also auch von außen. Beim *Dickenwachstum* erfolgt ein ständiger Umbau des Knochens: Sobald sich Knochenmasse von außen anlagert, wird dieselbe Menge im Inneren durch besondere Zellen abgebaut. So behält der Knochen immer seine Form, wird nicht zu schwer und bleibt funktionstüchtig.

Während der Verknöcherung erfolgt auch das *Längenwachstum*. Bei Röhrenknochen wächst die Knorpelsubstanz zwischen Schaft und Gelenkenden noch lange weiter. Erst wenn die Wachstumszonen mit dem 18. bis 21. Lebensjahr verknöchert sind, ist das Längenwachstum des Menschen abgeschlossen.

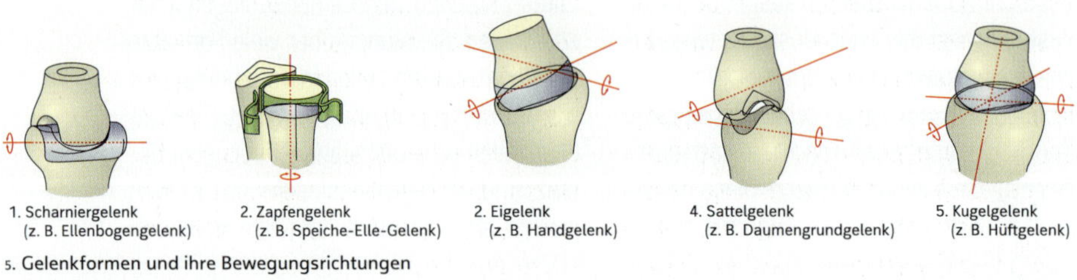


5. Gelenkformen und ihre Bewegungsrichtungen

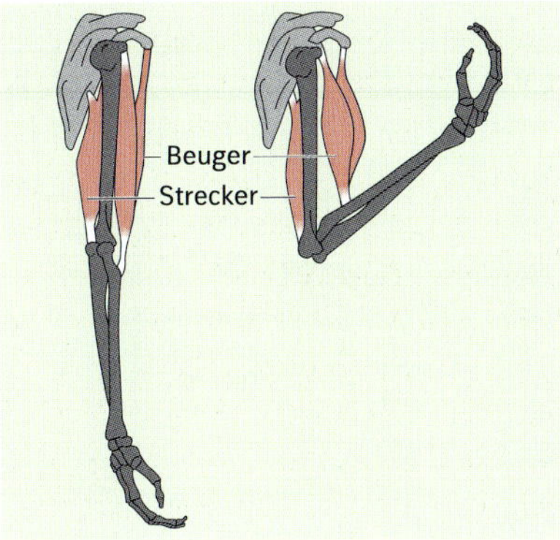


1. Armmuskulatur

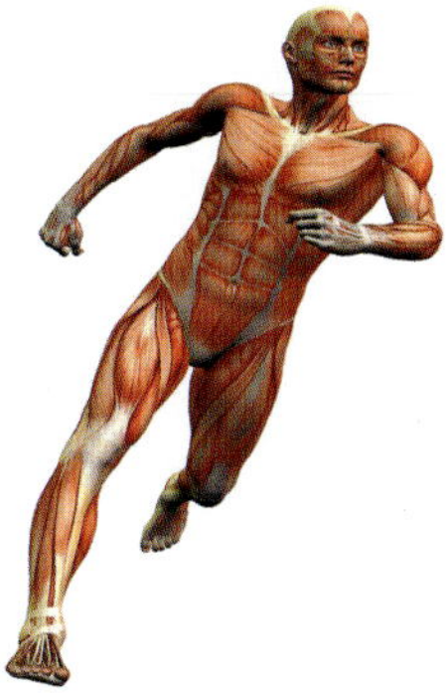

2. Muskulatur des Menschen

### 3.5.4 Ohne Muskeln keine Bewegung

*Nach einem Beinbruch musste Anita sechs Wochen lang einen Gipsverband tragen. Nun, nachdem der Bruch geheilt ist, wird der Gipsverband entfernt. „Mein linkes Bein ist ganz dünn geworden. Ich kann es schlecht bewegen und kaum belasten!", klagt das Mädchen. Der Arzt beruhigt sie. Durch die lange Ruhigstellung hat sich die Beinmuskulatur abgebaut. Mit ein bisschen Übung und mit krankengymnastischer Unterstützung wird Anita bald wieder so gut laufen können wie vorher.*

Ohne Muskeln könnten wir die Knochen unseres Skeletts nicht bewegen. Die etwa 500 **Skelettmuskeln** bestehen aus einzelnen zylindrisch geformten **Muskelfasern** von etwa 0,01 bis 0,06 mm Dicke und bis zu 10 cm Länge (s. Abb 3A, S. 86). Die Muskelfasern sind durch Bindegewebe zu größeren Bündeln zusammengefasst. An ihren Enden münden die Muskeln in **Sehnen**; sie stellen die Verbindung zwischen Muskel und Knochen her.

Wie kommt nun die Bewegung zustande? Verfolgen wir dies an der Beugung des Unterarms beim Ergreifen eines Gegenstandes (s. Abb. 1). Der Impuls aus dem Gehirn erreicht den Bewegungsnerv im Beugemuskel. Dies führt zur Zusammenziehung und damit zur Verkürzung des Muskels. Ein verkürzter Muskel kann sich nicht aus eigener Kraft wieder strecken. Er benötigt dazu einen anderen Muskel, den **Antagonisten**, der ihn dehnt. Soll der Unterarm gebeugt werden, muss sich der Beugemuskel zusammenziehen, während sich der Streckmuskel entspannt. Wird der Ellbogen dagegen ausgestreckt, zieht sich der Streckmuskel zusammen und der Beugemuskel entspannt sich. Im Körper arbeiten immer mehrere Muskeln zusammen, um eine bestimmte Bewegung auszuführen.

Die Skelettmuskulatur gehört zur quergestreiften Muskulatur. Mithilfe von chemischen und elektronenmikroskopischen Untersuchungen stellte man fest, dass diese Querstreifung durch zwei verschiedene Eiweißarten, das **Aktin** und das **Myosin**, verursacht wird (s. Abb. 3C, S. 86). Sie bestehen aus fadenförmigen Molekülen, die der Länge nach ineinandergreifen. Die Myosinmoleküle haben kleine Seitenäste, die rechtwinklig vom Hauptast des Molekülstrangs abstehen.

Kommt nun ein Nervensignal zur Zusammenziehung des Muskels, laufen chemische Prozesse in den Muskelfasern ab. Sie bewirken, dass sich die Seitenäste der Myosinmoleküle anwinkeln. Da sie aber zwischen den Aktinfasern liegen, werden sie

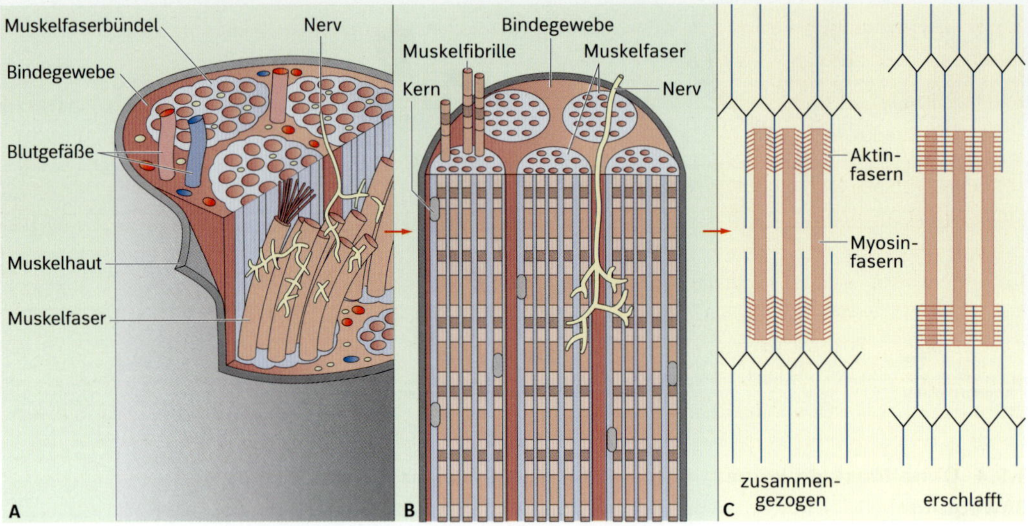

3. Feinbau eines Muskels

durch das Abknicken ein Stück zwischen die Aktinfasern hineingezogen. Wiederholt sich dieser Prozess mehrmals, „rudern" die Myosinmoleküle zwischen die Aktinfäden. Durch diesen Vorgang verkürzt sich der Muskel und nimmt gleichzeitig an Dicke zu. In die entgegengesetzte Richtung können die Myosinmoleküle nicht rudern. Wenn keine weiteren Nervensignale eintreffen, setzen sie aber dem Auseinanderziehen keinen Widerstand entgegen. So kann der Muskel von seinem Antagonisten wieder gestreckt werden.

Die Prozesse, die das Zusammenziehen des Muskels bewirken, können nicht ohne Energiezufuhr ablaufen. Die Energie stammt aus Nährstoffen, die das Blut heranführt. Mit Sauerstoff werden sie in den Muskelzellen umgesetzt. Bei längerer Muskelarbeit, zum Beispiel bei sportlicher Anstrengung, kann es zu einer Sauerstoffunterversorgung kommen. Ohne Sauerstoff können die Nährstoffe nur in Kohlenstoffdioxid und Milchsäure gespalten werden. Dieser Vorgang wird als Milchsäuregärung bezeichnet. Die Milchsäure (Laktat) reichert sich im Muskel an. Es kommt zu einer Übersäuerung. Durch den **Laktat-Test** kann man bei Sportlern die individuelle Leistungsfähigkeit messen.

Der „**Muskelkater**" hingegen kommt durch sogenannte Mikroverletzungen des Muskels vor allem bei Untrainierten zustande.

Als Nebenprodukt der Muskelarbeit entsteht Wärme, was zu einer Erhöhung der Körpertemperatur nach lebhafter Muskelarbeit führt. Werden Muskeln geschont oder länger ruhig gestellt, nimmt die Muskelmasse ab. Ständiges Muskeltraining dagegen baut Muskelmasse auf. Um Sportverletzungen zu vermeiden, sollte man vor dem Sport durch gezieltes Aufwärmen die Muskeln weicher und dehnbarer machen.

### 3.5.5 Verletzungen der Bewegungsorgane

Etwa jede fünfte Verletzung der Bewegungsorgane ist auf einen Sportunfall zurückzuführen. Dabei gibt es bei den verschiedenen Sportarten immer wiederkehrende typische Formen.

**Knochenbrüche** z. B. sind charakteristisch für den Skisport. Bei Brüchen ist die verletzte Stelle angeschwollen, gerötet und schmerzt sehr. Doch erst durch eine Röntgenaufnahme lässt sich feststellen, ob der Knochen wirklich gebrochen ist. Ein Gipsverband stellt sicher, dass ein gebrochener Knochen in Ruhe verheilen kann. Die Heilung kann bei Erwachsenen von drei Wochen bei einem Finger- oder Zehenbruch bis zu 16 Wochen bei einem Oberschenkelbruch dauern. An den Bruchstellen bildet sich zunächst Knochenknorpel, der die beiden Knochenstücke fest miteinander verbindet. Bald lagert sich Knochenkalk ein, und die Bruchstelle wird „knochenhart". Wenn ein Arzt erkennt, dass der Bruch nur schwer verheilen wird, fügt er den gebrochenen Knochen mit Metallschrauben zusammen.

Auch die Gelenke kann man sich beim Turnen oder Volleyball leicht verletzen. Oft ist das Fußgelenk betroffen, wenn der Fuß auf unebenem Boden umknickt. Der Verletzte spürt einen heftigen Schmerz und kann nicht mehr richtig auftreten. Das Fußgelenk wird heiß und schwillt an. Was ist geschehen? Durch übermäßige Belastung wurden die Knochenenden der Gelenke für einen Augenblick auseinandergezerrt, sprangen aber sofort in ihre normale Lage zurück. Es ist eine **Verstauchung** entstanden. Dabei wird die Gelenkkapsel überdehnt, Blutgefäße platzen und ein Bluterguss in die Kapsel lässt diese anschwellen. Der Verletzte muss das Gelenk so lange ruhig stellen, bis Schwellung und Schmerz abgeklungen sind.

Bei einer **Verrenkung** bleiben die Knochenenden des Gelenks in ihrer unnatürlichen Lage stehen. Wenn z. B. die Schulter verrenkt ist, gleitet der Gelenkkopf nicht wieder in die Gelenkpfanne zurück. Die Schulter ist ausgekugelt. Solche Verletzungen kommen häufig beim Ringen oder beim Judo vor.

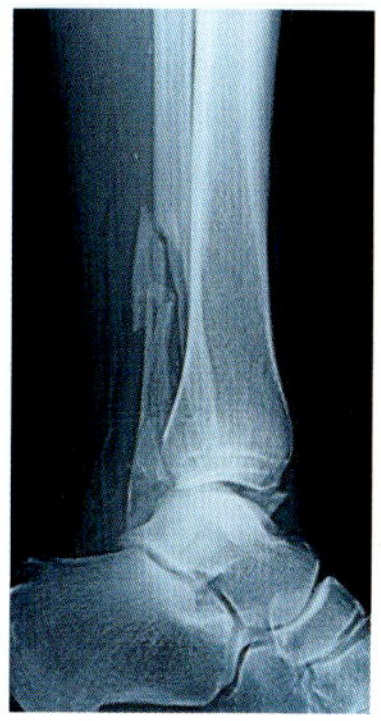

1. Knochenbruch (Unterschenkel)

Für den Fußball sind außer Prellungen besonders die Knieverletzungen charakteristisch. Sie entstehen durch Ausrutschen auf glattem Boden oder seitliches Treten gegen das gebeugte Kniegelenk. Zwei Bindegewebsscheiben, die Menisken, vertiefen die flache Gelenkpfanne des Kniegelenks. Wird das Gelenk bewegt, so verlagern sich die **Menisken** etwas. Bei plötzlichen Dreh- und Streckbewegungen können sie aber eingeklemmt werden oder zerreißen. Ein abgerissener Meniskusteil verursacht bei jeder Bewegung Schmerzen. Um Dauerschäden zu vermeiden, muss dieser Teil operativ entfernt werden.

Beim Tennisspielen kann durch die plötzlichen Starts und Stopps ein Achillessehnenriss oder ein Muskelriss entstehen. Die Achillessehne verbindet den Wadenmuskel mit dem Fersenbein. Ein **Sehnenabriss** kann chirurgisch behandelt werden. **Muskelrisse** werden durch einen Gipsverband ruhig gestellt.

Sofortmaßnahmen bei Sportverletzungen: Sportverletzungen sind meist die Folge von Unfällen oder entstehen, weil Muskeln, Bänder, Sehnen oder Gelenke der Belastung nicht mehr standhalten. Wenn eine Sportverletzung auftritt, sind die ersten Minuten entscheidend. Eine gründliche und angemessene Erstversorgung ist unerlässlich, um eine eventuelle Anschlussbehandlung eines Arztes sinnvoll vorzubereiten. Bei sogenannten „stumpfen" Verletzungen ohne äußere Blutungen sollte man das PECH-Schema für Sofortmaßnahmen anwenden: **P**ause (Ruhigstellung), **E**is (Kälteanwendung), **C**ompression (Druckverband) und **H**ochlagerung.

## Typische Sportverletzungen

*Regelmäßige sportliche Aktivitäten können Herz-Kreislauf-Erkrankungen und Stoffwechselerkrankungen vorbeugen. Bei allen Sportarten wird empfohlen, die Technik zu Beginn gründlich zu erlernen. Denn hinter den Haushaltsunfällen belegen Sportunfälle den zweiten Platz in der Statistik. Am verletzungsträchtigsten sind Ballsportarten mit Körperkontakt wie Fußball oder Handball. Wer bei Übermüdung, Überlastung oder Krankheit Sport treibt, erhöht durch mangelnde Koordination und Aufmerksamkeit das Verletzungsrisiko. Bevor wieder trainiert werden kann, muss eine Verletzung komplett ausgeheilt sein.*

① ***Nasen- oder Jochbeinbrüche**: Typische Symptome für einen Nasenbeinbruch sind Nasenbluten, eine erkennbare Deformation der Nase und starker Schmerz. Auf einen Jochbeinbruch deuten Schmerzen beim Kauen hin.*

② ***Tennisarm:** Die schmerzhafte Entzündung der Sehnen der Unterarmmuskeln ist die häufigste Ellenbogenverletzung. Sie entsteht durch Über- oder Fehlbelastung, z. B. durch eine falsche Schlagtechnik. Ursache für den sogenannten Tennisarm können auch das ständige Klicken mit der Computermaus oder intensives Stricken sein.*

③ ***Adduktorenzerrung:** Die Adduktoren sind Muskeln, die das Schambein mit dem Oberschenkelknochen verbinden. Diese häufig auch als Leistenzerrung bezeichnete Verletzung ist typisch für Fußballspieler, die nach dem Ball grätschen, Skiläufer oder Schlittschuhläufer. Meistens reißen dabei Muskelfasern am Übergang des Muskels zur Sehne.*

④ ***Rippenbrüche:** Symptome für einen Rippenbruch sind Schmerzen in der Brust bei Bewegungen und ein Knirschen beim Atmen, z. B. nach Stürzen oder dem heftigen Zusammenprall mit einem Gegner. In vielen Fällen ist eine spezielle Behandlung nicht notwendig; die Knochen heilen ohne Ruhigstellung wieder zusammen. Allerdings können bei einem Rippenbruch auch das Rippenfell, die Lunge oder andere Organe verletzt werden. Deshalb sollte zur Sicherheit der gesamte Brustkorb geröntgt werden.*

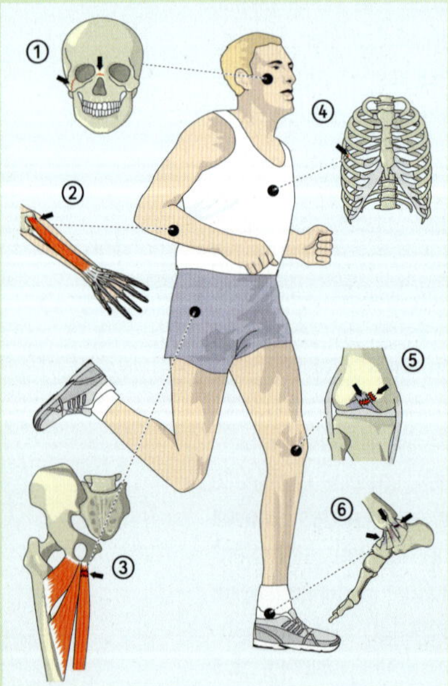


⑤ ***Kreuzbandriss:** Die beiden Kreuzbänder verlaufen innerhalb des Kniegelenks und verbinden Oberschenkel und Schienbein. Der Riss eines oder beider Kreuzbänder gehört zu den schweren Sportverletzungen und muss in der Regel operiert werden. Die Heilung eines gerissenen Kreuzbandes kann ein ganzes Jahr dauern und die sportliche Leistungsfähigkeit kann auf Dauer beeinträchtigt sein.*

⑥ ***Bänderdehnung und Bänderriss:** Schäden an den Außenwänden des Sprunggelenks zählen zu den häufigsten Sportverletzungen. Durch starke Bewegungen werden sie überdehnt oder reißen, z. B. wenn man beim Laufen oder nach einem Sprung umknickt. Obwohl eine Bänderdehnung schmerzhaft ist, bleibt das Gelenk stabil; es muss aber eine Zeit lang geschont werden.*

# Übung: Bewegungssystem

### *A1 Erste Hilfe*

Informieren Sie sich über Erste-Hilfe-Maßnahmen bei Verletzungen des Bewegungsapparates (z. B. Kapitel 9.3). Berichten Sie.

### *A2 Körpergröße*

Messen Sie jeweils morgens und abends Ihre Körpergröße. Erklären Sie, warum der Mensch abends kleiner ist als morgens.

### *A3 Fußabdrücke*

Mehrere Personen feuchten ihre Fußsohlen an und treten anschließend auf ein Blatt Papier. Die Umrisse werden mit Bleistift nachgezeichnet. Vergleichen Sie die Abdrücke mit Abb. 3, S. 80.

### *A4 Haltungsschäden*

Informieren Sie sich bei Krankenkassen über Vorbeugeprogramme zur Vermeidung von Haltungsschäden bei verschiedenen Berufen, z. B. rückenschonendes Arbeiten in Pflegeberufen, Rückenschule für Büroberufe. Berichten Sie.

### *A5 Bewegung, Sport*

a) Erklären Sie, wie eine Muskelbewegung zustande kommt.
b) Informieren Sie sich im Internet (z. B. www.bundesgesundheitsministerium.de) über die Kampagne „Bewegung und Gesundheit". Berichten Sie. Erstellen Sie in der Gruppe ein Bewegungsprogramm für Schüler/-innen.
c) Setzen Sie sich mit folgender Forderung auseinander: „Wer eine (gefährliche) Sportart betreibt, soll sich gefälligst selbst versichern und nicht die Solidargemeinschaft belasten!" Stellen Sie Pro- und Contra-Argumente zusammen.
d) Erklären Sie den Unterschied zwischen Verstauchungen und Verrenkungen.
e) Sammeln Sie Zeitungsausschnitte von Sportlern, die am Meniskus verletzt waren. Informieren Sie sich über die Entstehung von Meniskusschäden beim Sport sowie deren Behandlung. Berichten Sie.

### *A6 Rückenschonendes Arbeiten*

Rücken und Bewegungsapparat werden gerade in Pflegeberufen stark belastet. Langes Stehen, Arbeiten in gebeugter Haltung, Heben, Bewegen und Stützen von Patienten können zu gesundheitlichen Gefahren führen.
Informieren Sie sich über „Rückengerechtes Arbeiten in Krankenhaus und Pflege" unter www.bgw-online.de. Berichten Sie in Form eines Referates.

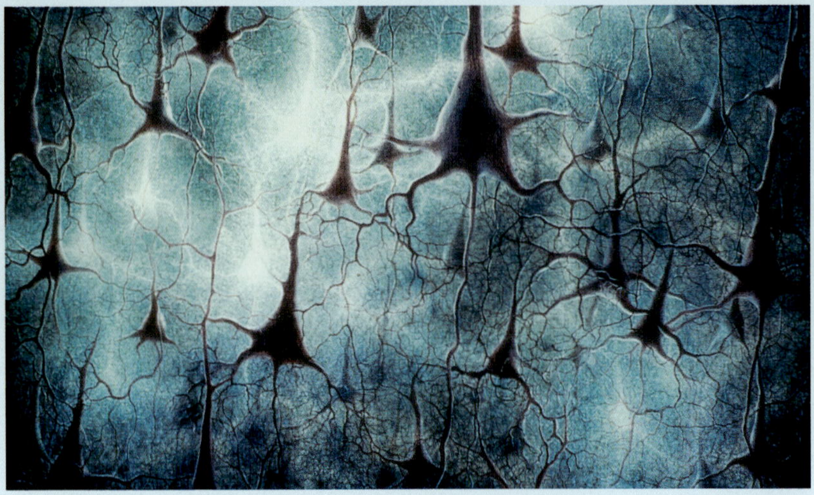

# 4 Regelung und Steuerung unseres Körpers

# 4.1 Sinnesorgane dienen der Informationsaufnahme

*Redewendungen*

*In unserer Alltagssprache gibt es zahlreiche Redewendungen, die mit unseren Sinnen zu tun haben: Erst ist man „blind vor Liebe", später „verliert man sich aus den Augen". Wenn man jemanden nicht mag, kann man ihn „nicht riechen"; falls einem etwas nicht passt, sagt man „das schmeckt mir nicht". An Problemlösungen „tastet man sich langsam heran". Man kann „mit allen Sinnen genießen" oder etwas „raubt einem die Sinne". Viele nehmen für sich in Anspruch, einen „siebten Sinn" zu haben.*

1. *Erstellen Sie eine Zettelwand, auf der den fünf Sinnen die entsprechenden Umweltreize sowie die Wahrnehmungen und Empfindungen zugeordnet werden.*
2. *Erläutern Sie, was unter dem 7. Sinn zu verstehen ist. Diskutieren Sie anschließend, wie der Mensch seine Umwelt wahrnimmt.*

*Altenpflege: nachlassende Sinnesleistungen*

*Im Alter lassen die Sinne stark nach, vor allem der Geruchs- und Geschmackssinn sowie der Seh- und der Hörsinn. Darunter leiden oft Bewohner und Bewohnerinnen von Altenpflegeheimen oder Kunden in der mobilen Pflege.*

1. *Verfassen Sie Verhaltensregeln im Umgang mit Altenheimbewohnern bezüglich ihres nachlassenden Hör- und Sehvermögens. Was ist im Umgang mit diesen Senioren zu beachten?*
2. *Stellen Sie Freizeitaktivitäten für Altenheimbewohner zusammen, die Hör- und Sehprobleme haben.*
3. *Machen Sie dem Küchenchef einer Altenheimküche konstruktive Vorschläge, wie er die Speisen seniorengerechter zusammenstellen kann, damit möglichst die Sinne angeregt werden.*
4. *Wie ist die Wohnung eines pflegebedürftigen Kunden, der eingeschränktes Seh- und/oder Hörvermögen hat, zu gestalten?*
5. *Informieren Sie sich im Internet über die Rauchmelderpflicht (www.rauchmelderpflicht.net). Diskutieren Sie darüber.*

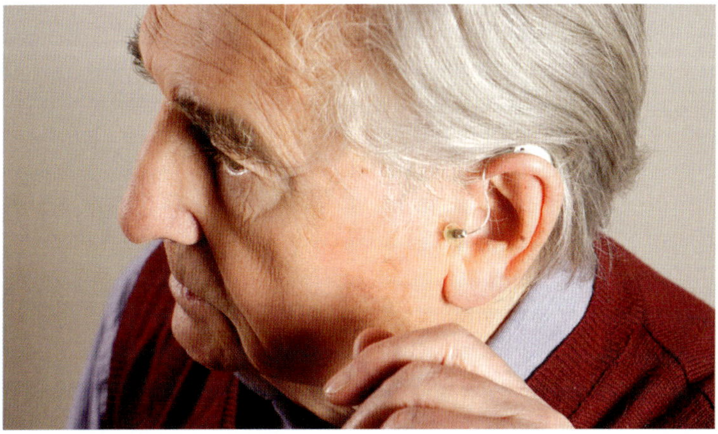

### 4.1.1 Reizaufnahme aus der Umwelt

*Isabel arbeitet als Röntgenassistentin in einer orthopädischen Klinik. Sie ist zum Strahlenschutz verpflichtet und muss an ihrem Kittel während der Arbeitszeit ein Dosimeter tragen: ein Messinstrument für radioaktive Strahlen. Regelmäßig wird überprüft, ob die aufgenommene Strahlendosis innerhalb der Belastungsgrenze geblieben ist. Warum ist diese Schutzmaßnahme notwendig?*

Ständig wirkt die Umwelt mit vielfältigen **Reizen** auf unseren Körper ein, z. B. Licht, Schall, Temperatur, Druck sowie chemische Geschmacks- und Geruchsstoffe. Die Reizaufnahme geschieht durch das entsprechende **Sinnesorgan**. So reagiert unser Auge auf Lichtreize, unsere Nase auf gasförmige Geruchsstoffe, unsere Zunge auf gelöste Geschmacksstoffe und unsere Haut auf mechanische Reize (Druck, Temperatur). Für die gesundheitsschädlichen radioaktiven Strahlen haben wir kein Sinnesorgan. Deshalb müssen Personen, die solchen Strahlen ausgesetzt sind, zur Kontrolle ein Messinstrument tragen.
Über Nervenbahnen werden die Sinnesreize in Form von elektrischen Impulsen zu einzelnen Gehirnabschnitten weitergeleitet. Hier rufen sie bestimmte Eindrücke, Empfindungen und Reaktionen hervor. Bei der **unwillkürlichen Reizbeantwortung** ist der Wille nicht beteiligt. So zieht sich beispielsweise die Hand „automatisch" blitzschnell zurück, wenn ein heißer Gegenstand berührt wird. Die **willkürliche Reizbeantwortung** erfolgt bewusst, z. B. wenn wir einem Bekannten freudig die Hand schütteln.
Erst durch das Zusammenwirken aller fünf Sinne, sehen, hören, fühlen, schmecken und riechen, können wir unsere Umwelt optimal wahrnehmen und uns in ihr orientieren. Behinderte Menschen müssen den Ausfall eines oder mehrerer Sinnesorgane ausgleichen. So entwickeln viele Blinde ein feineres Gehör und einen sensibleren Geruchssinn. Die Beherrschung der Blindenschrift ermöglicht es ihnen, mithilfe des besonders geschulten Tastsinns Bücher und Zeitschriften zu lesen.

Wir fühlen uns wohl, wenn unsere Sinne in angenehmer Atmosphäre gleichmäßig angeregt werden. **Reizüberflutungen** wie Lärm und die schnelle Folge von Bildern können hingegen zu Kopfschmerzen und Schwindel führen sowie zu Konzentrationsstörungen und aggressivem Verhalten.

1. Nennen Sie Umweltreize, die wir nicht mit unseren Sinnesorganen wahrnehmen können. Mit welchen Instrumenten kann man sie messen?
2. Informieren Sie sich in pädagogischen Fachbüchern, in Kindergärten und Behinderteneinrichtungen über das Snoezelen-Konzept. Berichten Sie.

1. Dosimeter zur Messung radioaktiver Strahlung

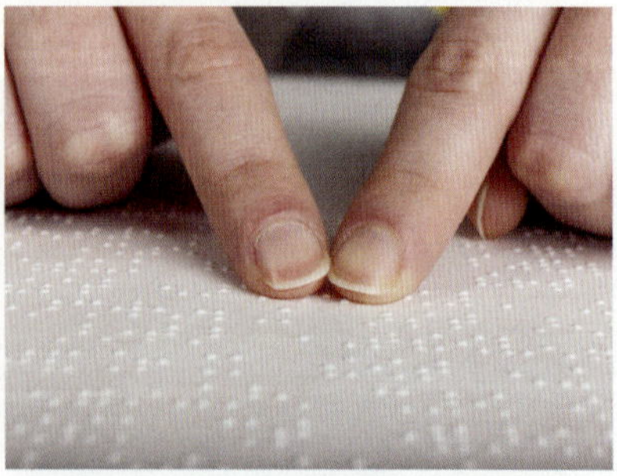

2. Blinder liest in einem Buch in Blindenschrift

## 4.1.2 Das Auge – eine Kamera?

### 4.1.2.1 Wie entsteht ein Bild im Auge?

Das Auge ist das bedeutendste Sinnesorgan des Menschen. Es liegt gut geschützt in der fettgepolsterten Augenhöhle. Die *Augenbrauen*, die *Augenlider* und die Wimpern halten Schweiß, Staub und andere Fremdkörper fern. Von den Tränendrüsen wird *Tränenflüssigkeit* produziert. Sie ist salzhaltig, wirkt aseptisch und sorgt dafür, dass die Augen feucht gehalten und kleinere Fremdkörper fortgespült werden.

Die Wand des kugelförmigen **Augapfels** besteht aus drei Schichten: *Lederhaut*, *Aderhaut* und *Netzhaut*. Die derbe Lederhaut hüllt den Augapfel ein. Sie geht an der Vorderseite in die durchsichtige *Hornhaut über*. In der Aderhaut befinden sich dunkle Farbstoffe und Blutgefäße. Die Aderhaut setzt sich in der Regenbogenhaut, der *Iris*, fort. Letztere bestimmt unsere Augenfarbe. In der Mitte der Iris befindet sich die *Pupille* als Sehloch. *Ring*- und *Radiärmuskelfasern* sorgen dafür, dass je nach Lichtintensität die Pupille verkleinert oder vergrößert wird. Bei grellem Licht ziehen sich die Pupillen zusammen, bei geringer Lichtintensität werden die Pupillen groß und weit. Diese Regulation der Pupille in Abhängigkeit von der Lichtintensität nennt man **Adaptation**.

Zwischen Hornhaut und Regenbogenhaut liegt die vordere *Augenkammer* mit dem *Kammerwasser*. Unmittelbar hinter der Pupille befindet sich die glasklare, elastische Augenlinse. Diese wird oben und unten vom *Ciliarkörper* und dessen *Ciliarmuskeln* in Form gebracht. Je nach Entfernung des zu betrachtenden Gegenstandes strecken diese Muskeln die Linse oder stauchen sie, damit ein scharfes Bild entstehen kann. Bei Fernsicht entspannen sich die Ciliarmuskeln und die Linse wird lang und schmal, bei Nahsicht ziehen sich die Ciliarmuskeln zusammen, sodass die Linse kurz und stark gewölbt wird. Diese Fähigkeit, das Auge auf verschiedene Entfernungen einzustellen, heißt **Akkommodation**. Kurz- und Weitsichtigkeit sind Akkommodationsfehler, die angeboren oder erworben sein können.

Die gekrümmte Hornhaut, das Kammerwasser, die elastische Linse und der Glaskörper bilden zusammen ein **optisches System**. Es funktioniert wie eine Fotokamera. Beim Sehvorgang werden die einfallenden Lichtstrahlen von ihm gebrochen und so gebündelt, dass auf der lichtempfindlichen Netzhaut ein reelles, auf dem Kopf stehendes, verkleinertes Bild entsteht. Das Gehirn hat gelernt, das Bild wieder „auf die Füße" zu stellen.

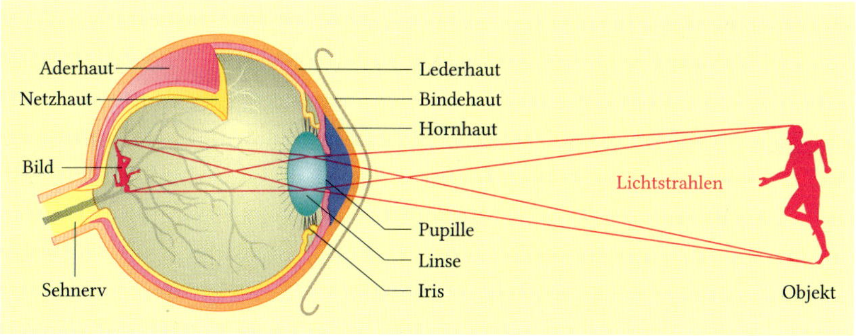


1. Strahlengang im Auge: Es entsteht ein verkleinertes umgekehrtes Bild.

Auf der Netzhaut befinden sich ca. 125 Millionen Sinneszellen, die **Stäbchen**. Sie werden vom Licht gereizt und senden Impulse in die Nervenfasern. Diese leiten sie über den Sehnerv zum **Sehzentrum des Gehirns**. Es verarbeitet die Impulse und vermittelt den Eindruck eines aufrechten Gegenstandes. Die anderen ca. sieben Millionen Netzhautzellen sind die **Zapfen**, welche die Farbe des Lichts wahrnehmen. Die Stäbchen befinden sich ausschließlich an den Seiten der Netzhaut, die Zapfen gehäuft im Zentrum.

Lichtstrahlen, die genau durch die Mitte des optischen Systems dringen, treffen auf eine kleine Vertiefung der Netzhaut, die Zentralgrube, auch **gelber Fleck** genannt. Hier ist das Gebiet des deutlichsten Sehens. An der Stelle, an der die Nervenfasern in den Sehnerv übergehen und somit das Auge verlassen, liegen keine Sehzellen. Diese Stelle heißt **blinder Fleck**.

1. Erklären Sie den Mechanismus der Anpassung des Auges an unterschiedliche Helligkeiten des einfallenden Lichts (Adaptation).
2. Zum räumlichen Sehen sind beide Augen notwendig. Nehmen Sie in jede Hand bei angewinkeltem Arm einen Bleistift und führen Sie die Spitzen zusammen. Wiederholen Sie den Versuch mit einem verschlossenen Auge. Berichten Sie.

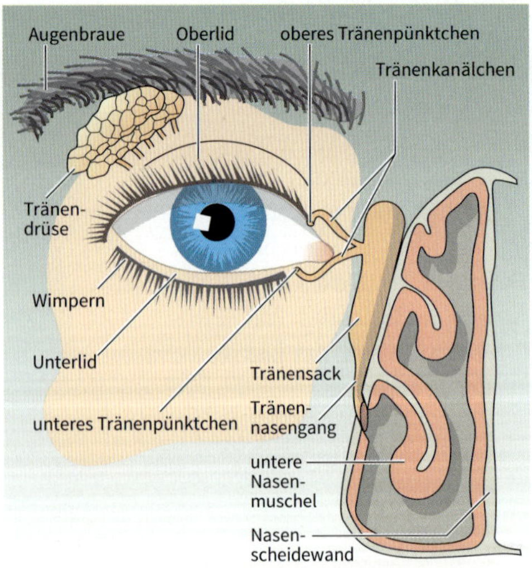

2. Schutzeinrichtungen des Auges

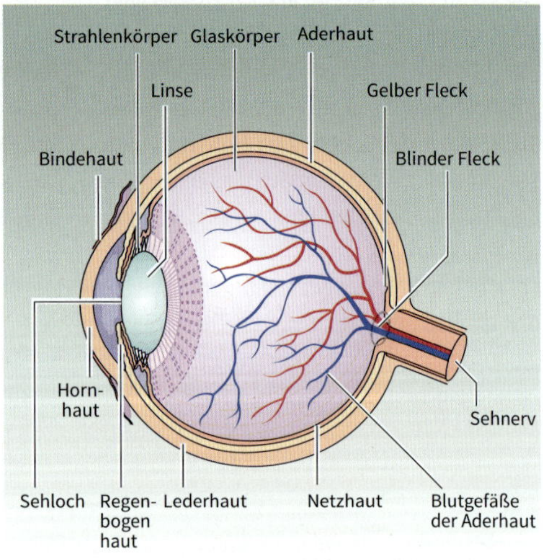

3. Schnitt durch das Auge

### 4.1.2.2 Wir sehen die Welt in Farbe

*Jeder kennt das Sprichwort: „Nachts sind alle Katzen grau." Tatsächlich können wir bei schwachem Licht oder in der Dämmerung keine Farben sehen. Woran liegt das?*

Während die Stäbchen der Netzhaut für das Hell-Dunkel-Sehen verantwortlich sind, nehmen wir mit den **Zapfen** die Farbe des Lichts wahr. Es gibt drei verschiedene Arten von Zapfen, die unterschiedliche Frequenzbereiche des Lichts absorbieren: im *kurzwelligen* Bereich Blau-Violett, im *mittelwelligen* Bereich Grün und im *langwelligen* Spektralbereich Rot. Durch Überschneidungen bei den Empfindlichkeitsbereichen der Zapfen können wir viele Farbnuancen unterscheiden. Wenn beispielsweise die Zapfen für Rot und Grün in gleichen Anteilen aktiviert werden, so interpretiert unser Gehirn die Farbe Gelb. Unter optimalen Bedingungen kann der Mensch etwa zehn Millionen verschiedene Farbtöne unterscheiden.

Werden alle Zapfen gleichzeitig angeregt, so sehen wir die Farbe Weiß.
Funktionieren einzelne Zapfen nicht, kommt es zu Störungen des Farbensehens. Fallen z.B. die grünempfindlichen Zapfen aus, können die Betroffenen Rot und Grün nur sehr schwer unterscheiden. Man spricht von Farbschwäche oder auch von der **„Rot-Grün-Blindheit"** (s. S. 153). Sie wird auf dem X-Chromosom vererbt. Deshalb sind Männer weit häufiger betroffen als Frauen. **Totale Farbenblindheit** kommt sehr selten vor. Menschen mit Farbenschwäche oder Farbenblindheit sind für einige Berufe nicht geeignet, z. B. für Verkehrs-, Grafik- und Modeberufe.

1. Erklären Sie anhand von Abb. 1, wie der Farbeindruck Grün, Gelb und Rot zustande kommt. Welche Zapfen sind jeweils beteiligt?
2. Testen Sie mit der Farbtafel (Abb. 2) Mädchen und Jungen. Erstellen Sie eine Statistik.

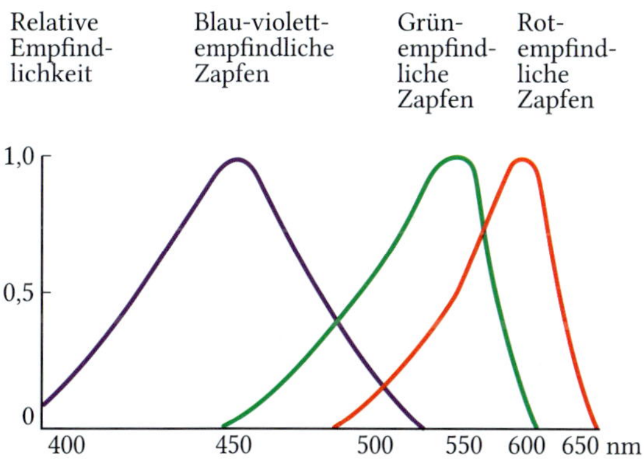


1. Farbempfindlichkeit der Zapfen

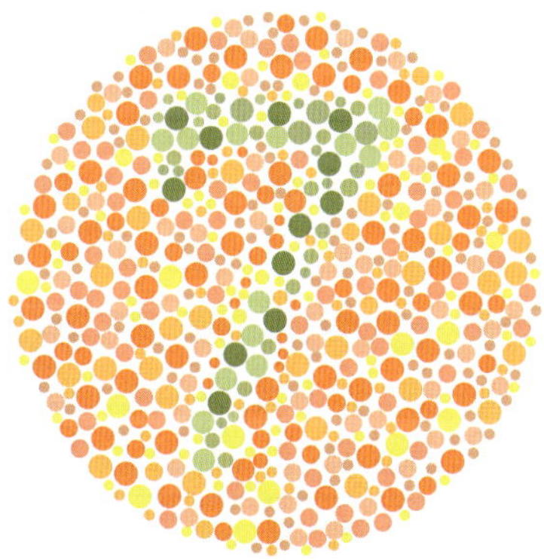

2. Testtafel zur Erkennung von Farbschwäche: Der Rot-Grün-Blinde erkennt die Zahl 7 nicht.

### 4.1.2.3 Sehfehler und Augenkrankheiten

*Um den Führerschein machen zu können, muss man zunächst einen Sehtest bestehen. Bei vielen Jugendlichen wird dabei eine Fehlsichtigkeit erkannt, die mit einer Brille ausgeglichen werden muss.*

Weit verbreitet ist die **Kurzsichtigkeit**. Betroffene sehen entfernte Gegenstände nur unscharf, nahe jedoch deutlich. Die Ursache liegt darin, dass der Augapfel zu lang ist und das Bild folglich vor der Netzhaut entsteht. Folgeerscheinungen sind Augenbrennen, Ermüdung, Kopfschmerzen sowie Blinzeln und häufiges Zukneifen der Augen. Der Augenarzt verschreibt in solchen Fällen eine konkav geschliffene Brille oder Kontaktlinsen. Kurzsichtige sind häufig auch **nachtblind**. Die Dunkeladaptation und das Dämmerungssehen sind gestört.

Bei **Weitsichtigkeit** können die Betroffenen nahe Gegenstände nur unscharf erkennen. Die Ursache hierfür liegt darin, dass der Augapfel zu kurz ist und das Bild deshalb hinter der Netzhaut entsteht. Unbehandelte Weitsichtigkeit führt zur Überanstrengung der Ciliarmuskeln, wodurch es beim Lesen oder Handarbeiten zu rascher Ermüdung, zu Kopf- und Augenschmerzen sowie zu zeitweiligem Einwärtsschielen kommt. Die Behandlung erfolgt mit einer *konvexen* Brille oder Kontaktlinse. Mit zunehmendem Alter verliert die Augenlinse an Elastizität. Ihre Akkommodationsfähigkeit lässt nach. Deshalb spricht man in diesen Fällen von „Altersweitsichtigkeit“. Besteht von Geburt an eine Weitsichtigkeit, kann sie im Laufe des Heranwachsens verschwinden, weil auch der Augapfel in die Länge wächst.

Fast zwei Millionen Menschen in Deutschland leiden unter **Schielen**. Darunter versteht man das Abweichen eines Auges nach innen, nach außen, nach oben oder nach unten. Die Augenmuskeln arbeiten nicht synchron. Das kann bis zur Unbeweglichkeit eines Augenmuskels führen. Schielen beeinträchtigt das räumliche Sehvermögen. Bei Kindern im Alter von einem bis zu drei Jahren kann eine vom Arzt verordnete Schielbrille das schwache Auge dazu „zwingen“, richtig zu funktionieren.

Beim **grauem Star** (*Katarakt*) handelt es sich um die natürliche Alterung der Linse durch Trübung. Der graue Star kann als Folgeerscheinung von Altersdiabetes auftreten, aber auch andere Ursachen (z. B.

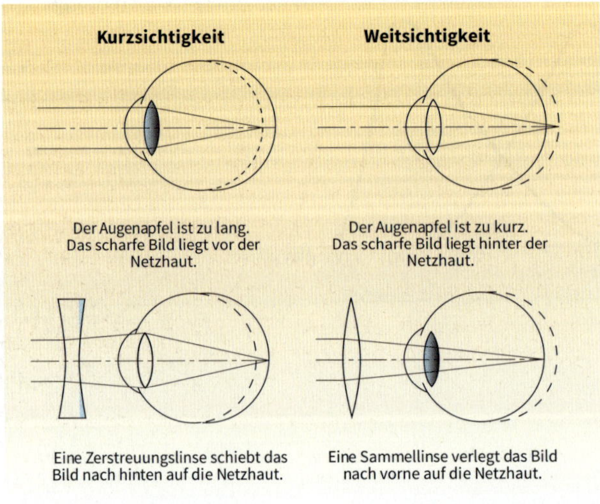


1. Sehfehler und deren Korrektur mit Brillen

Augenverletzungen) haben. Je nach Trübungsintensität kann eine Brille oder ein operativer Eingriff Abhilfe verschaffen.

Der **grüne Star** (*Glaukom*) kann zur kompletten Erblindung führen. Jeder fünfte Blinde hat sein Augenlicht durch ein Glaukom verloren. Die Ursache ist eine Abflussstörung des Kammerwassers. Das gestaute Kammerwasser löst einen Druck auf die Augeninnenwand aus. Dadurch werden die Sehnerven geschädigt. Der grüne Star kann durch Vererbung, Augenverletzungen, Tumore oder Medikamente (z. B. Cortison) ausgelöst werden.

Bei der **Bindehautentzündung** handelt es sich um eine Infektion durch Bakterien oder Viren. Das Auge ist gerötet und geschwollen, es juckt und tränt. Dabei werden Absonderungen ausgeschieden, die die Augen beim Schlafen verkleben. Komplikationen können auftreten, wenn die Entzündung auf Horn- und Lederhaut übergreift. Die Behandlung erfolgt mit desinfizierenden Salben oder Augentropfen sowie antibakteriellen Medikamenten.

Kurz-, Weit- und Stabsichtigkeit (Astigmatismus) können heute mit moderner **Lasertherapie** behandelt werden. Dabei schleift man das Hornhautinnere solange mit dem Laser ab, bis der Brennpunkt bzw. die Hornhautkrümmung wieder stimmt. Mit dieser Methode lassen sich Kurzsichtigkeit bis minus acht Dioptrien und Weitsichtigkeit bis plus drei Dioptrien beheben.

Hornhautschädigungen, z. B. durch Vitamin-A-Mangel, Infektionen, Verletzungen oder angeborene Fehlbildungen können durch eine **Hornhauttransplantation** behoben werden. Mit einem Laser wird der geschädigte Hornhautbereich herausgeschnitten und eine Spenderhornhaut eingenäht.

1. Informieren Sie sich im Internet, bei Augenärzten usw. über Hornhauttransplantationen und Lasertherapien bei Fehlsichtigkeit. Berichten Sie.
2. Diskutieren Sie mögliche Folgen in Beruf und Alltag, die die verschiedenen Sehfehler und Augenkrankheiten mit sich bringen können.

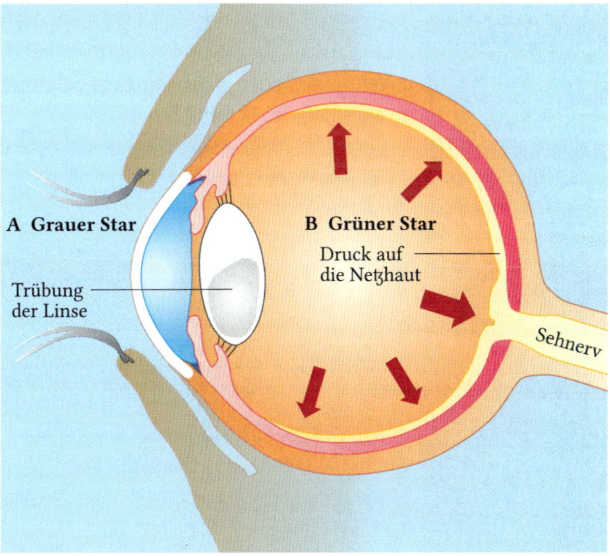


1. Grauer und grüner Star

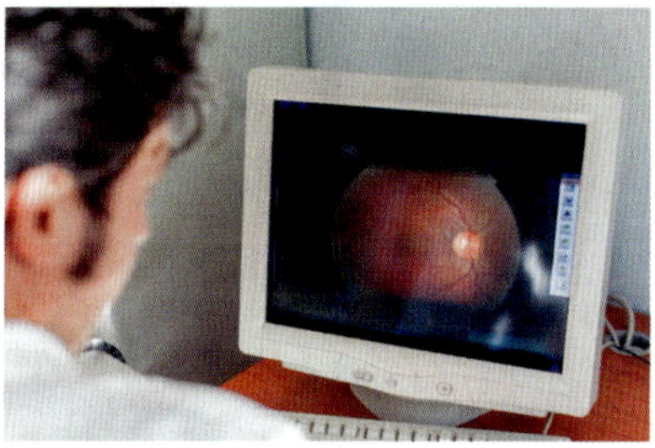

2. Aufnahme des Augenhintergrundes

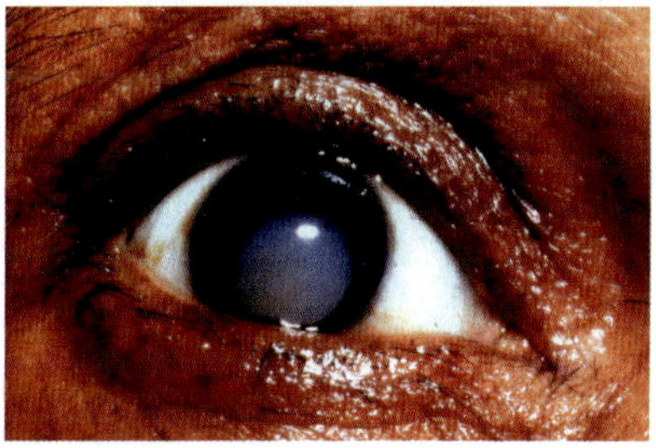

3. Grauer Star

### 4.1.3 Das Ohr, ein vielseitiges Sinnesorgan

#### 4.1.3.1 Der Hörsinn

*Kai hat neue Lautsprecherboxen für seine Stereoanlage bekommen. Beim Anschließen sieht er auf der Rückseite den Aufdruck 20–25 000 Hz. „Was bedeutet das eigentlich?“, fragt er sich.*

**Schall** entsteht durch elastische Schwingungen fester, flüssiger und gasförmiger Stoffe. Die Anzahl der Schwingungen pro Sekunde nennt man **Frequenz**. Sie wird in Hertz (Hz) gemessen. Eine Schwingung pro Sekunde ist ein Hertz. Menschen können Frequenzen zwischen 16 und 20 000 Herz als Töne hören. So hat z. B. der Ton A eine Frequenz von 440 Hz. Die Membranen von Kais neuen Lautsprecherboxen können demnach mit 20–25 000 Hz schwingen und entsprechende Töne übertragen.

Töne werden als Schallwellen über die Luft, vom Wasser oder von festen Stoffen weitergeleitet. Die Schallgeschwindigkeit beträgt in der Luft 332, im Wasser sogar 1 485 Meter pro Sekunde. Schallwellen werden von der *Ohrmuschel* aufgefangen und durch den *äußeren Gehörgang* an unser **Trommelfell** weitergegeben. Dieses vibriert unterschiedlich stark, je nach Ton. Das Trommelfell leitet die Schwingungen an die **Gehörknöchelchen** *Hammer, Amboss* und *Steigbügel* weiter. Diese kleinsten Knochen unseres Körpers verstärken die Impulse um das 20-Fache.

Der Steigbügel leitet den Schall durch das *ovale Fenster* in das **Innenohr.** Dort befindet sich eine mit Flüssigkeit gefüllte Spirale, die *Gehörschnecke*. Der Steigbügel presst die Flüssigkeit zusammen, sodass sie in Schwingungen gerät. Als Druckwelle rast sie durch den oberen, anschließend durch den unteren Schneckengang und brandet dabei über die *Grundmembran*. Darauf liegt das *cortische Organ*. Es enthält winzige *Sinneszellen*, die im Takt wie Seetang auf den Wellen des Meeres mitschwingen. Jeder Tonfrequenz sind ganz bestimmte Sinneszellen zugeordnet. Die Bereiche für hohe Töne liegen in der Nähe des ovalen Fensters, die tiefen Töne werden in der Spitze der Schnecke registriert. Die Sinneszellen geben, wenn sie gereizt werden, elektrische Nervenimpulse an den Hörnerv weiter. Erst im Gehirn wird das Signal als entsprechender Ton erkannt.

Aufgrund der seitlichen Positionierung unserer Ohren am Kopf ist ein **Richtungshören** möglich. Der Schall erreicht erst die eine und dann die andere Ohrmuschel. Durch diese Schallverzögerung kann man bis auf einen Winkel von 4° genau orten, aus welcher Richtung ein Geräusch stammt.

Die mit Luft gefüllte **eustachische Röhre** (*Ohrtrompete, Tubus*) stellt eine Verbindung zwischen Mittelohr und Nasen-Rachenraum her. Sie ist mit Luft gefüllt und dient dem Druckausgleich bei Höhenunterschieden.

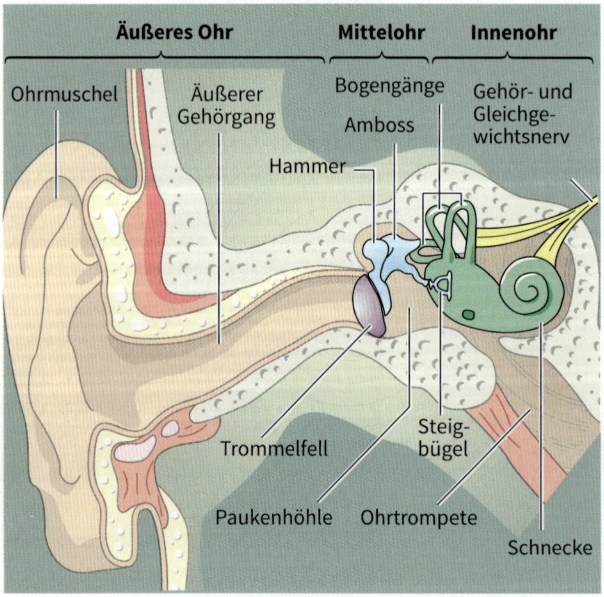


1. Bau des Ohrs

#### 4.1.3.2 Der Lage- und Bewegungssinn

*Viele Berufe wie Pilot, Astronaut und Gerüstbauer oder auch Hobbys wie Fallschirmspringen, Bodenturnen, Akrobatik und Tauchen erfordern eine sichere Orientierung im Raum. Personen mit Höhenangst oder Drehschwindel können solche Berufe nicht ausüben und die genannten Hobbys nicht betreiben.*

Das Sinnesorgan für den **Lagesinn** liegt im Innenohr zwischen den Bogengängen und der Schnecke. Es besteht aus einer Gallertkuppel, in die feine Sinneshärchen ragen (s. Abb. 1). Auf ihrer Oberfläche befinden sich kleine Kalksteine. Stehen wir aufrecht, werden die Kalksteinchen von der Erdanziehungskraft auf die Mitte der Gallertkuppel gedrückt. Wir empfinden dies als senkrechte Lage unseres Körpers. Gerät der Körper in Seitenlage, zieht die Schwerkraft die Kalksteinchen und die Gallertkörper mit den Sinneszellen zur Seite. Das Gehirn erkennt die „Lageveränderung".

Neben der Schnecke befindet sich im Innenohr unser **Bewegungssinn** in Form von drei Bogengängen. Jeder Bogengang zeigt in eine andere Richtung, wobei sie jeweils senkrecht zueinander angeordnet sind und so alle drei Dimensionen des Raumes abdecken (s. Abb. 1, S. 98). Die Bogengänge sind mit einer Flüssigkeit gefüllt. Drehen wir uns vor, zurück oder zur Seite, gerät die Flüssigkeit in Bewegung. Dabei nehmen feine Sinneshärchen das Trägheitsmoment der Flüssigkeit wahr und leiten es als elektrische Impulse an unser Gehirn weiter. So können wir die Bewegungsrichtungen ermitteln und das Gleichgewicht halten (s. Abb. 2).

Der Lage- und Bewegungssinn reagiert sehr empfindlich auf Alkohol und andere Drogen. Deshalb haben Betrunkene einen schwankendem Gang oder fahren mit dem Auto Schlangenlinien.

1. Erklären Sie, warum man in bestimmten Berufen mit einem schlecht ausgeprägten Dreh- und Lagesinn nicht arbeiten darf.
2. Erläutern Sie das Phänomen der Seekrankheit.
3. Erklären Sie, weshalb eine Ohrfeige durchaus gefährlich sein kann.

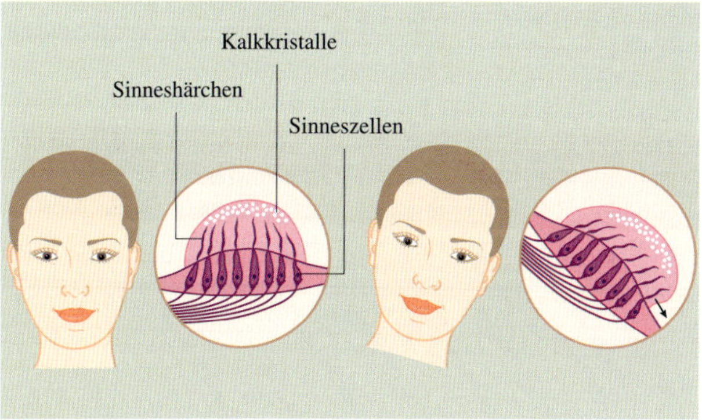

1. Lagesinnesorgan

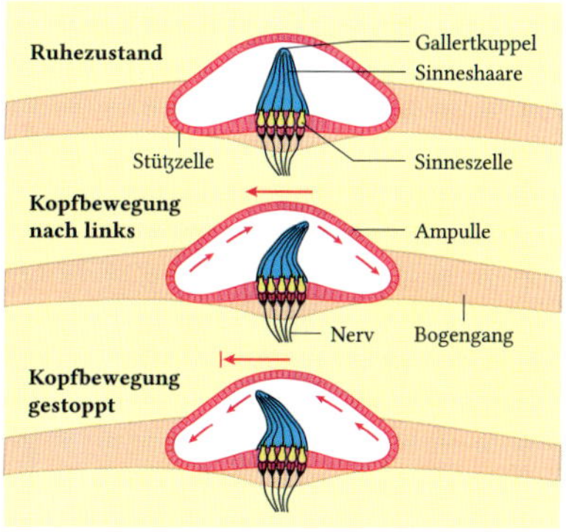

2. Bau des Drehsinnesorgans

### 4.1.3.3 Erkrankungen des Ohrs

Bei der akuten **Mittelohrentzündung** handelt es sich um eine Entzündung der Paukenhöhlenschleimhaut. Die Paukenhöhle befindet sich unmittelbar hinter dem Trommelfell. Verursacher können *Bakterien* wie Streptokokken, Pneumokokken oder Staphylokokken, aber auch Grippe-, Masern- oder Scharlachviren sein. Die typischen Symptome einer Mittelohrentzündung sind pulsierende Ohrenschmerzen und Hörstörungen. Man leidet unter hohem Fieber und einem „vollen Ohr", weil sich eine eitrige Flüssigkeit direkt hinter dem Trommelfell ablagert. Bei bakteriell verursachter Mittelohrentzündung verschreibt der Arzt Antibiotika. Viel trinken und Wärme auf den Ohren beschleunigen die Genesung.

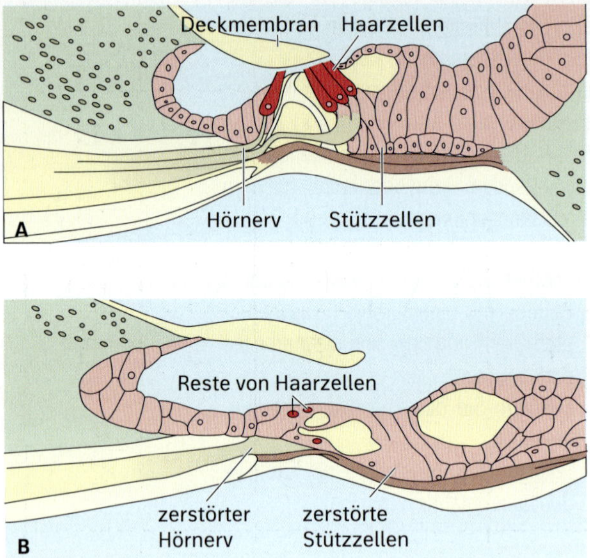

1. Querschnitt durch die Schnecke: A gesundes Organ, B durch Lärm geschädigtes Organ

Beim **Hörsturz** handelt es sich um einen „Infarkt" im Innenohr aufgrund von Durchblutungsstörungen. Er kann durch Stress im Alltag, durch zu laute Musik oder durch einen lauten Knall verursacht werden. Plötzlich auftretender, einseitiger, kompletter oder teilweiser Hörverlust weist auf einen Hörsturz hin. Dabei empfindet man meistens auch ein Druckgefühl sowie ungewöhnliche Geräusche im Ohr. Es ist besonders wichtig, sofort einen Arzt aufzusuchen, denn je früher die Behandlung beginnt, umso größer sind die Heilungschancen. In den letzten Jahren erleiden immer mehr Teenager einen Hörsturz.

Ein Hörsturz tritt oft zusammen mit einem **Tinnitus** auf. Das ist ein unangenehmes Geräusch im Ohr (Ohrensausen oder -klingeln). Klingt es nicht wieder ab, beeinträchtigt es erheblich die Lebensqualität. Berufsunfähigkeit, Vereinsamung, Schlaflosigkeit,

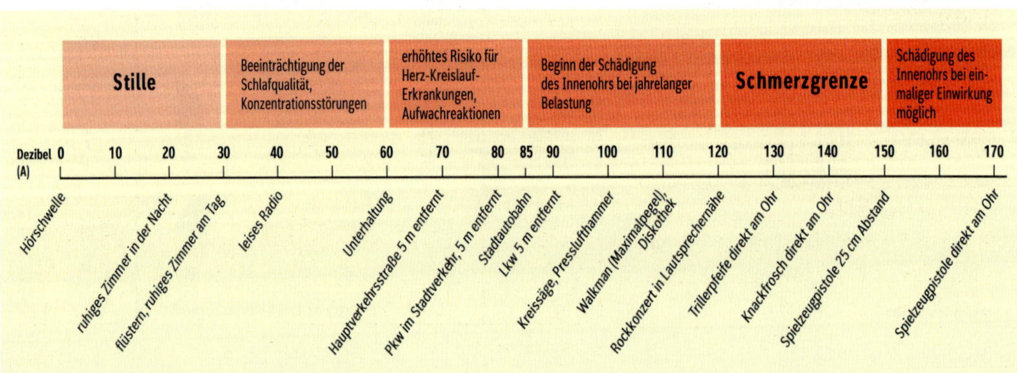

2. Lautstärke von Geräuschen

Depression und Suizidgedanken können die Folgen dieser Krankheit sein.

Eine **Lärmschwerhörigkeit** kann als Berufskrankheit oder durch unüberlegtes Freizeitverhalten entstehen. Im Straßenbau, in Fabrikhallen oder auf dem Flughafen entstehen extreme Lautstärken. Deshalb ist das Tragen von Lärmschutzkopfhörern oder Ohrstöpseln von den Berufsgenossenschaften zwingend vorgeschrieben. Aber auch in Diskotheken oder beim Musikhören über Kopfhörer können gesundheitsschädliche Lärmpegel erreicht werden. Viele Lehrer leiden im Laufe ihres Lebens unter Lärmschwerhörigkeit, weil sie permanent einem mittleren Lärmpegel ausgesetzt sind. Bei Schwerhörigkeit helfen Hörgeräte, die heute sehr klein gebaut werden können. Gehörlose können sich mit der **Gebärdensprache** verständigen.

1. Erklären Sie, weshalb man bei einem starken Schnupfen Druck auf den Ohren empfindet.
2. Begründen Sie die empfohlenen Maßnahmen und Medikamente bei der Mittelohrentzündung.
3. Erläutern Sie die Zusammenhänge zwischen Hörsturz, Tinnitus und Schwerhörigkeit.
4. Informieren Sie sich über die Hörsinnesleistungen von Tieren, z. B. Hund, Fledermaus. Berichten Sie.
5. Wie weit ist ein Gewitter entfernt, wenn der Donner fünf Sekunden nach dem Blitz zu hören ist?
6. Bereiten Sie eine Ausstellung vor, um Mitschüler zu informieren, inwieweit Lärm krank machen kann.

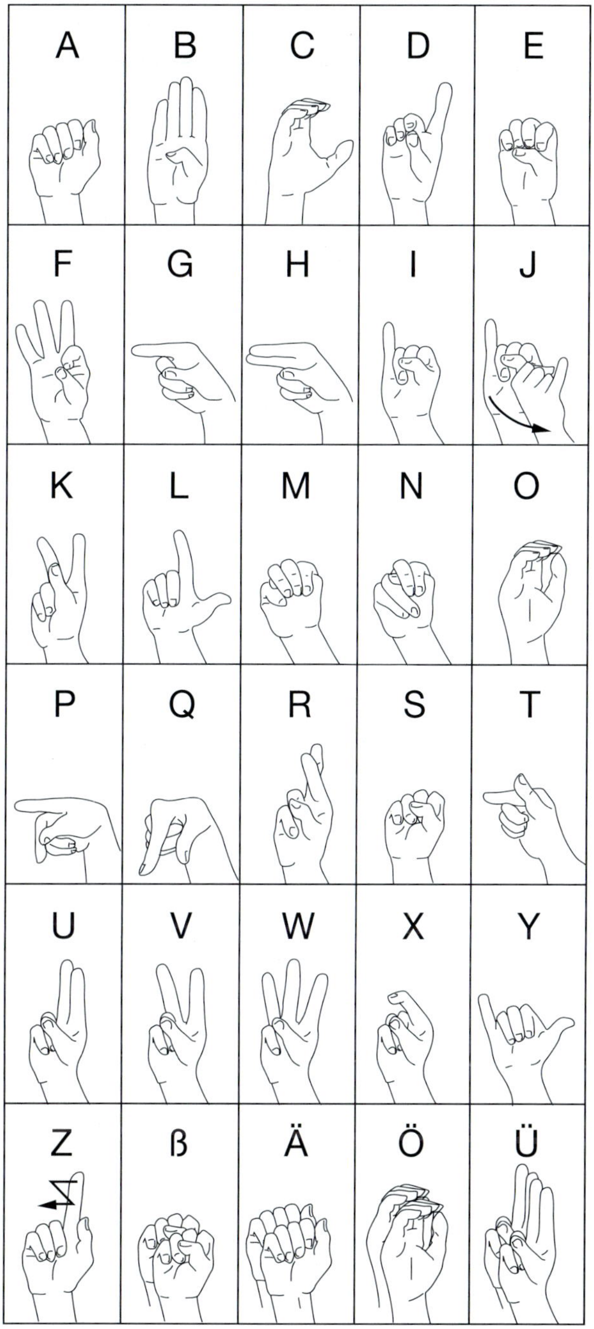


3. Gebärdensprache

### 4.1.4 Die Haut – unser größtes Organ

#### 4.1.4.1 Die Sinnesrezeptoren der Haut

*Die Haut ist unser größtes und schwerstes Organ. Es ist etwa zwei Quadratmeter groß und wiegt ungefähr zwei Kilogramm. Die Haut stellt einerseits die Abgrenzung des Körpers nach außen dar. Andererseits vermittelt sie den Kontakt mit unserer Umwelt. Wie ist dieses Organ aufgebaut?*

Die **Oberhaut** schützt den Organismus vor Verletzungen, Austrocknung und Krankheitserregern. Von der ganz außen liegenden Hornschicht werden abgestorbene Zellen als Hautschuppen abgestoßen. In der darunter liegenden *Keimschicht* entstehen laufend neue Zellen. Sie rücken allmählich nach außen und ersetzen innerhalb von vier Wochen die abgestorbenen Hautteile. In der Keimschicht wird bei starker Sonneneinstrahlung vermehrt das Pigment Melanin gebildet. Es bräunt unsere Oberhaut und schützt tiefer liegende Schichten vor Sonnenbrand.

Mit zahlreichen Ausbuchtungen, den Papillen, ragt die **Lederhaut** in die Keimschicht hinein. Ihr dichtes Netzwerk von elastischen Kollagenfasern verleiht der Haut die feste, lederartige Beschaffenheit. Im Alter nimmt die Elastizität ab und die Haut bekommt Falten. In der Lederhaut befinden sich viele Arterien, Venen, Kapillarschlingen und Lymphgefäße. Von den tiefer liegenden Schweißdrüsen führen korkenzieherartige Gänge an die Oberfläche. Diese Drüsen sondern durch feine Hautporen Schweiß ab. Er enthält gelöste Abfallstoffe des Stoffwechsels und Salze. Wenn der Schweiß verdunstet, kühlt die Haut ab. So trägt die Schweißbildung zur Regulierung der Körpertemperatur bei.

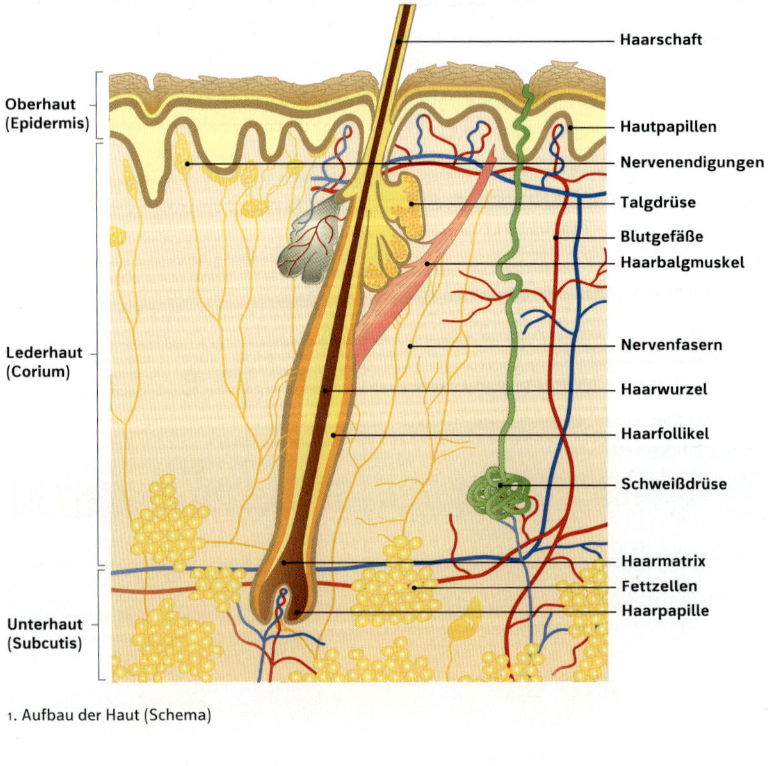


1. Aufbau der Haut (Schema)

Die lockere **Unterhaut** ist gegenüber der darunter liegenden Muskulatur verschiebbar, wodurch ein Einreißen bei Bewegungen vermieden wird. Das eingelagerte Fettgewebe wirkt wie ein Stoßdämpfer. Außerdem isoliert es den Körper gegen Temperaturschwankungen.

Für die Erkundung der Umwelt sind Tastrezeptoren in der Haut besonders wichtig. **Tastkörperchen** liegen in den Papillen der Lederhaut. Besonders zahlreich findet man sie an den Hand- und Fußsohlen, Fingerspitzen, Lippen, Augenlidern und äußeren Geschlechtsorganen. **Lamellenkörperchen** kommen in der Unterhaut und in inneren Organen, Muskeln und Gelenken vor. **Freie Nervenendigungen** dringen bis in die Keimschicht vor. Diese drei Rezeptoren reagieren auf unterschiedliche Berührungsreize und leiten sie an das Gehirn weiter.

In der Haut und im Inneren des Körpers befinden sich **Kälte- und Wärmekörperchen**. Sie reagieren auf unterschiedliche Temperaturbereiche von 10 °C bis 45 °C und melden die Messwerte laufend an das Gehirn, welches die Temperaturregulation veranlasst.

**Schmerzrezeptoren** kommen in der Haut und im Körperinneren vor. Es sind freie Nervenendigungen, die auf unterschiedliche Reize ansprechen, zum Beispiel hohe und niedrige Temperaturen, starken Druck und chemische Stoffe. Die Rezeptoren reagieren auch auf Juck- und Kitzelreize. Schmerzrezeptoren sind wichtige Alarmsysteme, die den Körper vor schädigenden Einflüssen warnen.

1. Nennen Sie Beispiele für körperliche und seelische Verfassungen, die sich in unserem Hautbild widerspiegeln.
2. Erläutern Sie, welche Berührungen die Haut als angenehm und als unangenehm empfindet. Machen Sie dies an konkreten Beispielen deutlich.
3. Erstellen Sie einen Katalog über natürliche und unnatürliche Substanzen, die der Haut guttun und die ihr schaden.
4. Informieren Sie sich über Methoden der Schmerztherapie. Berichten Sie.
5. Fassen Sie die Aufgaben der Haut für den menschlichen Organismus zusam-men (s. auch S. 76).
6. Informieren Sie sich über gesundheitsgefährdende Farben beim Tätowieren. Welche Schlussfolgerungen ergeben sich daraus? Diskutieren Sie darüber.

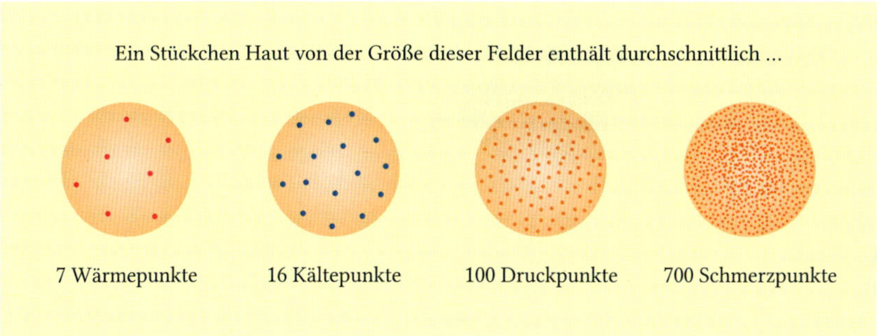


2. Rezeptoren der Haut

#### 4.1.4.2 Hautkrankheiten haben verschiedene Ursachen

*Hautärzte schlagen Alarm. Die Neurodermitis nimmt stark zu. Während etwa 5 % der Erwachsenen an dieser Hautkrankheit leiden, sind es schon 10 bis 20 % der Kinder. Über die Ursachen für diese Zunahme sind sich die Wissenschaftler noch nicht sicher.*

**Neurodermitis** ist eine chronische Hauterkrankung. Es kommt in Schüben zu Hautentzündungen, die mit starkem Juckreiz und Hautrötungen verbunden sind. Als Ursache wird eine Autoimmunkrankheit vermutet, die erblich bedingt ist. Ausgelöst wird die Krankheit meist durch Allergene, z. B. durch Inhaltsstoffe von Nahrungsmitteln, Kosmetika und Waschmitteln oder durch Pollen und durch Hausstaubmilben. Allergene sind körperfremde Stoffe, die Allergien auslösen können. Psychische Faktoren, Stress und Kältereize können den Ausbruch eines allergischen Schubs begünstigen. Der Arzt kann die Allergene mithilfe von Tests ausfindig machen, sodass man ihnen gezielt aus dem Weg gehen kann.

Die **Schuppenflechte** erkennt man an geröteten, erhabenen Hautstellen, die mit weißlichen Schuppen bedeckt sind. Sie tritt schubweise auf und kann sich stark ausdehnen. Ihre Ursache ist unbekannt. Man nimmt hier eine erblich veranlagte Stoffwechselstörung an. Die Behandlung erfolgt häufig mithilfe von Salzbädern und ultraviolettem Licht.

**Mitesser** entstehen durch verstopfte Talgdrüsenausgänge. Talgdrüsen, die in der Lederhaut liegen und mit einem Haarbalg verbunden sind, scheiden ein Sekret aus, mit dem sie Haut und Haare einfetten. Bei Jugendlichen tritt in der Pubertät häufig **Akne** auf. Es handelt sich um entzündete eitrige Mitesser. Eine regelmäßige Pflege mit milden Pflegeprodukten ist dabei wichtig. Bei starker Akne sollte unbedingt ein Hautarzt aufgesucht werden.

**Warzen** sind stecknadelkopf- bis erbsengroße Erhebungen der Haut. Sie werden durch Viren verursacht, die in Hautzellen eingedrungen sind. Warzen werden vom Hautarzt behandelt, indem er Tinkturen und Pflaster mit Salicylsäure, Podophyllin

1. Sonnenschutz schützt vor UV-bedingten Hautschäden

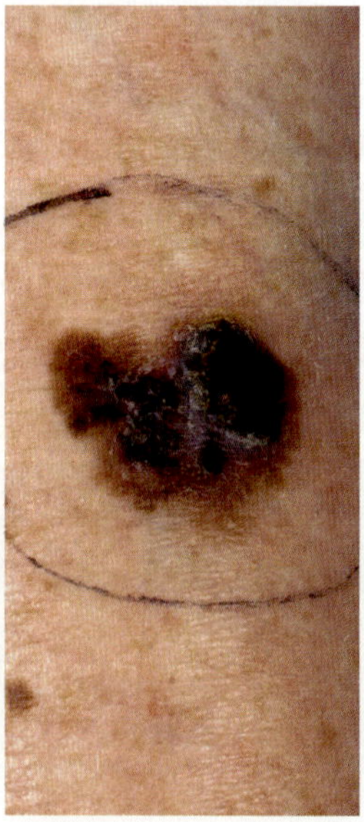

2. Hautkrebs

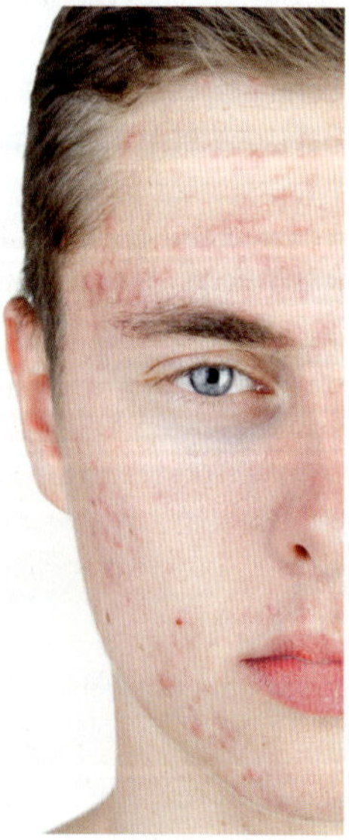

3. Akne

u. ä. Wirkstoffen verordnet. Manchmal müssen Warzen jedoch operativ ausgeschält werden oder sie werden mit Flüssigstickstoff vereist. Auch **Herpes** (Bläschenausschlag) und die ebenfalls von einem Herpesvirus ausgelöste sehr schmerzhafte **Gürtelrose** sind virale Infektionen. Beim Lippenherpes behandelt man bereits beim ersten Kribbeln die betroffenen Hautstellen mit Vidarabin oder Zovirax. Diese Medikamente hemmen das Wachstum und die Vermehrung der Viren. Die Gürtelrose, die sehr schmerzhaft ist, sollte unbedingt vom Arzt behandelt werden. Meistens lindert man die Symptome mit fetthaltigen Salben. Die betroffenen Stellen kann man mit Verbänden versorgen. In schweren Fällen müssen Tabletten und Infusionen verordnet werden.

Zu starke Sonnenbestrahlung führt zu **Sonnenbrand**. Bei Sonneneinstrahlung bilden sich in der Keimschicht je nach Hauttyp mehr oder weniger viele Pigmente (Melanine). Sie färben die Haut braun und sollen die tiefer liegenden Hautschichten vor dem schädigenden UV-Licht schützen. Leider sind viele Menschen uninformiert oder unvernünftig und setzen sich ungeschützt der prallen Sonne aus. Die Haut vergisst das nicht. Als Spätfolgen von zu viel UV-Bestrahlung kann es zu **Hautkrebs** (malignes Melanom) kommen – Hautkrebserkrankungen haben in den letzten Jahrzehnten stark zugenommen. Man nimmt an, dass auch das Ozonloch zu diesem Anstieg beigetragen hat. Ärzte warnen vor dem „Grillen" in der prallen Sonne und raten dazu, besser Schattenplätze aufzusuchen und Sonnenschutzcremes mit hohem Lichtschutzfaktor zu verwenden.

1. Entwickeln Sie Regeln für vernünftiges Verhalten in der Sonne. Berichten Sie.
2. Informieren Sie sich über Diagnose- und Therapiemöglichkeiten der genannten Hautkrankheiten.
3. Präsentieren Sie steckbriefartig den Parasiten „Zecke". Welche Gefahren gehen von ihm aus?

## Parasiten im Vormarsch

*Die **Kopflaus** ist ein flügelloses, blutsaugendes Insekt. Sie lebt ausschließlich auf der Kopfhaut des Menschen und verursacht dort ein lästiges Jucken beim Stechen. Ihre Eier, die Nissen, werden an die Haare geklebt. Kopfläuse breiten sich wieder aus. Oft sind ganze Kindergärten oder Schulklassen befallen. Kopfläuse werden mit Medikamenten zum Einreiben behandelt. Die Nissen müssen mit feinen Kämmen beseitigt werden, damit es nicht zu einem Neubefall kommt.*

*Der Befall mit **Krätzmilben** kann meist nur mit dem Mikroskop nachgewiesen werden. Die winzigen Weibchen (0,3 bis 0,4 mm) legen ihre Eier in Gänge, die sie in die Haut bohren. Hautrötungen und Juckreiz sind die Folge. Krätzmilben werden durch Kontakt mit infizierten Personen oder durch Bettwäsche und Kleidung übertragen.*

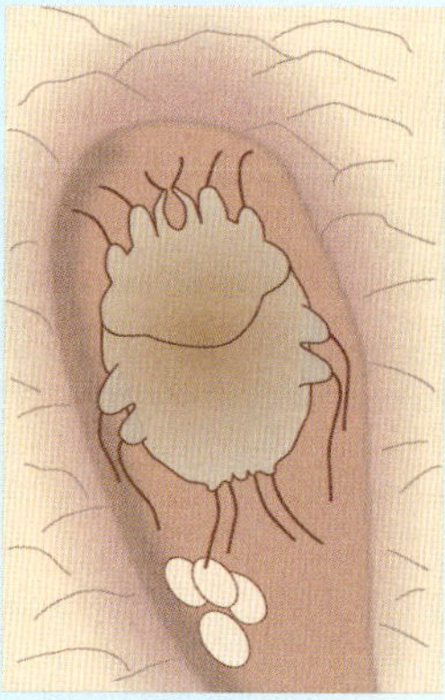

1. Krätzmilbe

2. Kopflaus und Nissen

### 4.1.4.3 Gesunderhaltung durch Körperpflege

*Immer mehr Hautärzte warnen vor zu viel Reinlichkeit. Es wird zu oft geduscht und gebadet, und es werden zu viele Shampoos, Duschgels und Schaumbäder benutzt. Vermehrt auftretende Hauterkrankungen sind die Folge. Wie ist das möglich?*

Die in unserer Haut liegenden Schweißdrüsen scheiden eine wässrige Flüssigkeit aus, die unter anderem Harnstoff, Fettsäuren und Kochsalz enthält. Schweiß hat einen sauren pH-Wert (4,2 bis 6,0) und legt sich als dünner Feuchtigkeitsfilm auf unsere Haut. Einerseits verhindert dieser *Säureschutzfilm*, dass Krankheitskeime in unsere Haut eindringen. Andererseits wird der Schweiß durch die natürlichen Bakterien der Haut zu übel riechenden Stoffen zersetzt. Was sollen wir also tun?

**Hautpflege**. Durch häufiges Waschen mit alkalischen Seifen wird der Säureschutzmantel der Haut zerstört. Deshalb sollte man nicht zu heiß, zu häufig und zu lange duschen oder baden. Hautreinigungsmittel sollten sparsam und dem Hauttyp gemäß eingesetzt werden. Syndets sind pH-neutral und beeinträchtigen nicht so sehr den Säureschutzmantel der Haut. Rückfettende Emulsionen sind besser als Schaumbäder; diese trocknen die Haut zu sehr aus.

Außer auf den Fußsohlen, den Handinnenflächen und den Lippen finden wir am ganzen Körper Haare. Mit der Haarwurzel sind sie in einer Einbuchtung der Haut, der Papille, verankert und ragen mit dem Haarschaft aus der Haut heraus. Auf dem Mikrofoto erkennt man, dass die Haare von einer Schuppenschicht umgeben sind. Unsere Kopfhaare können anlagebedingt zwischen 0,03 und 0,15 Millimeter dick sein. Sie wachsen täglich um 0,3 Millimeter. Nach fünf bis sechs Jahren löst sich das Haar aus der Papille und fällt aus. Dieser natürliche Haarverlust bis zu 100 Haaren pro Tag kann gestört sein. Dann entsteht eine Glatze.

**Haarpflege**. Da die Haare fortwährend wachsen, sollten sie in bestimmten Zeitabständen geschnitten werden. Außerdem müssen Haare und Kopfhaut regelmäßig von Schmutz und von Fett, das aus den Talgdrüsen stammt, gereinigt werden. Normalerweise schadet eine tägliche Wäsche dem Haar nicht. Das Shampoo sollte auf die Beschaffenheit von Haar und Kopfhaut abgestimmt sein. Es gibt heute zahlreiche

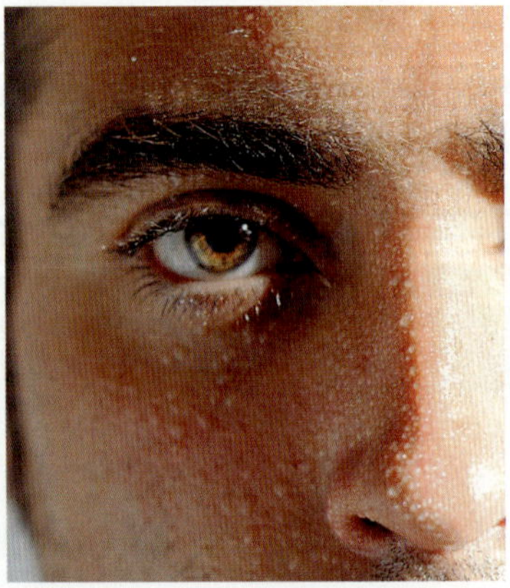

1. Schweißperlen auf der Haut

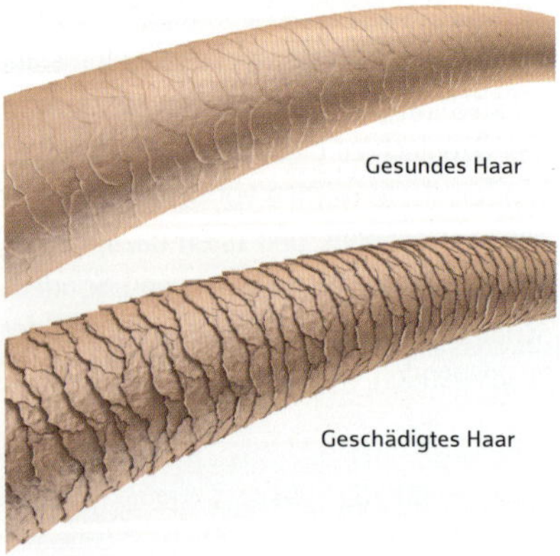


2. Zeichnung nach einer Raster-Elektronenmikroskop-Aufnahme von einem Haar

Spezialshampoos, z. B. für normales, fettiges, schuppiges oder angegriffenes Haar. Das Shampoo muss gründlich ausgespült werden. Heiße Föhnluft schädigt das Haar, deshalb ist die Lufttrocknung immer noch die schonendste Methode. Regelmäßige Behandlung mit Haarfärbemitteln und Dauerwellen strapazieren das Haar, weil es dabei chemisch verändert wird.

Unsere Nägel wachsen als lebendige Anhangsorgane der Haut um etwa 3 Millimeter pro Monat. Die Nagelplatte besteht aus verhornten Zellen und kann bis zu 1 Millimeter dick werden. Der von Haut bedeckte hintere Teil der Nagelplatte heißt *Nagelwurzel*. Darunter liegt die Mutterschicht, in der laufend neue Hornzellen gebildet und nach vorne geschoben werden. Durch Verletzungen der Nagelwurzel oder der Mutterschicht kann es zu Längs- oder Querrillen kommen.

**Nagelpflege**. Finger- und Fußnägel sollten regelmäßig geschnitten werden, um das Einreißen und das Spalten zu verhindern. Zehennägel sind möglichst gerade abzuschneiden. Das verhindert, dass die Nagelecken in die Haut einwachsen. Die Nagelhaut lässt sich nach dem Einweichen in warmem Wasser zurückschieben. Bei spröden Fingernägeln bewährt sich ein regelmäßiges Bad in Olivenöl. Man sollte lackierte Fingernägel nicht öfter als einmal wöchentlich mit Nagellackentferner behandeln. Die Schutzschicht der Nageloberfläche wird dabei erheblich angegriffen und ist dann anfälliger für Nagelpilz. Ältere Menschen können die professionelle Hilfe einer Maniküre oder Pediküre in Anspruch nehmen.

1. Erstellen Sie für die unterschiedlichen Hauttypen „trockene Haut", „fettige Haut" und „Mischhaut" einen Reinigungs- und Pflegeplan.
2. Informieren Sie sich über verschiedene Haarpflegeprodukte, ihre Inhaltsstoffe und Wirkungsweisen.
3. Erkundigen Sie sich über die Verfahrensweisen von Nagelmodellage und Naildesign. Beurteilen Sie die regelmäßige Anwendung künstlicher Fingernägel aus gesundheitlicher Sicht.

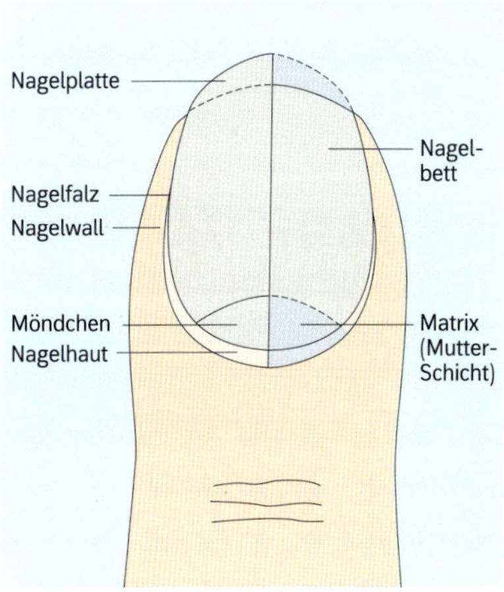


3. Aufbau des Fingernagels

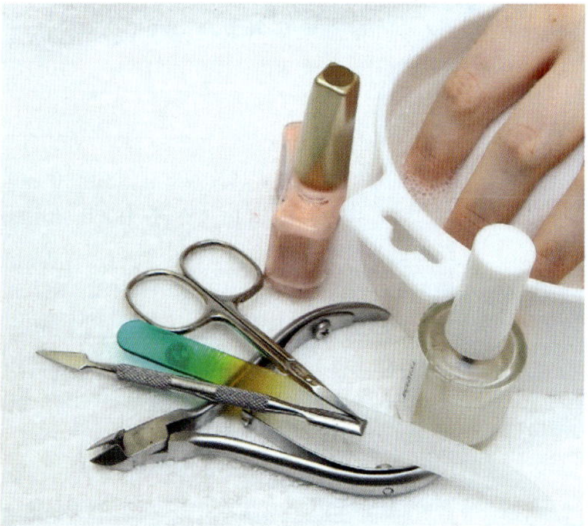

4. Accessoires für Nagelpflege

### 4.1.5 Wie wir schmecken und riechen

*Hunde haben einen sehr viel besseren Geruchssinn als Menschen. Deshalb werden sie zum Beispiel eingesetzt, um verstecktes Rauschgift zu erschnüffeln oder verschüttete Menschen unter Trümmern oder unter Schneelawinen zu finden. Wie ist das möglich?*

Um einen Stoff riechen zu können, muss er in gasförmigem Zustand mit der eingeatmeten Luft in die **Nase** gelangen. Im oberen Bereich der Nasenhöhle befindet sich das **Riechfeld**. Im Querschnitt kann man erkennen, dass es durch zahlreiche Knochenbälkchen aufgeteilt und mit einer Schleimhaut ausgekleidet ist. Die Oberfläche ist dadurch stark vergrößert. Beim Menschen hat sie eine Fläche von etwa 600 Quadratmillimetern; beim Hund ist sie etwa zehnmal größer. Deshalb kann der Hund selbst kleinste Mengen eines Geruchsstoffs wahrnehmen.

Die **Riechzellen** der Schleimhaut tragen feine Härchen. Gelangt nun ein gasförmiger Stoff damit in Kontakt, wird ein elektrischer Impuls über den Riechnerv an das Gehirn geleitet. Man hat sechs Geruchsklassen definiert: *würzig* (Pfeffer), *blumig* (Jasmin), *fruchtig* (Apfeläther), *harzig* (Räucherharz), *faulig* (Schwefelwasserstoff) und *brenzlig* (Teer). Der Mensch kann aber bis zu 4 000 verschiedene Gerüche unterscheiden. Es ist noch unbekannt, wie dies möglich ist.

In vielen Berufen wird ein guter Geruchssinn gebraucht, z. B. als Koch, Parfümerieverkäufer, Weinprüfer. Der Geruchssinn dient uns zur Kontrolle und Warnung. So verbreiten beispielsweise verdorbene Lebensmittel einen unangenehmen Geruch. Wir sind – bevor wir sie zu uns nehmen – gewarnt. Auch bei sozialen Kontakten spielt der Geruchssinn eine wichtige Rolle. Jemand, der angenehm riecht, zieht uns an. Unangenehm riechende Menschen finden wir abstoßend.

Flüssige oder in Flüssigkeiten gelöste Stoffe können auf der **Zunge** Geschmacksempfindungen auslösen. Dort liegen **Geschmacksknospen** unterschiedlich verteilt. Damit können wir vier verschiedene Geschmacksrichtungen identifizieren (s. Abb. 3, S. 109):

- hinten: bitter,
- vorne: süß,
- seitlich: sauer,
- vorne seitlich: salzig.

Aus diesen vier grundlegenden Geschmacksrichtungen kann der Mensch eine Vielzahl von Geschmacksempfindungen kombinieren. Hierbei spielt auch der Geruchssinn eine Rolle. Ist der Geruchssinn zum Beispiel bei einer Erkältung gestört, schmeckt uns auch das Essen fad.

Es reichen kleinste Mengen gelöster Stoffe, um deren Geschmack zu identifizieren, z. B. Salz 0,14 g pro 100 ml, Zucker 0,33 g pro 100 ml, Zitronensäure 0,022 g pro 100 ml und Koffein (bitter) 0,0048 g pro 100 ml. Die Geschmacksempfindung hängt

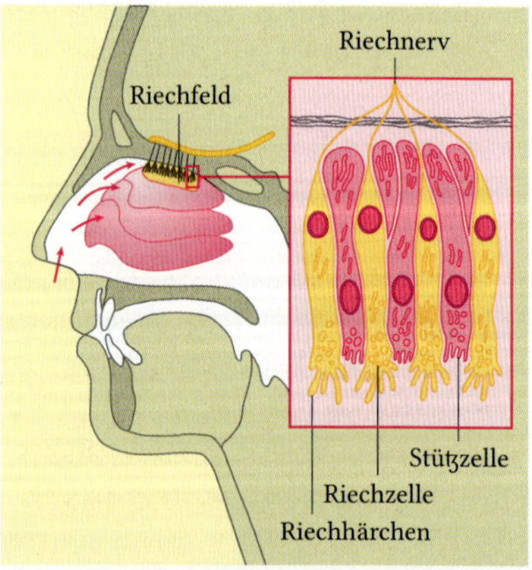

1. Aufbau des Geruchssinnes

2. Riechschleimhaut bei Mensch und Hund

aber auch von der Temperatur ab. Eine warme Mahlzeit schmeckt uns angenehmer, weil die Aromen sich bei 35 °C bis 60 °C besser entfalten.
Die Vorliebe vieler Menschen für den süßen Geschmack und die Abneigung gegen Bitterstoffe hat sich möglicherweise im Laufe der Evolution entwickelt. Giftpflanzen schmecken bitter und müssen gemieden werden. Früchte, die für den menschlichen Verzehr geeignet sind, schmecken hingegen meistens süß.

1. Erläutern Sie an Beispielen die Bedeutung des Geruchssinns als Kontroll- und Warnsinn.
2. Erklären Sie, weshalb man bei einer starken Erkältung weder Gerüche noch Geschmäcker unterscheiden kann.
3. „Da läuft einem das Wasser im Munde zusammen." Erklären Sie diese Feststellung bei verlockenden Düften.
4. Schon 1908 fand der Japaner Kikunae Ikeda heraus, dass Glutamat den Geschmackseindruck von Suppen und anderen Speisen verstärkt. Er nannte diesen sensorischen Eindruck Umami. Umami oder zu Deutsch „herzhaft" wird auch als fünfte Geschmackskomponente neben süß, sauer, salzig und bitter bezeichnet, was allerdings noch umstritten ist.
   Neue Untersuchungen haben ergeben, dass es möglicherweise sogar einen sechsten Geschmackssinn gibt. Auf der menschlichen Zunge befinden sich offenbar Knospen, die auf Fett reagieren. Manche Menschen scheinen besonders sensibel dafür zu sein.
   Informieren Sie sich im Internet über die Geschmacksrichtungen „umami" und „fettig". Berichten Sie.

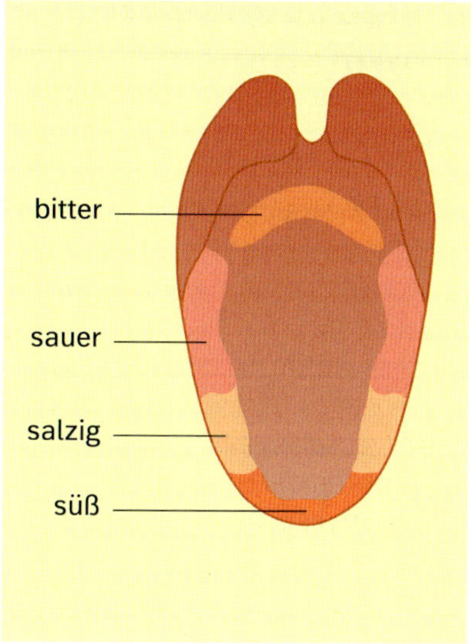

3. Geschmackszonen der Zunge

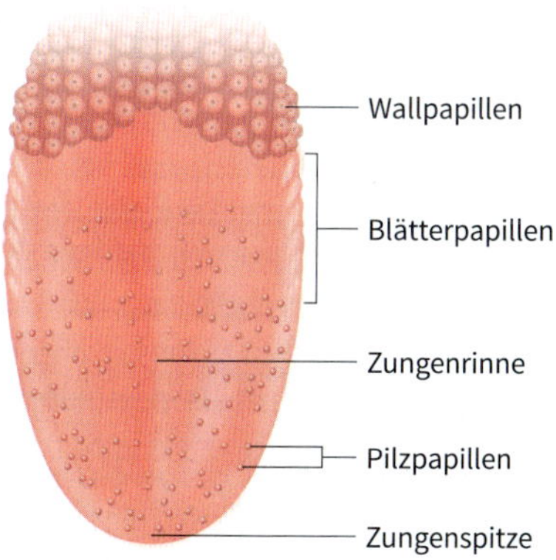

4. Aufbau der Zunge

# Übung: Sinnesorgane dienen der Informationsaufnahme

*A1 Lichtsinnesorgan*

1. „Ich sehe was, was du nicht siehst." Betrachten Sie die Kippbilder und beschreiben Sie, was Sie sehen.
2. Besorgen Sie sich in einer Bücherei Kunstbücher von Mauritz Escher, Arcimboldo u. a. Betrachten Sie deren Werke zur Metamorphose bzw. deren Kippbilder. Berichten Sie.
3. Im „Labyrinth": Schüler stellen sich als blinde Probanden zur Verfügung. Man leitet sie nur unter verbaler Anleitung – ohne Körperkontakt – durch einen zuvor erstellten Parcour (Schwierigkeitsgrad: mit gefülltem Becher in der Hand). Berichten Sie über Ihre Emotionen und Erfahrungen. Verfassen Sie Verhaltensregeln im Umgang mit blinden Mitmenschen.

*A2 Gehörsinn*

1. Experiment: Ein Schüler verwendet Ohrstöpsel und macht sich so vorübergehend „taub". Die anderen Mitschüler halten den Geräuschpegel hoch. Ein weiterer Schüler spricht einen Satz, den der „Gehörlose" von seinen Lippen abliest. Dieser gibt ihn anschließend wieder. Berichten Sie über Ihre Erfahrungen. Stellen Sie Verhaltensmaßnahmen im Umgang mit gehörlosen Mitmenschen auf.
2. Probieren Sie Gesellschaftsspiele wie „Scharade" oder „Outburst" aus. Berichten Sie über Ihre Erfahrungen.
3. „Hörgalerie": Nehmen Sie verschiedene alltägliche Geräusche auf und lassen Sie Ihre Mitschüler raten, um welche Geräusche es sich dabei handelt.
4. Beschreiben Sie mithilfe einer Zettelwand Geräusche, die Sie mit positiven und mit negativen Empfindungen verknüpfen. Diskutieren Sie anschließend diese Wahrnehmungen.

*A3 Haut*

1. „Tast-Galerie": Ertasten Sie mit verbundenen Augen verschiedene Gegenstände. Beschreiben Sie, was Sie fühlen. Um welchen Gegenstand handelt es sich? Bilden Sie danach zu den genannten Eigenschaftswörtern Gegensatzpaare.
2. Gestalten Sie einen „Wellness-Workshop" mit unterschiedlichen Massagetechniken/-geräten. Vergleichen Sie anschließend Ihre Erfahrungen.
3. Vergleichen Sie mithilfe des Indikatorpapiers die pH-Werte verschiedener Seifen, Waschemulsionen und Shampoos. Was versteht man unter „pH-hautneutral"?

*A4 Geruchs- und Geschmackssinn*

1. Experiment zu „Kann man Nahrung allein am Geschmack erkennen?":
   Einem Schüler werden die Augen verbunden. Ein Mitschüler hält ihm ein Stück frisch geschälte Zwiebel unter die Nase und legt ihm gleichzeitig ein Stück Apfel auf die Zunge. Der Schüler schildert anschließend seine Geschmacksempfindung.
2. „Gewürz- und Kräuter-Galerie": Probieren Sie mit verbundenen Augen verschiedene Kräuter und Gewürze. Was riechen und schmecken Sie?

# 4.2 Steuerung durch Nerven und Hormone

*Unfälle können Querschnittslähmungen verursachen*

*Seit einem Motorradunfall ist Christian querschnittsgelähmt und auf den Rollstuhl angewiesen. Anfangs ist es ihm schwer gefallen, sich mit der Situation abzufinden. Mittlerweile hält er sich durch regelmäßigen Behindertensport fit und hat dort neue Freunde gefunden. Sein Arbeitsplatz wurde rollstuhlgerecht eingerichtet, sodass er sich dort selbstständig bewegen kann.*

1. *Informieren Sie sich über Querschnittslähmungen, z. B. Entstehung, unterschiedliche Arten, Behandlung. Berichten Sie.*
2. *Erkundigen Sie sich bei einem Betroffenen oder in einer Behinderteneinrichtung über das Leben eines Querschnittsgelähmten.*

*Wahrnehmungsförderung bei Kindern*

*Kinder entdecken die Welt mit ihren Sinnen. Schon Neugeborene reagieren durch angeborene Reflexe auf bestimmte Umweltreize. Besonders auffällig sind der Greif- und der Saugreflex.*
*Ausgelöst durch Sinneseindrücke entwickelt sich das Gehirn eines Kindes in den ersten Lebensjahren rasant: Die Nervenzellen im Gehirn wachsen und vernetzen sich, sodass sich im ersten Lebensjahr das Gewicht des Gehirns verdoppelt.*

a) *Erklären Sie die Entwicklung des menschlichen Gehirns anhand der Abbildung.*
b) *Informieren Sie sich über Entwicklungsschritte der kindlichen Wahrnehmung (www.babycenter.de/entwicklung-ihres-babys): Ab wann nimmt das Baby Blickkontakt auf? Ab wann kann das Baby hören, aus welcher Richtung ein Geräusch kommt? Ab wann kann ein Kind sitzen? Ab wann kann es laufen?*

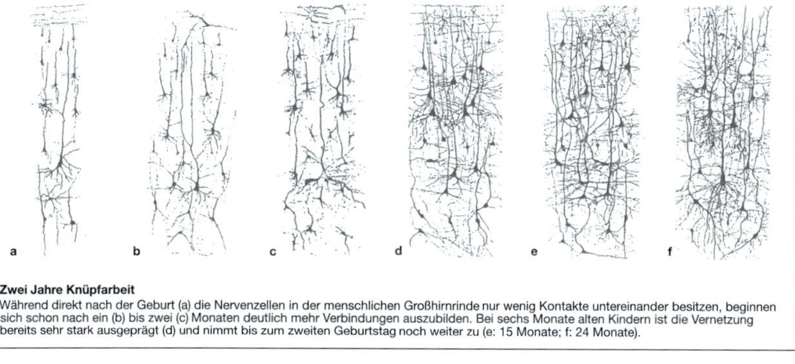


**Zwei Jahre Knüpfarbeit**
Während direkt nach der Geburt (a) die Nervenzellen in der menschlichen Großhirnrinde nur wenig Kontakte untereinander besitzen, beginnen sich schon nach ein (b) bis zwei (c) Monaten deutlich mehr Verbindungen auszubilden. Bei sechs Monate alten Kindern ist die Vernetzung bereits sehr stark ausgeprägt (d) und nimmt bis zum zweiten Geburtstag noch weiter zu (e: 15 Monate; f: 24 Monate).

c) *Machen Sie Vorschläge, wie man die Wahrnehmung von Babys, Kleinkindern und Kindern in verschiedenem Alter durch vielfältige Angebote wie bunte Bilder und Gegenstände oder sanfte Musik fördern kann.*
d) *Informieren Sie sich über ADHS (Aufmerksamkeitsdefizit-/Hyperaktivitätsstörung): Wie äußert sich die Störung? Wie entsteht sie? Wie wird sie behandelt?*

### 4.2.1 Gehirn und Rückenmark – Steuerungszentralen des Körpers

*Im Bruchteil einer Sekunde schnellt der Sprinter aus dem Startblock, nachdem der Startschuss gefallen ist. Wie ist das möglich?*

Unser **Nervensystem** verbindet alle Organe miteinander und steuert deren sinnvolle Zusammenarbeit. Das **Zentralnervensystem** (ZNS) besteht aus *Gehirn und Rückenmark* und stellt die Steuerungszentrale des Körpers dar. Die von den Sinnesorganen kommenden Informationen werden hier aufgenommen, verarbeitet und beantwortet. Alle zum ZNS hinführenden und von ihm wegführenden Nervenbahnen bilden das weit verzweigte Netz des **peripheren Nervensystems**. Beim Sprinter leitet es zum Beispiel den mit dem Ohr aufgenommen Schallreiz des Startschusses über das Rückenmark zum Gehirn und die Anweisung zum Start an die Beinmuskeln.

Das **Gehirn** liegt gut geschützt in der Schädelhöhle. Mit vier Fünfteln des gesam-ten Hirnvolumens überlagert das *Großhirn* alle anderen Hirnabschnitte. Seine Oberfläche ist durch zahlreiche Längs- und Querfurchen stark gefaltet und dadurch vergrößert. Eine tiefe Längsspalte teilt es in zwei Hälften, die durch den *Balken* miteinander verbunden sind. Das Großhirn enthält Zentren für Sinneswahrnehmungen, z. B. das Sehzentrum und das Hörzentrum. Außerdem steuert es die willkürlichen Bewegungen. Im Großhirn werden auch die komplexen Funktionen wie logisches Denken und Kreativität erbracht. Dabei ist bei den meisten Menschen die linke Hirnhälfte für abstrakte Leistungen wie Sprache und Rechnen zuständig, während die rechte Hälfte den Ausgangspunkt für künstlerische Begabungen, Kreativität usw. bildet.

Unter dem Hinterlappen des Großhirns ragt das *Kleinhirn* hervor. Im Kleinhirn sind für alle Bewegungen, die wir beherrschen, Programme gespeichert, durch die der Bewegungsablauf und die Abstimmung der beteiligten Muskeln gesteuert werden. Wenn wir einen Bewegungsablauf neu lernen, z. B. Hip-Hop tanzen, dann müssen wir uns zunächst sehr konzentrieren, denn die Koordination erfolgt zunächst durch das Großhirn. Ist der Bewegungsablauf nach vielen Übungen im Kleinhirn gespeichert, läuft es automatisch ab.

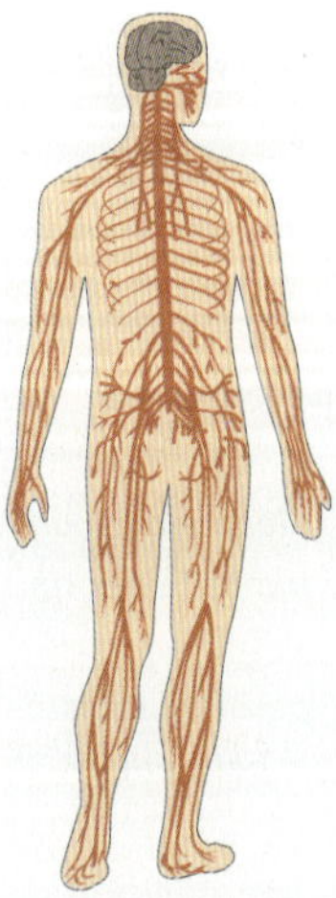

1. Das Nervensystem im Überblick

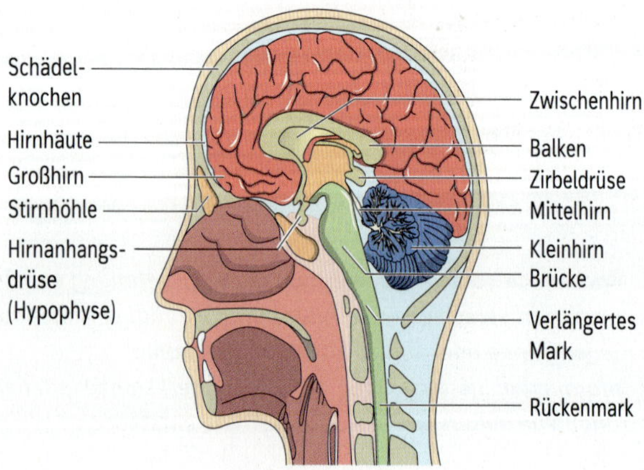


2. Gehirn

Im *Zwischenhirn* entstehen Gefühle wie Hunger, Durst, Angst, Wut oder Freude. Entsprechende Nachrichten von den Sinnesrezeptoren, z. B. „Wassermangel im Gewebe", werden hier aufgenommen, zum Gefühl „Durst" verarbeitet und an das Großhirn gemeldet.

Das **Rückenmark** liegt gut geschützt im Wirbelkanal und ist von einem festen Bindegewebe umgeben. Durch seitliche Öffnungen zwischen den Wirbelbögen treten dicke Nervenstränge heraus. Das Rückenmark ist die Datenautobahn des Körpers. Aufsteigende Nervenbahnen leiten Informationen von den Sinnesrezeptoren des Körpers zum Gehirn. Auf absteigenden Nervenbahnen gelangen Befehle des Gehirns an die Organe und Muskeln des Körpers.
Das Rückenmark ist aber auch Schaltzentrale für **Reflexe**. Schlägt der Arzt bei locker herabhängendem Bein unterhalb der Kniescheibe mit dem Hammer leicht auf die Kniesehne, so löst er den *Kniesehnenreflex* aus. Der Unterschenkel klappt blitzschnell und ohne dass wir es verhindern können hoch. Wie funktioniert dieser Reflex? Rezeptoren im Muskel registrieren den Schlag auf das Knie und melden diesen über sensorische Nerven an das Rückenmark. Hier wird die Meldung sofort auf einen motorischen Nerv umgeschaltet, der das Zusammenziehen des Muskels auslöst. Das Bein schnellt hoch. Reflexe sind schnelle, vom Willen unabhängige Reaktionen auf Reize. Sie dienen dem Schutz des Körpers, z. B. Nies-, Schluck-, Husten-, Stolperreflex.

---

1. Erklären Sie am Beispiel des Kniesehnenreflexes den Ablauf eines Reflexes.
2. Stellen Sie tabellarisch Reflexe und deren Schutzfunktion zusammen.
3. Informieren Sie sich über Bandscheibenvorfälle. Berichten Sie.

---

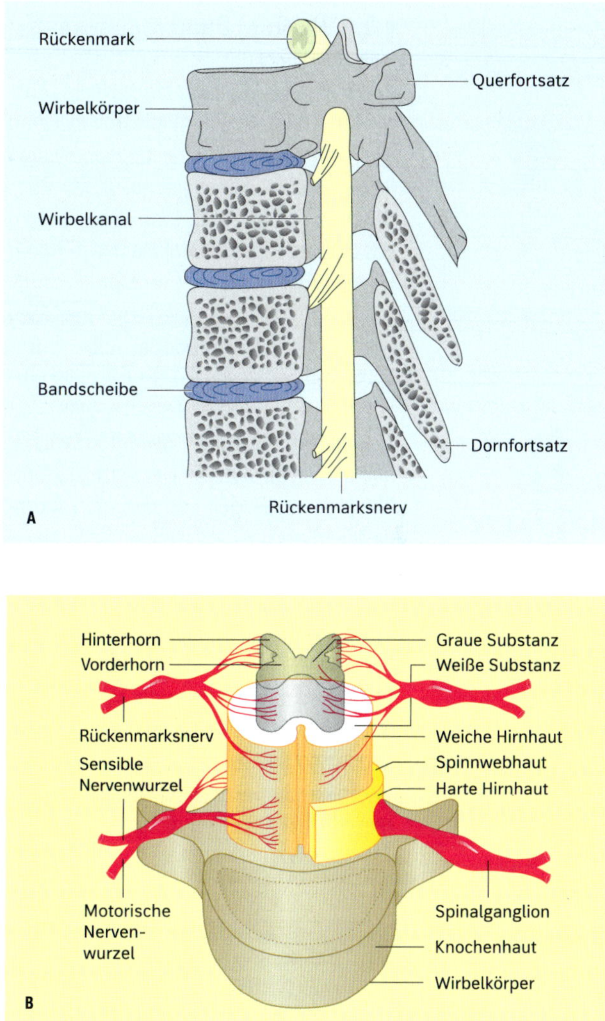


3. Rückenmark: A Längsschnitt, B Querschnitt

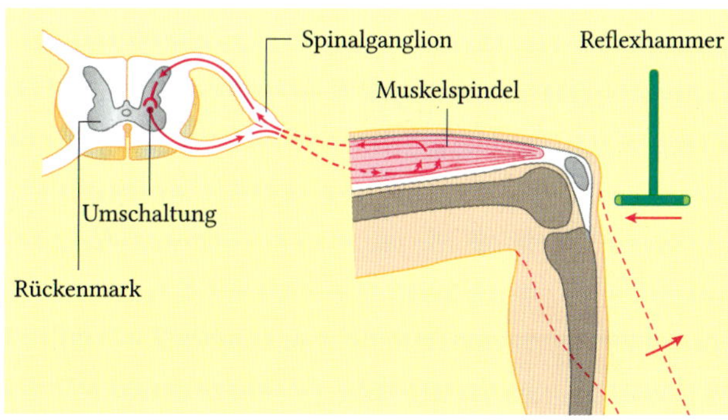


4. Reflexbogen

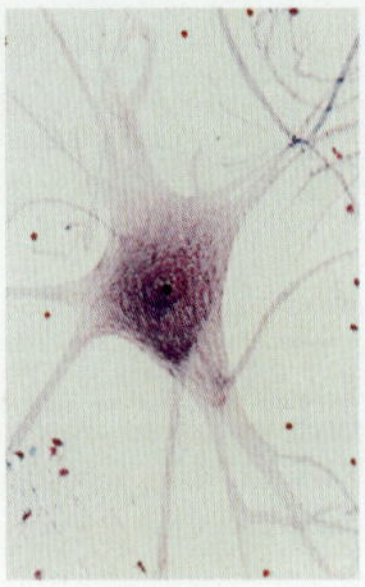

3. Nervenzelle (Mikrofoto)

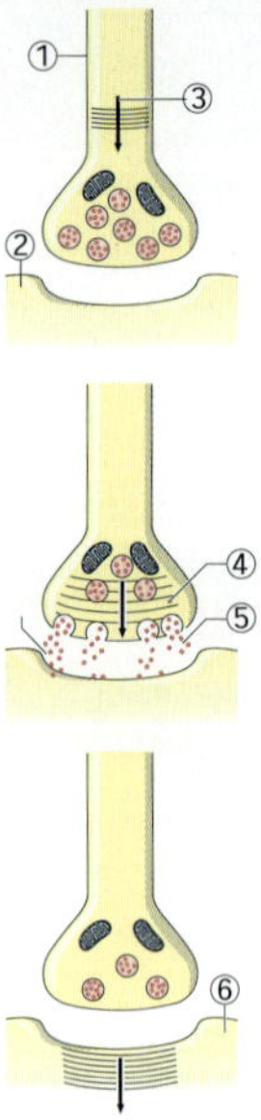


4. Informationsübertragung an einer Synapse

1. Erklären Sie die Reizübertragung vom Gehirn zum Muskel.
2. Erklären Sie, wie man die Gehirnentwicklung (Bildung von vielfältigen Synapsen) eines Neugeborenen durch Förderung beeinflussen kann.

### 4.2.2 Nerven, Übertragungskabel des Körpers

Betrachten wir den Bau eines Nervs (Abb. 1). Ähnlich wie in einem Elektrokabel sind Nervenfaserbündel von einer isolierenden Bindegewebshülle umgeben. Jedes Bündel setzt sich aus mehreren Nervenfasern zusammen. Jede Nervenfaser ist Teil einer Nervenzelle.

Unter dem Mikroskop erkennt man den Feinbau einer **Nervenzelle** (Abb. 3). Der Zellkörper mit dem Zellkern hat viele kurze, bäumchenartige Verästelungen, die **Dendriten**. Sie dienen der Informationsaufnahme von anderen Nervenzellen. Auffällig ist ein langer Fortsatz, das **Axon**, welches von einer isolierenden Markscheide umgeben ist. Über das Axon werden Impulse an andere Nervenzellen oder an Muskeln weitergeleitet. Während die Fortsätze den ganzen Körper durchziehen, findet man die Zellkörper der Nervenzellen hauptsächlich im Gehirn, im Rückenmark und in den Sinnesorganen.

Wird eine Sinneszelle von einem Reiz erregt, z. B. ein Stäbchen im Auge durch einen Lichtstrahl getroffen, wandelt sie ihn in einen elektrischen Impuls um. Dieser fließt über das Axon einer Nervenzelle zum Gehirn (Sehzentrum des Großhirns), wo er zum Sinneseindruck verarbeitet wird. Umgekehrt leitet das Gehirn Informationen in Form von elektrischen Impulsen über die langen Fortsätze der Nervenzellen an ausführende Organe, z. B. an Muskelfasern.

Die Informationsübertragung von einer Nervenzelle auf eine andere oder von einer Nervenzelle auf eine Muskelfaser erfolgt über **Synapsen**. Das Axon ① der Nervenzelle erweitert sich hier zu einem kugelförmigen Gebilde, dem Endknöpfchen, und legt sich dicht an die Membran der Empfängerzelle. ② Dazwischen bleibt ein schmaler Spalt von etwa 20 nm (1 nm = $10^{-9}$ m) Breite. Kommt ein elektrischer Impuls an, ③ ④ gibt das Endknöpfchen chemische Botenstoffe ab, die den synaptischen Spalt durchdringen ⑤ und in der Empfängerzelle wieder einen elektrischen Strom verursachen. ⑥ Die Synapsenverbindungen sind nicht fest, sondern können gelöst und neu geknüpft werden.

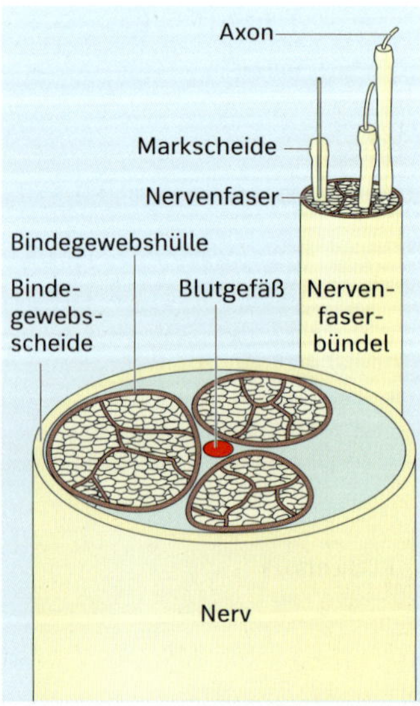


1. Bau des Nervs

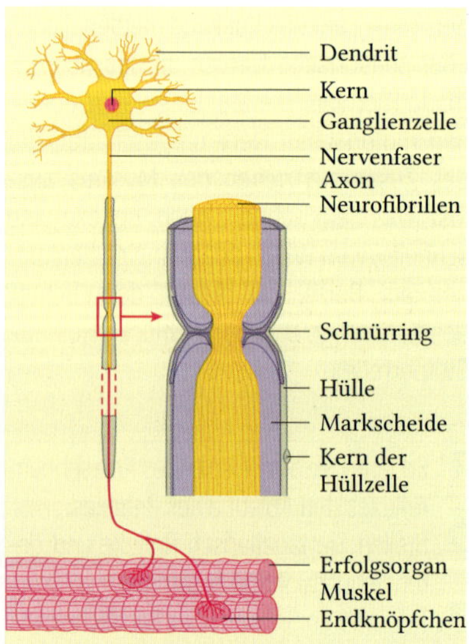


2. Nervenzelle (Schema)

### 4.2.3 Steuerung ohne den Willen

*Die meisten Vorgänge im Körper laufen zuverlässig ab, ohne dass wir sie willentlich beeinflussen können. Dazu gehören zum Beispiel die Vorgänge der Verdauung, die Regelung von Blutdruck, Herzfrequenz und Körpertemperatur. Wie funktioniert diese Regelung?*

Für die Steuerung dieser Körperfunktionen ist das **vegetative Nervensystem** zuständig. Es besteht aus zwei Teilsystemen. Der **Sympathikus** verläuft in zwei Nervensträngen neben der Wirbelsäule. Von den perlschnurartig angeordneten Nervenknoten des Sympathikus zweigen Verästelungen zu den Organen der Brust- und Bauchhöhle ab. Außerdem führen Nervenbahnen zum Rückenmark und zum Gehirn. Die Nervenstränge des **Parasympathikus** gehen direkt vom Gehirn und vom unteren Rückenmark aus und führen ebenfalls zu den Organen des Körpers.

Die beiden Systeme arbeiten bei der Steuerung der Organe gegenläufig. Man nennt sie deshalb **Antagonisten.** So regt zum Beispiel der Sympathikus die Herztätigkeit an, während der Parasympathikus sie verlangsamt. Grundsätzlich funktioniert die Arbeitsteilung so: Der Sympathikus fördert alle Organtätigkeiten, die der Körper bei hoher Leistungsabforderung benötigt. Gleichzeitig hemmt er alle Organe, deren Tätigkeit eine Höchstleitung behindern könnte. Braucht ein Sportler viel Blut für die Muskulatur, wäre es unzweckmäßig, wenn gleichzeitig Blut in die Verdauungsorgane fließen würde. Umgekehrt fördert der Parasympathikus alle körperlichen Funktionen, die der Entspannung und Regeneration dienen und hemmt energieverbrauchende Systeme.

Nur durch das Zusammenspiel von Sympathikus und Parasympathikus bleibt das innere Gleichgewicht des Organismus erhalten. Energieverbrauchende und energieliefernde Prozesse, Leistung und Regeneration, müssen sich die Waage halten. Das vegetative Nervensystem wird vom Zwischenhirn gesteuert. Von dort erhalten die Teilsysteme Sympathikus und Parasympathikus Informationen über den Bedarf der Organe.

1. Beschreiben Sie mithilfe von Abb. 1 die Abstimmung von Gehirn, Sympathikus und Parasympathikus an selbstgewählten Situationen des Körpers.
2. Informieren Sie sich über die Beeinflussung des vegetativen Nervensystems durch autogenes Training. Berichten Sie.
3. Was versteht man in der Medizin unter „Schock“? Weshalb kann er tödlich enden, z. B. bei Unfällen?

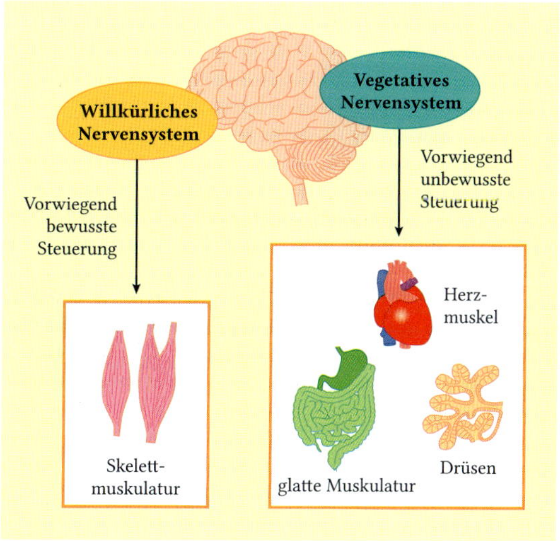


1. Wirkungsweise des vegetativen Nervensystems

### 4.2.4 Drüsen regeln die Körperfunktionen

*Heidi war mit dem Auto auf dem Weg zur Schule, als ihr ein überholender Wagen auf ihrer Spur entgegenkam. Erst in letzter Sekunde scherte der Wagen wieder ein. Heidi schimpfte. Ihr Herz klopfte schnell, Schweiß stand auf ihrer Stirn und ihr Gesicht war bleich. Was geschieht in unserem Körper in Momenten der Angst?*

Vom vegetativen Nervensystem angeregt, schüttet in solchen Stresssituationen unsere Nebenniere das **Hormon** Adrenalin ins Blut aus. In bestimmten Organen ruft es unterschiedliche Wirkungen hervor:

- Das Herz schlägt schneller und mehr Blut zirkuliert durch den Kreislauf.
- Die Atmung wird rascher, sodass mehr Sauerstoff aufgenommen wird.
- In der Leber wird Glykogen zu Traubenzucker abgebaut und gelangt über das Blut zu den Organen.

Der Körper wird durch das Hormon Adrenalin in Alarmbereitschaft gebracht. Er kann so leichter auf Gefahren reagieren, z. B. schnell weglaufen. Leider ist das im Auto nicht möglich.

Hormone sind chemische Stoffe, die von **Hormondrüsen** produziert werden und in kleinsten Mengen als Botenstoffe wirken. Obwohl sie mit dem Blut überall hingelangen, werden sie nur von bestimmten Organen aufgenommen. Hier kommt es zu einer speziellen Reaktion. So bewirken beispielsweise die Geschlechtshormone in der Pubertät die Ausprägung der männlichen bzw. weiblichen Geschlechtsmerkmale. Das Testosteron wird in den Hoden gebildet, ist für die Reifung der Spermien verantwortlich. Die Östrogene und Gestagene in den Eierstöcken steuern den weiblichen Zyklus.

Da Hormone in kleinsten Mengen wirksam sind, hat eine **Störung des Hormonsystems** schwerwiegende Folgen, wie das folgende Beispiel zeigt: Die Schilddrüse produziert das Hormon Thyroxin, welches an der Regulation verschiedener Stoffwechselprozesse beteiligt ist. Eine Unter- oder Überfunktion der Schilddrüse kann man oft an einem Kropf erkennen. Bei Überfunktion kommt es zu einem gesteigerten Grundumsatz. Betroffene können pausenlos essen und magern trotzdem ab. Bei einer Unterfunktion ist es gerade umgekehrt.

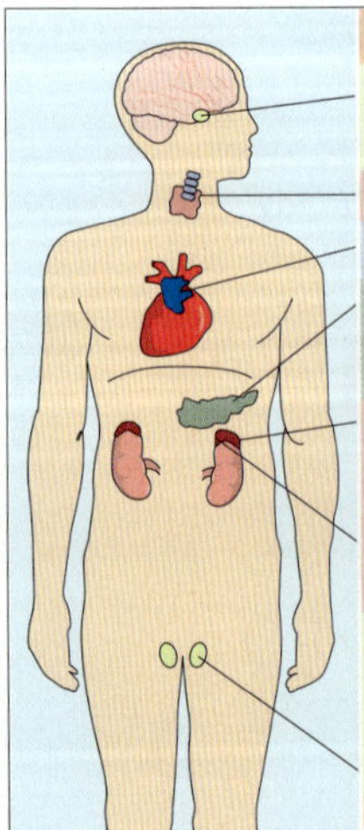

| Drüsen: | Hormone: | Wirkungen: |
|---|---|---|
| Hypophyse | Wachstumshormon | fördert Längenwachstum |
| | Gonadotropine | steuern Keimdrüsentätigkeit |
| Schilddrüse | Jodhormone | steigern Stoffwechseltätigkeit |
| Thymusdrüse | Thymosin | fördert Abwehr gegen Infektion |
| Bauchspeicheldrüse | Insulin | fördert Aufnahme von Zucker in die Muskelzellen, steigert Glykogenaufbau in der Leber |
| Nebennierenrinde | Androgene | bewirken Vermännlichung, die bei Mädchen durch Östrogene verdeckt wird |
| Nebennierenmark | Adrenalin | erhöht Herzschlag, verengt Blutgefäße, aktiviert Glykogenabbau |
| Eierstock | Östrogene<br>Gestagene | bewirken Verweiblichung<br>steuern zusammen mit Östrogenen die Vorgänge des weiblichen Zyklus |
| Hoden | Androgene | bewirken die Vermännlichung |

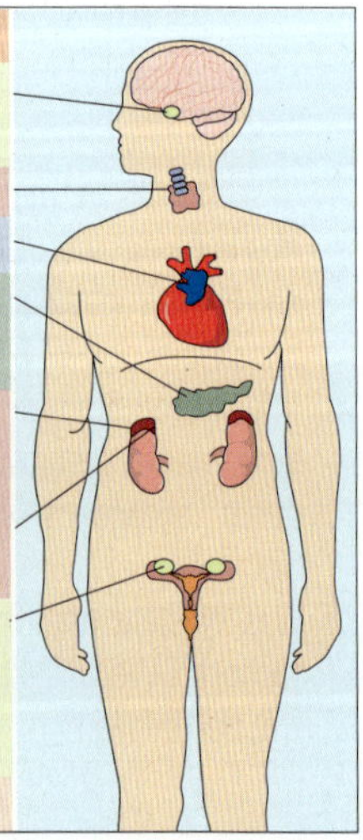

1. Hormondrüsen und Wirkungen der Hormone

### 4.2.5 Erkrankungen des Nerven- und Hormonsystems

*Erkrankungen des Nerven- und Hormonsystems sind ernst zu nehmen. Wenn diese zentralen Steuerungssysteme unseres Körpers geschädigt werden oder ausfallen, hat das schwerwiegende Folgen für unser Leben.*

Unfälle, bei denen der Schädel harte Stöße erhält, können eine **Gehirnerschütterung** zur Folge haben. Sie kann mit einer mehr oder weniger langen Bewusstlosigkeit von einer halben Stunde bis mehreren Tagen verbunden sein. Der Betroffene kann sich an die Zeit der Bewusstlosigkeit und oft auch an die Zeit unmittelbar vor dem Unfall nicht mehr erinnern. Weitere Symptome sind Kopfschmerzen, Gleichgewichtsstörungen und Erbrechen. Die wichtigste Heilungsmaßnahme ist strenge Bettruhe.

Die **Gehirnhautentzündung** kann durch Bakterien oder Viren ausgelöst werden. Die bakterielle Gehirnhautentzündung entsteht häufig durch Einwanderung von Erregern über die Nase oder das Ohr. Die Behandlung muss so schnell wie möglich einsetzen, um Spätfolgen zu vermeiden. Bei bakteriellen Infektionen helfen Antibiotika.

Eine **Querschnittslähmung** entsteht durch Unterbrechung des Rückenmarks, zum Beispiel infolge eines Verkehrsunfalls. Die Lähmungen betreffen alle Organe, die unterhalb der Durchtrennung des Rückenmarks liegen. Betroffene haben kein Gefühl in den entsprechenden Körperteilen und können diese nicht bewegen. Außerdem fallen Körperfunktionen aus, die vom vegetativen Nervensystem gesteuert werden, z. B. Blasen-, Darm- und Sexualfunktionen.

Durch eine Gehirnblutung kann ein **Schlaganfall** entstehen. Gefährdet sind vor allem Personen mit zu hohem Blutdruck. Das ausgetretene Blut drückt auf das Gehirn und führt zu Lähmungen und Sprachstörungen. Von den Lähmungen ist meist nur eine Körperseite betroffen, je nachdem, in welcher Seite des Gehirns der Schlaganfall erfolgt ist. Durch Rehabilitationsmaßnahmen und Mobilisierung können Betroffene oft wieder gehen und sprechen lernen. Dies dauert jedoch lange und erfordert viel Geduld.

**Epilepsie** ist eine Krankheit, bei der es zu plötzlich auftretenden, wiederkehrenden Krampfanfällen kommt. Es handelt sich um eine Störung des Gehirns mit unkontrollierter elektrischer Entladung von Millionen Nervenzellen. Die Behandlung erfolgt mit Medikamenten (Antiepileptika).

1. Informieren Sie sich über Reha-Maßnahmen für Schlaganfallpatienten. Berichten Sie.

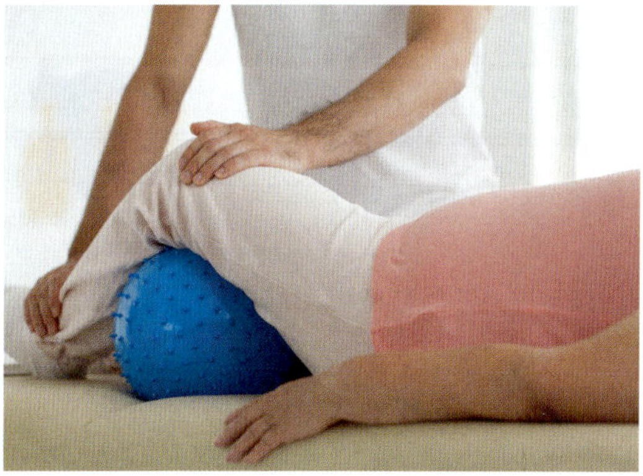

1. Schlaganfallpatient bei einer Reha-Maßnahme

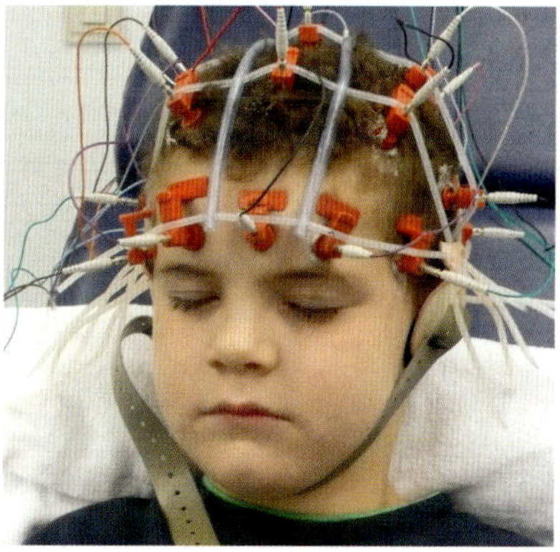

2. EEG-Messung

# Übung: Steuerung durch Nerven und Hormone

### *A1 Reflexe*

1. Kniesehnenreflex: Die Versuchsperson sitzt mit übereinandergeschlagenen Beinen auf einem Stuhl. Ein Bein hängt locker herab. Schlagen Sie mit der Handkante kurz auf die Kniesehne. Beobachten und berichten Sie.
2. Lidreflex: Die Versuchsperson steht mit dem Rücken an der Wand. Nähern Sie Ihre Handfläche schnell ihren Augen und führen Sie sie dicht am Kopf vorbei. Dabei darf die Versuchsperson nicht berührt werden. Beobachten und berichten Sie.

### *A2 Gehirn*

1. Informieren Sie sich über Krankheitsbilder und die Behandlung von Demenz, Parkinson, ADS, ADHS, Tourette-Syndrom. Berichten Sie.
2. Erkundigen Sie sich über Gehirntumore (Symptome, Diagnose, Therapie). Berichten Sie.
3. Erarbeiten Sie Verhaltensregeln für Schlaganfall-Patienten.
4. Informieren Sie sich über die Funktionsweisen beider Gehirnhälften bei Lernprozessen. Erstellen Sie Übungen für Gehirnjogging.

### *A3 Hormone*

1. Informieren Sie sich über Hormonbehandlungen von Frauen (z. B. in den Wechseljahren oder zur Behandlung von Unfruchtbarkeit). Berichten Sie.
2. Bei welchen Krankheiten werden Wachstumshormone eingesetzt? Welche Nebenwirkungen können entstehen?
3. Erläutern Sie die Gefahren, die durch den Verzehr von hormonverseuchtem Kalbfleisch bestehen.
4. Ermitteln Sie für die in der Abb. 1, S. 116 dargestellten Hormondrüsen, welche Auswirkungen jeweils Über- und Unterfunktionen haben.

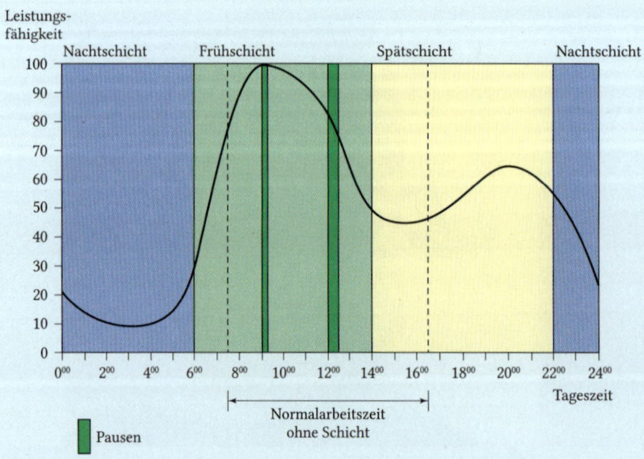


1. Veränderung der Leistungsfähigkeit innerhalb eines Tages

### *A4 Biorhythmus*

Viele Körperfunktionen verlaufen in einem 24-Stunden-Rhythmus, z. B. der Blutdruck und die Leistungsfähigkeit. Kann der Mensch nicht in diesem Biorhythmus schlafen und wachen, können gesundheitliche Probleme entstehen.

1. Erklären Sie anhand von Abb. 1, welche Folgen Schichtarbeit haben kann.
2. Informieren Sie sich im Arbeitszeitgesetz über Regelungen für Nacht- und Schichtarbeit (§ 6). Berichten Sie.

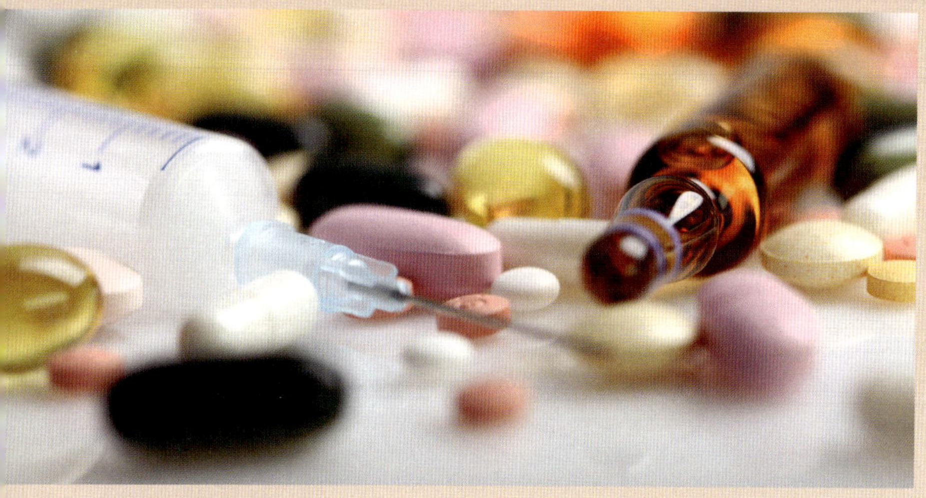

# 5 Stoffe, die süchtig machen können

*Besondere Verantwortung in der Schwangerschaft*

*Kai und Brigitte sind seit Kurzem verheiratet und haben heute erfahren, dass Brigitte schwanger ist. Brigitte hat vom Arzt eine Broschüre „Was müssen Schwangere beachten?" erhalten und sich entschlossen, sofort das Rauchen aufzugeben und keinen Alkohol mehr zu trinken, um die Gesundheit des Embryos nicht zu gefährden. Kai, der überglückliche werdende Vater, sagt, dass dies für ihn der richtige Anlass sei, auch mit dem Rauchen aufzuhören. Beide werfen spontan ihre Zigarettenpackungen in den Müll.*

1. *Erklären Sie, wie Rauchen und Alkoholkonsum der Mutter dem Embryo schaden können.*
2. *Erkundigen Sie sich nach der Alkoholembryopathie und berichten Sie darüber.*
3. *Informieren Sie sich über Entwöhnungskonzepte für Raucher. Berichten Sie darüber.*
4. *Diskutieren Sie über das Verhalten von Kai und Brigitte.*

*Kenn dein Limit*

*Informieren Sie sich im Internet über die Kampagne „Kenn dein Limit" unter www.kenn-dein-limit.de/alkohol.*

1. *Sammeln Sie Zeitungsartikel über Alkoholmissbrauch bei Kindern und Jugendlichen, z. B. „Komasaufen". Berichten Sie und diskutieren Sie die Fälle.*
2. *Machen Sie auf der oben genannten Internetseite den Selbsttest.*
3. *Halten Sie über die „Alkohol-Bodymap" ein Referat, wie sich regelmäßiger Alkoholkonsum auswirkt bei*
   *a) Männern*
   *b) Frauen.*

# 5.1 Alkohol – Volksdroge Nr. 1

*Viele Jugendliche beginnen Alkohol zu trinken, um erwachsener zu erscheinen, oder sie unterwerfen sich einem Gruppenzwang, damit sie in ihrer Clique nicht abseits stehen.*

Der Genuss alkoholischer Getränke in kleinen Mengen wirkt anregend, in größeren Mengen berauschend. Mit der Menge des Alkohols, der getrunken wird, steigt der **Blutalkoholspiegel**. Die Alkoholkonzentration wird in Promille (Gramm Alkohol pro 1 000 Gramm Körpergewicht) angegeben. Ein Mann von 75 kg Körpergewicht hat noch zwei Stunden nach dem Trinken von einem Liter Bier oder einer halben Flasche Wein einen Blutalkoholspiegel von 0,6 Promille.

1. Alkoholtest

Alkohol vermindert bereits in geringen Mengen die *Reaktionsfähigkeit* und damit die **Verkehrssicherheit** für Fahrzeuglenker. Deshalb gilt in vielen Ländern ein völliges Alkoholverbot für Kraftfahrer. In Deutschland liegt der zulässige Grenzwert bei 0,3 Promille. Für Fahranfänger in der zweijährigen Probezeit sowie für Fahrer unter 21 Jahren gilt die 0,0-Promille-Grenze. Zur Feststellung des Trunkenheitsgrades, z. B. nach Verkehrsunfällen, wird ein *Alkoholbluttest* durchgeführt. Da Alkohol in geringem Maße mit der Atemluft ausgeschieden wird, werden als Vorprobe Atemtest-Röhrchen verwendet. Wird bei einem Auto- oder Motorradfahrer ein zu hoher Blutalkoholgehalt festgestellt, macht er sich wegen Trunkenheit im Straßenverkehr strafbar.

Bei 0,3 Promille spricht man von relativer Fahruntüchtigkeit. Strafmaßnahmen erfolgen nur, wenn Ausfallerscheinungen auftreten (z. B. Schlangenlinien fahren, Unfall verursachen). Ab einer Grenze von 0,5 Promille liegt absolute Fahruntüchtigkeit vor. Hier greift ein gestaffeltes Strafsystem, welches Maßnahmen bis hin zu Freiheitsentzug zur Folge haben kann.

Während akuter Alkoholgenuss vor allem die Konzentrations- und Reaktionsfähigkeit beeinträchtigt, kann regelmäßiges Trinken zu schweren körperlichen und psychischen Störungen führen. Denn Alkohol ist ein Gift. Bei Alkoholkonsum in größeren Mengen über viele Jahre hinweg verfettet zunächst die Leber und verkleinert sich später zur **Schrumpfleber** (Leberzirrhose). Langfristig besteht ein erhöhtes Risiko, an **Leber-, Mund-, Rachen- oder Speiseröhrenkrebs** zu erkranken.

| *Blutalkoholspiegel* | *Auswirkung* |
|---|---|
| 0,2 Promille | Rededrang (Schwips), Widerstand gegen Alkohol lässt nach |
| 0,3 Promille | Oberer Grenzwert im Verkehrsrecht |
| 0,5 bis 1,0 Promille | Gestörte Konzentration, Enthemmung |
| ab 1,5 Promille | Betrunken, Verlust der Selbstkontrolle |
| ab 2,0 Promille | Sprach- und Gehstörungen |
| ab 2,5 Promille | Schwere Vergiftung, Erinnerungslosigkeit, Bewusstlosigkeit, Lebensgefahr |

Wer in der Schwangerschaft regelmäßig und in größeren Mengen Alkohol trinkt, muss mit schwerwiegenden Störungen beim Neugeborenen, der **Alkoholembryopathie**, rechnen. Die Kinder leiden unter Gehirnschäden, Herzfehlern oder Wachstumshemmungen, Entwicklungsstörungen und Missbildungen.

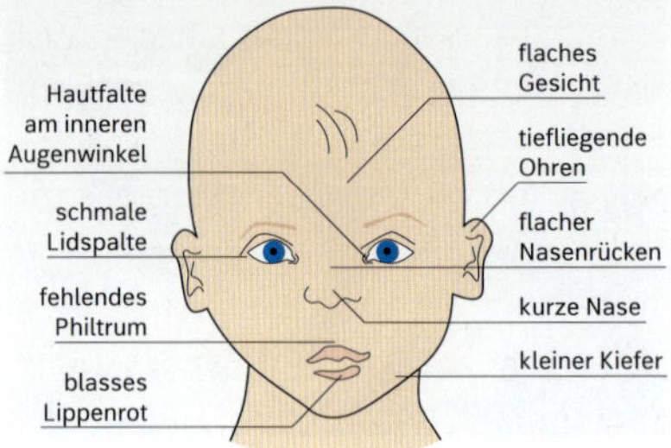


2. Durch Alkoholkonsum während der Schwangerschaft geschädigter Säugling (Alkoholembryopathie)

Die meisten Menschen trinken hin und wieder mal ein alkoholhaltiges Getränk, wenn es ihnen im Freundeskreis oder zu besonderen Anlässen angeboten wird. Anderen ist es zur Gewohnheit geworden, regelmäßig ein oder mehrere Gläser zu trinken. Es gelingt ihnen aber, ihren Alkoholverbrauch in Grenzen zu halten. Bei vielen von diesen **Gewohnheitstrinkern** kommt es allerdings nach und nach zu einer Steigerung des Alkoholkonsums, was schließlich in körperlicher Abhängigkeit und damit in der *Alkoholsucht* endet. Diese **Alkoholiker** benötigen nun ständig die Droge Alkohol, um sich wohl zu fühlen. Wenn sie nicht trinken, kommt es zu **Entzugserscheinungen**, die sich in Schweißausbrüchen, Zittern und Magenkrämpfen äußern. Eine schwere Folge des Alkoholentzugs ist das *Delirium tremens* mit Unruhe, Bewusstseinstrübung und Halluzinationen, das sogar tödlich verlaufen kann.

Die körperlichen und psychischen Veränderungen der Persönlichkeit durch Alkoholmissbrauch wirken sich natürlich auch auf das soziale Umfeld aus. Es kommt zu Fehlern am Arbeitsplatz. Probleme mit dem Partner treten auf, und vor allem leiden die Kinder mit. Wenn dann der Arbeitsplatz verloren geht und Beziehungen zerbrechen, droht der *soziale Abstieg*.

Normalerweise kann sich ein Alkoholiker nicht selbst von der Sucht befreien. Wegen der schweren körperlichen und seelischen Probleme muss er unter ärztlicher Aufsicht eine *Entziehungskur* durchführen. Völlige Abstinenz vom Alkohol ist zukünftig nötig, denn auch nach der Kur ist Alkoholikern ein kontrolliertes Trinken nicht möglich. Hilfe bei der Bewältigung ihres Lebens ohne Alkohol finden sie bei den Anonymen Alkoholikern, beim Guttemplerorden, den Blaukreuzlern und anderen Organisationen.

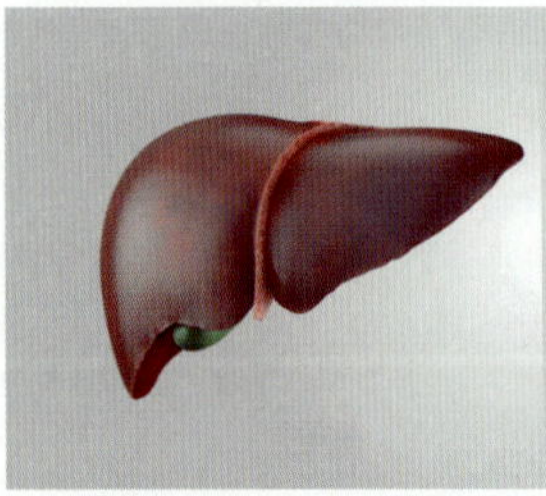

3. Gesunde Leber

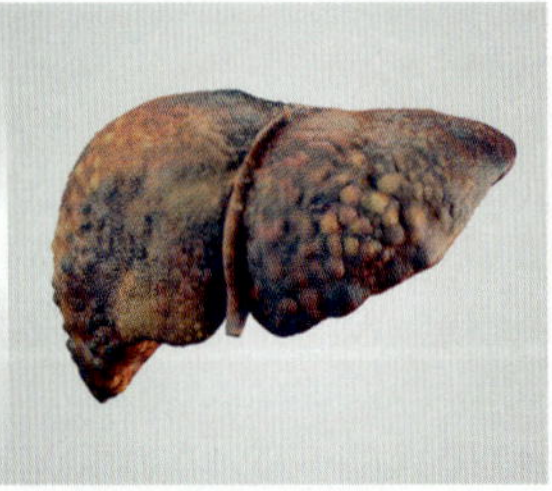

4. Leberzirrhose

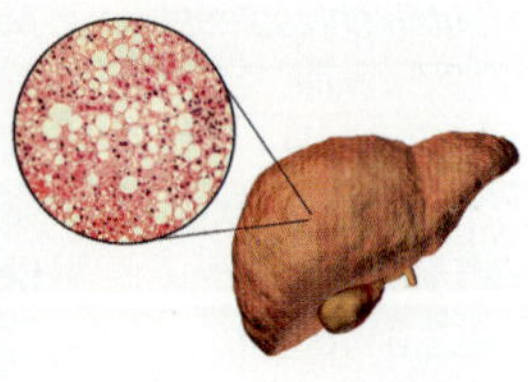

5. Fettleber

# 5.2 Durch Rauchen entstehen viele Krankheiten

*Der Hinweis, dass Rauchen die Gesundheit gefährdet, muss auf jeder Zigarettenpackung stehen. Für zwei besonders gefährliche Inhaltstoffe im Tabakrauch sind die Mengenangaben auf dem Steuerzeichen angegeben: N steht für Nikotin und K für Kondensat.*

Mit **Kondensat** (K) sind die Teerstoffe des Tabaks gemeint. Sie sind beim Rauchen gut zu erkennen, denn sie färben den Zigarettenfilter gelbbraun. Zunächst gelingt es den *Flimmerhärchen* der Atemwege noch, die inhalierten Teerstoffe wieder herauszubefördern. Später können die eingedrungenen Teerstoffe aus den Atemwegen nicht mehr vollständig entfernt werden, weil die Flimmerhärchen durch den Rauch geschädigt sind. Die **Teerstoffe** lagern sich nun zunehmend in der Lunge ab. Durch die ständige Reizung entwickeln sich chronische Entzündungen mit *Husten* und einer verringerten Atemleistung sowie *Bronchitis*. Der Tabakrauch enthält auch **Krebs erregende Bestandteile**. Sie können bei jahrelangem Tabakmissbrauch *Lungenkrebs* verursachen. Immerhin sind 85 % aller Patienten mit Lungenkrebs Raucher.

Mit (N) auf dem Steuerzeichen ist der Nikotingehalt einer Zigarette angegeben. **Nikotin** ist ein Nervengift, dessen Giftigkeit der von Blausäure entspricht. Nach der Aufnahme von Nikotin durch die Mundschleimhäute oder Lungen gelangt es ins Blut und wird so im ganzen Körper verteilt. In der Haut bewirkt es eine Verengung der kleinen Blutgefäße, die Hauttemperatur sinkt. Die nikotinbedingte Gefäßverengung belastet und schädigt besonders das Herz. **Bluthochdruck**, **Schlaganfall** und **Herzinfarkt** können die Folge sein.

Die durch das Rauchen bewirkten **Gefäßschädigungen** können sich verhängnisvoll in den Beinen auswirken. Wenn zusätzliche Ablagerungen (Arteriosklerose) die Gefäße einengen, wird das Gewebe nicht mehr ausreichend mit Sauerstoff versorgt. In den Zehen treten Kältegefühl, Schmerzen und Taubheit auf. Man spricht vom **„Raucherbein“.** Im schlimmsten Fall müssen wegen solcher Durchblutungsstörungen Teile des Fußes oder Beins amputiert werden.

Auch das im Tabakrauch enthaltene *Kohlenmonoxid* schädigt den Kreislauf.

1. Schockbild auf Zigarettenpackung

| | 12- bis 17-Jährige | | | 18- bis 25-Jährige | | |
|---|---|---|---|---|---|---|
| | **Jungen** | **Mädchen** | **Insgesamt** | **Männer** | **Frauen** | **Insgesamt** |
| 1993 | 21 % | 20 % | 20 % | 51 % | 44 % | 47 % |
| 1997 | 27 % | 29 % | 28 % | 54 % | 47 % | 51 % |
| 2001 | 27 % | 28 % | 28 % | 46 % | 42 % | 45 % |
| 2003 | 22 % | 23 % | 23 % | | | |
| 2004 | 24 % | 23 % | 23 % | 45 % | 44 % | 44 % |
| 2005 | 21 % | 19 % | 20 % | | | |
| 2007 | 18 % | 16 % | 13 % | | | |
| 2008 | 15 % | 16 % | 15 % | 42 % | 44 % | 43 % |
| 2010 | 14 % | 12 % | 13 % | 41 % | 37 % | 37 % |
| 2011 | 11 % | 12 % | 12 % | 36 % | 37 % | 37 % |
| 2012 | 12 % | 13 % | 12 % | 38 % | 33 % | 35 % |
| 2014 | 11 % | 9 % | 10 % | 34 % | 26 % | 30 % |

2. Entwicklung der Raucherquoten bei Kindern/Jugendlichen und Erwachsenen von 1993 bis 2014 (Quelle: www.rauchfrei-info.de (abgerufen 26.06.2018))

erzeugt psychische Abhängigkeit. Schon ein Millionstel Gramm, durch den Mund aufgenommen, bewirkt heftige optische und akustische Halluzinationen. Diese LSD-Welt kann kurze Zeit bunt und heiter sein, sie kann aber auch Stunden voller Angst, Schrecken und Verfolgungswahn bedeuten (Horrortrip). Immer wieder kommt es vor, dass der LSD-Konsument seine Fähigkeiten überschätzt und meint, fliegen zu können. Die Gefahr des Selbstmordes oder einer bleibenden geistigen Verwirrung ist immer gegeben.

Zunehmend an Bedeutung gewonnen haben **vollsynthetische Drogen**, die eigentlich aus der Medizin stammen. Sehr verbreitet sind **Amphetamine** (Speed), die die körperliche und geistige Leistungsfähigkeit heben und die Stimmung verbessern. Wegen ihrer leistungssteigernden Wirkung verwenden Sportler sie illegal als Dopingmittel. In einer Vielzahl von Kapseln, Pillen und Tabletten überschwemmt **Ecstasy** (XTC) den Drogenmarkt. Es vereint die stimulierenden Eigenschaften der Amphetamine mit der halluzinogenen Wirkungsweise von LSD. Der Dauerkonsum kann in schlimmen Krankheitsbildern enden, denn Ecstasy verändert die Psyche noch stärker als klassische Rauschdrogen.

Vergleicht man alle hier genannten Drogen in ihrer Wirkung miteinander, wird man feststellen, dass für das Erlebnis eines vielleicht angenehmen Rausches das Risiko eingegangen werden muss, körperlich und seelisch abhängig zu werden oder sogar zu sterben. Außerdem besteht die große Gefahr, dass der Drogensüchtige seine familiären und freundschaftlichen Bindungen mit der Zeit aufgibt. Er sucht nur noch Umgang mit Leuten, die ihm die Droge beschaffen können. Leistungen in Schule oder Beruf werden nicht mehr erbracht, weil alle Gedanken darauf gerichtet sind, Geld für die Droge zu bekommen. Weil täglich große Summen gebraucht werden, kommt es zur **Beschaffungskriminalität**: Der Drogensüchtige beschafft sich die finanziellen Mittel für seinen Drogenkonsum durch Einbrüche, Diebstähle oder durch Prostitution. Nach dem Betäubungsmittelgesetz (BtMG) ist der Besitz und der Handel mit Drogen verboten und kann mit bis zu fünf Jahren Haft bestraft werden.

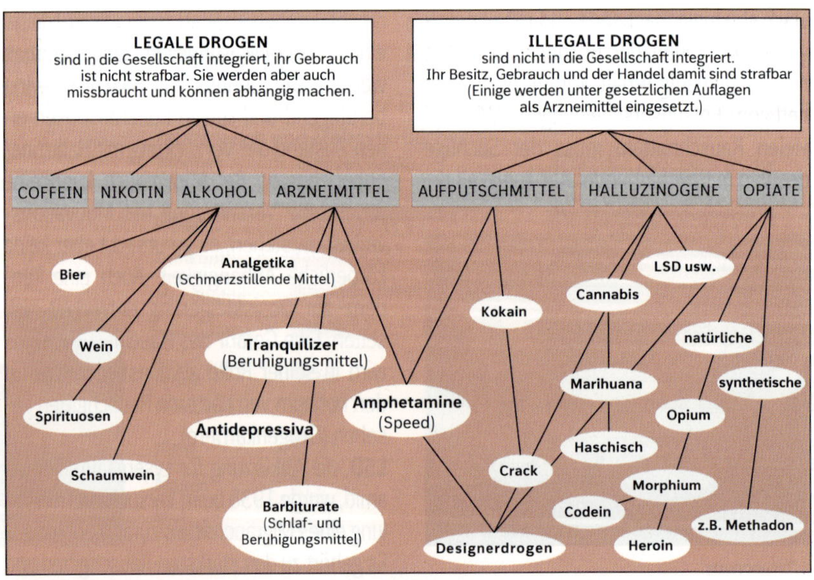


3. „Stammbaum" der legalen und illegalen Drogen

## 5.4 Medikamente können abhängig machen

Medikamente werden in der Regel vom Arzt verschrieben. Sie können helfen, Krankheiten zu heilen und Schmerzen zu lindern. Manchmal sind sie überlebenswichtig und können für einen Kranken sogar die letzte Rettung bedeuten. Doch immer mehr Menschen greifen bereits bei kleinen Unpässlichkeiten zu Arzneimitteln, weil sie sich schlapp fühlen, Kopfschmerzen haben oder es im Hals kratzt. Ungefährlich ist das nicht. In Deutschland sind etwa 1,5 Millionen Menschen medikamentenabhängig.

6 bis 8 % aller verordneten Arzneimittel besitzen ein Missbrauchs- und Abhängigkeitspotenzial. Hierzu gehören viele Schlafmittel und Beruhigungsmittel, Schmerzmittel, codeinhaltige Medikamente, z. B. Hustenblocker, sowie Abführmittel. Besonders Medikamente, die eingenommen werden, um unangenehme Stimmungslagen wie Niedergeschlagenheit, Unruhe oder Angst zu überwinden, besitzen ein hohes **Suchtpotenzial**. Mit der Einnahme solcher Medikamente verschwindet das Stimmungstief erst einmal. Verbergen sich hinter der negativen Gemütsverfassung ungelöste Konflikte, treten die Beschwerden sofort wieder auf, wenn die Wirkung des Mittels nachlässt. Die Sucht äußert sich in dem Gefühl, ohne die Arznei nicht mehr auskommen zu können.

Wenn Betroffene ihre **Medikamentenabhängigkeit** beenden wollen, müssen sie sich mit ärztlicher Hilfe einer Entgiftung unterziehen. Dabei wird der Körper schrittweise vom Gift entwöhnt, um die Entzugserscheinungen in Grenzen zu halten. Parallel zur körperlichen Entwöhnung wird häufig eine längere psychologische Behandlung notwendig, wenn persönliche oder soziale Probleme zur Tablettenabhängigkeit geführt haben.

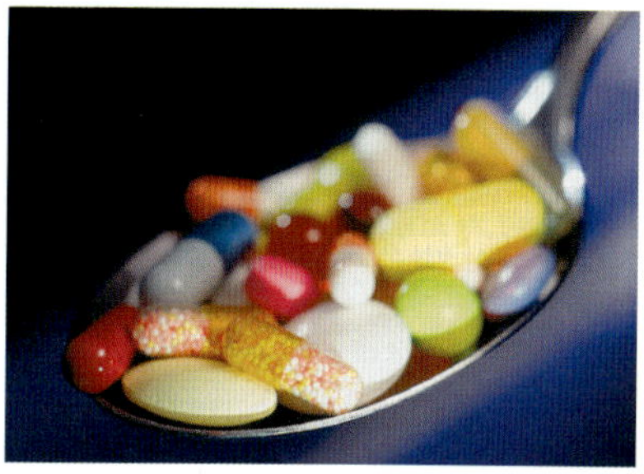

1. Medikamentencocktail

**Umgang mit Medikamenten**

- *Medikamente sind nicht unbegrenzt haltbar. Achten Sie daher auf das Verfallsdatum.*
- *Nehmen Sie keine Medikamente ein, die der Arzt einer anderen Person verschrieben hat.*
- *Lesen Sie sorgfältig die Packungsbeilage. Hier finden Sie Hinweise, wie Sie das Medikament einnehmen sollten. Außerdem informiert die Packungsbeilage über mögliche Nebenwirkungen.*
- *Nehmen Sie ein Medikament niemals über längere Zeit ohne ärztliche Kontrolle ein.*
- *Viele Medikamente schränken die Verkehrstauglichkeit ein. Zusätzliches Trinken von Alkohol kann die Medikamentenwirkung verstärken.*
- *Medikamente, die für Erwachsene verschrieben wurden, dürfen Kindern nicht gegeben werden.*
- *Medikamente sollten nicht mit Fruchtsäften, Tee oder Milch eingenommen werden, da dadurch möglicherweise die Wirkung eingeschränkt wird.*

## 5.5 Von der Gewohnheit zur Sucht

*„Aufhören ist nicht schwer, ich habe das schon hunderte Male gemacht", soll der amerikanische Dichter Marc Twain einmal gesagt haben. Damit beschreibt er die allgemeine Erfahrung, dass der bloße Wille allein meist nicht genügt, um von einer langjährigen Gewohnheit wie Rauchen oder einer Alkoholsucht endgültig loszukommen.*

Bei Abhängigkeit oder Sucht handelt es sich um keinen plötzlich eingetretenen Zustand, sondern um einen Prozess, der sich schleichend im Alltag entwickelt. Am Beginn einer Suchtkarriere steht zunächst einmal der positiv erlebte Genuss eines Mittels mit Suchtpotenzial. Wird dieser Genuss zur ständigen **Gewohnheit**, spricht man von Missbrauch. Aus dieser Gewohnheit ist eine Sucht entstanden, wenn der Abhängige sein Verhalten nicht mehr kontrollieren kann; es dreht sich fast alles nur noch um das jeweilige Suchtmittel.

Die Weltgesundheitsorganisation WHO hat das Phänomen Sucht folgendermaßen beschrieben:

**Sucht** ist ein Zustand periodischer oder chronischer Vergiftung, hervorgerufen durch den wiederholten Gebrauch einer natürlichen oder synthetischen Droge und gekennzeichnet durch vier Kriterien:

1. Ein unbezwingbares <u>Verlangen</u> zur Einnahme und Beschaffung des Mittels.
2. Eine Tendenz zur <u>Dosissteigerung</u> (Toleranzerhöhung).
3. Die psychische und meist auch physische <u>Abhängigkeit</u> von der Wirkung der Droge.
4. Die <u>Schädlichkeit</u> für den Einzelnen und/oder die Gesellschaft.

Unterschieden wird zwischen körperlicher (physischer) und psychischer Abhängigkeit. Bei der **körperlichen Abhängigkeit** ist die Substanz in den Stoffwechsel des Körpers übergegangen. Wenn dann diese Substanz nicht mehr verfügbar ist, reagiert der Körper mit leichteren oder schwereren Entzugserscheinungen wie Schwitzen, Zittern, Herzrasen, Fieber und Erbrechen. Von **psychischer Abhängigkeit** spricht man, wenn das Verlangen nach einem bestimmten Stoff sehr stark und vom Betroffenen nicht mehr steuerbar ist. Wird der Stoff abgesetzt, treten Unlustgefühle und Depressionen auf. Schwerste **Entzugserscheinungen** sind Krampfanfälle, Wahnvorstellungen und Delirien mit schweren Bewusstseinsstörungen.

Wer von der Sucht loskommen will, muss sich für den Entzug und die **Entgiftung** entscheiden. Dazu sollte er sich zunächst an einen Arzt, das Gesundheitsamt, seine Krankenkasse oder an eine **Suchtberatungsstelle** wenden. Dort kennt man die verschiedenen Unterstützungsangebote bei Entzug und Entwöhnung und kann weiterhelfen. Die Rückfallquote ist allerdings hoch.

# Übung: Stoffe, die süchtig machen können

*A1 Alkohol*

a) Informieren Sie sich in statistischen Jahrbüchern über den Alkoholverbrauch in Deutschland. Berichten Sie.
b) Alkoholische Getränke enthalten unterschiedlich viel Alkohol. Erkundigen Sie sich über den Alkoholgehalt von Bier, Wein, Sekt, Branntwein usw. Errechnen Sie, wie viel Gramm Alkohol ein Glas des entsprechendes Getränks (auch von Mixgetränken) enthält.
c) Sammeln Sie Zeitungsberichte über Alkoholmissbrauch bei Jugendlichen (z. B. Flatrate-Saufen). Berichten Sie.

*A2 Rauchen*

a) Saugen Sie mithilfe einer Pumpe den Tabakrauch einer Zigarette durch ein Glasröhrchen mit Watte. Was beobachten Sie dabei?
b) Informieren Sie sich über Raucherkrankheiten wie Raucherbein, Lungenkrebs usw. Berichten Sie.
c) Informieren Sie sich über die Gefahren des Passivrauchens. Berichten Sie.
d) Sammeln Sie Zeitungsberichte über das Rauchverbot in Gaststätten. Stellen Sie die Für- und Wider-Argumente zusammen. Berichten Sie.

*A3 Drogen*

a) Informieren Sie sich in statistischen Jahrbüchern über die Entwicklung von Drogenabhängigen und Drogentoten in Deutschland.
b) Informieren Sie sich bei Ärzten, Drogenberatungsstellen, Krankenkassen über Therapiekonzepte für Drogenabhängige. Berichten Sie.
c) Beschreiben Sie anhand von Büchern (z. B. „Wir Kinder vom Bahnhof Zoo“) den Alltag eines Drogenabhängigen.

*A4 Medikamente*

Erläutern Sie, warum man Medikamente nach Möglichkeit nur auf ärztliche Verordnung und unter Kontrolle einnehmen sollte.

*A5 Entzug*

a) Informieren Sie sich über Entzugserscheinungen bei Alkohol- und Drogenabhängigkeit. Berichten Sie.
b) Erklären Sie den Weg von der Gewohnheit zur Sucht.
c) Informieren Sie sich in Personalabteilungen großer Firmen und bei Krankenkassen über Programme zur Therapie alkoholabhängiger und drogenabhängiger Mitarbeiter. Berichten Sie.
d) Erstellen Sie ein Prophylaxe-Programm, wie man Kinder und Jugendliche vor dem Missbrauch von Drogen schützen kann.

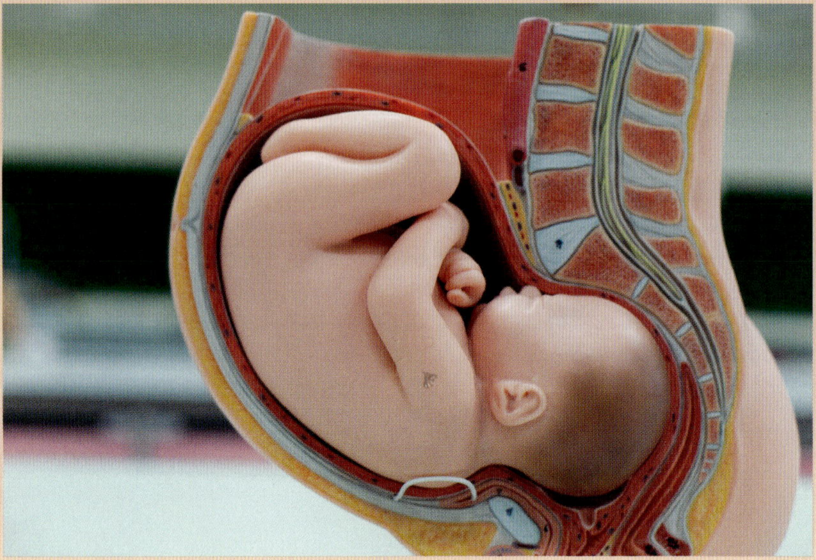

# 6 Fortpflanzung und Entwicklung des Menschen

## 6.1 Vom Kind zum Erwachsenen

*Sexueller Missbrauch von Kindern und Jugendlichen*

*Fälle von sexuellem Missbrauch gegenüber Kindern und Jugendlichen schockieren immer wieder die Öffentlichkeit vor allem, wenn sie in Schulen und Kindergärten vorkommen. Stark zugenommen haben sexuelle Übergriffe im Internet. Netzwerke und Chatrooms machen es den Tätern sexueller Gewalt leicht, mit ihren Opfern anonym in Kontakt zu treten.*
*Im strafrechtlichen Sinne (§§ 174 ff. des Strafgesetzbuchs – StGB) werden unter sexuellem Missbrauch Handlungen verstanden, die die „sexuelle Selbstbestimmung" eines Menschen verletzen.*
*Wer beruflich mit Kindern und Jugendlichen zu tun hat, muss sich mit dem Thema „Missbrauch" auseinandersetzen. Informieren Sie sich im Internet (z. B. www.beauftragter-missbrauch.de, www.missbrauch-opfer.de, www.gegen-missbrauch.de, www.polizei-beratung.de, www.forum.sexualaufklaerung.de) und berichten Sie.*

1. *Wie hoch sind die Fallzahlen in Deutschland? Wie werden die Dunkelziffern eingeschätzt?*
2. *Woher kommen die Täter?*
3. *Wer sind die Opfer?*
4. *Wie kann man Kinder und Jugendliche schützen?*
5. *Wie soll man im Verdachtsfall vorgehen?*
6. *Sammeln Sie Presseberichte über Missbrauchsfälle und diskutieren Sie darüber.*

*Sexualität im Alter*

*Sexualität im Alter ist nach wie vor ein Tabu-Thema. Viele junge Menschen gehen davon aus, dass ein aktives Sexualleben im Alter nicht mehr stattfindet. Mitarbeiter/-innen von Pflegeeinrichtungen erfahren aber oft, dass die Pflegebedürftigen durchaus sexuell aktiv sind.*

1. *Informieren Sie sich im Internet oder in Altenpflegeeinrichtungen über Sexualität im Alter.*
2. *Informieren Sie sich im Internet oder in Altenpflegeeinrichtungen über Empfehlungen für Pflegepersonal zum Umgang mit der Sexualität der zu Pflegenden. Diskutieren Sie darüber.*
3. *Schauen Sie sich den preisgekrönten Film „Wolke 9" an und diskutieren Sie darüber.*

*Sexualität von Menschen mit Behinderung*

*Auch die Sexualität von Menschen mit Behinderung ist nach wie vor ein Tabu-Thema.*

1. *Informieren Sie sich im Internet oder in Behinderteneinrichtungen über Sexualität von Menschen mit Behinderung.*
2. *Informieren Sie sich im Internet oder in Behinderteneinrichtungen über Empfehlungen zum Umgang mit Sexualität von Menschen mit Behinderung, z. B. körperliche und geistige Behinderung, Sexualaufklärung, Partnerschaft, Kinderwunsch. Diskutieren Sie darüber.*

### 6.1.1 Geschlechtsmerkmale von Mann und Frau

Welche Merkmale kennzeichnen das weibliche und welche das männliche Geschlecht?

An den äußeren **Geschlechtsorganen** lassen sich die Geschlechter bereits bei Neugeborenen unterscheiden: Der Junge ist durch einen Penis und einen Hodensack mit zwei Hoden gekennzeichnet, beim Mädchen sind Schamlippen und Schamspalte zu erkennen. Die Geschlechtsorgane sind die **primären Geschlechtsmerkmale**. Zu ihnen gehören auch Organe, die im Körperinneren liegen. Beim Jungen sind es die Nebenhoden, die Samenleiter, die Bläschendrüsen und die Vorsteherdrüse. Während beim Mädchen der Eingang der Scheide, der Kitzler und die kleinen Schamlippen auch äußerlich erkennbar sind, liegen die beiden Eierstöcke, die Eileiter, die Gebärmutter und die Scheide im Inneren des Körpers.

Im fortpflanzungsfähigen Alter sind die Geschlechtsorgane größer ausgebildet. Dies ist jedoch nicht die einzige Veränderung, die den erwachsenen Körper vom kindlichen unterscheidet. Unter dem Einfluss der Hormone, die in den Hoden und den Eierstöcken gebildet werden, haben sich die **sekundären Geschlechtsmerkmale** entwickelt.

Ein auffallendes Merkmal ist die Behaarung der Schamgegend und der Achselhöhlen. Beim Mann kommen im Allgemeinen Bartwuchs und Brustbehaarung hinzu. Frauen haben meist weiche und rundlichere Körperformen im Gegensatz zu kantigen bei Männern. Dieser Unterschied ist auf größere Fettpolster in der Unterhaut der Frau zurückzuführen. Bei der Frau sind auch die Brüste viel rundlicher, da sich in ihnen die Milchdrüsen befinden. Männer haben häufig breite Schultern und schmale Becken, Frauen hingegen breitere Becken und schmale Schultern. Das breitere Becken der Frau begünstigt einen ungehinderten Durchtritt des Kindes bei der Geburt.

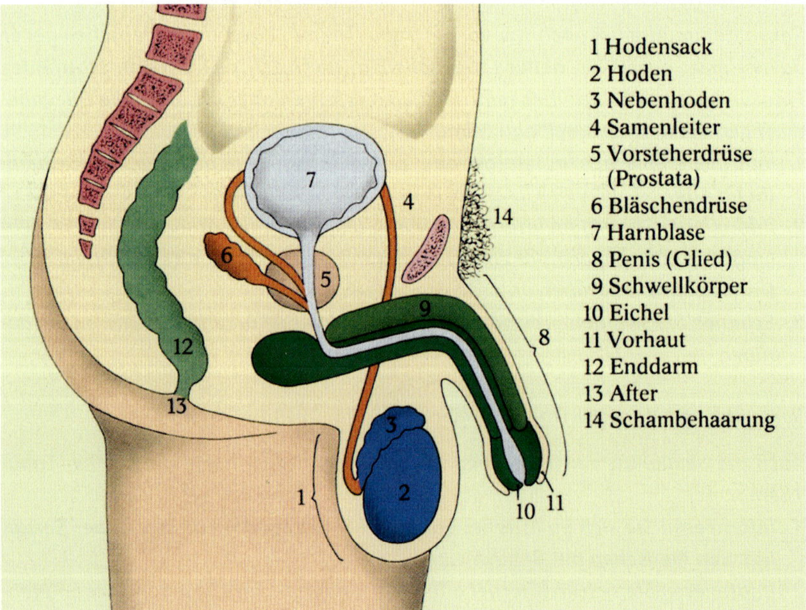


1. Männliche Geschlechtsorgane

Ein weiteres Unterscheidungsmerkmal ist die Muskulatur. Männer verfügen über kräftigere Muskeln als Frauen, sie sind dadurch körperlich leistungsfähiger. In der Regel ist auch der Kehlkopf bei Männern stärker entwickelt als bei Frauen, was eine tiefe Stimmlage gegenüber einer hohen bei der Frau zur Folge hat.
Die sekundären Geschlechtsmerkmale haben auch werbende Wirkung bei der Partnersuche und der Partnerwahl. Deshalb werden diese Merkmale z. B. durch Kleidung besonders betont. Frauen unterstreichen die Wirkung eines „breiten Beckens" durch das Tragen von Röcken und Hosen mit enger Taille. Männer tragen zum Beispiel Jacken, die „breite Schultern", und Hosen, die „schmale Becken" hervorheben.

Solche zusätzlichen Unterscheidungsmerkmale bezeichnet man als **tertiäre Geschlechtsmerkmale**. Sie sind jedoch stark abhängig von dem, was gerade Mode ist, also von der Erwartung der jeweiligen Gesellschaft an die Rolle von Mann und Frau.

1. Erstellen Sie eine Tabelle mit den primären und sekundären Geschlechtsmerkmalen bei Mann und Frau. Berichten Sie.
2. Erstellen Sie eine Collage aus aktuellen Modefotos, an denen die tertiären Geschlechtsmerkmale sichtbar werden.
3. Erklären Sie die Begriffe „Hermaphrodit" und „Transsexualität".

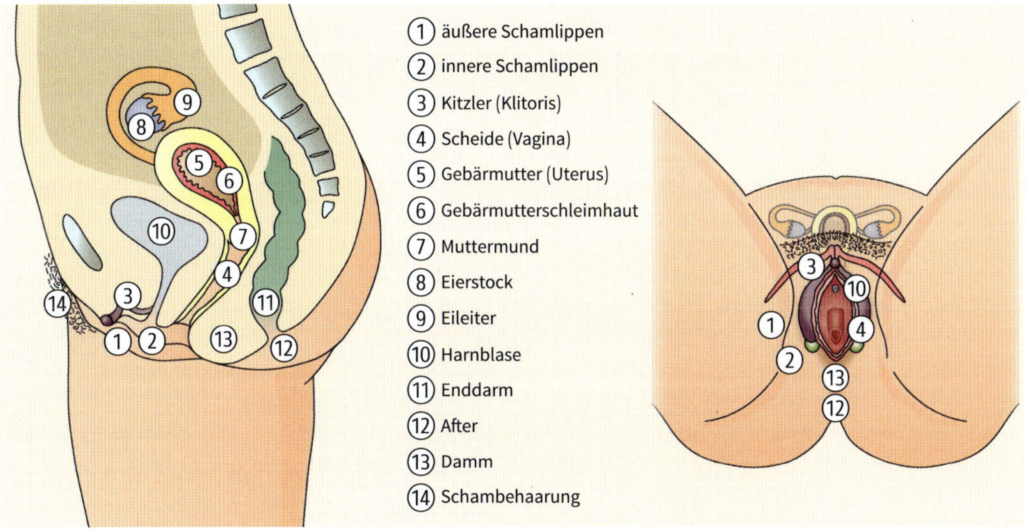


2. Weibliche Geschlechtsorgane

### 6.1.2 Veränderungen in der Pubertät

Mit der Tätigkeit der Keimdrüsen – der Hoden beim Jungen und der Eierstöcke beim Mädchen – beginnt die Pubertät. Damit verbunden erleben Mädchen und Jungen etwa zwischen dem zehnten und 18. Lebensjahr einen deutlichen Wandel ihres Körpers und ihres Gefühlslebens. Gesteuert von der Hirnanhangdrüse oder Hypophyse werden bei Jungen und Mädchen **Geschlechtshormone** gebildet. Das typisch männliche Geschlechtshormon heißt Testosteron; die wesentlichen weiblichen Geschlechtshormone sind Östrogen und Progesteron. Unter dem Einfluss dieser Hormone formen sich die Körpermerkmale von Mann und Frau.

Beim Jungen vergrößern sich die Geschlechtsorgane. Die Körperbehaarung tritt auf. In den Hoden werden zunehmend reife **Spermazellen** produziert. Damit ist der Junge zeugungsfähig. Durch die Vergrößerung des Kehlkopfs tritt der Stimmbruch ein. Die Stimme von Jungen klingt danach tiefer.

Beim Mädchen entwickeln sich etwa vom elften Lebensjahr an die **Brüste.** Gleichzeitig verstärkt sich die Körperbehaarung: Achsel- und Schamhaare beginnen zu wachsen. Sobald die **erste Regelblutung** auftritt, kann das Mädchen schwanger werden.

Mit dem 20. Lebensjahr sind in der Regel die körperlichen Wachstumsvorgänge endgültig abgeschlossen. Die Fähigkeit, Kinder zu zeugen, ist aber durchschnittlich schon mit zwölf bis 16 Jahren vorhanden. Mädchen sind mit dem Abschluss der Pubertät den Jungen um ein bis zwei Jahre voraus.

In der Pubertät als Übergangsphase der Entwicklung vom Kind zum Erwachsenen treten auch erhebliche **seelische Reifungsprobleme** auf. Unter dem Einfluss der hormonalen Veränderungen und der Mobilisierung der sexuellen Triebe kommt es bei den Jugendlichen zu Stimmungsschwankungen wie Minderwertigkeitsgefühl und Selbstüberschätzung, Isolierungstendenzen und Gruppenbildung. Erste „zarte Bande" werden geknüpft. Das zunehmende Verlangen nach Selbstständigkeit führt häufig zu Konflikten mit den Eltern. Aber auch kritisches Denken und verantwortungsbewusstes Handeln reifen in der Pubertät.

---

**1.** Erklären Sie die körperlichen und seelischen Veränderungen während der Pubertät.

**2.** Die Pubertät setzt immer früher ein. Erkundigen Sie sich nach Gründen dafür und erläutern Sie damit verbundene Probleme.

---

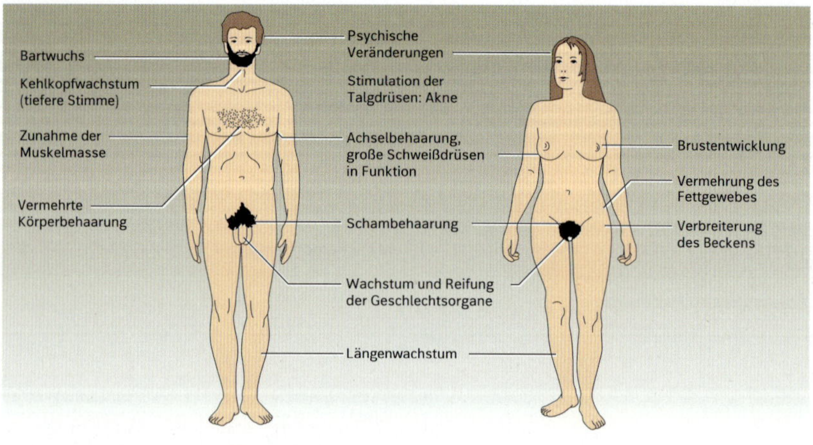


1. Körperliche Veränderungen während der Reifezeit bei Jungen und Mädchen

### 6.1.3 Regelblutung – immer regelmäßig?

Normalerweise wiederholen sich im weiblichen Körper ganz bestimmte Vorgänge in regelmäßigen Abständen. Der weibliche Zyklus beginnt am ersten Tag mit der Regelblutung, der **Menstruation,** die etwa drei bis fünf Tage dauert. Die dabei verlorene Blutmenge übersteigt 100–200 ml nicht. Angeregt durch Hormone der Hypophyse beginnt nun im Eierstock die Eireifung. In den Eibläschen des Eierstocks bilden sich **Östrogene.** Sie beeinflussen den Wiederaufbau der **Gebärmutterschleimhaut,** bis sie für die Aufnahme einer befruchteten Eizelle vorbereitet ist.

Um den 13. Tag herum wird der **Eisprung** ausgelöst. Nun geht die Östrogenbildung zurück und ein neues Hormon wird freigesetzt. Das leere Eibläschen hat sich zum Gelbkörper umgewandelt und produziert das Gelbkörperhormon oder **Progesteron.** Auch Progesteron beeinflusst die Gebärmutterschleimhaut. Sie wird stärker durchblutet und Glykogen wird eingelagert. Wenn sich ein befruchtetes Ei in der Schleimhaut einnistet, kann der Embryo dort in den ersten beiden Wochen ernährt werden.

Ist das Ei nach dem Eisprung nicht befruchtet worden, stirbt der Gelbkörper ab. Die Schleimhaut wird weniger durchblutet, durch den Sauerstoffmangel aufgelöst und um den 28. Tag des Zyklus abgestoßen: Die Regelblutung setzt ein.

Die Regelblutung verläuft oft nicht beschwerdefrei. Unterleibsschmerzen wegen der Zusammenziehungen der Gebärmutter (Kontraktionen), Kreuzschmerzen, Kopfschmerzen und Unwohlsein können auftreten. Bei starken Beschwerden sollte ein Arzt aufgesucht werden.

Während der Schwangerschaft bleibt die Regelblutung aus. Nicht jedes Ausbleiben der Menstruation bedeutet eine Schwangerschaft. Aufregung, Klimawechsel, Genussmittel, Krankheiten und Magersucht können das Hormonsystem stören und zu Unregelmäßigkeiten führen.

**1.** Erklären Sie die sich regelmäßig wiederholenden Vorgänge des weiblichen Zyklus im Hinblick auf die Gebärmutterschleimhaut und die Entwicklung des Eis.

**2.** Informieren Sie sich über den Begriff prämenstruales Syndrom (PMS) und berichten Sie.

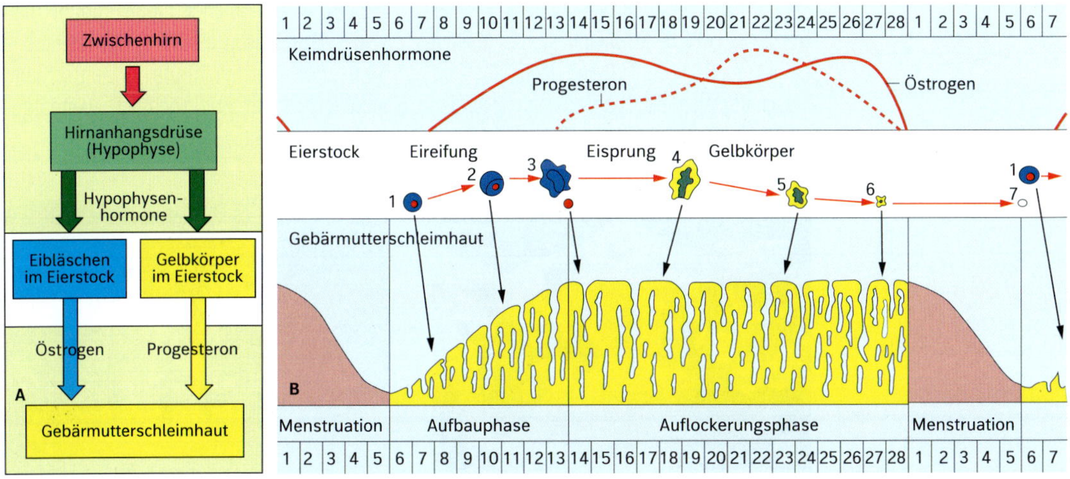


1. Weiblicher Zyklus: A Hormonwirkungen B Normaler Menstruationszyklus

### 6.1.4 Liebe, Partnerschaft und Sexualität

*„Sie sind nun kraft Gesetzes rechtmäßig verbundene Eheleute." Diese Feststellung trifft der Standesbeamte, nachdem sich zuvor Frank und Ulrike das Ja-Wort gegeben haben. Wie ist es zu dieser Eheschließung gekommen?*

Als die beiden sich auf einer Party kennenlernten, waren sie sich gleich sympathisch. Es entwickelte sich eine **Freundschaft**. Bei Unternehmungen stellten sie fest, dass sie viele Gemeinsamkeiten haben. Je häufiger sie zusammen waren, desto stärker wurde das Gefühl ihrer Zuneigung, ihre **Liebe**. Es traten aber auch Zweifel auf, ob sie einander nicht enttäuschen würden. Jeder bemühte sich jedoch, den anderen besser kennenzulernen und seine Wünsche und Gefühle zu respektieren. Dies erreichten sie vor allem durch offenes Miteinanderreden. Bei Meinungsverschiedenheiten versuchen sie, Kompromisse zu schließen und eigene Wünsche gegebenenfalls zurückzustellen. So lernen sie, sich als Partner zu empfinden und zu behandeln. Ihre *Partnerschaft* wurde zu einer dauerhaften Bindung. Schließlich beschlossen sie, gemeinsam eine *Familie* zu gründen und Kinder zu bekommen.

Bei der Partnerwahl spielen zu Beginn sicherlich die körperliche Erscheinung und Attraktivität eine große Rolle. Für eine dauerhafte Partnerschaft stehen die Chancen dann besonders günstig, wenn Lebensstil und Lebensziele weitgehend übereinstimmen und die Auffassung in tiefen Überzeugungen sich gleichen.

Über lange Zeit wurde **Sexualität** weitgehend mit Fortpflanzung gleichgesetzt. Heute geht die Auffassung von Sexualität über diesen rein biologischen Aspekt hinaus. Der Geschlechtsakt verhilft dem Menschen auch zur Erfüllung grundlegender sozialer und seelischer Bedürfnisse wie Nähe und Vertrautheit, Zärtlichkeit und Leidenschaft.

Der körperlichen Vereinigung geht oft ein zärtliches Liebesspiel voraus, in dem die Partner sich umarmen, küssen und streicheln. Bei sexueller Erregung wünschen sich Mann und Frau die körperliche Vereinigung, den **Koitus**. Es kommt zur Erektion, d. h., die Penisschwellkörper beim Mann haben sich gefüllt, der Penis hat sich vergrößert und aufgerichtet. Während der Erregungsphase der Frau wird die Scheide durch ein schleimiges Sekret angefeuchtet, sodass der erigierte Penis leichter eindringen kann. Während der Vereinigung erreicht das Paar den sexuellen Höhepunkt, den **Orgasmus**. Dieser wird als intensiver körperlicher Genuss empfunden.

Nicht immer bevorzugen Menschen als Sexual- oder Lebenspartner Personen des anderen Geschlechts, d. h., Männer lieben Männer oder Frauen lieben Frauen. Bei gleichgeschlechtlicher Liebe spricht man von **Homosexualität**. Homosexuelle Menschen werden heute in Deutschland gesellschaftlich und rechtlich weitestgehend anerkannt.

1. Hochzeit

2. Familie

# 6.2 Befruchtung, Keimesentwicklung und Geburt

*Gerd und Lisa wünschen sich sehnlich ein Baby. Aber bisher ist ihr Wunsch noch nicht in Erfüllung gegangen. Der Arzt, den sie aufsuchen, macht ihnen Mut: „Wenn ein Kinderwunsch besteht, vergehen bei regelmäßigem Geschlechtsverkehr durchschnittlich vier Monate, bevor eine Schwangerschaft eintritt. Denn weniger als die Hälfte aller befruchteten Eizellen schaffen es überhaupt, sich in der Gebärmutterschleimhaut erfolgreich einzunisten. Das kann an einer Fehlentwicklung der Schleimhaut liegen oder genetische Defekte der befruchteten Eizelle führen zum Absterben."*

1. *Errechnen Sie anhand des Menstruationszyklus (Kapitel 6.1.3) den optimalen Befruchtungszeitpunkt unter der Annahme folgender medizinischer Erkenntnisse: Eine Eizelle ist für ca. zwölf Stunden nach dem Eisprung befruchtbar. Eine Spermazelle kann im weiblichen Körper bis zu 40 Stunden befruchtungsfähig bleiben.*
2. *Informieren Sie sich über Gründe für Unfruchtbarkeit (Sterilität) bei Mann und Frau. Berichten Sie.*
3. *Welche Möglichkeiten der künstlichen Befruchtung gibt es beim Menschen? Berichten Sie über die Verfahren und die Risiken.*
4. *Informieren Sie sich über das Thema Adoption. Berichten Sie.*

### 6.2.1 Geschlechtszellen – wie werden sie gebildet?

Als Vorbedingung für die Fähigkeit, Nachkommen zu zeugen, müssen funktionsfähige Geschlechtszellen vorhanden sein. Sie werden in besonderen Organen gebildet. Die größeren weiblichen Geschlechtszellen, die **Eizellen,** reifen in den **Eierstöcken** heran, die männlichen kleineren und beweglichen **Spermazellen** entstehen in den **Hoden**. In den Geschlechtszellen sind die Erbanlagen enthalten, die beide Elternteile an ihre Nachkommen weitergeben.

Eine menschliche Körperzelle besitzt 46 **Chromosomen**. Je zwei der 46 Chromosomen haben die gleiche Gestalt; der Mensch besitzt also 23 Chromosomenpaare. Damit es bei der Verschmelzung der Eizelle mit der Samenzelle wiederum zu 46 Chromosomen kommt, verfügen die männlichen und weiblichen Geschlechtszellen nur über den halben Chromosomensatz.

Welche Vorgänge laufen ab, damit aus dem *doppelten Chromosomensatz* der Ureizellen und Ursamenzellen der *einfache Chromosomensatz* der Eizelle bzw. Spermazelle wird? Eizellen und Spermazellen entstehen bei der **Reifeteilung** oder **Meiose**. In einer Hodenzelle (s. Abb. 1, S. 139) liegen die Chromosomen zuerst als feine Fäden im Zellkern vor (1). Werden Spermazellen gebildet, verdi-

**Künstliche Befruchtung**

*„Ist Ihr Wunsch nach einem eigenen Kind bisher nicht in Erfüllung gegangen? Dann melden Sie sich zu unserer nächsten Informationsveranstaltung an!" So lautet die Begrüßung auf der Website eines deutschen Kinderwunschzentrums.*
*Die am weitesten verbreitete Methode der künstlichen Befruchtung ist die donogene Insemination. Dabei wird der Spendersamen während der fruchtbaren Tage in die Gebärmutter der Frau eingeführt. Man spricht von homologer Insemination, wenn es sich um Samen des eigenen Partners handelt und von heterologer Insemination, wenn es sich um fremden Samen eines meist anonymen Spenders aus einer Samenbank handelt. Die donogene Insemination wird häufig durch eine hormonelle Stimulation der Eierstöcke unterstützt, was in 20 % der Fälle zu Mehrlingsgeburten führt.*
*Bei der In-Vitro-Fertilisation (IVF) erfolgt die Befruchtung, d. h., die Verschmelzung von Ei- und Samenzelle, im Reagenzglas. Innerhalb von 72 Stunden werden daraus entstandene Embryonen mit einem dünnen Schlauch in die Gebärmutter übertragen. Man spricht von Embryonentransfer (ET). Nach gegenwärtigem Recht dürfen nicht mehr als drei Embryonen gleichzeitig übertragen werden, um Mehrlingsschwangerschaften möglichst zu vermeiden. Der Handel mit den überschüssigen Embryonen ist in Deutschland verboten. Das erste Kind, welches durch künstliche Befruchtung im Reagenzglas zur Welt kam, war 1978 Louise Brown.*
*Eine besondere Form der künstlichen Befruchtung ist die Intrazytoplasmatische Spermieninjektion (ICSI). Sie wird angewendet, wenn vorangegangene Versuche der In-Vitro-Fertilisation erfolglos geblieben sind. Eine Spermazelle des Mannes wird dabei direkt mit einer Kanüle in das Zytoplasma der Eizelle gespritzt. Sollten keine Spermien im Ejakulat des Mannes sein, kann man durch chirurgische Eingriffe auch Zellen aus dem Hoden- oder Nebenhodengewebe nutzen.*
*Eizellen, die im Reagenzglas befruchtet wurden, dürfen in Deutschland unter bestimmten Voraussetzungen auf Gendefekte untersucht und aussortiert werden. Bei dieser Präimplantationsdiagnostik (PID) wird Erbgut aus Zellen eines mehrere Tage alten Embryos (Blastomerenstadium), welcher durch künstliche Befruchtung außerhalb des Mutterleibes entstanden ist, auf mögliche Fehlbildungen und Erbschäden hin untersucht. Weiteres Aussortieren, zum Beispiel nach Geschlecht oder Augenfarbe, ist strafbar. Befürworter dieser Methode heben hervor, dass dadurch Schwangerschaftsabbrüche vermieden werden können. Kritiker warnen, damit könnten „Designerbabys" entstehen.*

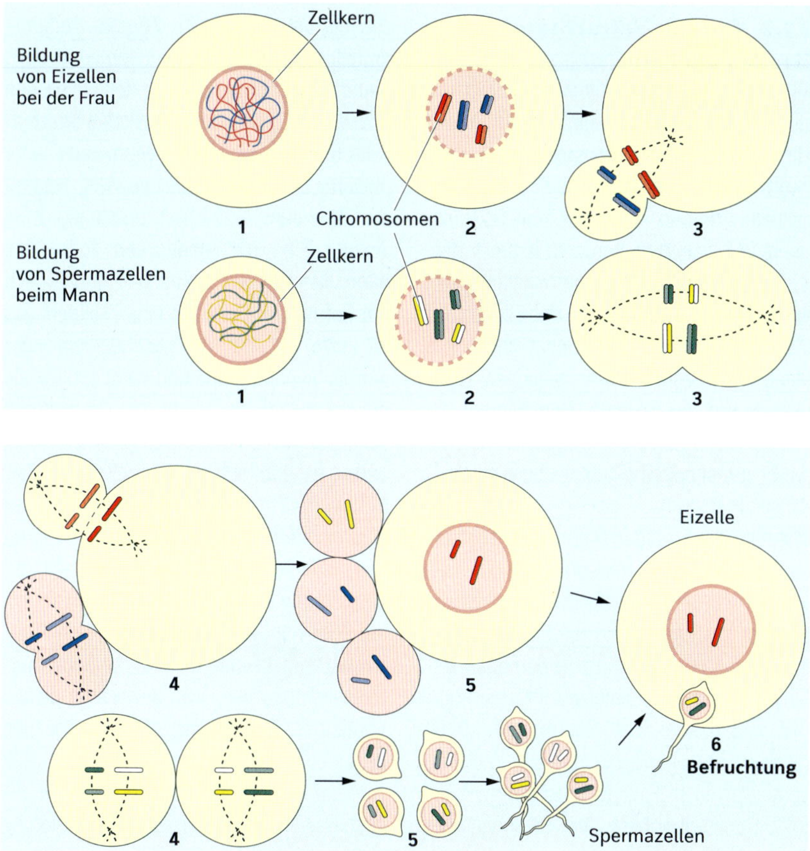


1. Bildung der Geschlechtszellen und Befruchtung

cken und verkürzen sie sich wie bei einer normalen Zellteilung (2). Jedes Chromosom besteht ebenfalls bereits aus zwei eng zusammenhängenden *Chromatiden*. Alle Chromosomen ordnen sich auch hier zu einer Platte inmitten des Zellkerns an.

Sie liegen dort so, dass Chromosomen mit gleicher Form als Paare zusammenliegen. Fasern von den Zellpolen heften sich nun an die Chromosomen an und transportieren je ein Chromosom eines Paares zu den Polen (3). Jedes Chromosomenpaar wird also getrennt, sodass die neu gebildeten Zellen jetzt den einfachen Chromosomensatz enthalten. Es erfolgt noch eine weitere Teilung, die wie eine gewöhnliche Zellteilung (Mitose) verläuft (4). Hierbei werden die bisher zusammenhängenden Chromatiden getrennt. Aus einer Zelle mit doppeltem Chromosomensatz entstehen insgesamt vier Zellen mit einfachem Chromosomensatz (5).

In gleicher Weise werden die Eizellen gebildet. Auch hier wird der doppelte Chromosomensatz zum einfachen Chromosomensatz halbiert. Im Unterschied zu den Spermazellen wird aber das Zellplasma ungleichmäßig auf die entstehenden Zellen verteilt. Es bleibt am Ende nur eine plasmareiche Eizelle übrig, die drei plasmaarmen kleinen Zellen sterben ab.

Bei der Befruchtung (6) entsteht dann aus den beiden einfachen Chromosomensätzen der weiblichen Eizelle und der männlichen Spermazelle der doppelte Chromosomensatz der Zygote.

### 6.2.2 Von der befruchteten Eizelle zum Fetus

Alle vier Wochen wächst im weiblichen Eierstock ein Ei zur völligen Reife heran. In der Mitte zwischen zwei Menstruationen, etwa zwölf bis 14 Tage vor dem Einsetzen der nächsten Periode, kommt es zum Eisprung: Die reife Eizelle tritt aus dem Eierstock heraus und gelangt als befruchtungsfähiges Ei durch den Flimmertrichter in den Eileiter. Hat eine Frau zu diesem Zeitpunkt mit einem Mann Geschlechtsverkehr, gelangen Spermazellen in die Scheide. Nun beginnt ein Wettrennen, denn nur die Spermazelle, die das Ei zuerst erreicht, kann es befruchten.

Während die Eizelle in Richtung Gebärmutter eileiterabwärts transportiert wird, bewegen sich die Spermazellen in die entgegengesetzte Richtung in die Eileiter hinein. Trifft eine Spermazelle auf die befruchtungsfähige Eizelle, verschmelzen ihre Membranen miteinander. Die Spermazelle dringt rasch in die Eizelle ein und die Zellkerne vereinigen sich. Eine **Befruchtung** ist erfolgt. Unmittelbar nach dem Eindringen der Spermazelle wird die Haut der Eizelle für weitere Spermazellen unpassierbar.

Die befruchtete Eizelle, **Zygote** genannt, enthält nun alle 23 Chromosomen in doppelter Ausführung, 23 aus der weiblichen Eizelle und 23 aus der männlichen Spermazelle. Schon während die Zygote den Eileiter abwärts zur Gebärmutter wandert, beginnt die Zellteilung. Zunächst entstehen zwei Tochterzellen mit identischen Zellkernen, dann vier, acht, sechzehn. 72 Stunden nach der Befruchtung hat sich eine Zellkugel aus 32 Zellen gebildet, der Maulbeerkeim oder *Morula* genannt wird und nicht größer als die ursprüngliche Zygote ist. Bei weiteren Teilungen rücken die inneren Zellen auseinander, es entsteht ein flüssigkeitsgefüllter Hohlraum. Ein solcher Bläschenkeim oder *Blastozyste* hat einen Durchmesser von einem Millimeter. Inzwischen sind seit der Befruchtung fünf bis sechs Tage vergangen, der Keim hat die Gebärmutter erreicht. Dort wächst er in die innere Wand der Gebärmutterschleimhaut ein. Man bezeichnet diesen Vorgang als **Einnistung**. Mit der Einnistung beginnt die Schwangerschaft. In diesem Fall wird die Gebärmutterschleimhaut nicht abgestoßen, es tritt also keine Regelblutung ein.

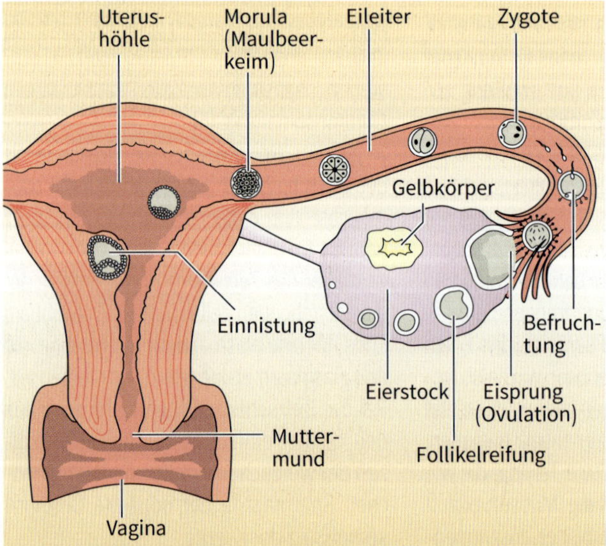


1. Phasen der Eireifung bis zur Einnistung

Zellen im Inneren des Bläschenkeims wachsen zu einem länglichen Gebilde, der Keimscheibe heran. Diese gliedert sich weiter in drei Keimblätter, die die Grundlage für die *Spezialisierung der Zellen* sind. Nun ist es möglich, dass sich die Zellen in Gestalt und Tätigkeit an die jeweilige Aufgabe anpassen, z. B. Nerven-, Muskel- oder Leberzellen.

Bis zum 16. Schwangerschaftstag hat sich aus der Zygote ein **Embryo** entwickelt. Am Ende des ersten Schwangerschaftsmonats ist der Embryo mit einem Zentimeter Länge noch winzig klein. Mit elf Wochen ist er auf 5 cm herangewachsen und wiegt etwa so viel wie ein normaler Brief: 20 g. Während seiner Entwicklung im dritten Schwangerschaftsmonat erreicht er dann eine Größe von 7 bis 8 cm und ein Gewicht von etwa 30 g. Jetzt kann man den Embryo schon deutlich als menschliches Wesen erkennen. Seine *Gliedmaßen* mit Fingern und Zehen wachsen heran und können selbstständig bewegt werden. *Innere Organe* wie Magen, Leber, Herz und Nieren sind bereits angelegt.

Nach dem dritten Schwangerschaftsmonat wird der Embryo Fetus genannt. Der **Fetus** macht einen Wachstumsschub durch, sodass er am Ende des vierten Monats 16 cm groß und 150 g schwer ist. Das zunächst aus Knorpel bestehende Skelett bildet sich zum Knochenskelett um. Der Fetus bewegt sich jetzt teilweise schon so stark, dass die Mutter die ersten *Kindesbewegungen* spürt. Das Herz des Fetus schlägt doppelt so schnell wie beim Erwachsenen. Im fünften Monat schließlich ist die Handentwicklung abgeschlossen. Das Kind kann bereits Greifbewegungen ausführen und am Daumen nuckeln. Die Haut hat noch kein Fett eingelagert und ist deshalb durchsichtig. Die Blutgefäße sind gut zu erkennen. Im sechsten Monat öffnen sich die Augen und das Gesicht wird schmaler.

Vom siebten Monat an besteht die Entwicklung des Fetus nur noch in einer Zunahme an Gewicht und an Größe. Die Lungen sind voll ausgebildet. Jetzt kann ein durch eine **Frühgeburt** zur Welt gekommenes Kind am Leben erhalten werden. Vom Beginn der Embryonalentwicklung vom ersten Monat bis zur Geburt hat die Größe um das Fünfzigfache, das Gewicht um das Tausendfache zugenommen.

Während seiner Entwicklung wird der Keim von einer Hülle, der Fruchtblase umgeben. Gefüllt ist sie mit einer Flüssigkeit, dem *Fruchtwasser*, und sie stellt eine Art Wasserkissen dar, das die Frucht vor Stößen und vor Austrocknung schützt.

Ernährt und mit Sauerstoff versorgt wird der Keimling über den **Mutterkuchen (Plazenta)**, der sich in der Gebärmutter gebildet hat. Er stellt die Verbindung zwischen Mutter und Embryo her. Einige Teile bestehen aus embryonalem, andere aus müt-

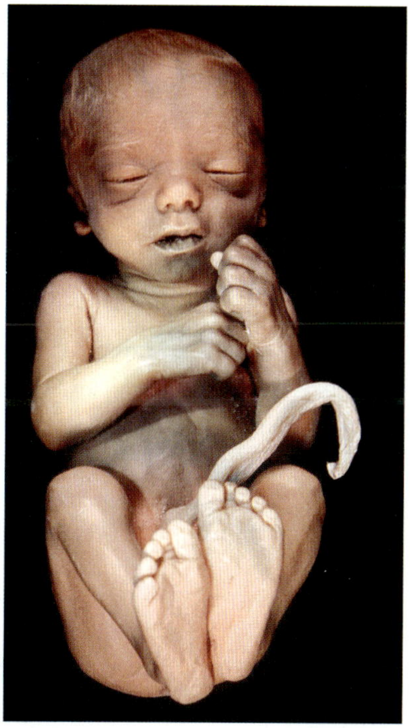

2. Ein menschlicher Fetus

terlichem Gewebe. Die wurzelartigen Verästelungen (Zotten) gehören zum embryonalen Gewebe. Sie enthalten Blutkapillaren des kindlichen Gefäßsystems. Die Zotten ragen tief in die Gebärmutterschleimhaut hinein und werden hier vom mütterlichen Blut umspült. Das kindliche Blut bleibt jedoch vom mütterlichen Blut durch eine dünne Membran getrennt, sodass es sich nicht mit ihm vermischt. Durch diese Membran, die wie eine Schranke wirkt, können Nährstoffe und Sauerstoff von der Mutter in das embryonale Blut gelangen. In der Nabelvene fließen sie dann zum Embryo. Kohlendioxid und Abbauprodukte des kindlichen Organismus wandern durch zwei Nabelarterien in die umgekehrte Richtung. Vom mütterlichen Blut werden sie aufgenommen und abtransportiert. Giftstoffe wie Alkohol und Nikotin, Medikamente und Krankheitserreger können die „Zellschranke" ebenfalls passieren.

Während seiner Entwicklung vor der Geburt mit Wachstum und Differenzierung ist der Organismus am störungsanfälligsten. Es kann zu Entwicklungsstörungen des Embryos kommen, die zu **Fehlgeburten** (Aborte) führen. Fehlgeburten sind gar nicht so selten: Etwa jede achte Schwangerschaft endet mit einer Fehlgeburt. Ursachen können u. a. Abweichungen vom normalen Chromosomenbestand, Missbildungen der Gebärmutter oder des Mutterkuchens, mütterliche Infektionen, Hormonstörungen, Zuckerkrankheit oder Bluthochdruck sein.

Nur etwa 2 bis 3 % der Neugeborenen kommen mit **Fehlbildungen** zur Welt. Ein Teil der Fehlbildungen entsteht aufgrund innerer Ursachen, ist ererbt oder durch eine Fehlverteilung der Chromosomen verursacht. Aber auch äußere Faktoren können angeborene Fehlbildungen erzeugen. Zu ihnen gehören verschiedene Medikamente, Alkohol und Nikotin, Umweltgifte und Röntgenstrahlen. Auch während der Schwangerschaft auftretende Infektionen, z. B. mit Rötelviren, können schwere Herzmissbildungen, Gehirnschäden und Linsentrübungen zur Folge haben. Um solche Schäden zu vermeiden, wird heute jedem jungen Mädchen eine Schutzimpfung gegen Röteln empfohlen.

**1.** Informieren Sie sich über Schwangerschaftstests (Wirkmechanismus, Fehlerquote usw.). Berichten Sie.

**2.** Erkundigen Sie sich bei Ärzten, Krankenkassen oder beim Gesundheitsamt über Vorsorgeuntersuchungen für Schwangere. Berichten Sie.

**3.** Stellen Sie Regeln für gesunde Lebensführung in der Schwangerschaft auf. Berichten Sie.

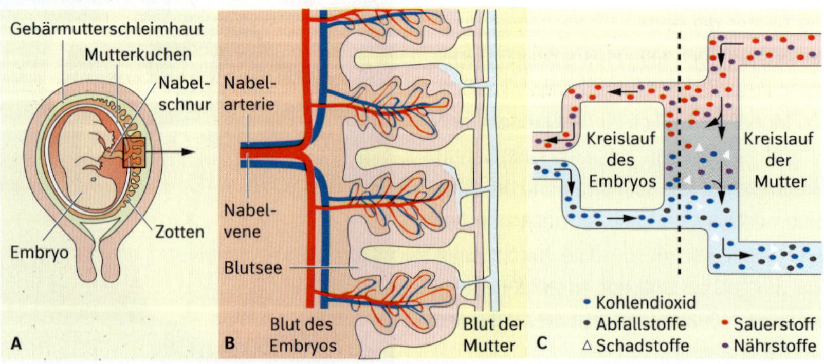


3. Ernährung des Embryos: A Gebärmutter mit Embryo, B Mutterkuchen (Ausschnitt), C Stoffaustausch

### 6.2.3 Die Geburt

Nach einer Erfahrungsregel errechnet man den Geburtstermin mit 268 Tagen nach der Befruchtung oder 280 Tagen nach dem Beginn der letzten Menstruation. Der tatsächliche Geburtstermin kann mit 252 bis 283 Tagen nach der Befruchtung, also in der 38. bis 42. Schwangerschaftswoche, erheblich davon abweichen.

Eingeleitet wird die Geburt durch **Wehen**. Die Muskulatur der Gebärmutter zieht sich in unregelmäßigen Abständen krampfartig zusammen. Das wird von der Gebärenden als sehr schmerzhaft empfunden. In der *Eröffnungsphase* der Geburt wird der Kopf des Kindes in den Gebärmutterhals gedrückt, dadurch der untere Teil der Gebärmutter erweitert, der Muttermund gedehnt und vollständig geöffnet. Der Druck auf die Fruchtblasenwand nimmt zu, bis sie reißt. Bei diesem Blasensprung fließt das Fruchtwasser nach außen ab.

Ist der Muttermund vollständig geöffnet, beginnt die **Austreibungsphase**. Die Wehen verstärken sich und kommen regelmäßiger und häufiger. Das Kind muss durch den engen mütterlichen Geburtskanal. Dafür scheint der Durchmesser des Kopfes viel zu groß zu sein. Doch die Schädelknochen des Kindes sind zu diesem Zeitpunkt noch nicht miteinander verwachsen, sodass der Kopf noch etwas verformbar ist. Außerdem ist der Beckenausgang gegen Ende der Schwangerschaft besonders erweiterungsfähig.

Hat der Kopf des Kindes den Beckenboden erreicht, wird das Kind mithilfe besonders starker Wehen, den **Presswehen**, zum Scheidenausgang hin gedrückt. In dieser Phase kann die Gebärende die Austreibung durch aktives Pressen unterstützen. Sobald der Kopf durch die Scheide hindurchgetreten ist, erleichtert sich der Geburtsvorgang. Schulter- und Beckengürtel sind kaum breiter als der Kopf, aber besser verformbar.

Eine Hebamme und ggf. ein Arzt helfen bei der Geburt. Außerhalb des mütterlichen Körpers muss das Neugeborene beginnen zu atmen. Ein erster reflexartiger Atemzug füllt seine Lungen mit Luft. Die Nabelschnur wird eine Handbreit vom Nabel entfernt abgebunden und durchgeschnitten. Man spricht daher auch von einer **Entbindung**. Wenige Minuten nach der Geburt setzen Nachwehen ein, die zur Ablösung und Ausstoßung des Mutterkuchens führen. Danach zieht sich die Gebärmutter kräftig zusammen.

Eine Geburt kann bei Erstgebärenden bis zu 24 Stunden dauern, bei einer Frau, die schon ein Kind geboren hat, sind es manchmal weniger als fünf Stunden.

---

1. Erklären Sie den Begriff Entbindung.
2. Informieren Sie sich über Hausgeburten, Unter-Wasser-Geburten und andere alternative Geburtsmethoden. Berichten Sie auch über Risiken.

---

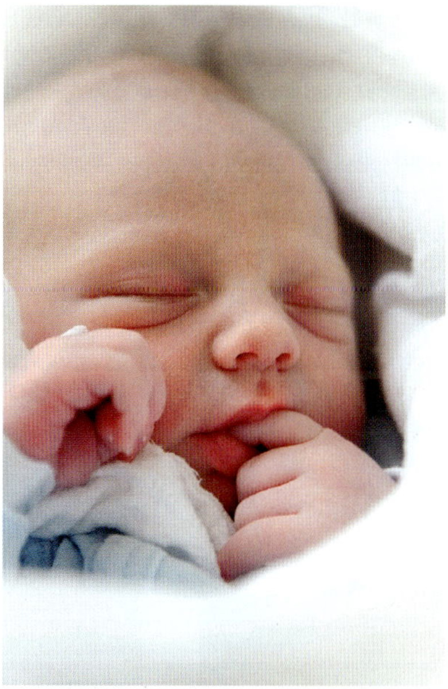

1. Wenige Tage alter Säugling

### 6.2.4 Der Säugling braucht viel Pflege

Von der Geburt bis zur Vollendung des ersten Lebensjahres ist ein Kind im Säuglingsalter. Ein menschlicher Säugling kommt völlig hilflos zur Welt und erreicht erst nach einem Lebensjahr einen Entwicklungszustand, den die meisten Säugetiere schon kurz nach der Geburt aufweisen. Bis auf die wenigen angeborenen Verhaltensweisen wie Trinken, Lächeln oder Weinen muss er lernen, sich in der Welt zurechtzufinden. Für die Pflege und Förderung ihres Babys müssen Mutter und Vater deshalb viel Zeit aufwenden.

Die bestmögliche und natürlichste Ernährungsform für die ersten sechs Lebensmonate ist das **Stillen**. Es ermöglicht den intensivsten Kontakt zwischen Mutter und Kind. Stillen gilt auch als die praktischste und preiswerteste Form der Säuglingsernährung: Wo auch immer Mutter und Säugling sich befinden, die Mutter hat immer die richtige Nahrung in der richtigen Temperatur hygienisch „verpackt" zur Verfügung. Dabei passt sich die Muttermilch in ihrer Zusammensetzung den Ernährungsbedürfnissen des Säuglings während seiner Entwicklung an. Sie enthält auch mütterliche Abwehrstoffe, die den Säugling weniger anfällig für Infektionen machen und sein Immunsystem stabilisieren. Gestillte Säuglinge sollen weniger anfällig für Allergien sein.

Bei Stillhindernissen oder frühzeitigem Abstillen bekommen Säuglinge Flaschenernährung mit künstlich **angepasster (adaptierter) Säuglingsmilch.** Säug-linge werden meist „nach Bedarf" gefüttert, also wenn der Säugling sich durch Geschrei meldet, weil er Hunger hat. Dies können bei Flaschenkindern sechs bis acht und bei Brustkindern zehn bis zwölf Mahlzeiten am Tag sein. Dabei kann man davon ausgehen, dass das Baby selbst weiß, wann es satt ist und zu saugen aufhören will.

Die werdenden Eltern können sich in **Kursen zur Säuglingspflege** auf ihre Aufgaben vorbereiten. Hier lernen sie u. a., wie man Windeln wechselt, denn regelmäßiges Trockenlegen ist wichtig, damit die Haut des Säuglings nicht wund wird. Weil ein Säugling regelmäßig gebadet wird, kann auch dies dort geübt werden.

Genauso wichtig wie die sorgfältige Pflege des Säuglings ist die **liebevolle Zuwendung** von Pflegepersonen für ihn. Am besten ist es für das heranwachsende Kind, wenn die Pflegepersonen nicht zu oft wechseln. Es braucht einen Menschen, mit dem es besonders vertraut wird und durch Schreien oder

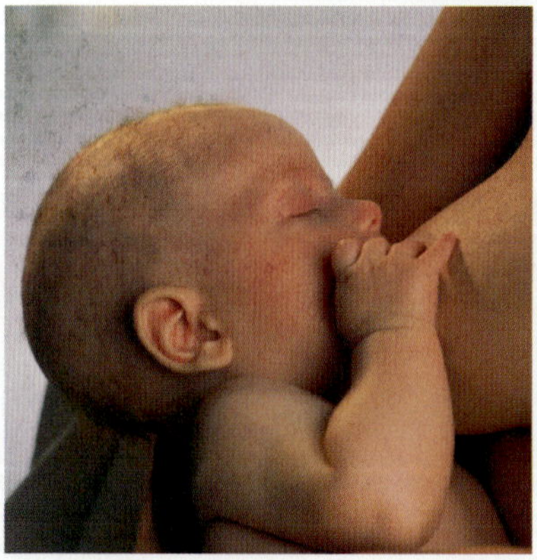

1. Ein Säugling wird gestillt

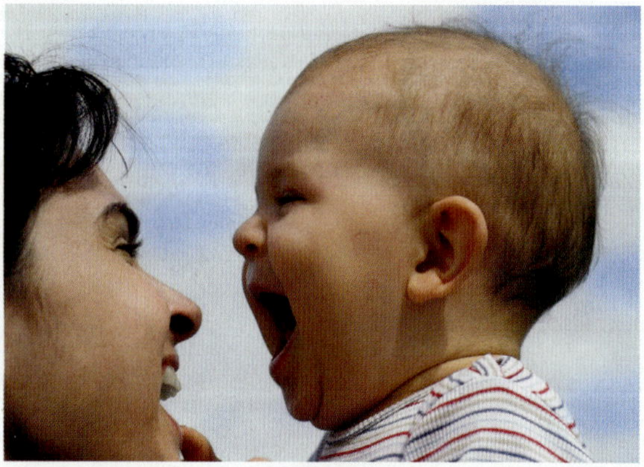

2. Ein Säugling braucht viel Aufmerksamkeit

Rufen immer wieder Verbindung aufnehmen kann. Dabei spielt es keine Rolle, ob die Mutter oder der Vater diese Aufgabe übernimmt. In den ersten Lebenswochen erlebt das Baby solche Kontakte bevorzugt über die Haut. Es empfindet es als angenehm, beim Stillen an der nackten Brust der Mutter zu liegen. Beim Wickeln genießt es die Berührungen und Liebkosungen, beim Baden die wohltuende Wärme des Wassers an der Haut. Auch unterschiedliche *Anregungen* fördern die Entwicklung des Säuglings: Er braucht es, dass zu ihm gesprochen wird, er mag es, wenn für ihn gesungen wird, er interessiert sich für unterschiedliche Geräusche und Gerüche. Seine natürliche Bewegungsfreude kann durch Säuglingsgymnastik unterstützt werden.

---

**1.** Erkundigen Sie sich bei Ärzten, Hebammen, Beratungsstellen usw. über Kurse zur Vorbereitung auf die Geburt und zur Säuglingspflege. Berichten Sie.

**2.** Informieren Sie sich bei Ihren Eltern, in Fotoalben usw. über Ihre eigene Entwicklung, z. B. erste Worte, Krabbeln, Laufen, erstes Bild. Berichten Sie.

---

### Säuglinge entwickeln sich in Riesenschritten

**Neugeborenes** **Saugkind**

*Verhalten unbewusst, reflektorisch; kann den Kopf nicht heben, im Vordergrund der Wachaktivität steht das Saugen; ist durch Streicheln oder Stillen zu beruhigen; zeigt Interesse am menschlichen Gesicht, reagiert auf Geräusche; erstes Lächeln.*

**3 Monate** **Schaukind**

*Kann sich von der Seitenlage auf den Rücken rollen; hebt den Kopf in Bauchlage über längere Zeit an; beobachtet die eigenen Hände vor dem Gesicht; folgt mit den Augen bewegten Objekten; reagiert mit Freude auf Angenehmes.*

**6 Monate** **Greifkind**

*Dreht sich von Bauch- in Rückenlage; kann den Kopf in allen Positionen halten; greift nach vorgehaltenen Gegenständen; steckt alle Gegenstände in den Mund; Hören, Sehen und räumliches Sehen größtenteils ausgereift.*

**9 Monate** **Krabbelkind**

*Kann sich aus der Bauchlage allein aufsetzen; sitzt frei; beginnt zu krabbeln; kennt seinen Namen; versteht „Nein“; ängstigt sich vor Fremden.*

**12 Monate** **Gehkind**

*Läuft mit Festhalten an der Hand; macht erste freie Gehversuche; stellt zwei Bauklötze aufeinander; versucht, mit dem Löffel selbstständig zu essen; spricht mindestens zwei sinnvolle Worte.*

### 6.2.5 Vorsorge für Mutter und Kind

*Ein Kind ist geboren! Danach bleiben Mutter und Kind noch zwei Stunden zur Beobachtung im Entbindungsraum. Hier nimmt der Arzt die erste Vorsorgeuntersuchung vor. Wozu dient diese Untersuchung?*

Mit dem **APGAR-Test** beurteilt der Arzt dreimal **A**tmung, **P**uls, **G**rundtonus (Muskelspannung), **A**ussehen und **R**eflexe des Neugeborenen, eine Minute, fünf Minuten und zehn Minuten nach der Geburt. Wenn das Baby jedes Mal 9 bis 10 Punkte erhält, ist es in einem sehr guten Zustand. Weniger als 7 Punkte weisen auf eine schlechte Verfassung hin: Die Atmung kann herabgesetzt, der Kreislauf beeinträchtigt oder das zentrale Nervensystem gestört sein.

Nach dem vierten Lebenstag wird routinemäßig ein **Neugeborenenscreening** durchgeführt, um Stoffwechselerkrankungen, u. a. Phenylketonurie, auszuschließen. Unerkannt würde sie zu schweren Hirnschädigungen beim Kind führen. Dies kann aber durch eine frühzeitig begonnene Spezialdiät verhindert werden.

Weitere acht **Vorsorgeuntersuchungen** innerhalb der ersten sechs Lebensjahre folgen und werden in einem Untersuchungsheft für Kinder dokumentiert. Warum sind diese Vorsorgeuntersuchungen so wichtig? Der Zweck solcher gezielten Untersuchungen ist die Früherkennung von Schäden und Krankheiten, welche die Entwicklung des Kindes gefährden. Rechtzeitig erkannt, können angeborene und früherworbene Schäden in den meisten Fällen gebessert und sogar geheilt werden. Bei allen Untersuchungen wird die körperliche und geistige Entwicklung des Kindes überprüft. Auch Seh- und Hörschwächen kann der Arzt schon bei drei- bis vierjährigen Kindern sicher erkennen und behandeln. Die Kosten für die Vorsorgeuntersuchungen übernehmen die Krankenkassen. Eine weitere Möglichkeit für Eltern, die Entwicklung ihres Kindes zu kontrollieren, ist die **Mütterberatung**, ein Angebot der Gesundheitsämter.

Wenn in einer Familie ein Kind geboren wird, sollten die Wohnung und, wenn vorhanden, das **Kinderzimmer** säuglingsgerecht eingerichtet sein. In den ersten Wochen kann der Säugling noch in einen Stubenwagen oder ein Körbchen gebettet werden. Später benötigt er ein Kinderbett, das bestimmte Anforderungen erfüllen muss: Eine Bettgröße von 70 cm · 140 cm gilt als Norm. Die Matratze darf nicht zu weich sein. Wichtig ist, auf den Abstand zwischen den Gitterstäben zu achten: Er darf nicht größer als 8 cm sein, damit sich das Babyköpfchen nicht zwischen den Stäben verklemmen kann. Zum Wickeln dient eine Wickelkommode oder eine Wickeleinrichtung auf der Badewanne mit genügend Ablagefläche in Griffnähe für alle notwendigen Wickelutensilien.

Kommt das Baby ins Krabbelalter, kann es Dinge erreichen, die bisher außerhalb

| *Beurteilungskriterium* | *0 Punkte* | *1 Punkt* | *2 Punkte* |
|---|---|---|---|
| **A**tembewegungen | keine | flach, unregelmäßig | gut, Schreien |
| **P**uls | nicht wahrnehmbar | langsam (unter 100) | über 100 |
| **G**rundtonus (Muskeltonus) | schlaff | wenige Bewegungen der Extremitäten | aktive Bewegung |
| **A**ussehen (Hautfarbe) | blau, blass | Körper rosig, Extremitäten blau | vollständig rosig |
| **R**eflexe | fehlen | Schrei | kräftiger Schrei |

1. APGAR-Schema

seiner Reichweite lagen. Die **Wohnung** muss nun **kindersicher** gemacht werden. In einem sicheren Kinderzimmer sollten alle Möbelecken abgerundet sein, damit jede Verletzungsgefahr ausgeschlossen wird. Zur Vermeidung von Unfällen durch elektrischen Strom müssen die Steckdosen mit Kindersicherungen versehen werden. Es ist auch erforderlich, dass Arzneimittel und Reinigungsmittel für das Kind unzugänglich aufbewahrt werden. Abschließbare, kräftige Fensterverriegelungen und Treppensicherungen können Kinder vor gefährlichen Stürzen bewahren. Für Fahrten im Auto braucht das Kind einen speziellen sicheren Kindersitz. Spielzeug für Säuglinge und Kleinkinder muss so groß sein, dass es nicht verschluckt werden kann. Die Eltern sollten darauf achten, dass buntes Spielzeug keine löslichen und giftigen Farben und Weichmacher enthält.

2. Steckdosen mit Kindersicherung

1. Besorgen Sie sich ein Untersuchungsheft für Kinder. Berichten Sie über die Vorsorgeuntersuchungen.
2. Informieren Sie sich über Mutterschutzbestimmungen. Berichten Sie.
3. Was versteht man unter einer „Babyklappe“? Informieren Sie sich und berichten Sie.

### Mutterschutzgesetz

*Alle Frauen, die in einem Arbeitsverhältnis stehen, genießen während der Schwangerschaft und nach der Geburt einen besonderen Schutz.*

***Schutz für Mutter und Kind:*** *Schwangere dürfen keine schweren körperlichen Arbeiten ausführen, sollen nicht mit schädlichen Stoffen in Berührung kommen, Erschütterungen ausgesetzt sein oder unter belastenden Bedingungen wie großer Hitze, Kälte oder Lärm arbeiten. Verboten sind u. a. Akkord- und Fließbandarbeit, Nachtarbeit und Überstunden.*

***Kündigungsschutz:*** *Vom Beginn der Schwangerschaft bis zum Ablauf von vier Monaten nach der Entbindung ist eine Kündigung unzulässig.*

***Schutzfrist:*** *Sechs Wochen vor dem errechneten Entbindungstermin beginnt für Schwangere die Mutterschutzfrist. Nach der Entbindung stehen ihr weitere acht Wochen Befreiung von der Beschäftigung zu.*

***Mutterschutzlohn:*** *Während der Schutzfristen vor und nach der Geburt erhalten die Frauen zur finanziellen Absicherung Mutterschaftsgeld von der Krankenkasse und einen Arbeitgeberzuschuss.*

***Elterngeld:*** *Es wird für maximal 14 Monate gezahlt. Dabei können die Eltern den Zeitraum frei untereinander aufteilen, wobei ein Elternteil höchstens zwölf Monate übernehmen darf; zwei Monate sind für den jeweils anderen Elternteil vorgesehen. Ersetzt werden zwischen 65 % und 100 % des früheren Nettomonatseinkommens, maximal 1 800,00 €, mindestens 300,00 €.*

### 6.2.6 Verhütungsmethoden helfen bei der Familienplanung

Es gibt viele Gründe dafür, eine Schwangerschaft zu vermeiden: Die persönliche Situation lässt eine Schwangerschaft nicht zu, eine Schwangerschaft muss aus gesundheitlichen Gründen vermieden werden oder die Familienplanung ist abgeschlossen. Heute hat man die Wahl unter vielen verschiedenen empfängnisverhütenden Methoden. Wie zuverlässig ist welche Verhütungsmethode? Wie wird sie richtig angewendet? Welche Nebenwirkungen können auftreten? Diese Fragen sollten zusammen mit dem Partner und dem Frauenarzt geklärt werden, bevor eine Entscheidung für das individuell richtige Verhütungsmittel getroffen wird.

Die fast 100%ige Sicherheit der **Pille** ist für viele Mädchen und Frauen der Grund, dieses Verhütungsmittel zu wählen. Die Pille muss von einem Arzt verschrieben werden, der die Frau untersucht und beraten hat. Meist wird heute eine hormonarme *Mikropille* verschrieben, weil diese den Fettstoffwechsel, das Gerinnungssystem, Blutdruck und Körpergewicht am wenigsten beeinflusst. Das Medikament, das eine Kombination aus den Hormonen Östrogen und Gestagen enthält, wirkt, indem es den Eisprung verhindert. Es gibt kein befruchtungsfähiges Ei und damit auch keine Empfängnis. Die Mikropille darf nicht mit der *Minipille* verwechselt werden. Die Minipille enthält nur Gestagen und verhindert das Eindringen der Samenfäden in die Gebärmutter. Sie muss sehr pünktlich eingenommen werden, sonst verliert sie ihre Wirkung.

Eine weitere sichere Methode der Schwangerschaftsverhütung ist das **Intrauterinsystem IUS**. Es besteht aus einem kleinen T-förmigen Kunststoffkörper, der vom Arzt in die Gebärmutterhöhle eingesetzt wird. Dort gibt er täglich geringe Mengen Gestagen ab. IUS bewirkt, dass Samenfäden schwer in die Gebärmutter eindringen können und der Aufbau der Gebärmutterschleimhaut so gering ist, dass sich keine Eizelle einnisten kann.

Auch die Sicherheit der kupferhaltigen **Spiralen**, die ebenfalls vom Arzt eingesetzt werden, ist hoch. Durch sie wird das Einnisten des Eies beeinträchtigt und die Beweglichkeit der Samenfäden herabgesetzt. Häufig auftretende Entzündungen der Eileiter mit anschließender verminderter Fruchtbarkeit macht diese Methode bei jungen Mädchen nicht zum Mittel erster Wahl.

Fast 100%ige Sicherheit bietet auch die **Dreimonatsspritze**, die ein langwirkendes Gestagen enthält und den Eisprung hemmt. Sie ist eine Lösung für Frauen, die nicht schwanger werden wollen, aber die Pille nicht nehmen dürfen. Außerdem werden heute Hormonstäbchen in die Haut implantiert, die bis zu drei Jahren wirken.

**Kondome**, auch Präservative genannt, sind die einzigen mechanischen Verhütungsmittel für den Mann. Der dünne Gummiüberzug

1. Kondome

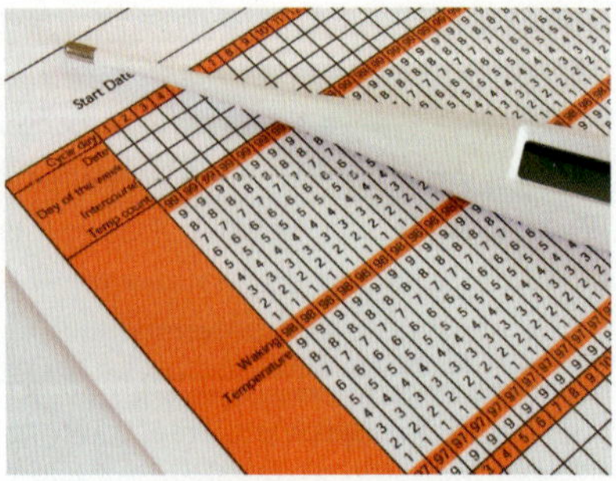


2. Temperaturmethode

wird beim Geschlechtsverkehr über das steife Glied gestreift und fängt beim Samenerguss die Samenflüssigkeit auf. Als Empfängnisverhütungsmittel besitzt es mittlere Zuverlässigkeit. Es ist aber die sicherste Möglichkeit, sich beim Geschlechtsverkehr vor einer Ansteckung mit AIDS oder Geschlechtskrankheiten zu schützen.

Mittlere Zuverlässigkeit bietet auch die Anwendung des **Diaphragmas**. Das Scheidenpessar sieht aus wie ein gewölbtes Gummihäutchen, liegt bei korrektem Sitz vor der Gebärmutter und verhindert das Eindringen der Spermazellen. Das Diaphragma wird vor dem sexuellen Kontakt eingesetzt und frühestens acht, spätestens zwölf Stunden später wieder entfernt. Das richtige Einsetzen erfordert Übung.

Chemische Verhütungsmittel sind in Form von **Tabletten, Zäpfchen oder Cremes** auf dem Markt. Zäher Schleim oder Schaum soll den Muttermund verschließen und chemische Substanzen sollen die Samenfäden abtöten. In ihrer Wirkung sind sie in die Gruppe mit geringer Zuverlässigkeit einzustufen. Ihre Verträglichkeit ist gut.

Mit der Computermethode werden fruchtbare und **unfruchtbare Tage** im Zyklus bestimmt. Dabei wird der Gehalt bestimmter Hormone im Urin analysiert. Diese Methode hat ebenfalls eine geringe Zuverlässigkeit. Auch mit der Temperaturmethode lassen sich fruchtbare und unfruchtbare Tage bestimmen. Erfahrungsgemäß steigt die Temperatur von Frauen am Tag nach dem Eisprung um 0,3 bis 0,5 °C.

---

1. Erstellen Sie aus dem Text eine Tabelle der Verhütungsmittel. Ordnen Sie diese in der Reihenfolge sehr hohe Zuverlässigkeit, mittlere Zuverlässigkeit und geringe Zuverlässigkeit.
2. Erkundigen Sie sich in einer Beratungsstelle zum Thema Schwangerschaftsabbruch. Berichten Sie über Indikationen.
3. Informieren Sie sich über die Pille danach. Erklären Sie, wie die Pille wirkt und unter welchen Bedingungen sie vom Arzt verordnet werden kann.

---

## Schwangerschaftsabbruch

*Weil durch die Geburt eines Kindes das Leben von Vater und Mutter entscheidend verändert wird, denken viele bei einer ungewollten Schwangerschaft über einen Schwangerschaftsabbruch nach. Dieser ist nur unter bestimmten Bedingungen straffrei. Nach der* ***eingeschränkten Fristenregelung*** *dürfen seit der Empfängnis nicht mehr als zwölf Wochen vergangen sein. Mindestens drei Tage vor dem Eingriff muss sich die Schwangere durch eine anerkannte Beratungsstelle beraten lassen.*

*Am häufigsten werden Schwangerschaftsabbrüche zwischen der siebten und zehnten Schwangerschaftswoche vorgenommen. Der Eingriff kann ambulant oder stationär durchgeführt werden und erfolgt meist in Vollnarkose. Die Kosten für den Schwangerschaftsabbruch muss die Schwangere selbst tragen.*

# 6.3 Vererbung beim Menschen

*Kinder mit Down-Syndrom*

*In Deutschland kommen pro Jahr etwa 1 200 Kinder mit Down-Syndrom zur Welt. Das Chromosom Nr. 21 ist bei ihnen dreimal vorhanden (s. Abb. 1). Deshalb spricht man auch von Trisomie 21. Wie kann es dazu kommen?*
*Bei der Bildung der Keimzellen, Spermazelle und Eizelle, werden die Chromosomenpaare normalerweise gleichmäßig getrennt, sodass jede Keimzelle 23 Chromosomen erhält. Tritt bei diesem Prozess ein Fehler auf, sodass eine Keimzelle 22 und die andere 24 Chromosomen erhält, kann die Zygote nach der Befruchtung ein Chromosom zu viel bzw. zu wenig haben.*
*Kinder mit Down-Syndrom leiden unter verzögerter körperlicher und geistiger Entwicklung und geringer Lebenserwartung und brauchen besondere Förderung.*

1. *Erklären Sie die Bildung der Keimzellen anhand Abb. 1, S. 139.*
2. *Informieren Sie sich im Internet (z. B. unter www.trisomie21.de) über Kinder mit Down-Syndrom:*
   a) *in der Schwangerschaft,*
   b) *besondere Fördermöglichkeiten,*
   c) *Inklusion in Kindergärten und Schulen.*

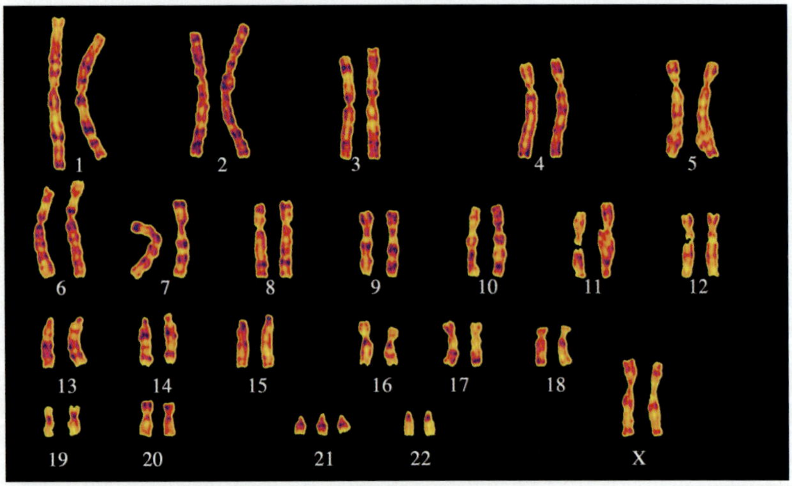


1. Chromosomensatz bei Trisomie 21

*Mendelsche Gesetze, eine Wiederholung*

*Gregor Mendel gilt als Begründer der Genetik als eigenständiger Wissenschaftsrichtung. Er fand bei seinen Vererbungsversuchen drei Gesetzmäßigkeiten, die nach ihm benannt sind.*

1. *Informieren Sie sich über das Leben Gregor Mendels. Halten Sie ein Referat.*
2. *Informieren Sie sich in einem Biologiebuch oder im Internet und erklären Sie das*
   a) *1. Mendelsche Gesetz: „Gesetz der Uniformität".*
   b) *2. Mendelsche Gesetz: „Spaltungsgesetz".*
   c) *3. Mendelsche Gesetz: „Gesetz der Neukombination der Gene".*

### 6.3.1 Chromosomen – Träger der Erbanlagen

*„Ganz der Vater!" oder „Nein, die Augen hat es von der Mutter!" So oder ähnlich laufen oft Gespräche ab, wenn ein Baby geboren wurde und die Verwandten den ersten Besuch abstatten. Wie kommt es zur Vererbung von Eigenschaften von den Eltern auf die Kinder?*

Betrachtet man eine Zelle unter dem Mikroskop, so kann man vor allem während der Zellteilung die **Chromosomen** erkennen. Auf ihnen liegen unsere Erbanlagen, die **Gene**. Alle Chromosomen einer Zelle zusammen bezeichnet man als **Chromosomensatz**. Beim Menschen umfasst er 46 Chromosomen. Jeweils zwei Chromosomen sind gleich gebaut. Der menschliche Chromosomensatz besteht also aus 23 Chromosomenpaaren. Bei der Bildung der **Keimzellen**, Eizelle und Spermazelle, werden Zelle und Zellkern geteilt. Jede Keimzelle erhält dabei 23 Chromosomen. Verschmelzen Ei- und Spermazelle miteinander, entsteht eine Zygote, die wieder 46 Chromosomen hat, 23 von der Mutter und 23 vom Vater.

Betrachten wir die Vererbung am Beispiel der **Blutgruppen**, die bei Blutübertragungen eine wichtige Rolle spielen (s. Abb. 2). Die Eltern haben jeweils eine der vier Blutgruppen A, B, AB oder 0. Auf dem entsprechenden Chromosomenpaar ihrer Körperzellen können sich dann folgende Erbanlagen befinden:

- Blutgruppe A ⇒ AA oder A0,
- Blutgruppe B ⇒ BB oder B0,
- Blutgruppe AB ⇒ A und B,
- Blutgruppe 0 ⇒ auf beiden Chromosomen 0.

Wenn nun die Keimzellen gebildet werden, trennen sich die Chromosomen. Jede Keimzelle trägt nur ein Blutgruppengen A, B oder 0. Daraus ergeben sich bei der Verschmelzung von Ei- und Samenzelle sechs Kombinationsmöglichkeiten (s. Abb. 2).

Die Blutgruppenerbanlagen A und B setzen sich gegenüber 0 durch. Man sagt, sie sind **dominant**. Kommen zum Beispiel eine Eizelle mit dem Blutgruppengen A und eine Spermazelle mit dem Gen 0 zusammen, so hat das Kind die Blutgruppe A. Es gibt auch andere dominante Eigenschaften beim Menschen, zum Beispiel die dunkle Augenfarbe. Allerdings verläuft hier die Vererbung etwas komplizierter, weil mehrere Gene beteiligt sind. Oft liegt ein Merkmal des Kindes genau zwischen dem der beiden Eltern. Man spricht dann von **intermediärer Vererbung**. Das sind die Fälle, bei denen sich die Verwandten nicht einigen können, welchem Elternteil das Kind nun mehr ähnelt.

**1.** Nennen Sie Merkmale des Menschen, an denen Familienähnlichkeiten deutlich werden.

**2.** Die Blutgruppenuntersuchung wird auch für Vaterschaftsgutachten eingesetzt. Demonstrieren Sie an einem Beispiel einen Vaterschaftsausschluss.

1. Vater, Mutter und Kinder: Familienähnlichkeiten?

**Kombinationsmöglichkeiten**

| a \ o | A | B | 0 |
|---|---|---|---|
| A | AA | AB | A0 |
| B | AB | BB | B0 |
| 0 | A0 | B0 | 00 |

2. Vererbung der Blutgruppe

### 6.3.2 Nachwuchs wird erwartet: Junge oder Mädchen?

*Viele werdende Eltern erfahren erst am Tag der Geburt, ob sie ein Mädchen oder einen Jungen bekommen haben, denn die Ultraschallaufnahmen sind meist zu unscharf, um das Geschlecht sicher erkennen zu können. Werdende Mütter, bei denen aus medizinischen Gründen eine Fruchtwasseruntersuchung vorgenommen wurde, wissen hingegen ganz genau, welches Geschlecht ihr Ungeborenes hat. Wie ist das möglich?*

Betrachtet man die Chromosomensätze von Mann und Frau, so erkennt man einen kleinen, aber wichtigen Unterschied. Die Frau hat 23 Chromosomenpaare, die vollständig gleich gestaltet sind. Beim Mann gibt es nur 22 gleich aussehende Paare. Das 23. Chromosomenpaar besteht aus einem großen **X-Chromosom** und einem kleinen **Y-Chromosom**. Bei der Frau bilden zwei gleich aussehende X-Chromosomen das Chromosomenpaar Nummer 23.

X- und Y-Chromosomen werden auch als **Geschlechtschromosomen** bezeichnet, denn sie sind für die Bestimmung des Geschlechts verantwortlich. Wie läuft das ab? Bei der Bildung der Keimzellen werden die Chromosomenpaare getrennt. Während alle Eizellen der Frau ein X-Chromosom enthalten, gibt es beim Mann Spermazellen mit einem X-Chromosom und solche, die ein Y-Chromosom haben. Nun kommt es darauf an, welche Spermazelle als erste die Eizelle erreicht und diese befruchtet. Enthält sie ein X-Chromosom, entsteht ein Mädchen, trägt sie ein Y-Chromosom, entwickelt sich ein Junge. Das Geschlecht eines Kindes wird also schon bei der Verschmelzung von Ei- und Spermazelle, bei der **Befruchtung**, festgelegt. Maßgebend für die Bestimmung des Geschlechts sind dabei die Keimzellen des Mannes. Bei einer Fruchtwasseruntersuchung werden darin enthaltene kindliche Zellen im Hinblick auf Schäden untersucht. Die Bestimmung des Geschlechts ist dabei ein „Nebenprodukt“.

Das Zahlenverhältnis von Jungen- und Mädchengeburten ist im langjährigen Durchschnitt immer etwa 107 : 100. Offensichtlich sind die etwas leichteren Y-Spermien schneller als die X-Spermien und gewinnen so das „Wettrennen“ zur Eizelle häufiger.

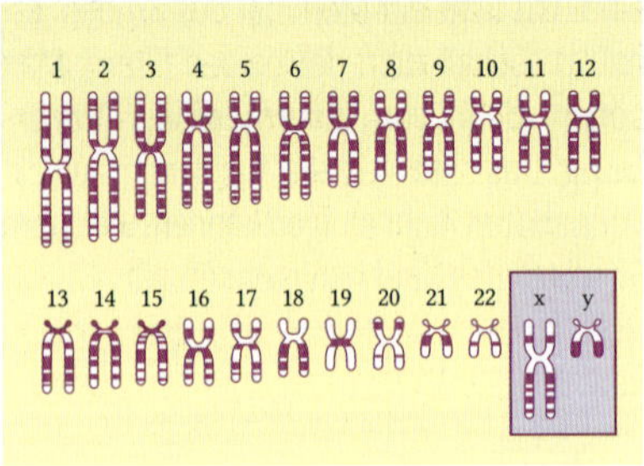


1. Chromosomensatz eines Mannes

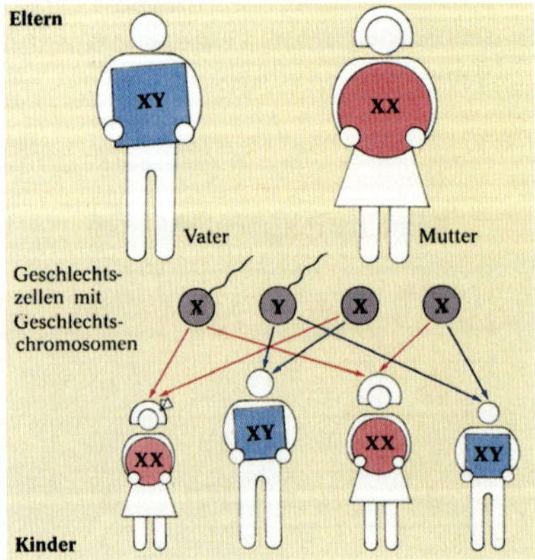


2. Geschlechtsbestimmung

**1.** Erklären Sie anhand von Abb. 1 und 2, wie es zur Geschlechtsbestimmung kommt.

**2.** Informieren Sie sich über unwissenschaftliche Vorstellungen der Geschlechtsbestimmung in unserem und in anderen Kulturkreisen. Berichten Sie.

### 6.3.3 Krankheiten – angeboren oder vererbt?

*Etwa 8 % aller Männer, aber nur 0,5 % der Frauen sind rot-grün-blind. Die Betroffenen können die Farben Rot und Grün nicht eindeutig voneinander unterscheiden. Wie ist dieser Geschlechterunterschied zu erklären?*

Das Gen für die **Rot-Grün-Blindheit** liegt auf dem X-Chromosom. Dabei ist das intakte Gen dominant, setzt sich also durch, während das defekte Gen rezessiv ist. Ein Mann, der auf seinem X-Chromosom das defekte Gen trägt, ist rot-grün-blind. Eine Frau, die auf einem ihrer beiden X-Chromosome ein defektes Gen hat, erkrankt nicht, denn das intakte Gen auf dem anderen X-Chromosom wirkt ausgleichend. Frauen werden erst rot-grün-blind, wenn beide X-Chromosomen die defekte Anlage besitzen.

Auch die **Bluterkrankheit**, bei der den Betroffenen ein Gerinnungsfaktor im Blut fehlt, wird x-chromosomal vererbt.

Alle Neugeborenen werden heute sechs Tage nach ihrer Geburt mit einem speziellen Verfahren untersucht, um festzustellen, ob sie unter **Phenylketonurie (PKU)** leiden. PKU ist eine erbliche Stoffwechselkrankheit. Die Betroffenen können die Aminosäure Phenylalanin nicht abbauen, reichern sie im Blut an und scheiden sie zum Teil mit dem Urin aus. Unbehandelt führt die Krankheit zu schweren geistigen Schäden. Durch eine phenylalaninarme Diät kann die Krankheit verhindert werden.

Kinder mit **Trisomie 21** (früher diskriminierend „Mongolismus") leiden unter verzögerter körperlicher und geistiger Entwicklung und geringerer Lebenserwartung. Sie brauchen besondere Förderung. Ursache für diese Krankheit ist ein überzähliges, also dreimal vorhandenes Chromosom Nummer 21 (s. Abb. 1, S. 150). Wie kann es zu diesem Fehler in der Chromosomenzahl kommen? Bei der Bildung der Keimzellen werden die Chromosomenpaare normalerweise gleichmäßig getrennt und jede Keimzelle erhält 23 Chromosomen. Tritt bei diesem Prozess ein Fehler auf, sodass eine Keimzelle 22 und die andere 24 Chromosomen erhält, kann die Zygote nach der Befruchtung ein Chromosom zu viel haben. Die Wahrscheinlichkeit für solche Fehlverteilungen der Chromosomen nimmt mit dem Alter der Eltern stark zu (s. Abb. 3, S. 154). Trisomie 21 ist nicht ver-

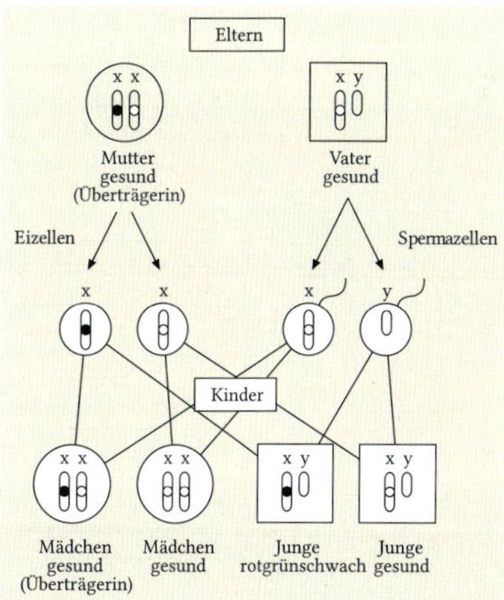


1. Vererbung der Rot-Grün-Blindheit

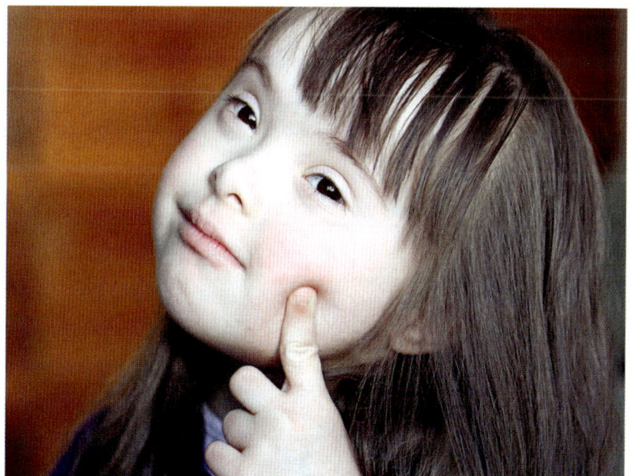

2. Kind mit Trisomie 21

erbt, denn die Eltern selbst haben normale Chromosomensätze. Sie ist erst bei der Befruchtung entstanden, also angeboren.
Auch bei den Geschlechtschromosomen kann es zu Fehlverteilungen kommen. Menschen mit dem **Turner-Syndrom** haben nur ein X-Chromosom. Sie sind vom Aussehen her weiblich, entwickeln aber keine funktionsfähigen Eierstöcke. Das **Klinefelter-Syndrom** zeichnet sich durch zwei X- und ein Y-Chromosom(en) aus. Bei den Betroffenen handelt es sich um große, kräftig gebaute Männer, die aber keine Spermien bilden können.
**Mutationen** sind spontan auftretende ungerichtete Veränderungen des Erbgutes. Sie können einzelne Gene betreffen (Genmutationen) oder die Struktur oder Anzahl von Chromosomen(Chromosomenmutationen). Die Mutationsrate ist normalerweise sehr niedrig, kann aber durch Einwirkung von Röntgen- oder radioaktiver Strahlung sowie durch Chemikalien stark erhöht werden. Die meisten Mutationen sind schädlich für den betroffenen Organismus. Nützliche Mutationen werden z. B. in der Tier- und Pflanzenzucht genutzt.

Paare mit Kinderwunsch, die ein Risiko tragen, können in Deutschland **genetische Beratungsstellen** aufsuchen. So steigt zum Beispiel das Risiko, ein Kind mit Trisomie 21 zu bekommen, bei Müttern über 35 Jahre stark an (s. Abb. 3). Zu den Methoden der **pränatalen Diagnostik** (vorgeburtliche Diagnostik) gehört die Fruchtwasseruntersuchung. Zwischen der 14. und 16. Schwangerschaftswoche wird dazu mithilfe einer Kanüle Fruchtwasser aus der Fruchtblase gesaugt. Darin schwimmen auch Zellen des Embryos. Sie werden in Zellkulturen vermehrt und gründlich untersucht. Mittlerweile gibt es auch Bluttests, denn über die Plazenta treten embryonale DNA-Stückchen in das mütterliche Blut über.
Die moderne pränatale Diagnostik macht immer mehr Fortschritte bei der Früherkennung von Behinderungen des Ungeborenen. Die Entscheidung über weitere Maßnahmen, falls eine Schädigung des Fetus festgestellt wurde, liegt aber allein bei den Eltern.

**1.** Erklären Sie anhand von Abb. 1, S. 153, warum gesunde Eltern rot-grün-blinde Nachkommen haben können.
**2.** Informieren Sie sich über Mucoviszidose. Berichten Sie.
**3.** Sammeln Sie unterschiedliche Stellungnahmen zur vorgeburtlichen Diagnostik. Berichten und diskutieren Sie.

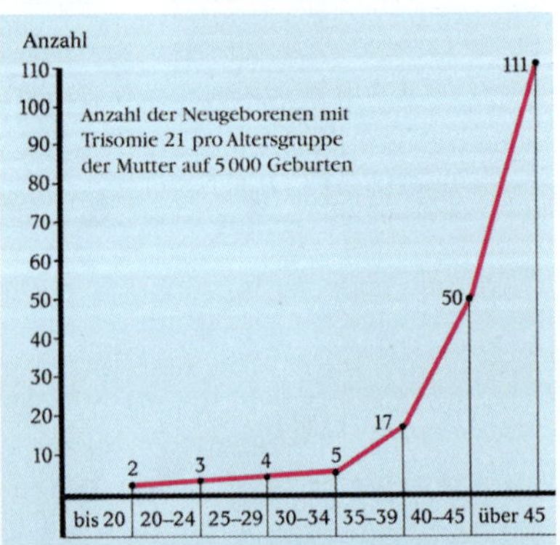


3. Häufigkeit von Trisomie 21 in Abhängigkeit vom Alter der Mutter

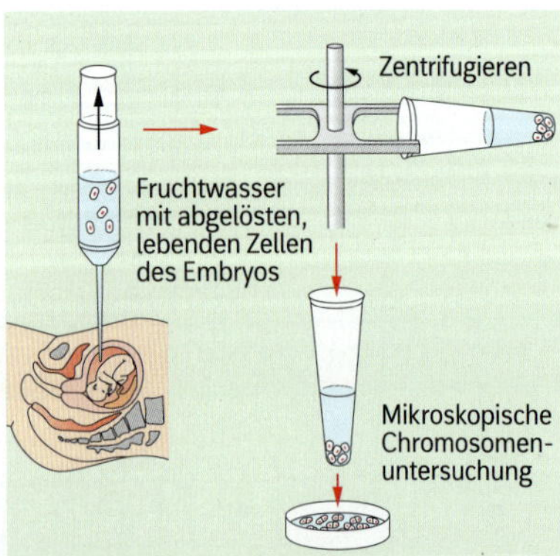


4. Fruchtwasseruntersuchung

### 6.3.4 Der genetische Code ist entschlüsselt

*Im Jahre 1953 erschien in der wissenschaftlichen Fachzeitschrift „Nature" ein viel beachteter Aufsatz der jungen Biochemiker J.D. Watson und F.H.C. Crick. Sie hatten die Struktur der Erbsubstanz, der Desoxyribonukleinsäure (DNS), aufgeklärt und setzten damit eine stürmische Entwicklung der Molekulargenetik in Gang, die bis heute andauert.*

Die Erbsubstanz, **Desoxyribonukleinsäure (DNS)**, die wir vor allem in den Chromosomen, aber auch im Zellplasma finden, ist verblüffend einfach gebaut. Zwei lange Zucker-Phosphat-Moleküle sind spiralig umeinander gewunden. Sie werden durch vier verschiedene stickstoffhaltige Basen, Adenin (A), Guanin (G), Cytosin (C) und Thymin (T), miteinander verbunden. Diese ragen von den beiden Zucker-Phosphat-Bändern nach innen, wobei es feste **Basenpaarungen** gibt: Adenin-Thymin und Guanin-Cytosin. Befindet sich auf dem einen Strang die Base Adenin, steht ihr auf dem anderen Strang die Base Thymin gegenüber. Auf diese Weise bestimmt die Basenabfolge des einen Stranges die Reihenfolge auf dem anderen.

Mit dieser Erkenntnis von Watson und Crick werden die Abläufe bei der Zellteilung besser verständlich. Im Mikroskop kann man erkennen, dass bei der Mitose zunächst die Chromosomen verdoppelt und dann gleichmäßig auf beide Tochterzellen verteilt werden. Was passiert dabei mit der DNS? Der DNS-Doppelstrang reißt abschnittsweise wie ein Reißverschluss auf. Dabei lösen sich die Verbindungen zwischen den Basenpaaren. An den so entstandenen DNS-Einzelsträngen werden mithilfe von Enzymen die jeweils passenden Basen angelagert. So entstehen zwei völlig gleiche DNS-Doppelstränge. Man spricht von **identischer Verdopplung**.

Eine weitere Frage hat die Forscher lange beschäftigt: „Wie ist die Erbinformation in der DNS verschlüsselt?" Mit der Aufklärung der **Eiweißsynthese** in der Zelle konnte diese Frage beantwortet werden. Da die Eiweißsynthese an den Ribosomen im Zellplasma erfolgt, muss zunächst eine Kopie der Erbinformation im Zellkern erstellt werden. Dazu öffnet sich die DNS wieder reißverschlussartig. An einem der beiden

1. J.D. Watson und F.H.C. Crick erhielten 1962 den Nobelpreis für Medizin

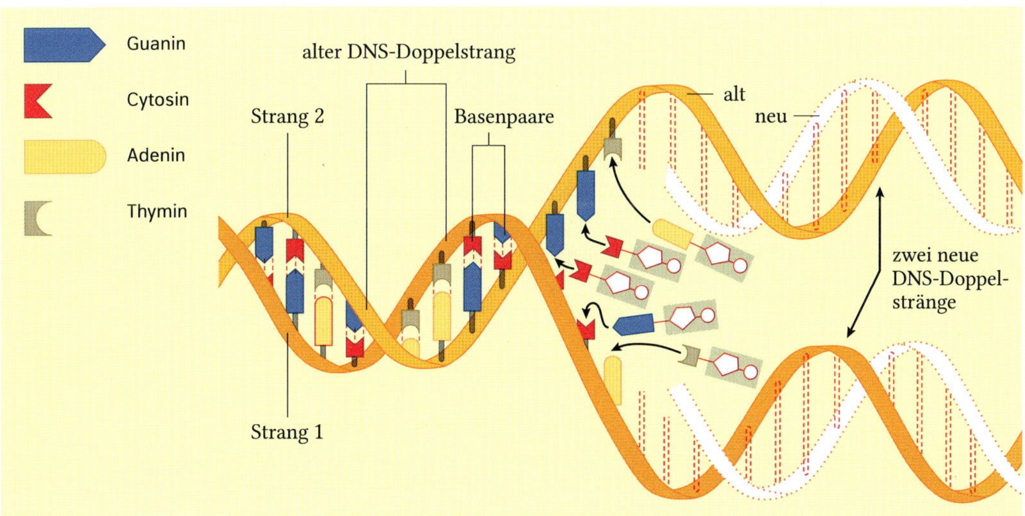


2. Aufbau und identische Verdopplung der DNS

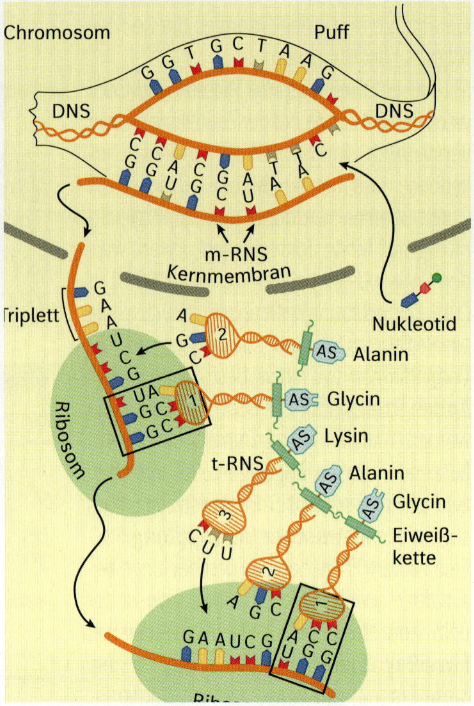


3. Synthese eines Proteins in der Zelle

Einzelstränge wird nach dem Prinzip der Basenpaarung eine Kopie des DNS-Abschnitts erzeugt. Allerdings weist diese Kopie einige Besonderheiten auf: Sie ist einsträngig und besteht aus **Ribonukleinsäure (RNS)**, weil im Zucker-Phosphat-Band der Zucker Ribose statt Desoxyribose vorkommt. Und sie enthält statt der Base Thymin (T) die Base Uracil (U), die sich mit Adenin (A) paart.

Diese Boten-RNS, auch messenger-RNS oder **m-RNS** genannt, wandert zu einem Ribosom im Zellplasma und lagert sich dort an. Aus dem Zellplasma tritt eine weitere Ribonukleinsäure hinzu. Es ist die transfer-RNS oder **t-RNS**. Sie bringt Aminosäuren, die Bausteine der Eiweiße, zu den Ribosomen. Das Ribosom rückt auf der m-RNS Stück für Stück voran und fügt dabei – wie eine Nähmaschine – eine Aminosäure an die nächste. So entsteht ein Eiweiß.

Für jede der etwa 20 in der Natur vorkommenden Aminosäuren gibt es mindestens eine spezifische t-RNS. An einem Ende hat die t-RNS eine Sequenz von drei Basen. Durch dieses **Basentriplett** wird jede Aminosäure eindeutig bestimmt. So determiniert zum Beispiel das Triplett U-G-C die Aminosäure Cystein. Durch die Basensequenz der DNS wird die Aminosäuresequenz der Proteine festgelegt. Diese Verschlüsselung bezeichnet man als **genetischen Code**. Mit vier Basen sind bei einem Dreiercode $4^3 = 64$ Verschlüsselungen möglich. Das sind viel mehr, als man für die 20 in der Natur vorkommenden Aminosäuren braucht. Tatsächlich sind viele Aminosäuren durch mehrere Tripletts codiert. Man hat festgestellt, dass der genetische Code universell ist, das heißt, für alle Lebewesen gilt.

**1.** Erklären Sie den Ablauf der identischen Verdopplung der DNS anhand von Abb. 2, S. 155.

**2.** Erklären Sie den Ablauf der Proteinsynthese in der Zelle anhand von Abb. 3.

**3.** Erklären Sie den genetischen Code.

### 6.3.5 Gentechnik: Chancen und Risiken

*Im Jahre 1997 erregte ein Schaf namens Dolly die Aufmerksamkeit der Weltöffentlichkeit. Einem Forscherteam aus Schottland war erstmals das Klonen eines Säugetiers gelungen. Was bedeutet Klonen?*

Man kann mit einer sehr feinen Kanüle aus einer Körperzelle den Zellkern isolieren und diesen dann in eine Eizelle, die man vorher mit der gleichen Methode entkernt hat, einfügen. Daraus entwickelt sich unter günstigen Bedingungen in einer „Leihmutter" ein vollständiges Lebewesen, welches im Hinblick auf seine Erbanlagen identisch ist mit dem Zellkernspender. Diese Methode, bei der erbgleiche Lebewesen, Klone, entwickelt werden, nennt man **Klonen**. Dolly wurde aus dem Zellkern einer Euterzelle herangezogen.

Schon in den 80er-Jahren hat man durch Klonen erbgleiche Frösche erzeugt. Seit der Geburt des Klonschafs Dolly 1997 sind auch andere Säugetiere wie Kühe und Mäuse geklont worden. Kürzlich wurde die Geburt eines durch Klonen erzeugten menschlichen Babys angekündigt. Während in Deutschland das Klonen von Menschen nach dem **Embryonen-Schutzgesetz** ausdrücklich unter Verbot steht, ist es in anderen Ländern erlaubt.

Heute wird in der Wissenschaft auch das **therapeutische Klonen** diskutiert. Nach dem Einbringen des Zellkerns in eine entkernte Eizelle will man die Entwicklung der Blastozyste so beeinflussen, dass sich daraus bestimmte Zelltypen, Gewebe und Organe bilden. Diese können dann zur Transplantation bereitgestellt werden, ohne Abstoßungsreaktionen zu verursachen. Denn der Spender des Zellkerns ist erbgleich mit dem geklonten Organ.

In der Pharmaindustrie und in der Landwirtschaft werden gentechnische Methoden schon seit Langem angewendet. 1982 gelang es erstmals, menschliches **Insulin** großtechnisch durch Bakterien herzustellen. Dazu hat man das menschliche Insulin-Gen isoliert und in eine Bakterienzelle eingeschleust. Diese gentechnisch veränderten Bakterien werden in großen Kulturen herangezogen und produzieren menschliches Insulin für Diabetes-Kranke. Es hat im Gegensatz zu dem früher aus Tieren gewonnenen Insulin keine Nebenwirkungen, weil es völlig dem körpereigenen menschlichen Insulin entspricht.

Mithilfe eines Gens, welches man aus Pilzen isoliert und in das Erbgut von Mais eingebaut hat, konnte man Pflanzen entwickeln, die **resistent gegen Unkrautvernichtungsmittel** sind. Hierdurch lässt sich der Ertrag bei Mais deutlich steigern.

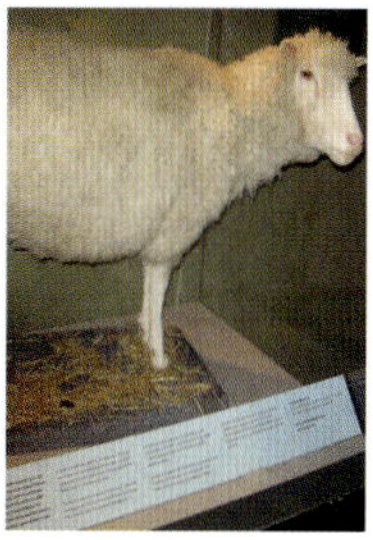

1. Klonschaf Dolly

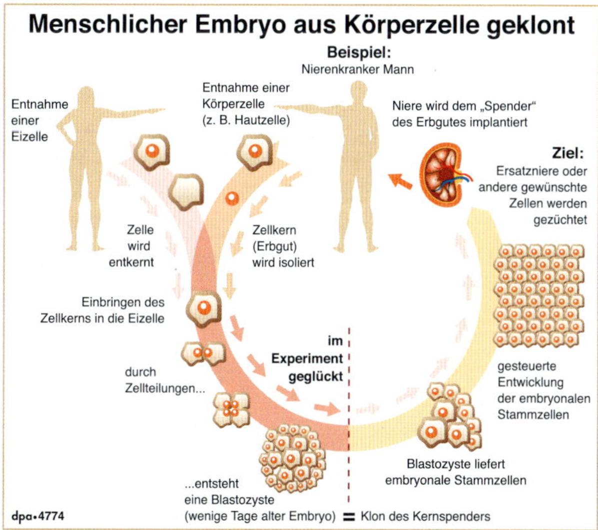


2. Therapeutisches Klonen

---

1. Sammeln Sie Stellungnahmen zum Thema Klonen, z. B. von den Kirchen, von Wissenschaftlern und Politikern. Diskutieren Sie darüber.
2. Sammeln Sie Stellungnahmen zu gentechnisch veränderten Nahrungspflanzen und Tieren. Diskutieren Sie darüber.

## Die Gentechnik revolutioniert die Medikamentenherstellung

*In Deutschland leben etwa sechstausend Menschen, die an der Erbkrankheit „Hämophilie" leiden. Diesen „Blutern" fehlt ein Gerinnungsfaktor im Plasma. Deshalb kommt es schon bei geringfügigen Verletzungen zu unstillbaren Blutungen, an denen die Betroffenen sterben können. Seit Mitte der 60er-Jahre gibt es Medikamente für Bluterkranke. Sie wurden damals aus dem Plasma von menschlichem Spenderblut gewonnen. Viele Bluter wurden in den 70er- und 80er-Jahren mit Hepatitis und/oder HIV infiziert, weil die Medikamente aus dem Spenderblut damit verseucht waren. Inzwischen stehen reine, gentechnisch gewonnene Faktor-XIII-Präparate zur Verfügung. Sie gelten als besonders sicher, weil damit nicht versehentlich Krankheiten übertragen werden können.*

*Wie werden solche Medikamente gentechnisch hergestellt? Aus einer gesunden menschlichen Zelle wird zunächst DNA entnommen (s. Abb. 1). Daraus kann man mit einem Enzym einen Abschnitt, der das gewünschte menschliche Gen enthält, z. B. für die Faktor-XIII-Produktion, herausschneiden. Mit einem anderen Enzym wird dieser Abschnitt dann in den DNA-Ring einer Bakterienzelle eingebaut. Bringt man den so veränderten DNA-Ring zurück in die Bakterienzelle, haben alle Nachkommen dieser Bakterienzelle das eingebaute menschliche Gen. Sie produzieren den entsprechenden Stoff (z. B. Faktor XIII), welchen man zur Gewinnung von Medikamenten nutzen kann.*

*Bereits seit 1982 wird in großem Maße gentechnisch gewonnenes Insulin für Diabetiker hergestellt. Vorher hat man Insulin aus der Bauchspeicheldrüse von Schweinen und Rindern gewonnen. Heute wird bereits jedes vierte neue Medikament gentechnisch hergestellt. Auch der erste Impfstoff gegen Gebärmutterhalskrebs wird gentechnisch hergestellt. Als Produzenten für gentechnische Wirkstoffe dienen z. B. Coli-Bakterien, Bäckerhefe, Säugetier- und Insektenzellen.*

**a** Aus der DNA einer menschlichen Zelle wird mit Enzymen ein Gen herausgeschnitten.

**b** Das menschliche Gen wird in den aufgeschnittenen DNA-Ring eines Coli-Bakteriums eingefügt (Enzyme = Ligasen).

**c** Der veränderte DNA-Ring wird zurück in das Bakterium gebracht. Alle seine Nachkommen tragen das eingebaute menschliche Gen und produzieren den gewünschten Wirkstoff.

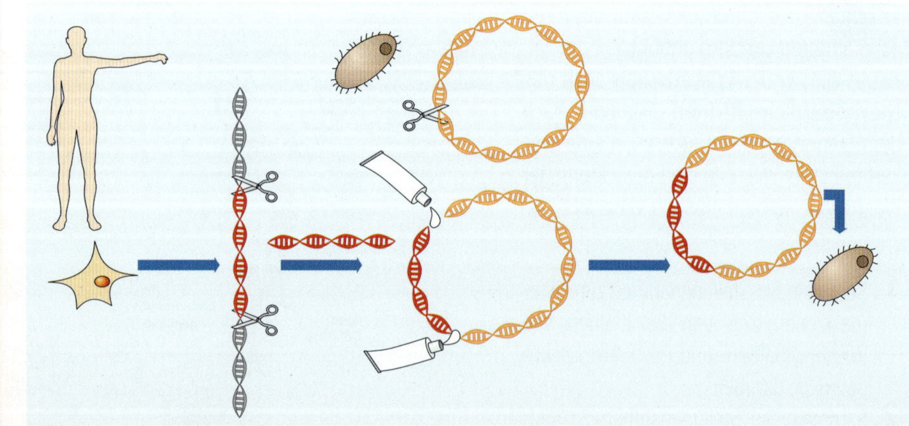

1. Gentechnische Herstellung von Medikamenten

# Übung: Fortpflanzung und Entwicklung des Menschen

### *A1 Embryonalentwicklung*

a) Veranschaulichen Sie in einer Grafik das Wachstum eines Embryos anhand folgender Durchschnittswerte.
b) Erkundigen Sie sich nach der Geburtsgröße und dem Geburtsgewicht in Ihrer Familie (z. B. Großvater, Großmutter, Mutter, Vater, Geschwister). Erklären Sie die Entwicklung.
c) Eine Schwangere nimmt durchschnittlich 11 kg zu. Erklären Sie die Gewichtszunahme.

| *Monat* | *Größe (cm)* | *Gewicht (g)* |
|---|---|---|
| 1. | 0,5 | 0,1 |
| 2. | 2,0 | 1,0 |
| 3. | 8,0 | 30,0 |
| 4. | 20,0 | 180,0 |
| 5. | 25,0 | 500,0 |
| 6. | 35,0 | 600,0 |
| 7. | 40,0 | 1 000,0 |
| 8. | 45,0 | 2 000,0 |
| 9. | 50,0 | 3 000,0 |

### *A2 Sexualität*

a) Erstellen Sie ein kleines Lexikon mit Begriffen aus dem Bereich der Sexualität, deren Bedeutung Ihnen oder Ihren Klassenkameraden nicht ganz klar ist, z. B. Erektion, Fetischismus, Masturbation, Sadismus usw.
b) Erkundigen Sie sich im Jugendamt, bei Pro Familia oder beim Deutschen Kinderschutzbund, welche Formen des „sexuellen Missbrauchs" es gibt, wie sich Kinder und Jugendliche dagegen schützen können und wo sie Rat und Hilfe finden.
c) Immer öfter bekommen Teenager zwischen zwölf und sechzehn Jahren ungewollt ein Kind. Diskutieren Sie über sexuelle Aufklärung, „das erste Mal", altersentsprechende Verhütung und Hilfemaßnahmen für diese „Kindermütter".

### *A3 Kulturelle Unterschiede*

a) Erkundigen Sie sich nach den Erwartungen an Frauen und Männer in anderen Kulturkreisen. Sie können z. B. türkische Mitschüler befragen. Vergleichen Sie diese mit Ihrer eigenen Position. Berichten Sie.
b) Lesen Sie das Buch „Wüstenblume" der Schriftstellerin Waris Dirie, die auch als Model bekannt geworden ist. Berichten Sie über Ihre Eindrücke.

### *A4 Künstliche Befruchtung*

a) Suchen Sie im Internet nach Webseiten von Kinderwunschzentren. Berichten Sie über deren Angebote.
b) Suchen Sie im Internet nach Samenbanken. Berichten Sie über deren Angebote in Form eines Referats.
c) Informieren Sie sich über rechtliche Fragen der künstlichen Befruchtung (z. B. Embryonenschutzgesetz). Berichten Sie in Form eines Referats.

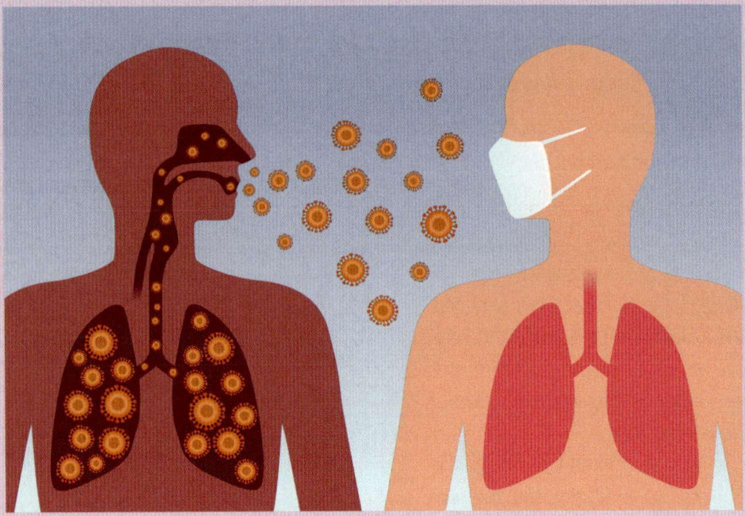

# 7 Infektionskrankheiten und Hygiene

# 7.1 Mikroorganismen – die kleinsten Lebensformen

*Grippewelle*

*Im Winter 2016/2017 lief eine heftige Grippewelle über Deutschland, sodass sogar vereinzelt Schulen und andere Gemeinschaftseinrichtungen geschlossen werden mussten.*

1. *Informieren Sie sich im Internet über das weltumspannende Frühwarnsystem für Grippe (Influenza) der Weltgesundheitsorganisation (WHO). Berichten Sie.*
2. *Informieren Sie sich über Impfempfehlungen für Grippe der ständigen Impfkommission am Robert Koch-Institut. Berichten Sie.*
3. *Verfassen Sie persönliche Schutzmaßnahmen gegen Grippe. Begründen Sie.*

*Infektion in Frühgeboren-Intensivstation*

*Die Medien berichteten in 2012/2013, dass auf mehreren Frühgeborenen-Intensivstationen Deutschlands todbringende Infektionen bei den Frühchen auftraten, oft verursacht durch Keime, die für gesunde Menschen völlig harmlos sind. Übertragen wurden diese Bakterien z.B. über verunreinigte Sondenkost.*

1. *Recherchieren Sie genauer über die verschiedenen Fälle auf den Frühgeborenen-Intensivstationen (z.B. im Internet). Welche Hygiene-Fehler waren die Erkrankungsursachen? Berichten Sie.*
2. *Informieren Sie sich über die hygienischen Maßnahmen im Handling mit einem Neugeborenen. Verfassen Sie Hygiene-Regeln dazu.*
3. *Was ist beim Windelwechsel und Reinigen der Genitalien bei Babys genau zu beachten, um Krankheiten vorzubeugen? Erklären Sie.*
4. *Welche Hygiene-Maßnahmen sind beim Herrichten, Verabreichen und Reinigen von Babyfläschchen zu beachten? Verfassen Sie dazu Arbeitsanweisungen.*

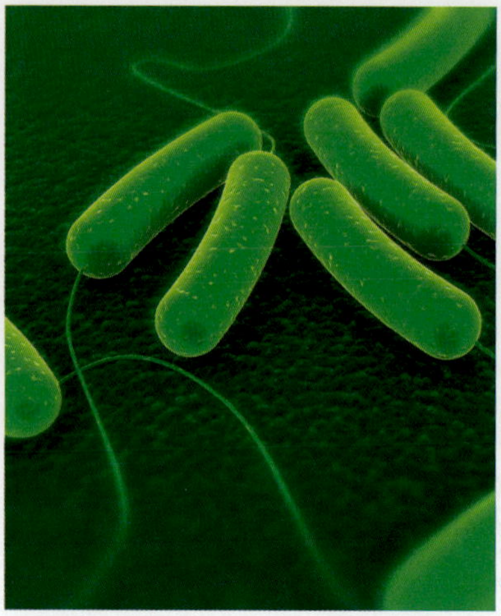

1. Bakterien

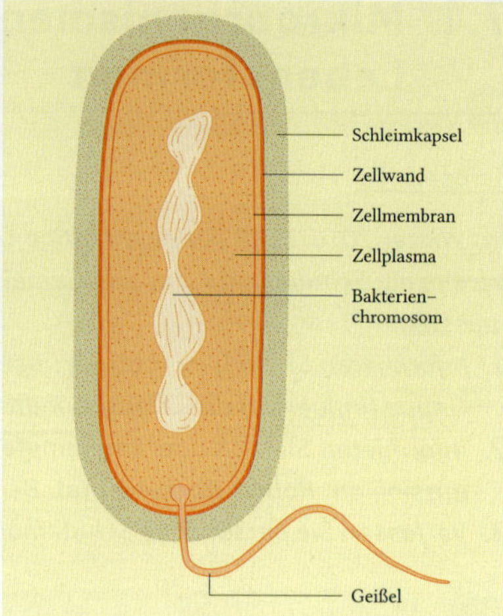


2. Colibakterium, Schema

### 7.1.1 Bakterien: nützlich oder schädlich?

*Die Aufschrift auf einem WC-Reiniger-Etikett lautet „hygienisch frisch bis unter den Beckenrand – mit antibakterieller Wirkung". Sind Bakterien so gefährlich, dass wir ihnen den Kampf ansagen müssen?*

Bakterien zählen zu den **Mikroorganismen**, weil sie so klein sind, dass man sie nur unter dem Mikroskop sichtbar machen kann. Sie sind im Durchschnitt nur ein tausendstel Millimeter dick und zwei tausendstel Millimeter lang. Bakterien können stäbchenförmig, korkenzieherartig, kugelförmig oder wie ein Komma aussehen.
Fast überall kommen Bakterien vor: in der Luft, im Boden, in Fäkalien, in Lebensmitteln sowie in und auf dem Menschen (Haut, Mund, Darm). Einige Arten können **Sporen** ausbilden. Das sind Dauerstadien, mit denen sie bei ungünstigen Wachstumsbedingungen überleben können.

Escherichia coli, benannt nach seinem Entdecker, dem Arzt Theodor Escherich (1857–1911), wird auch E. coli oder Colibakterium genannt. Die stäbchenförmige Zelle ist von einer doppelten schützenden Membran umschlossen. Zwischen der äußeren und der inneren *Zellmembran* befindet sich eine feste *Zellwand*. Das *Zellplasma* enthält unter anderem Reservestoffe und die Erbsubstanz in Form eines ringförmigen *Bakterienchromosoms* sowie *Ribosomen*. Einen echten Zellkern mit Kernmembran gibt es bei Bakterien nicht. Zur aktiven Fortbewegung verfügen einige Bakterien über *Geißeln*.

Colibakterien besitzen die Fähigkeit, sowohl durch *Atmung* als auch bei Sauerstoffmangel durch *Gärung* Energie zu gewinnen. Die Vermehrung der Colibakterien erfolgt durch **Zellteilung**. Zunächst wird das Bakterienchromosom verdoppelt. Dann entstehen durch Zellteilung zwei Tochterzellen, die wieder zur normalen Größe heranwachsen. Unter optimalen *Wachstumsbedingungen* können sich Colibakterien alle 20 Minuten teilen. Optimale Wachstumsbedingungen sind:

- *Temperatur* von 36–37 °C,
- *Säuregrad* von pH 5,0 bis 8,0,
- hoher *Wassergehalt im Substrat*,
- eiweiß- und kohlenhydratreiches *Nahrungsangebot*,
- *Sauerstoffanwesenheit*.

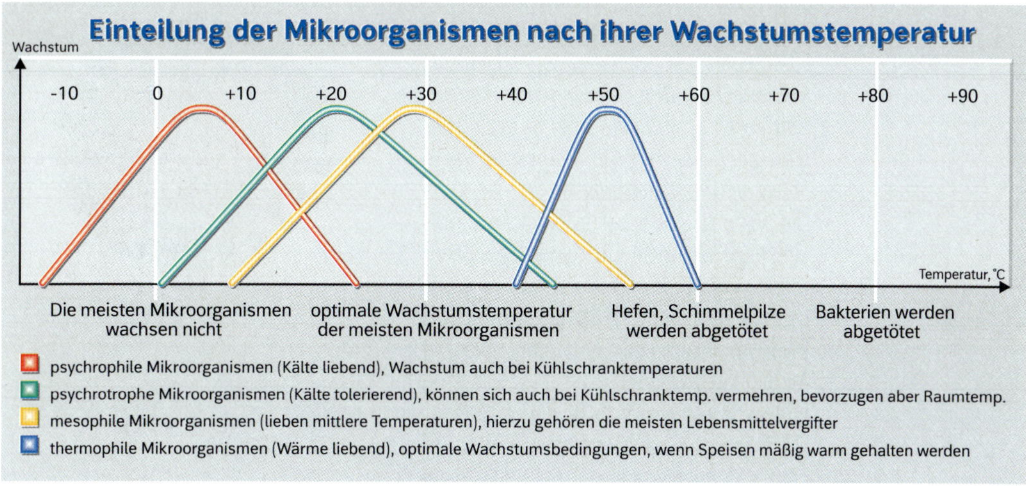


2. Einteilung der Mikroorganismen nach ihrer Wachstumstemperatur

Colibakterien sind harmlose Darmbewohner. Gelangen sie aber z. B. in die Harnröhre, können sie dort Infektionen verursachen. E. coli dient auch als Anzeigekeim für Kotverunreinigungen im Trinkwasser.

Es gibt auch viele „nützliche" Bakterien. So besiedeln z. B. bestimmte *Milchsäurebakterien* (Lactobazillen) unsere Haut und Schleimhäute und erzeugen dort den *Säureschutzmantel*, der uns vor Infektionen bewahrt.

Die **Lebensmittelindustrie** bedient sich ebenfalls nützlicher Bakterien: Stoffwechselendprodukte, wie z. B. die Milchsäure, geben den Lebensmitteln ihr spezielles Aroma und machen sie haltbar. Mithilfe von Milchsäurebakterien entsteht bei unterschiedlichen Wachstumsbedingungen die Vielfalt von Sauermilchkäsen, Joghurts, Sauerteigbroten sowie Sauerkraut.

Viele Bakterienarten ernähren sich von abgestorbenen Pflanzen und Tieren. Durch *Verwesung* entstehen im Boden wichtige wachstumsfördernde Nährstoffe. Wer einmal einen Komposthaufen im Garten angelegt hat, weiß, dass aus Küchenabfällen wunderbarer Humus entsteht. Bakterien sind ein wichtiger Bestandteil des **Stoffkreislaufs in der Natur**.

1. Beschreiben Sie, an welchen Merkmalen man erkennen kann, dass ein Lebensmittel verdorben ist.
2. Erläutern Sie die fünf Wachstumsfaktoren von Bakterien.
3. Stellen Sie einen Plan auf, wie Personalhygiene in Pflegeberufen oder im Nahrungsmittelgewerbe durchgeführt werden sollte.

### 7.1.2 Sind Viren Lebewesen?

*Laura kann schon seit drei Tagen nicht zur Schule gehen. Ihre Glieder schmerzen, im Hals kratzt es und ihr Körper ist vor Fieber ganz heiß. Der Arzt hat festgestellt, dass Laura an Grippe erkrankt ist.*

Die echte Grippe ist eine typische Virusinfektion, die nicht mit einem grippalen Infekt verwechselt werden darf. Grippeviren werden durch **Tröpfcheninfektion** beim Anniesen oder Anhusten über die Atemluft übertragen.

Viren sind viel kleiner als Bakterien. Grippeviren haben einen Durchmesser von nur etwa 100 nm. Man kann sie nur unter einem Elektronenmikroskop sichtbar machen. Sie bestehen aus zwei wesentlichen Bestandteilen, der **Erbsubstanz** – entweder RNS oder DNS – und einer schützenden **Eiweißhülle** mit charakteristischem Oberflächenmuster.

Wie alle Viren haben Grippeviren keinen eigenständigen Stoffwechsel. Deshalb sind sie immer auf Wirtszellen angewiesen, die sie für ihre **Vermehrung** ausnutzen. Ein Grippevirus dringt in eine Körperzelle, auf die es spezialisiert ist (z. B. Nasenschleimhautzelle), ein und wird dort vermehrt. Dies geschieht durch Umcodierung der Wirtszelle, die dann viruseigenes Material aufbaut. Die neu entstandenen Viren verlassen die Wirtszelle. Diese zerplatzt und stirbt dabei ab. Anschließend befallen die massenhaft vermehrten Grippeviren weitere gesunde Zellen.

Grippeviren verändern durch Mutation ständig ihre Oberflächenstruktur. Dies macht die jährliche Auffrischung einer Grippeimpfung erforderlich.

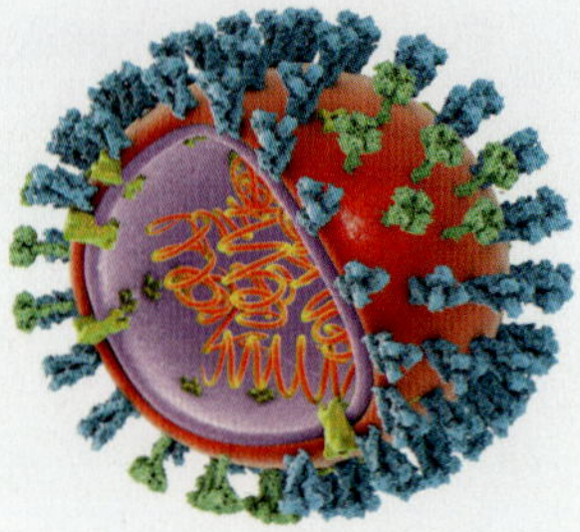

1. Grippevirus

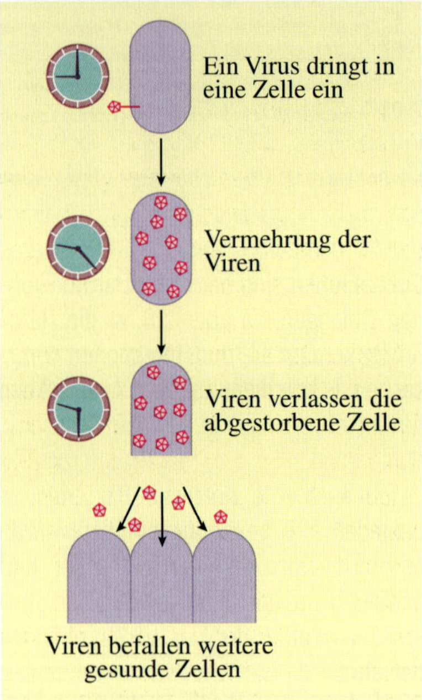


2. Vermehrung von Grippeviren

**1.** Erläutern Sie, warum Viren keine Lebewesen sind. Welche Kennzeichen und Fähigkeiten lebendiger Wesen fehlen ihnen?

**2.** Wägen Sie ab, für welche Personengruppen eine Grippeimpfung zu empfehlen ist.

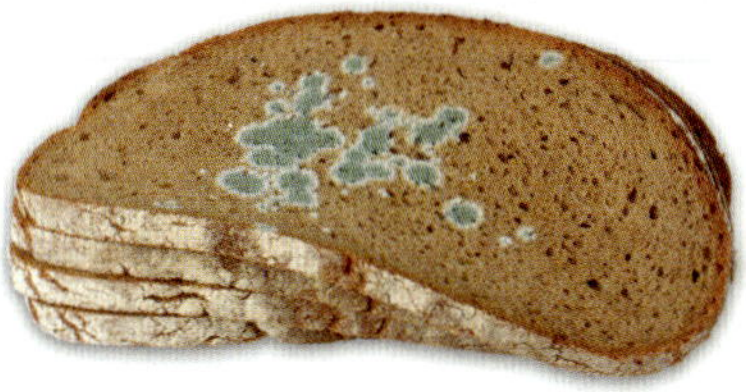

1. Schimmel auf Schnittbrot

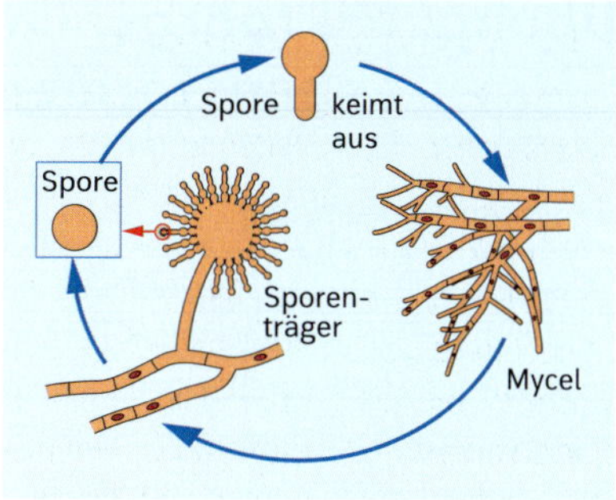


2. Vermehrung von Pilzen

### 7.1.3 Wie leben Pilze?

*Pia öffnet ein Toastbrot und entdeckt kleine blau-grüne Kreise auf den ersten zwei Scheiben. Sie sind verschimmelt! „Kann ich den Schimmel nicht einfach abkratzen und das Brot noch essen?", fragt sie sich.*

Schimmelpilze bilden ein langes, verzweigtes Geflecht aus Zellfäden, welches das gesamte Substrat, z. B. das Toastbrot, durchdringt. Man nennt es **Mycel**. Die *Pilzzellen* des Mycels sind von einer *Zellwand* umgeben, die das Zellplasma mit dem Zellkern und den anderen Zellorganellen umschließt.

Auf der Oberfläche des Substrates bilden sich die **Fruchtkörper** der Schimmelpilze. Das ist der weiße oder auch blau-grüne, pelzige Belag, den wir mit bloßem Auge, z. B. auf verschimmelten Lebensmitteln, sehen können. Unter dem Elektronenmikroskop erkennt man, dass dieser Belag wie ein Pinsel, ein Köpfchen oder eine Gießkanne aussieht. In den Fruchtkörpern entstehen **Sporen**, die freigesetzt und durch die Luft weit fortgetragen werden können. Stoßen sie auf optimale Wachstumsbedingungen wie Feuchtigkeit und Wärme, entstehen aus diesen Sporen wieder neue Pilze.

Schimmelpilze sind sehr anspruchslos und hartnäckig. Sie bevorzugen zum Wachstum kohlenhydrat- oder eiweißhaltige Substrate sowie etwas Feuchtigkeit. Und sie brauchen Sauerstoff zum Leben, weil sie aerobe Mikroorganismen sind.

Schimmelpilze sind nicht harmlos. Ihre Mycele dringen für das menschliche Auge unsichtbar tief in das befallene Lebensmittel ein und scheiden dabei **Aflatoxine** aus. Diese Gifte schädigen die Leber und können Krebs auslösen. Außerdem verursachen Schimmelpilze Allergien.

Die **Lebensmittelindustrie** setzt nützliche Pilzkulturen ein, um verschiedene Käsesorten sowie natürliche Aromen herzustellen. Mithilfe von Hefepilzen werden Brot, Bier und Wein erzeugt. Bei diesem Prozess entsteht der Alkohol Ethanol. Deshalb spricht man auch von **alkoholischer Gärung**.

1. Verfassen Sie Verbrauchertipps, wie man mit verschimmelten Lebensmitteln um-zugehen hat.
2. Ordnen Sie verschiedenen Lebensmittelgruppen optimale Lagerungsbedingungen zu, um Schimmelpilzbefall zu vermeiden.

# Übung: Mikroorganismen – die kleinsten Lebensformen

*A1 Joghurtherstellung*

Stellen Sie selbst Joghurt her. Nehmen Sie 3,5%ige H-Milch und Naturjoghurts mit unterschiedlichen Milchsäurebakterien (z. B. milder und saurer Joghurt). Achten Sie darauf, dass lebende Milchsäurebakterien enthalten sind. Erwärmen Sie 1 Liter Milch in einem Topf auf ca. 40°C und geben Sie einen Becher Joghurt hinein. Gut verrühren. In Gläser eines Joghurt-Bereiters abfüllen und für ca. acht Stunden bebrüten. Anschließend kalt stellen. Vergleichen Sie Ihre Ergebnisse.

*A2 Gärung*

1. Beimpfen Sie Traubensaft mit einer Bäckerhefe-Suspension. Bebrüten Sie den Saft für einen Tag bei 30 °C. Werten Sie Ihr Versuchsergebnis aus.
2. Geben Sie in mehrere Behältnisse warmes Wasser. Fügen Sie verschiedene Zuckerstoffe wie z. B. Traubenzucker, Fruchtzucker, Milchzucker und Stärke hinzu. Geben Sie jeweils etwas Bäckerhefe dazu. Beschreiben Sie, was nach einer halben Stunde in den wässrigen Lösungen zu beobachten ist.

*A3 Mikroskopieren*

1. Untersuchen Sie Proben aus Versuch A1 und A2 unter dem Lichtmikroskop. Skizzieren Sie die Milchsäurebakterien und die Bäckerhefe.
2. Entnehmen Sie einem Blauschimmelkäse mit einer feinen Öse die weißen und die blauen Schimmelpilze. Präparieren Sie diese für das Mikroskop nach den Anweisungen auf S. 33 und 34. Mikroskopieren Sie die Schimmelpilze und skizzieren Sie die beiden unterschiedlichen Schimmelpilzkulturen.

*A4 Mikroorganismen in der Lebensmittelindustrie*

1. Informieren Sie sich im Lebensmittelhandel oder im Internet über **Functional Food**. Unterscheiden Sie dabei die „probiotischen“ und „prebiotischen“ Lebensmittel hinsichtlich ihrer Wirkungen im Körper. Fertigen Sie dazu eine Collage oder Ausstellung an. Diskutieren Sie. Nehmen Sie kritisch dazu Stellung.
2. Erkundigen Sie sich in der Lebensmittelbranche über die Herstellung von Brot, Wein, Bier, Käse, Sauerkraut, Essig u. Ä. Berichten Sie darüber.
3. Sammeln Sie Schlagzeilen über aktuelle Lebensmittelskandale durch mikrobielle Verunreinigungen aus Tageszeitungen, aus dem Internet o. Ä. Wo traten die Fälle auf? Wodurch wurden die Infektionen verursacht? Wie viele Menschen waren davon betroffen? Welche Maßnahmen ergreifen dabei jeweils die Behörden, die Lebensmittelhersteller und der Lebensmittelhandel? Berichten Sie darüber.

## 7.2 Infektionskrankheiten und ihre Bekämpfung

**„Norovirus: 23 Kinder erkrankt – Kindergarten geschlossen!"**

*So lautete kürzlich eine Überschrift in einer süddeutschen Zeitung und es hieß weiter: „Nachdem 23 Kinder an Brechdurchfall erkrankt waren, hat das Gesundheitsamt wegen des Verdachts auf eine Infektion mit dem Norovirus die vorsorgliche Schließung der Kita angeordnet."*
*Noroviren sind hochansteckend und verursachen Magen-Darm-Entzündungen mit Symptomen wie Übelkeit, starkem Erbrechen, Bauchkrämpfen und Durchfall. Die Viren können von Mensch zu Mensch, aber auch über Gegenstände wie Türgriffe, Spielsachen usw. übertragen werden. Deshalb hatte im aktuellen Fall das Gesundheitsamt angeordnet, dass der gesamte Kindergarten – Räumlichkeiten, Spielzeug, sanitäre Anlagen – desinfiziert werden musste.*

1. *Informieren Sie sich, welche Infektionskrankheiten laut Infektionsschutzgesetz (IfSG) meldepflichtig sind. Unterscheiden Sie dabei zwischen bakteriellen und virösen Erkrankungen.*
2. *Informieren Sie sich über den § 43 des Infektionsschutzgesetzes: die gesundheitliche Belehrung. Berichten Sie.*
3. *Besorgen Sie sich im Internet oder in einer Kita einen Hygieneplan. Was wird wie und wie oft gereinigt? Berichten Sie.*
4. *Besorgen Sie sich im Internet oder in einer Kita ein Merkblatt für Eltern zum Thema „Kranke Kinder". Berichten Sie.*

***MRSA-Alarm im Altenpflegeheim***

*Frau Dillinger kehrt nach einer Operation mit einer MRSA-Infektion aus dem Krankenhaus in das Altenpflegeheim zurück. Infektionen, die sich Patienten im Rahmen von ärztlichen Behandlungen zuziehen, werden als nosokomiale Infektionen bezeichnet (griechisch Nosokomeion = Krankenhaus).*
*Nosokomiale Infektionen gehören zu den häufigsten Komplikationen infolge von medizinischen Behandlungen. Man schätzt, dass in Deutschland pro Jahr etwa 500 000 Patienten davon betroffen sind. Am häufigsten treten auf: Harnwegsinfektionen, Wundinfektionen, Pneumonien (Lungenentzündungen) und Sepsis (Blutvergiftung). Da von solchen Infektionen eine große, unter Umständen tödliche Gefahr für die Gesundheit der Betroffenen ausgeht, gibt es im Infektionsschutzgesetz dazu spezielle Auflagen bzw. Regelungen.*

1. *Informieren Sie sich über MRSA (z. B. S. 183 rechts).*
2. *Informieren Sie sich im Internet oder in einem Krankenhaus, was in Gesundheitseinrichtungen gegen die Ausbreitung von MRSA unternommen wird.*
3. *Informieren Sie sich im Internet oder in einer Altenpflegeeinrichtung, wie man bei einem MRSA-Fall vorgeht (MRSA-Standard). Berichten Sie.*

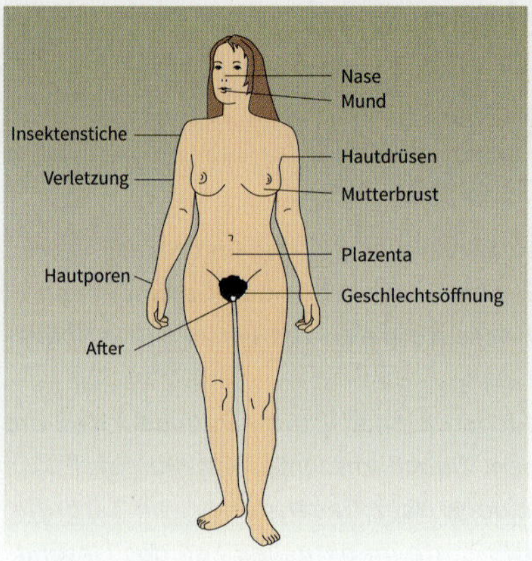

1. Infektionswege beim Menschen

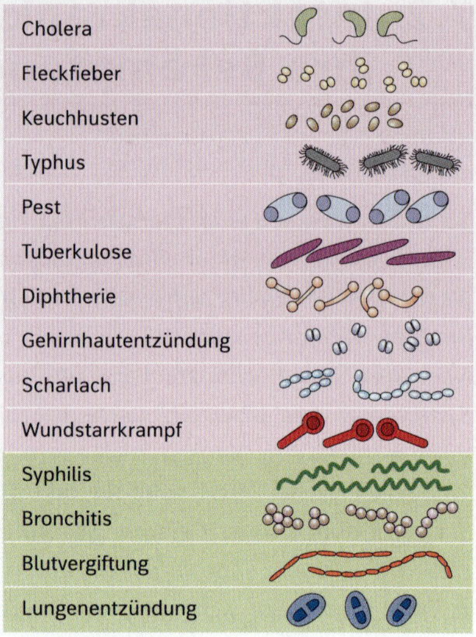

2. Bakterielle Infektionskrankheiten

### 7.2.1 Bakterien als Krankheitserreger

Wie gelangen Krankheitserreger in unseren Körper? Es gibt verschiedene **Infektionswege** (s. Abb. 1). Allein mit der Atemluft können täglich bis zu 10 000 Bakterien in den Nasen-Rachen-Raum gelangen. Solche *Tröpfcheninfektionen* erfolgen z. B. beim Anhusten oder Anniesen durch infizierte Personen. Offene Wunden stellen ein Risiko für *Schmierinfektionen* dar. Auch mit der *Nahrung*, z. B. durch verdorbene Lebensmittel, können Krankheitserreger in unseren Körper gelangen. Andere Keime dringen über die Bindehaut der Augen oder durch Ausscheidungsöffnungen in den Körper ein. Auch durch Insektenstiche oder über den Mutterkuchen während der Schwangerschaft kann es zu Infektionen kommen.

Die Erreger der **Lungentuberkulose** (Mycobacterium tuberculosi) dringen meist über die Atemwege in den Körper ein. Sie rufen in der Lunge Entzündungen hervor, die zur Auflösung des Lungengewebes führen. Bei einem gesunden Menschen können sie sich verkapseln, ohne dass die Krankheit ausbricht. Bei einem geschwächten Körper kann allerdings eine offene Tuberkulose entstehen. In diesem Falle husten die Kranken bakterienhaltigen Schleim aus und können so andere Personen infizieren. Heute sterben in Deutschland nur noch relativ wenige Menschen an Tuberkulose. Ein guter Ernährungszustand der Bevölkerung, gezielte Vorbeugemaßnahmen und die medizinische Versorgung beugen vor. Durch den Zuzug von Menschen aus medizinisch unterversorgten Ländern wie Osteuropa, aus Kriegsgebieten usw. können – so fürchtet man – die „alten" Seuchen wieder auftreten. (s. S. 170).

Bei Verletzungen der Haut können durch die Wunde Erreger des **Wundstarrkrampfes** (Clostridium tetani) in Blut- und Lymphgefäße eindringen und sich dort vermehren. Tetanus-Erreger geben giftige Ausscheidungsprodukte ab. Die Giftigkeit dieses *Toxins* ist groß: 100 Gramm reines Tetanus-Toxin reichen aus, um die ganze Menschheit zu töten.

Ähnlich verhält es sich mit dem Erreger einer **Lebensmittelvergiftung** (Clostridium botulinum). In befallenen Lebensmit-

| *Krankheit* | *Übertragung* | *Hauptsymptome* |
|---|---|---|
| Keuchhusten | Einatmen | Hals- und Schluckbeschwerden, krampfartiger Husten, Fieber, Erbrechen |
| Diphtherie | Einatmen | Gaumen- und Rachenbeläge, Schluck- und Atembeschwerden, Fieber |
| Tuberkulose | Einatmen, Haut- und Schleimhautwunden, infizierte Milch | Entzündungsherde in der Lunge, Fieber, Husten, Brustschmerzen, Gewichtsverlust |
| Tripper Gonorrhöe | meist durch Geschlechtsverkehr, Neugeborene bei Geburt | Eitriger Ausfluss aus Harnröhre oder Scheide, später Übergreifen auf Harnblase und innere Geschlechtsorgane, Sterilität, Fieber in Schüben |

3. Steckbriefe von bakteriellen Infektionskrankheiten

teln bildet er sein sehr gefährliches Gift, das Botulinus-Toxin, ein Neurotoxin. Es reicht in einer Konzentration von 0,1 bis 1,0 µg aus, um einen Menschen zu töten. Solche Bakteriengifte wirken speziell auf die Nervenzellen und töten den Körper durch Lähmung all seiner Funktionen. Gegen Tetanus kann man sich durch regelmäßige Impfungen schützen. Infektionen mit Lungentuberkulose und Lebensmittelvergiftungen sind meldepflichtig.

**1.** Stellen Sie Lebensmittelinfektionen wie Salmonellose, Botulismus, EHEC oder Staphylokokken steckbriefartig vor.
**2.** Geben Sie lebensmittelhygienische Tipps, wie man Lebensmittelinfektionen vermeiden kann. Berücksichtigen Sie dabei den Einkauf der Rohwaren, die Zubereitung und die Lagerung des Endproduktes im Haushalt.
**3.** Informieren Sie sich über Legionellen. Was ist diesbezüglich bei der Wartung von Wasseranlagen zu beachten?
**4.** Recherchieren Sie, weshalb es wieder vermehrt zu Keuchhusten-Erkrankungen kommt. Berichten Sie.

**Louis Pasteur und Robert Koch – zwei Pioniere der Mikrobiologie**

*Louis Pasteur (1822–1895) entdeckte, dass Mikroorganismen Krankheiten bei Mensch und Tier verursachen können. Durch Hitzebehandlung, das Pasteurisieren, brachte er pathogene (krankmachende) Keime gezielt zum Absterben (1868).*
*Robert Koch (1843–1910) begann 1873 als junger Landarzt mit der Erforschung des Milzbrandes, einer Tierseuche. Ihm gelang der Nachweis, dass nur lebende Bakterien Krankheiten hervorrufen können, das Impfen mit abgetöteten Bakterien jedoch eine Immunisierung bewirkt.*

Louis Pasteur

Robert Koch

## Tbc wieder auf dem Vormarsch

*Im 19. Jahrhundert gehörte die auch als Schwindsucht bezeichnete* ***Lungentuberkulose (Tbc)*** *zu den Haupttodesursachen in Europa. Beengte Wohnverhältnisse, mangelnde Hygiene und ein durch Unterernährung geschwächtes Immunsystem förderten die Ausbreitung dieser Krankheit. Der Siegeszug zur Bekämpfung der Tbc begann 1882, als* ***Robert Koch*** *das stäbchenförmige Bakterium Mycobacterium tuberculosis als Erreger der Krankheit identifizierte. Die beiden französischen Forscher* ***Albert Calmette*** *und* ***Camille Guérin*** *entwickelten 1906 einen Impfstoff (BCG, Bacille Calmette Guérin), mit dem man erstmals schon Säuglinge vorbeugend gegen Tbc immunisierte.*

*In Deutschland gilt die Tbc heute als besiegt. Aber weltweit verbreitet sich die Lungentuberkulose wie eine Epidemie. Rund ein Drittel der Weltbevölkerung ist mit dem Tbc-Erreger infiziert, pro Jahr erkranken rund neun Millionen Menschen neu an der Tbc und die Krankheit fordert jährlich rund 1,4 Millionen Todesopfer, vor allem in Osteuropa, Asien und Afrika. Wie ist das möglich?*

*Beengte Lebensverhältnisse und mangelnde Hygiene, z. B. in Flüchtlingslagern, Gefängnissen, Notunterkünften nach Naturkatastrophen usw., fördern die Verbreitung der Lungentuberkulose in den genannten Regionen.*

*Zum anderen treten immer häufiger resistente oder sogar mehrfach* ***resistente Stämme*** *von Mycobacterium tuberculosis auf, die nicht mehr auf Antibiotika reagieren. Ein marodes Gesundheitssystem und schlecht informierte Patienten sind oft der Nährboden für die Entstehung von Antibiotika-Resistenzen.*

*Darüber hinaus erweisen sich Tbc-Erreger als zäh und langlebig. Dringen Mycobakterien in die Lunge ein, werden sie dort von Makrophagen, den Fresszellen des Immunsystems, empfangen und verschlungen. Bei etwa 90 % aller Infektionen können so die Erreger unschädlich gemacht werden. Allerdings verhindern die Bakterien ihre Verdauung in der Fresszelle, indem sie sich abkapseln. Bei einer erneuten Infektion durch den Tbc-Erreger oder bei einer Schwächung des Immunsystems, z. B. infolge von AIDS, Unterernährung, Alter usw., können die Tbc-Erreger freigesetzt werden und die Krankheit auslösen.*

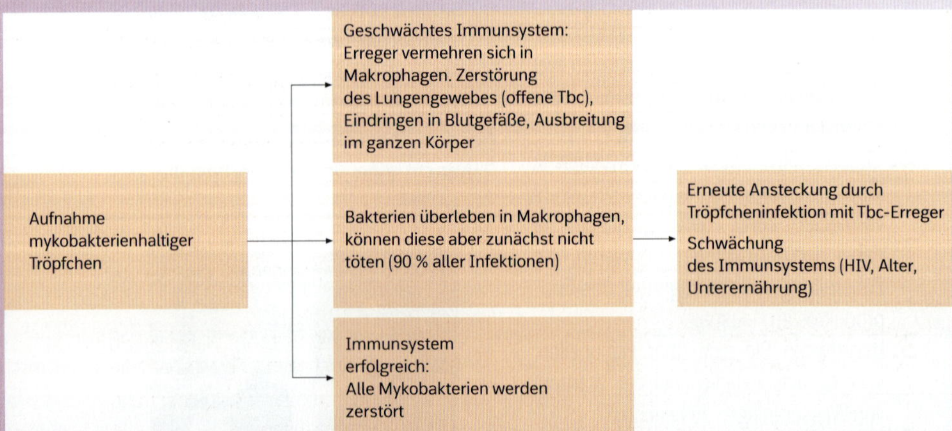


1. Verlaufsformen der Lungentuberkulose (Tbc)

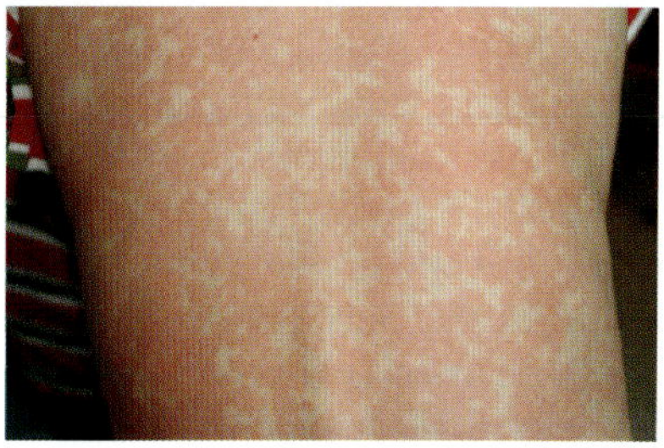

1. Ausschlag bei Masern

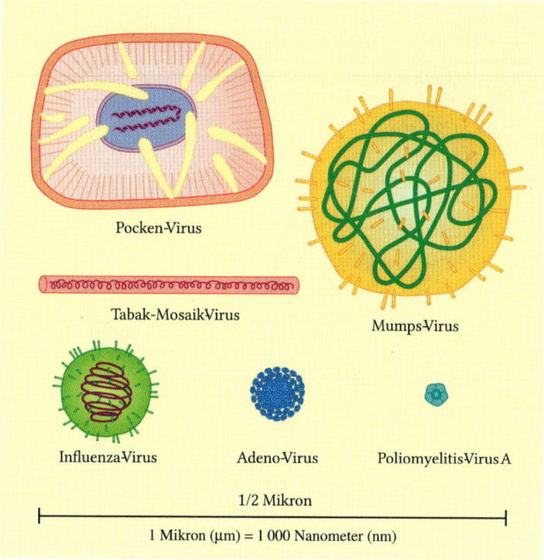


2. Form und Größe einiger Viren

### 7.2.2 Viren als Krankheitserreger

Masern werden durch das Masern-Virus hervorgerufen. Die Übertragung erfolgt von Mensch zu Mensch durch Tröpfcheninfektion über die Schleimhäute des Atemtraktes und der Augen. Nach einer Inkubationszeit von 9 bis 12 Tagen zeigen sich folgende Krankheitssymptome: hohes Fieber, Husten, Schnupfen, Bindehautentzündung und der typische Hautausschlag. Durch die Schwächung der Immunabwehr kommt es in der Folge häufig zu Lungenentzündung und Mittelohrentzündung, in schweren Verläufen zur Hirnentzündung.

Masern sind hoch ansteckend. Ansteckungsgefahr besteht vier bis fünf Tage vor Ausbruch des Hautausschlages bis etwa zwei Tage danach. Es werden zwei Impfungen empfohlen, die meist mit Mumps und Röteln kombiniert werden:

1. Impfung: 11. bis 14. Lebensmonat,
2. Impfung: 15. bis 23. Lebensmonat.

Es bestehen große Impflücken, weshalb immer wieder Masernepidemien ausbrechen.

**Röteln** werden durch Tröpfcheninfektion übertragen. Neben Fieber und geschwollenen Lymphknoten ist ein hellroter Hautausschlag, der sich streifenartig am Rumpf verteilt, ein eindeutiges Symptom. Alle Mädchen im gebärfähigen Alter sollten eine *Rötelimpfung* bekommen, denn eine Ansteckung während der ersten drei Schwangerschaftsmonate kann beim Embryo schwerste Missbildungen der Augen, Ohren und des Zentralnervensystems hervorrufen. Heutzutage werden unabhängig vom Geschlecht bereits im Kleinkindalter kombinierte Mumps-Masern-Röteln-Impfungen durchgeführt.

Obwohl in oben genannter Kombinationsimpfung die meisten Kinder gegen **Mumps** geimpft sind, kommt es immer wieder zu Epidemien. Mumpsinfektionen führen bei jedem zehnten Fall zu einer Hirnhautentzündung. Außerdem können bei Jungen Hodenentzündungen, die mitunter zur Zeugungsunfähigkeit führen, die Folge sein. Kinder müssen zweimal gegen Mumps geimpft werden.

Weitere **typische Viruserkrankungen** sind Windpocken, Kinderlähmung, Grippe, AIDS oder Hepatitis B. Virusinfektionen sind wesentlich gefährlicher als bakterielle Erkrankungen, weil es nicht so viele Medikamente gegen sie gibt. Antibiotika sind unwirksam, weil sie die Viren nicht abtöten können.

---

1. Erläutern Sie die Begriffe „Epidemie“, „Endemie“ und „Pandemie“ anhand konkreter Beispiele.
2. Arbeiten Sie Hepatitis B steckbriefartig aus. Berücksichtigen Sie dabei die Infektionswege, die Symptome und Therapiemöglichkeiten.
3. Beschreiben Sie Hygienevorschriften, mit denen Hepatitis B in Pflegeberufen vorgebeugt wird.

---

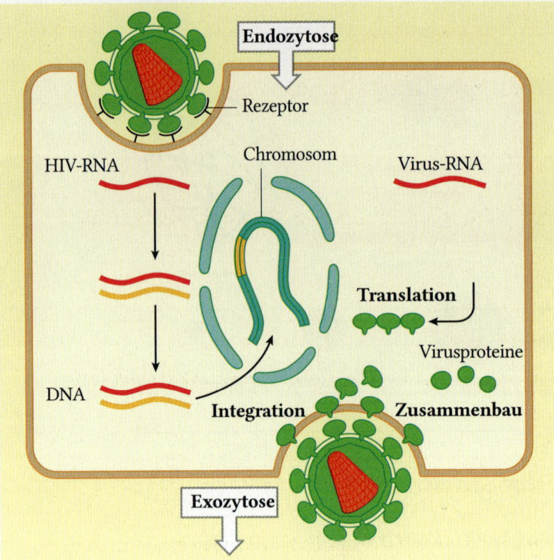


1. HIV: Vermehrung in einer Zelle

### 7.2.3 AIDS – eine neue Virusinfektion

*Am 1. Dezember jedes Jahres werden anlässlich des Welt-AIDS-Tages die neuesten Statistiken veröffentlicht. Trotz Aufklärungskampagnen steigt die Zahl der AIDS-Kranken weltweit. Man schätzt, dass im Jahre 2017 etwa 37 Millionen Menschen weltweit infiziert oder erkrankt waren. In Schwarzafrika stellt AIDS mittlerweile die Todesursache Nr. 1 dar.*

**AIDS** ist eine Infektionskrankheit, auf die man erstmals 1981 aufmerksam wurde. Die Abkürzung (**A**cquired **I**mmune **D**eficiency **S**yndrome) steht übersetzt für „erworbenes Immunschwäche-Syndrom". Hervorgerufen wird die Krankheit durch das Virus **HIV** (**H**uman **I**mmunodeficiency **V**irus), das man erst 1983 nachweisen konnte. Wie jedes andere Virus kann sich HIV nur in lebenden Zellen fortpflanzen. Es hat sich jedoch – und das ist das Tückische an der Infektion – auf bestimmte Zellen des menschlichen Immunsystems spezialisiert. Nachdem HIV in den menschlichen Organismus gelangt ist, heftet sich das Virus an die Zellmembran eines **T-Lymphozyten.** Dann schleust es seine Erbinformation in die Zelle ein. Die Erbinformation des Virus wird in das Erbgut des T-Lymphozyten eingebaut. Dort kann es jahrelang ruhen, bis es schließlich zum Ausbruch kommt. In dieser Frühphase treten nur bei einem Drittel der Infizierten Symptome auf. Wer nicht ahnt, dass er sich angesteckt hat, bringt diese grippeähnlichen Erscheinungen nicht mit HIV in Verbindung. Die **Inkubationszeit,** also die Zeitspanne von der Ansteckung mit dem Virus bis zum Ausbruch der AIDS-Krankheit kann zehn bis 20 Jahre betragen. Wenn dann HIV aus den T-Lymphozyten freigesetzt wird, kann es andere Immunzellen befallen. Die T-Lymphozyten sterben nach der Virusvermehrung ab.

Die massenhafte Ausbreitung schwächt das Immunsystem so stark, dass es andere Infektionen wie z. B. Lungenentzündung nicht mehr bekämpfen kann. Das volle Krankheitsbild von AIDS äußert sich durch eine rasche Folge wiederholt auftretender zum Teil banaler Infektionskrankheiten, die einem gesunden Immunsystem nichts anhaben können. In der letzten Stufe folgt oft ein bösartiger Hautkrebs (Kaposi-Sarkom). Neben den Infektionskrankheiten führt dieser schließlich zum Tode des HIV-Infizierten.

AIDS ist nach wie vor unheilbar. Es gibt zwar lebensverlängernde Medikamente, jedoch sprechen diese bei einigen Patienten nicht erfolgreich an oder haben starke Nebenwirkungen. Weltweit sind Wissenschaftler bemüht, Impfstoffe gegen AIDS zu entwickeln.

---

1. Informieren Sie sich beim Gesundheitsamt oder beim Hausarzt über den HIV-Test. Berichten Sie darüber.
2. Sammeln Sie Presseberichte über die medizinischen Fortschritte oder weitere Maßnahmen zur Bekämpfung von AIDS. Stellen Sie sie vor.

---

## Übertragungswege von AIDS

*Ursprünglich stammt AIDS aus Zentralafrika. Affen, die dort gejagt, getötet und gegessen werden, haben das HIV auf die Menschen übertragen.*
*Das HIV kann aber nur auf bestimmten Infektionswegen in den menschlichen Organismus gelangen:*

- *durch direkten Kontakt mit Blut oder anderen Körperflüssigkeiten, z. B. durch offene Hautverletzungen,*
- *durch ungeschützten Geschlechtsverkehr,*
- *über die Plazenta der Schwangeren auf das Ungeborene,*
- *über das gemeinsame Nutzen von Drogenbestecken.*

*Eine Ansteckung mit HIV durch normale Sozialkontakte (z. B. Hände schütteln) ist auszuschließen.*

## Vogelgrippe-Virus

*Immer wieder kommt es zum Ausbruch der „Vogelgrippe" bei Wildvögeln und Stalltieren (Hühner, Enten usw.). Ausgelöst wird die Krankheit durch bestimmte Influenza A-Viren. Ein Großteil der infizierten Vögel verendet an der Krankheit. Die Vogelgrippe kann in seltenen Fällen auch beim Menschen zur Erkrankung führen. Vor allem die Virus-Typen H5N1 und H7N9 gelten als gefährlich für den Menschen. Die Bezeichnung der Viren ergibt sich übrigens auf der Basis bestimmter Oberflächenstrukturen. Man unterscheidet derzeit 15 H-Typen und 9 N-Typen. Die Weltgesundheitsorganisation (WHO) befürchtete eine Pandemie, eine sich rasch über die ganze Erde ausbreitende Epidemie, der die Menschen schutzlos ausgeliefert wären.*

*Zunächst waren nur Wildvögel betroffen. Sie steckten sich gegenseitig an und Zugvögel verbreiteten das Virus in kurzer Zeit weltweit. Dann infizierten sich die ersten Nutzvögel (Hühner, Enten). Um eine Ausbreitung des Erregers zu verhindern, wurde die Stallpflicht erlassen. Normalerweise zirkulieren Grippeviren getrennt in Vögeln und Menschen. Ein Pandemie-Erreger kann in seltenen Fällen durch direkte Mutation entstehen oder über den Umweg Wildgeflügel ⇒ Hausgeflügel ⇒ Schwein ⇒ Mensch (s. Abb. 1).*

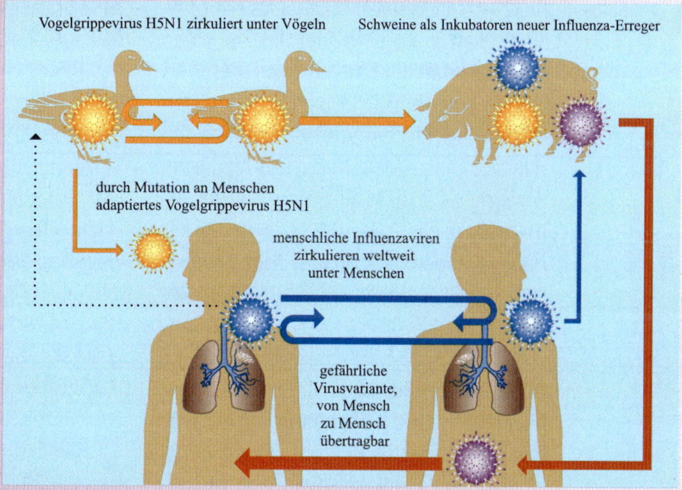


1. Mögliche Entstehung von Pandemie-Erregern beim Vogelgrippe-Virus H5N1

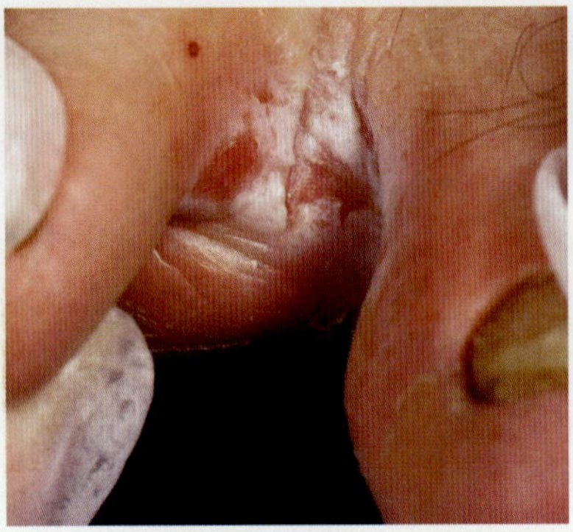

1. Pilzinfektion zwischen den Zehen

2. Professionelle Schimmelbehandlung

### 7.2.4 Pilze gefährden unsere Gesundheit

*In Hallenbädern und Saunen ist die Gefahr, sich Fußpilzinfektionen zuzuziehen, besonders hoch. Das feucht-warme Klima ist optimal für das Pilzwachstum. Insbesondere dann, wenn man weder Badeschlappen noch Fußdusche nutzt und sich die Füße nicht ordentlich zwischen den Zehen abtrocknet, kann man sich mit Hautpilzen infizieren.*

Juckt es zwischen den Zehen und bricht entzündete Haut auf, so deutet dies auf einen **Fußpilzbefall** hin. Eine Infektion dieser Art ist zwar zunächst nur lästig, auf Dauer kann es aber zu schweren Schäden kommen. Ein Hautarzt kann helfen. Nach dem Abklingen der Symptome muss die Behandlung längere Zeit fortgesetzt werden, weil tief in der Haut sitzende Pilzfäden erst nach Erneuerung der gesamten Oberhaut abgetötet werden.

Durch Pilze verursachte Infektionskrankheiten werden als **Mykosen** bezeichnet. Auch Hefepilze (z. B. *Candida albicans*) können uns krank machen. Der **Mundsoor** bei Säuglingen ist ebenso eine Candida-Mykose wie auch der **Vaginalpilz** bei Frauen. Erkrankt eine Frau mehrfach im Jahr an Vaginalpilz, muss auch ihr Geschlechtspartner mit **Antimykotika** behandelt werden, um einen „Ping-Pong-Effekt" mit einer erneuten Ansteckung zu vermeiden.

Auch Schimmelpilzwachstum in der Wohnung kann Krankheiten auslösen. Ursachen sind häufig:
- zu hohe Luftfeuchtigkeit in Badezimmern ohne Fenster,
- falsches Lüften und
- bautechnische Mängel.

Als weitere Schimmelpilzherde kommen Blumenerde oder Biomüll in Betracht. Schimmelpilzsporen werden durch die Luft verbreitet und können beim Menschen **Allergien** der Haut und der Atemwege auslösen (z. B. Asthma).

---

**1.** Erklären Sie, warum es so lange dauert, bis eine Hautpilzinfektion vollständig geheilt ist.

**2.** Fassen Sie Haushaltstipps zusammen, wie man Kühlschränke und Wohnräume vor Schimmelpilzen bewahren kann.

---

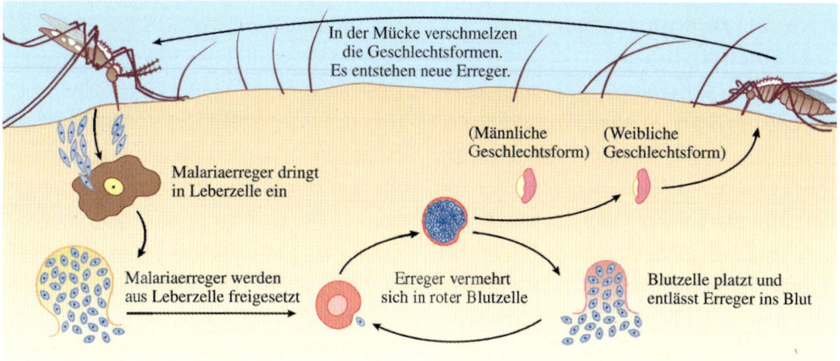


1. Malaria-Zyklus

### 7.2.5 Tropenkrankheiten auf dem Vormarsch

*Immer wieder kehren Touristen aus tropischen Gebieten mit Malaria heim. Die Zahl der Meldungen liegt in Deutschland jährlich bei ca. 3 000 Fällen, wovon 20 bis 30 Erkrankte sterben. Malaria ist die am meisten verbreitete Infektionskrankheit auf der Welt mit ca. 200 Millionen Erkrankten. Davon sterben jährlich etwa 440 000.*

Die **Malaria** nennt man auch Sumpf- oder Wechselfieber. Die Erreger, einzellige Tiere, werden von der nachtaktiven Anopheles-Mücke auf den Menschen übertragen. Sie gelangen auf dem Blutweg in die Leber und vermehren sich dort. Nach zehn bis 40 Tagen schwärmen sie ins Blut und dringen in rote Blutkörperchen ein. Nach dieser Inkubationszeit erfolgt dort eine weitere Vermehrung der Erreger. Es dauert, je nach Art des Erregers, zwei bis drei Tage, bis die Blutzelle zerfällt und die Erreger neue Blutkörperchen aufsuchen. In diesem Rhythmus treten dann beim Erkrankten schwere Fieberschübe mit bis zu 40 °C auf. Parallel zur massenhaften Vermehrung des Erregers entwickeln sich sowohl männliche als auch weibliche Geschlechtsformen. Wird der Erkrankte erneut von einer Anopheles-Mücke gestochen, gelangen diese in die Mücke, wo sie verschmelzen und innerhalb von einer bis fünf Wochen neue Erreger bilden.

Die Bekämpfung der Malaria wird erschwert, weil die Anopheles-Mücke immer häufiger gegen Insektenschutzmittel resistent wird und die Erreger nicht mehr auf Medikamente, z. B. Chinin, ansprechen.

In tropischen Ländern kann man sich über verunreinigtes Trinkwasser, rohes Obst und Gemüse mit der **Amöben-Ruhr** anstecken. Amöben gehören ebenfalls zu den Einzellern. Vom Darm aus gelangen die Erreger über die Blutbahn in die Leber und können zu lebensbedrohlichen Komplikationen führen. Die Krankheit beginnt schleichend. Später kommt es zu krampfartigen Leibschmerzen und blutig-schleimigen Durchfällen. Die Infektion lässt sich leicht mit *Chemotherapeutika* heilen.

Die klimatischen und hygienischen Bedingungen in tropischen und subtropischen Gebieten begünstigen bestimmte Krankheiten. Deshalb sollte sich jeder, der eine Fernreise antritt, vorher nach Vorbeugemaßnahmen und Impfempfehlungen erkundigen.

**1.** Geben Sie Tipps, wie man sich in tropischen Ländern vor der Malaria schützen kann.

**2.** Informieren Sie sich beim Arzt oder Gesundheitsamt über Impfempfehlungen für tropische Gebiete. Berichten Sie.

### 7.2.6 Erkrankungen der Geschlechtsorgane

*Tim verspürt seit einigen Tage einen Juckreiz und ein Brennen beim Wasserlassen, verbunden mit einem stechenden Schmerz. Nach einigem Bedenken geht er zum Urologen. Dieser diagnostiziert eine Geschlechtskrankheit mit dem Namen „Tripper“ oder medizinisch: Gonorrhöe.*

Die Gonorrhöe (**Tripper**) wird durch Bakterien (Gonokokken) beim Geschlechtsverkehr übertragen. Nach einer Inkubationszeit von zwei bis vier Tagen treten die eingangs beschriebenen Symptome auf (s. Abb. 1). Wenn nicht rechtzeitig behandelt wird, kommt es zu einem eitrigen Ausfluss. Die Gonokokken befallen die inneren Geschlechtsorgane: Hoden und Eierstöcke entzünden sich und verursachen starke Schmerzen. Unfruchtbarkeit kann die Folge sein.

Gefährlicher, aber auch seltener, ist die durch schraubenförmig gewundene Bakterien (Treponema pallidum) verursachte **Syphilis**. Die Erreger gelangen beim ungeschützten Geschlechtsverkehr durch kleine Verletzungen der Haut oder Schleimhaut in den Körper. Nach einer Inkubationszeit von zwei bis drei Wochen bricht die Krankheit aus. In der ersten Phase zeigen sich schmerzlose, kleine Geschwüre an der Infektionsstelle und verschwinden wieder. Deshalb wird die Krankheit oft übersehen und nicht behandelt. So können sich die Bakterien im ganzen Körper ausbreiten. In der zweiten Phase schwellen die Lymphknoten, begleitet von Fieber und Hautausschlag, an. Die Erreger befallen im Endstadium Knochen, Herz und Nerven, sodass eine Heilung nun kaum noch möglich ist. Unaufhaltsamer körperlicher und geistiger Verfall führen dann zum Tod.

Eine **Chlamydien-Infektion** wird oft nicht erkannt, weil nahezu jede zweite infizierte Frau keine Beschwerden hat. Auch wenn Symptome wie Brennen, Unterleibsschmerzen und Ausfluss auftreten, werden Chlamydien häufig nicht als Ursache festgestellt, denn ihr Nachweis ist sehr kompliziert. Bleibt die Chlamydien-Infektion unbehandelt, werden die Beschwerden chronisch. Kommt eine Eileiterentzündung hinzu, kann dies zur Unfruchtbarkeit führen.

**1.** Informieren Sie sich im Gesundheitsamt über die Notwendigkeit der Meldepflicht von Geschlechtskrankheiten.

**2.** Diskutieren Sie die regelmäßige Anwendung von Intim-Lotionen und -Deos zur Genitalhygiene.

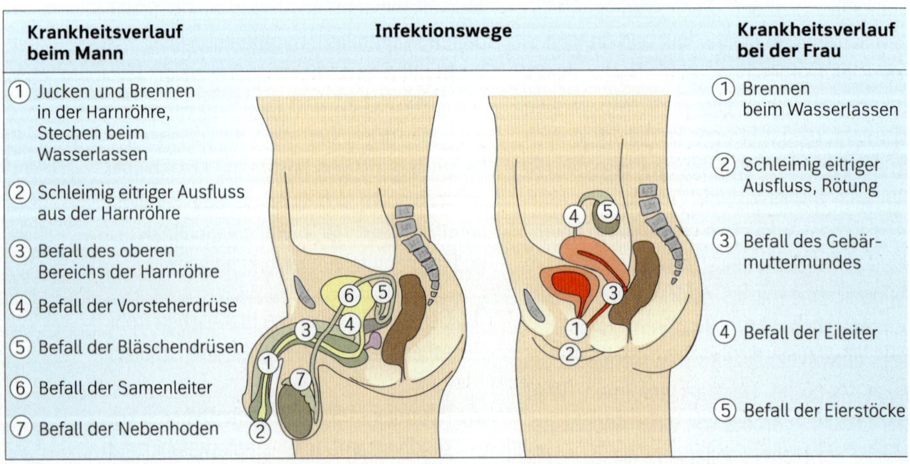


1. Tripper (Gonorrhöe)

# Übung: Infektionskrankheiten und ihre Bekämpfung

### *A1 Lebensmittelhygiene*

a) Entnehmen Sie mithilfe von RODAC-Abklatschplatten mit TSA-Agar Proben von Händen, Haar, Stirn, Wasserhahn, Frühstücksbrett, Fingerring, Spültuch u. a. Verkleben Sie die Petrischalen rundum mit Tesafilm. Bebrüten Sie sie eine Woche bei 20 °C. Werten Sie anschließend die Ergebnisse aus.
b) Erstellen Sie einen Hygieneplan für die Verarbeitung und Lagerung von Lebensmitteln in Küchen. Bereiten Sie auf Plakaten eine Ausstellung dazu vor.
c) Überprüfen Sie verschiedene Lebensmittel auf ihr MHD (Mindesthaltbarkeitsdatum). Erklären Sie dessen lebensmittelrechtliche Bedeutung. Kann man Lebensmittel nach Verfall des MHD noch verzehren? Begründen Sie Ihre Position.
d) Worin liegt der Unterschied zwischen MHD bei Lebensmitteln und Verfallsdatum bei Arzneimitteln? Erklären Sie.

### *A2 Seuchengefahren*

a) Machen Sie einen Unterrichtsgang zum Gesundheitsamt und informieren Sie sich darüber, welche Maßnahmen bei einer Seuchengefahr ergriffen werden. Berichten Sie darüber.
b) Informieren Sie sich über die Vogelgrippe als Zoonose. Erstellen Sie dazu eine Informationsbroschüre für Verbraucher über Entstehung, Verbreitung, Seuchen-Schutzmaßnahmen, Verhaltensregeln, Lebensmittelverzehr, Haustierhaltung u. Ä.
c) Informieren Sie sich über das Schmallenberg-Virus, die Blauzungen-Krankheit und die Maul- und Klauenseuche bei Tieren. Berichten Sie.
d) Recherchieren Sie im Internet über das Zikavirus und erklären Sie, warum es zu einer Pandemie führt.

### *A3 Geschlechtskrankheiten*

a) Erstellen Sie Steckbriefe zu den Geschlechtskrankheiten Herpes genitalis, Feigwarzen, Chlamydien, Candida-Mykose und Weicher Schanker. Stellen Sie sie vor.
b) Informieren Sie sich beim Gesundheitsamt, weshalb gemeldete Prostituierte sich regelmäßig einer Gesundheitskontrolle unterziehen müssen.
c) Seit einigen Jahren besteht für Mädchen ab dem 12. Lebensjahr die Möglichkeit, sich gegen Papilloma-Viren impfen zu lassen. Diese Viren können Gebärmutterkrebs auslösen. Erstellen Sie einen Steckbrief über das Papilloma-Virus. Erkundigen Sie sich bei Frauenärzten über die HPV-Impfung (HPV = Humanes Papilloma-Virus). Berichten Sie.

### *A4 Meldepflichtige Infektionskrankheiten*

a) Erstellen Sie Steckbriefe zu Kopfläusen, Krätze, TBC, Windpocken. Stellen Sie sie vor.
b) Informieren Sie sich beim Gesundheitsamt über die genaue Vorgehensweise bei meldepflichtigen Infektionskrankheiten (vom Arzt bis hin zu den Gesundheitsbehörden). Informieren Sie sich im Internet über Regelungen zu meldepflichtigen Krankheiten im Infektionsschutzgesetz (IfSG): §6–§13. Berichten Sie.

## 7.3 Vorbeugen und Heilen

*Impfungen für Personal in medizinisch-pflegerischen Berufen*

*Karolin möchte gerne Altenpflegerin werden. Als sie sich in einem Altenheim zum Berufspraktikum anmeldet, erklärt ihr die Pflegedienstleiterin, dass sie sich gegen Hepatitis B impfen lassen muss.*

1. *Informieren Sie sich über das Infektionsschutzgesetz. Berichten Sie.*
2. *Warum muss das Personal in medizinisch-pflegerischen Berufen gegen Hepatitis B geimpft sein? Begründen Sie.*
3. *Machen Sie in Ihrem Familien- und Freundeskreis Interviews. Befragen Sie sie zu deren Impfschutz und was sie von Impfungen halten. Berichten Sie über Ihre Untersuchung.*

*2. Hygienemaßnahmen im Wickelraum*

*Erklären Sie in einem Rollenspiel in Partnerarbeit als Mentor/-in einem Praktikanten/einer Praktikantin, wie der Wickelraum in Ihrer Kita eingerichtet ist und wie Sie darin arbeiten. Nutzen Sie dazu folgende Liste und begründen Sie die einzelnen Punkte.*

- *Für Mitarbeiter/-innen gibt es ein eigenes Waschbecken im Wickelraum.*
- *Für die Mitarbeiter/-innen stehen Desinfektionsmittel für die Handdesinfektion, Seife und Handcreme sowie Einweghandtücher und -handschuhe zur Verfügung.*
- *Die Mitarbeiter/-innen wurden angewiesen, vor jedem Wickeln Einweghandschuhe anzuziehen. Nicht nur beim Stuhlgang! Nach jedem Wickeln müssen sich die Mitarbeiter/-innen die Hände mit einem entsprechenden Desinfektionsmittel säubern.*
- *Die Kinder werden jeweils auf einer Einweg-Wickelunterlage gewickelt, die anschließend weggeworfen wird.*
- *Die Plastikwickelunterlage wird nach jedem Wickelvorgang mit einem entsprechenden Flächendesinfektionsmittel gesäubert.*
- *Benutzte Windeln werden so entsorgt, dass Kinder hierauf keinen Zugriff haben.*
- *Der Windeleimer wird mindestens 1-mal täglich geleert und desinfiziert.*

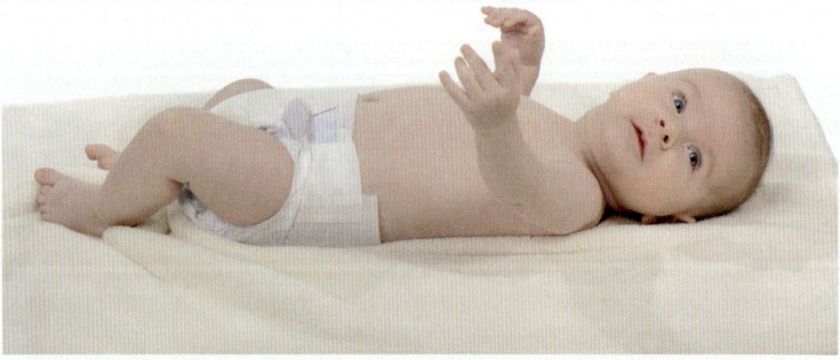

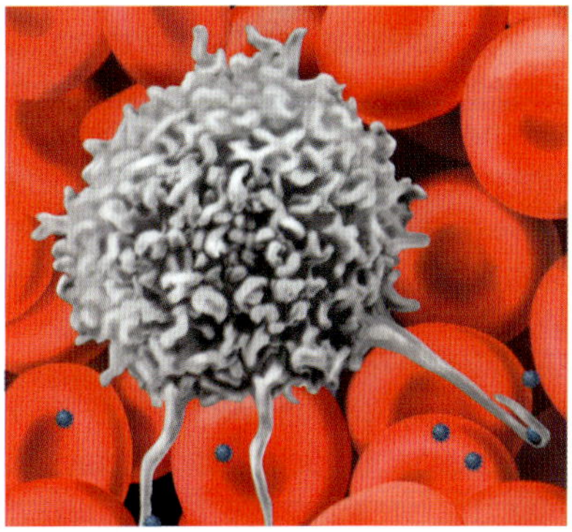

1. Fresszelle (Makrophage)

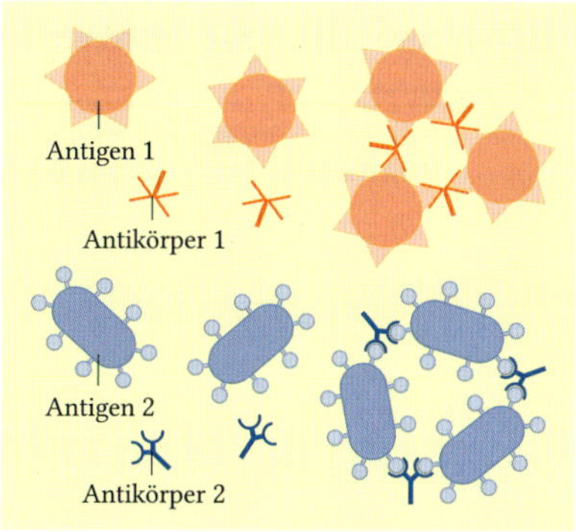


2. Antigen-Antikörper-Reaktion (Schema)

### 7.3.1 Selbstschutz des Körpers

*Obwohl wir täglich, z. B. bei der Fahrt in einem überfüllten Bus, mit vielen Keimen in Kontakt kommen, erkranken wir meistens nicht. Und selbst wenn wir uns einmal einen Schnupfen holen, klingt dieser nach einigen Tagen ohne Behandlung wieder ab. Offenbar kann sich unser Körper selbst gegen Infektionserreger wirksam zur Wehr setzen.*

Das **Abwehrsystem** unseres Körpers ist dicht gestaffelt:

- Der Säureschutzmantel der Haut bewahrt uns vor dem Eindringen von Erregern.
- Die Schleimhäute der *Atemwege*, des *Magen-Darm-Traktes* und der *Geschlechtsorgane* wehren eindringende Keime ab, indem sie antibakterielle Sekrete bilden.
- Die *Tränenflüssigkeit* des Auges spült eingedrungene Gegenstände und Keime fort und wirkt durch ihren Salzgehalt desinfizierend.
- Wenn Keime in eine Wunde eingedrungen sind, sammeln sich dort sehr viele spezialisierte weiße Blutkörperchen, die *Fresszellen*. Sie töten die Bakterien und gehen dabei selbst zugrunde. Es entsteht Eiter, ein Zeichen des Heilungsprozesses.

Wenn Krankheitskeime diese erste Abwehrlinie durchdringen, stoßen sie auf eine noch wirksamere Gruppe von „Bodyguards", die **Lymphozyten**. Sie erkennen Bakterien und Viren an ihren Oberflächenstrukturen als körperfremde Substanzen. Diese *Antigene* lösen bei den Lymphozyten die Bildung hochspezifischer *Antikörper* aus. Antigen und Antikörper passen genau wie Schlüssel und Schloss zueinander. Sie verbinden sich in einer **Antigen-Antikörper-Reaktion** miteinander, wodurch die Krankheitserreger verklumpen und unschädlich gemacht werden. Nun können sie von den Fresszellen beseitigt werden.

An Mumps oder Masern erkrankt man in der Regel nur einmal im Leben, denn der Körper hat ein **Immungedächtnis**. Hat er einmal spezifische Antikörper gegen einen Erreger gebildet, speichert er den Bauplan dafür in besonderen Zellen. Bei einer zweiten Infektion mit dem gleichen Erreger kann er dann sofort und ohne Verzögerung reagieren. Die Krankheit bricht nicht mehr aus. Dieses Phänomen nutzt man bei vorbeugenden Schutzimpfungen mit abgeschwächten oder abgetöteten Keimen (s. Kapitel 7.3.2). Allerdings verändern einige Erreger, z. B. das Grippevirus, durch Mutationen ihre Oberflächenstrukturen sehr häufig. Sie passen dann nicht mehr in das Schloss des alten vorhandenen Antikörpers und können von diesem nicht unschädlich gemacht werden.

### 7.3.2 Impfungen unterstützen das Immunsystem

*„Pocken weltweit ausgerottet!" Diese Meldung aus dem Jahre 1979 hätte 100 Jahre vorher ungläubiges Staunen ausgelöst. Solche Erfolge sind vor allem durch die Entwicklung von Impfstoffen möglich geworden.*

Bei der **aktiven Immunisierung** werden abgetötete, entgiftete oder abgeschwächte lebende Erreger (Lebendimpfstoff) in den Körper gebracht. Das Immunsystem „lernt" durch den Kontakt mit dem Impfstoff die Antigene der Erreger kennen und produziert innerhalb einiger Tage bis Wochen selbst Antikörper. Falls sich der Geimpfte nochmals mit denselben Erregern infiziert, kann der Körper aufgrund des *Immungedächtnisses* schnell genügend Antikörper bilden, die die Eindringlinge bekämpfen (s. Abb. 2., S. 181). Die künstliche, aktive Immunisierung ist daher eine vorbeugende Maßnahme (Schutzimpfung) gegen Infektionen.

Ist eine Infektionskrankheit erst einmal ausgebrochen, so hilft keine Schutzimpfung mehr, sondern nur noch das Spritzen eines Serums mit fertigen Antikörpern. Diese **passive Immunisierung** dient der schnelleren Genesung des erkrankten Menschen (s. Abb. 3., S. 181).

Die Ständige Impfkommission (STIKO) am Robert Koch-Institut (RKI) gibt einen Impfkalender für Deutschland heraus (s. Abb. 1). Für besondere *Risikogruppen*, z. B. Personal in Krankenhäusern, Arztpraxen und Kindergärten oder für Reisende in Seuchengebiete, gelten erweiterte Impfempfehlungen.

Seit Einführung der Schutzimpfungen Ende des 19. Jahrhunderts haben viele Infektionskrankheiten, die früher seuchenartig auftraten und viele Menschenleben kosteten, ihre Schrecken verloren. Dies führt bei manchen Menschen zu einer gewissen Sorglosigkeit, die sich als **„Impfmüdigkeit"** ausdrückt.

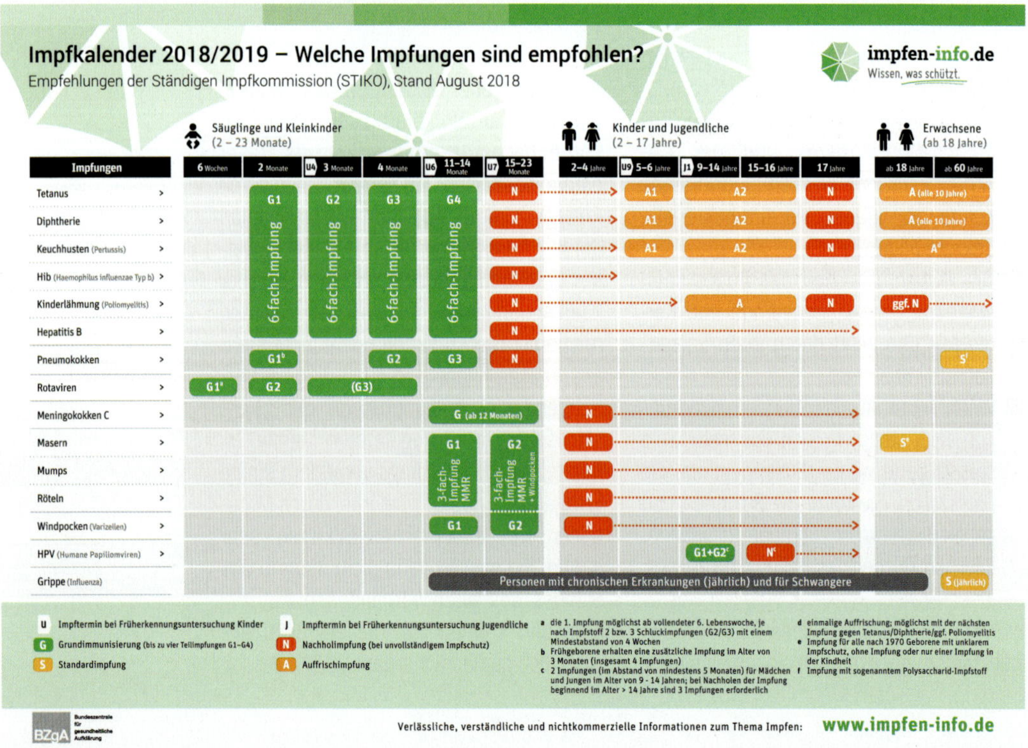


1. Impfkalender

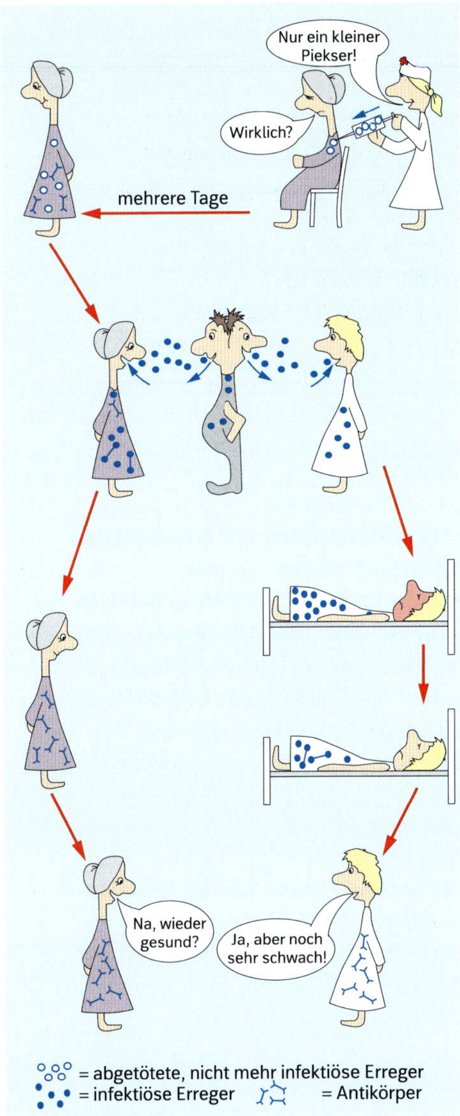


2. Aktive Immunisierung

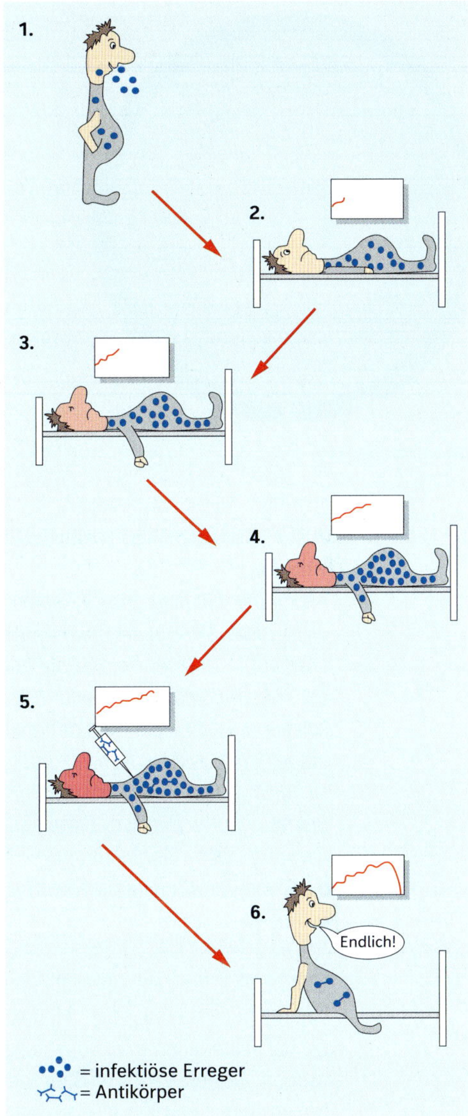


3. Passive Immunisierung

---

**1.** Erklären Sie den Unterschied zwischen aktiver Immunisierung und passiver Immunisierung an Hand der Abb. 2. und 3.

**2.** Erklären Sie die Aufgaben der STIKO.

**3.** Erklären Sie, wie es zur "Impfmüdigkeit" kommt und welche Gefahren damit verbunden sind.

---

1. Hemmhof um ein Antibiotikum

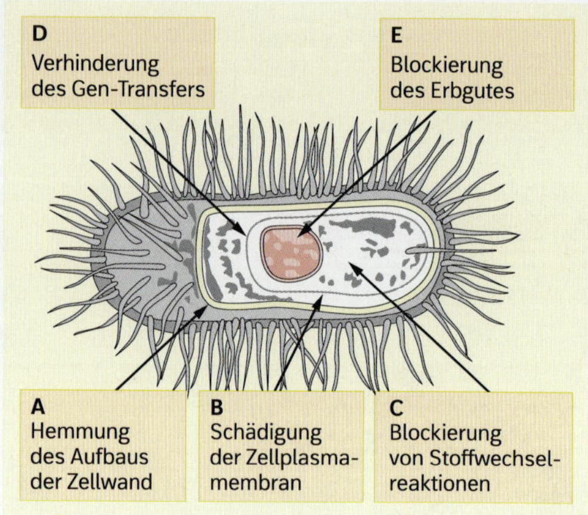


2. Angriffspunkte für Antibiotika

### 7.3.3 Antibiotika: Heilmittel aus Pilzen

*Alexander Fleming traute seinen Augen nicht, als er 1928 seine Bakterienkolonien überprüfte. In einer Petrischale hatte sich ein Pilz ausgebreitet. Rund um diesen schienen sich die Bakterienkolonien aufgelöst zu haben. Der Pilz hatte offensichtlich einen Stoff abgesondert, der Bakterien tötet. Dies war die zufällige Entdeckung des Antibiotikums Penicillin durch die Verunreinigung einer Bakterienkultur.*

„Antibiotika" (Einzahl: Antibiotikum) ist die Sammelbezeichnung für Medikamente, die bei bakteriellen Infektionen eingesetzt werden. **Gegen Viren wirken sie nicht**. Neben dem Penicillin gibt es heute eine ganze Reihe anderer Antibiotika. Da die Bakterienzelle anders aufgebaut ist als die Zellen des Menschen, kann man Substanzen einsetzen, die die Bakterienzelle töten oder schädigen, ohne die Zellen des Menschen anzugreifen. Die Angriffspunkte für die verschiedenen Antibiotika sind unterschiedlich (s. Abb. 2).

Der Arzt verschreibt ein Antibiotikum, wenn eine schwere bakterielle Infektionskrankheit vorliegt, mit der der Körper nicht selbst fertig wird. Antibiotika wirken entweder **bakteriostatisch**, d. h. wachstumshemmend, oder **bakterizid,** d. h. keimtötend. In der Regel muss der Patient das Antibiotikum nur wenige Tage einnehmen. Mit den geschwächten bzw. dezimierten Bakterien wird das Immunsystem des Körpers dann leicht fertig. Allerdings lösen Antibiotika bei vielen Menschen *Allergien* aus. Das entsprechende Antibiotikum dürfen allergische Personen dann nicht mehr einnehmen.

Ein weiteres Problem bei der Antibiotika-Therapie besteht heute darin, dass viele Keime gegen ein oder mehrere Mittel *resistent* geworden sind. Das heißt, das entsprechende Antibiotikum wirkt nicht mehr.

1. Fassen Sie Regeln zusammen, die im Umgang mit Antibiotika eingehalten werden sollten, um die Entwicklung resistenter Keime zu vermeiden.
2. Informieren Sie sich in der Apotheke oder beim Heilpraktiker über Alternativen aus dem Pflanzenreich, die ebenfalls eine bakterizide Wirkung haben. Stellen Sie diese „Hausmittel" bei den Behandlungen verschiedener Erkrankungen zusammen.

## Werden die Wunderwaffen stumpf?

*Wie kann bei Bakterien eine Resistenz gegen ein Antibiotikum entstehen? Befindet sich unter den vielen Milliarden Bakterien ein einziges, welches durch Mutation gegen das eingesetzte Antibiotikum resistent ist, überlebt es die Behandlung. Es vermehrt sich durch Teilung und gibt die Eigenschaft der Resistenz an alle Tochterzellen weiter.*

*Darüber hinaus kann man im Elektronenmikroskop beobachten, dass sich Bakterien paarweise aneinander lagern und durch Fäden (Pili), die sich auf ihrer Zelloberfläche befinden, eine Zellverbindung aufbauen. Bei diesem bakteriellen „Sex" übertragen sie kurze DNS-Stücke. Darauf befinden sich häufig die Gene, die die Antibiotikum-Resistenz tragen. So wird die Antibiotikum-Resistenz an Bakterien der gleichen Art und sogar an andere Bakterienarten weitergegeben. In Krankenhäusern und Pflegeheimen stellen mehrfachresistente Keime heute ein großes Problem dar.*

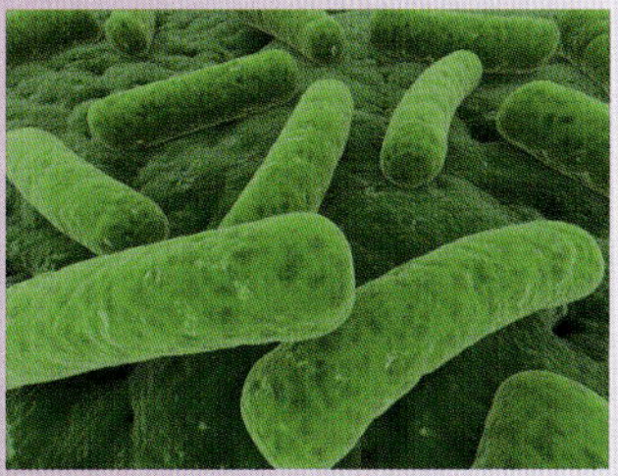

3. Oberfläche mit Bakterien

## Staphylococcus aureus – ein Problemkeim

*Staphylococcus aureus ist ein Bakterium, welches als natürlicher Bestandteil unserer Hautflora vorkommt sowie den Nasen- und Rachenraum besiedelt. Für einen gesunden Menschen geht davon keine Gefahr aus. Bei Menschen mit geschwächtem Immunsystem können die Bakterien gefährliche Wundinfektionen und Blutvergiftungen hervorrufen. Wie ist das möglich?*

*MRSA steht für Methicillin-Resistenter-Staphylococcus-Aureus. Der MRSA-Stamm ist gegenüber vielen bekannten Antibiotika resistent (Penicilline, Cephalosporine, Carbapeneme). Dadurch wird die Behandlung erschwert. Infektionen entstehen vor allem im Krankenhaus und in Pflegeeinrichtungen, z. B. durch Katheter, auf Wunden, auf Druckgeschwüren, die durch Wundliegen entstanden sind, usw. Man spricht von* ***nosokomialen Infektionen*** *(Krankenhaus-Infektionen). Sie gehören zu den häufigsten Komplikationen infolge von medizinischen Behandlungen. Man schätzt, dass in Deutschland pro Jahr etwa 500 000 Patienten davon betroffen sind. Besondere Hygienemaßnahmen sind notwendig, um eine Ausbreitung der Infektion auf andere Patienten und das Pflegepersonal zu verhindern, u. a. Unterbringung im Einzelzimmer (Isolation) und Tragen von Schutzkleidung (Handschuhe, Kittel, Mundschutz). Erst wenn durch Abstriche der Therapieerfolg festgestellt worden ist, können die Hygienemaßnahmen gelockert werden.*

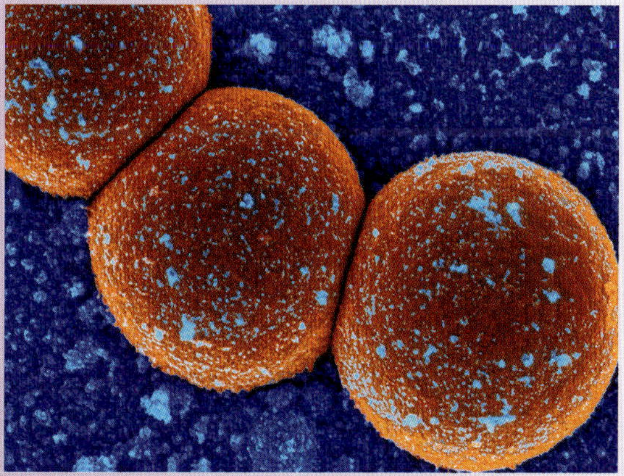

4. Staphylococcus aureus (mikroskopische Aufnahme)

### 7.3.4 Vorbeugen durch Hygienemaßnahmen

Das Wort Hygiene stammt aus dem Griechischen und bedeutet „gesund“ bzw. „Gesundheit“. Hygiene im heutigen Sinn bezeichnet alle Maßnahmen zur Vorbeugung von Infektionskrankheiten. Das sind insbesondere Reinigung, Desinfektion und Sterilisation.

1. Koch in Arbeitskleidung

- **Reinigung** umfasst die Entfernung unerwünschter Substanzen von Oberflächen, Räumen, Anlagen und Einrichtungen, z. B. Schmutz, Lebensmittelreste, Blut.
- **Desinfektion** ist eine Maßnahme, bei der die Zahl der Infektionserreger so weit reduziert wird, dass eine Infektion oder Übertragung ausgeschlossen werden kann.
- **Sterilisation** beinhaltet Maßnahmen zur vollständigen Keimfreiheit von Gegenständen oder Produkten (s. Tab.).

Als Desinfektionsmittel zum Beispiel für die Haut, die Hände oder für Arbeitsflächen eignet sich u. a. Alkohol. Eine 60–80%ige Lösung wird für 10 bis 60 Sekunden aufgetragen. Bei der Sterilisation geht es um vollständige Keimfreiheit zum Beispiel von Operationsbesteck oder von Infusionslösungen in der Medizin. Dazu werden verschiedene Verfahren eingesetzt (s. Tab.).

Das Infektionsschutzgesetz (§ 36) verpflichtet nicht nur Einrichtungen des Gesundheitswesens (z. B. Krankenhäuser, Arztpraxen)

| *Sterilisationsverfahren* | *Durchführung* | *Geeignet für (Beispiele):* |
|---|---|---|
| Heißluftsterilisation | 30 Minuten bei 180 °C oder<br>10 Minuten bei 200 °C | • Instrumente aus Metall<br>• Glasbehälter |
| Autoklavieren bei feuchter Hitze unter Druck | 15–20 Minuten bei 121 °C und 2 bar Druck oder<br>5–10 Minuten bei 134 °C und 3 bar Druck | • Instrumente aus Metall<br>• Glasbehälter<br>• Textilen, Kunststoffe<br>• thermostabile Flüssigkeiten (Medikamente, Nährböden) |
| Strahlensterilisation | Energiereiche Strahlen (Gamma-Strahlen) | • industriell gefertigte Massenprodukte zur Einmalverwendung, z. B. Tupfer, Nahtmaterial, Röhrchen usw. |

und Betriebe der Lebensmittelverarbeitung (z. B. Großküchen, Fleischereien usw.), sondern auch alle Gemeinschaftseinrichtungen (z. B. Schulen, Kindertagesstätten, Heime usw.) dazu, Hygienepläne zu erstellen und darin Verfahren zur Infektionshygiene verbindlich festzulegen. Ein Hygieneplan beantwortet in übersichtlicher Darstellung folgende 5 W-Fragen:

- **Was** muss einer Hygienebehandlung unterzogen werden?
- **Wann** ist die Maßnahme zu ergreifen?
- **Womit** ist die Maßnahme durchzuführen?
- **Wie** ist die Hygienemaßnahme durchzuführen?
- **Wer** muss die Hygienemaßnahme durchführen?

| *Was?* | *Wann?* | *Womit?* | *Wie?* | *Wer?* |
|---|---|---|---|---|
| Hände-Reinigung | - vor Arbeitsbeginn<br>- bei sichtbarer Verschmutzung<br>- nach Toilettenbenutzung<br>- vor und nach dem Essen<br>- am Arbeitsende | - Waschlotion aus Spender | Die Waschlotion auf die angefeuchteten Hände geben, einreiben und gründlich abspülen | - Ärzte<br>- med. Personal |
| Handpflege | - mehrmals täglich<br>- nach jeder Händereinigung<br>- am Arbeitsende | - Handpflegelotion (Spender)<br>- Handcreme (personengebunden) | Lotion oder Creme gleichmäßig in beide Hände einmassieren und einziehen lassen | - Ärzte<br>- med. Personal |

2. Hygieneplan einer Arztpraxis (Ausschnitt)

In Einrichtungen des Gesundheitswesens sind beim „Was" vor allem folgende Aspekte zu berücksichtigen:

- **Hände:** Sie sind die Hauptursache von Keimübertragungen.
- **Schutzmaßnahmen:** Schutzhandschuhe, -kleidung, Mundschutz usw.
- **Flächen:** z. B. Arbeitsflächen, Fußböden, Patientenliegen, Waschbecken, WC usw.
- **Instrumente:** zum Beispiel Spatel, Katheter, Elektroden usw.
- **Patienten:** zum Beispiel Haut- und Schleimhautdesinfektion
- **Wäsche:** Abdecktücher, Arbeitskleidung usw.
- **Entsorgung:** zum Beispiel Kanülen, Spritzen, Blutröhrchen, Urinbecher, Organ- /Gewebeteile.

**1.** Nehmen Sie kritisch Stellung zu den „antibakteriellen Waschmitteln, WC-Reinigern und Seifen" im Haushalt. Begründen Sie Ihre Meinung.

**2.** Informieren Sie sich über die Funktionsweise eines Autoklaven. Berichten Sie.

**3.** Besorgen Sie sich bei Berufsgenossenschaften oder Krankenkassen Broschüren zum Thema „Infektionsschutz" in Pflegeeinrichtungen. Berichten Sie.

## Infektionsschutzgesetz (IfSG)

*Das im Jahre 2001 in Kraft gesetzte Infektionsschutzgesetz (IfSG) fasst alle Regelungen, die dem Schutz der Bevölkerung vor Infektionskrankheiten dienen, zusammen. In § 1 werden die Ziele des Gesetzes genannt: „Zweck des Gesetzes ist es, übertragbaren Krankheiten beim Menschen vorzubeugen, Infektionen frühzeitig zu erkennen und ihre Weiterverbreitung zu verhindern."*

*Das Infektionsschutzgesetz hat insgesamt 16 Abschnitte. Die wichtigsten Regelungen sollen hier auszugsweise dargestellt werden.*

*Im Abschnitt 3 „Epidemiologische Überwachung" sind die* **meldepflichtigen Krankheiten** *aufgelistet. Dazu gehören u. a. Cholera, Diphtherie, Keuchhusten und Masern. So müssen zum Beispiel Ärzte und andere Institutionen des Gesundheitswesens die im Gesetz genannten Krankheitsfälle an die Gesundheitsämter melden, damit diese ggf. Maßnahmen zur Vermeidung einer Epidemie einleiten können.*

*In den Abschnitten 4 „Verhütung übertragbarer Krankheiten" und 5 „Bekämpfung übertragbarer Krankheiten" werden u. a. die Aufgaben der Behörden und der Gesundheitsämter geregelt. Dazu gehört auch die ständige Impfkommission (STIKO), die u. a.* **Impfempfehlungen** *herausgibt.*

*Der Abschnitt 6 enthält Regelungen für „bestimmte Einrichtungen, Unternehmen und Personen". Die Mitarbeiter/-innen solcher Einrichtungen müssen regelmäßig über Infektionsschutz belehrt werden. Außerdem sind die Einrichtungen verpflichtet,* **Hygienepläne** *zu erstellen. Personen, die an bestimmten Infektionen erkrankt sind, dürfen die Gemeinschaftseinrichtungen nicht betreten (z. B. Lehrer, Eltern, Schüler).*

*Der Abschnitt 8 regelt die „gesundheitlichen Anforderungen an das Personal beim Umgang mit Lebensmitteln". Auch hier sind regelmäßige* **Belehrungen** *über Infektionsschutz vorgesehen. Es gilt ein* **Beschäftigungsverbot** *für Personen, solange diese an bestimmten ansteckenden Krankheiten leiden oder Ausscheider von Erregern sind.*

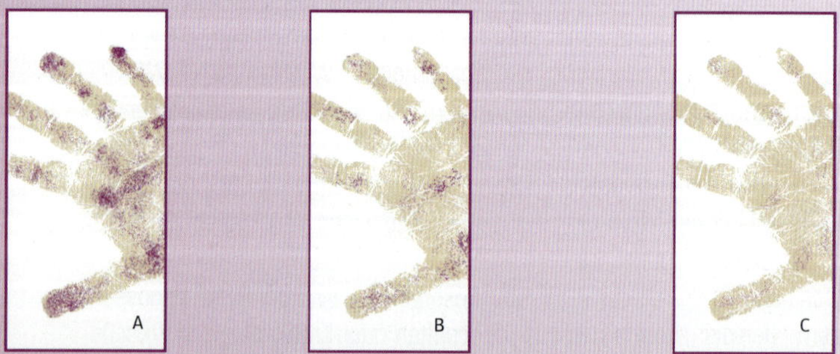


3. So wichtig ist das Händewaschen: A Abdruck einer ungewaschenen Hand, B Abdruck einer frisch gewaschenen Hand, C Abdruck einer desinfizierten Hand

### 7.3.5 Lebensmittelüberwachung

*An einem heißen Juli-Tag kommen unangemeldet Frau Schüler und Herr Richter in das Eiscafé Galetto. Sie sind vom Gewerbeaufsichtsamt und werden eine Lebensmittelkontrolle durchführen.*

**Lebensmittelkontrolleure** können durch das Kreisgesundheitsamt, das Kreisveterinäramt, das Ordnungsamt oder das Gewerbeaufsichtsamt berechtigt werden, Lebensmittelbetriebe auf hygienische Bedingungen hin zu überprüfen. Sie erscheinen unangemeldet in den Betrieben. Gegebenenfalls ziehen sie Proben von Lebensmitteln. Auch Eisdielen werden häufig von ihnen aufgesucht. Speiseeis gilt als ein sehr salmonellengefährdetes Lebensmittel. Die Gefahr der bakteriellen Verunreinigung besteht insbesondere dann, wenn die *Kühlkette* der Produkte unterbrochen wurde. *Rückstellproben*, die luftdicht verpackt und versiegelt werden, sind bei Probenentnahmen sicherzustellen.

Zentrale gesetzliche Regelung im deutschen Lebensmittelrecht ist das **Lebensmittel-, Bedarfsgegenstände- und Futtermittelgesetzbuch (LFGB)**. Es regelt u.a. auch die Durchführung der Lebensmittelüberwachung. Der Geltungsbereich des LFGB umfasst neben Lebensmitteln auch Gegenstände, die mit Lebensmitteln in Kontakt kommen, sogenannte Bedarfsgegenstände sowie Vorschriften zur Verwendung von Futtermitteln und kosmetischer Erzeugnisse.

Die **Lebensmittelhygieneverordnung (LMHV)** regelt alle hygienischen Anforderungen für die gewerbsmäßige Herstellung, die Handhabung und den Verkauf von Lebensmitteln. Die Betriebe (z. B. Eisdielen, Fleischereien, Kantinen usw.) werden u. a. verpflichtet, ein eigenes Kontrollsystem einzurichten, um mögliche gesundheitliche Gefahren zu erkennen, zu bewerten und geeignete Gegenmaßnahmen zu ergreifen. Diese Methode heißt HACCP: Hazard Analysis and Critical Control Points.

Zusatzstoffe (z. B. Farbstoffe, Emulatoren, Trennmittel und Stabilisatoren) sind Substanzen, die den Lebensmitteln zur Beeinflussung ihrer Beschaffenheit oder zur Erzielung bestimmter Eigenschaften oder Wirkungen zugesetzt werden, z. B. Verbesserung der Haltbarkeit oder des Aussehens. Die **Zusatzstoff-Zulassungsverordnung (ZZulV)** enthält alle Bestimmung über zulässige Zusatzstoffe mit Anwendungs- und Mengenbegrenzungen.

Die **Lebensmittelinformationsverordnung (LMIV)** verpflichtet die Hersteller europaweit zu einheitlicher und klarer Kennzeichnung von Lebensmittel. Zu den Vorgaben gehören u. a. folgende Angaben: Zutaten, Nährwert, Mindesthaltbarkeitsdatum. Auch müssen bestimmte Stoffe oder Erzeugnisse, die Allergien oder Unverträglichkeiten auslösen, gekennzeichnet werden. Bei unverpackten Lebensmitteln (lose Ware) kann die Allergeninformation schriftlich, z. B. auf Speisekarten, Preisschildern oder Aushängen in der Verkaufsstelle erfolgen.

---

1. Erkundigen Sie sich in einem Betrieb (z. B. Großküche, Fleischerei, Getränkehersteller) nach Regeln zur Einhaltung der Personal-, Betriebs- und Produkthygiene. Berichten Sie.
2. Nennen Sie Beispiele, in denen die Kühlkette von Lebensmitteln unterbrochen wird. Wie kann man diesem Problem vorbeugen?

---

### 7.3.6 Infektionsschutz in Pflegeberufen

*Julia absolviert zurzeit ein Praktikum im Altenpflegeheim Stephanstift. Im Rahmen ihrer Einarbeitung erklärt ihr heute Frau Simmel, die Wohnbereichsleiterin, den Hygieneplan, der im Dienstzimmer neben dem Waschbecken hängt.*

In Gemeinschaftseinrichtungen wie Altenpflegeheimen, Krankenhäusern und Kindergärten leben und arbeiten viele Menschen eng zusammen und kommen bei Pflege- und Betreuungsmaßnahmen auch in Körperkontakt. Deshalb sind die dort Betreuten sowie das Pflege- und Betreuungspersonal durch Infektionskrankheiten besonders gefährdet.
Bei der **Tröpfcheninfektion** gelangen die Erreger beim Husten, Niesen und Sprechen des Überträgers über feinste Sekrettröpfchen in die Atemluft. Die Aufnahme der Krankheitserreger erfolgt über die Atemwege. Ansteckungsgefahr besteht besonders, wenn der Überträger unter Grippe oder Lungenentzündung leidet.
Bei der **Schmierinfektion** gelangen die Erreger über den Mund in unseren Körper. Dies geschieht z. B. beim Essen verunreinigter Lebensmittel (z. B. Salmonellen). Aber auch durch verschmutzte Hände können Erreger in den Mund gelangen. Deshalb ist es wichtig, die Hygienerichtlinien im Hinblick auf die Reinigung und Desinfektion der Hände, der Arbeitsflächen und der medizinischen Geräte genau einzuhalten. Durch Abklatschproben kann man Bakterien auf Arbeitsflächen, Kleidung oder Händen nachweisen und so Hygienemängel und -lücken aufdecken (s. Abb. 3, S. 186).
Bei der **Infektion über die Haut oder Schleimhaut** gelangen die Erreger über Wunden, Hautrisse oder Schleimhäute (Mund, Nase, Augen) in den Körper. Besonders gefährlich für Pflege- und Betreuungspersonal sind Infektionen mit Hepatitis-Viren oder mit dem AIDS-Erreger HIV. Deshalb gelten beim Umgang mit Blut und Blutprodukten besondere Schutzvorkehrungen. Auch von eitrigen Wunden, die meist durch Bakterien des Stammes Staphylokokkus verursacht werden, geht ein hohes Infektionsrisiko für das Pflegepersonal aus (s. Exkurs, S. 183).
Übertragbaren Krankheiten beim Menschen vorzubeugen, Infektionen frühzeitig zu erkennen und ihre Weiterverbreitung zu verhindern, ist Zweck des **Infektionsschutzgesetzes** (s. Exkurs, S. 186).

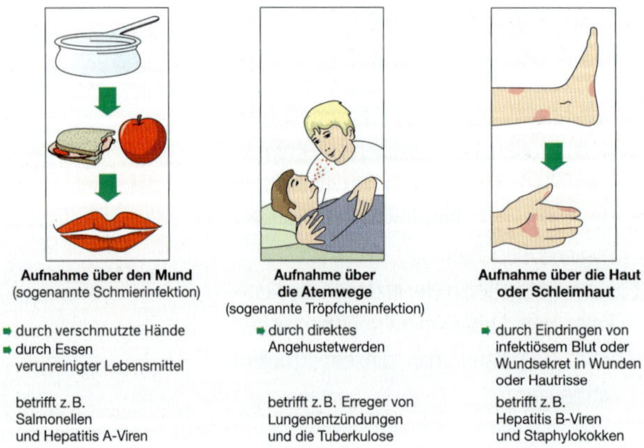


1. Aufnahmewege von Krankheitserregern

1. Beschaffen Sie sich Hygienepläne (Reinigungs- und Desinfektionspläne) im Internet und/oder in Gemeinschaftseinrichtungen (Altenpflegeheime, Krankenhäuser, Arztpraxen, Kindergärten). Berichten Sie.
2. Beschaffen Sie sich Hautschutzpläne im Internet und/oder in Gemeinschaftseinrichtungen. Berichten Sie.

# Übung: Vorbeugen und Heilen

*A1 Impfungen und Immunabwehr*

a) Vergleichen Sie Ihren eigenen Impfausweis mit den Angaben der Impfempfehlungen der STIKO im Impfkalender Abb. 1., S. 180. Verfügen Sie selbst noch über genügend Impfschutz?

b) Bei der heutigen **Impfstoff-Herstellung** werden drei Techniken eingesetzt. Während man die meisten Bakterien auch in Nährlösungen heranziehen kann, braucht man zur Virusvermehrung lebende Zellen.

1. *Hühnerei-Methode:* Lebende Krankheitserreger werden in ein befruchtetes Ei gespritzt und mehrere Wochen bebrütet. Deshalb dauert die Impfstoffherstellung so lange. Das Impfvirus vermehrt sich mit der Entwicklung des Hühnerembryos.
2. *Gewebekulturen:* Seit Kurzem lassen sich Viren für die Impfstoff-Herstellung auch aus Gewebekulturen gewinnen.
3. *Gentechnik:* Hierbei werden bestimmte Virusgene in Bakterien, Hefepilze oder andere Zellen eingeschleust.

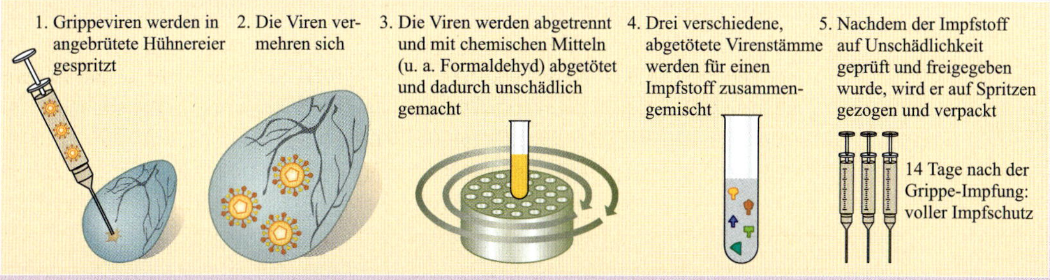


1. Herstellung eines Grippe-Impfstoffs (Dauer: drei bis vier Monate)

**1.** Erklären Sie an Hand der Abb. 1 wie ein Grippe-Impfstoff mit der Hühnerei-Methode hergestellt wird.

**2.** Erklären Sie wie durch die Grippe-Impfung ein Schutz vor dem Grippe-Erreger im Körper entsteht.

**3.** Erklären Sie folgende Empfehlungen der ständigen Impfkommission am Robert-Koch-Institut (STIKO): Vorsorglich geimpft werden sollten jährlich folgende Personengruppen:
- alle Personen über 60 Jahre,
- Kinder, Jugendliche und Erwachsene mit erhöhter gesundheitlicher Gefährdung infolge eines Grundleidens wie z. B. chronische Krankheiten der Atmungsorgane, chronische Herz-Kreislauf-, Leber- und Nierenkrankheiten, Diabetes und andere Stoffwechselkrankheiten, Personen mit angeborenen oder erworbenen Immundefekten,
- alle Personen mit erhöhter Gefährdung, z. B. medizinisches Personal, Personen in Einrichtungen mit umfangreichem Publikumsverkehr, z. B. Gemeinschaftseinrichtungen.

### *A2 Antibiotika und Medizingeschichte*

1. Seit 2006 sind Antibiotika in der Tiermast verboten. Begründen Sie diese Gesetzesregelung.
2. Referieren Sie über den Arzt Ignaz Semmelweis (1818–1865), den Forscher Max von Pettenkofer (1818–1901) und den Mikrobiologen Louis Pasteur (1822–1895).
3. Informieren Sie sich über verschiedene Antibiotika-Wirkstoffe. Berichten Sie.

### *A3 Hygiene im Haushalt*

1. Führen Sie Abklatschverfahren mit RODAC-Platten durch von: ungewaschenen Händen, mit Seife gewaschenen Händen, mit „antibakteriellen" Waschemulsionen gewaschenen Händen und desinfizierten Händen. Versiegeln Sie diese Platten gut mit TESA-Film und beschriften Sie sie. Bebrüten Sie die Platten bei 20 °C für sieben Tage. Werten Sie die Ergebnisse aus.

### *A4 Hygiene in Betrieben*

1. Informieren Sie sich in Großküchen, Krankenhäusern, mobilen Pflegediensten oder im Gesundheitsamt über die Aufgaben eines Hygienebeauftragten bzw. eines Hygienikers. Berichten Sie.
2. Informieren Sie sich über Zertifizierungen von Großküchen oder Lebensmittelbetrieben nach DIN EN ISO 9000 oder HACCP. Berichten Sie.
3. Informieren Sie sich über das NORO-Virus. Berichten Sie.

# 8 Mensch und Umwelt

*Schadstoffe in Kinderspielzeug*

*Die Stiftung Warentest prüft regelmäßig Spielzeug im Hinblick auf Kindersicherheit, z. B. Puppen, Kunststofffiguren, Eisenbahnen, Doktorkoffer oder Ponyhöfe. Dabei wird zum einen untersucht, ob das Spielzeug verschluckbare Kleinteile enthält oder Strangulationsgefahr durch Bänder, Gurte usw. besteht. Zum anderen wird der Schadstoffgehalt gemessen, denn davon gehen große Gesundheitsgefahren aus: Arsen kann zur Entstehung von Krebs oder Hautveränderungen beitragen. Blei kann schon in geringen Mengen die Intelligenzentwicklung von Kindern negativ beeinflussen. Deshalb fordert die Weltgesundheitsorganisation (WHO) ein totales Verbot von Blei in Spielzeug. Leider stellen die Warentester immer wieder folgende Schadstoffe in Kinderspielzeug vor allem von Herstellern aus Fernost fest:*

- *Schwermetalle wie Blei, Cadmium und Quecksilber in Farben*
- *Weichmacher vor allem in Plastikteilen*
- *Azofarben in Textilspielzeug und Kleidung*
- *Organisch-chemische Lösungsmittel, die aus Spielsachen unmerklich ausdampfen*
- *Nitrosamine z. B. in Spielzeug aus Natur- und Synthesekautschuk*
- *Formaldehyd in (Kinder-)Möbeln*

1. *Informieren Sie sich bei der Stiftung Warentest über Testergebnisse zum Schadstoffgehalt in Kinderspielsachen. Berichten Sie.*
2. *Informieren sie sich in Prospekten von Herstellern von Kinderspielzeug über Schadstoffe bzw. Garantien für Schadstofffreiheit. Berichten Sie.*
3. *Machen Sie Vorschläge, wie eine Kita bei der Beschaffung von Kinderspielsachen vorgehen soll.*

*Abfälle im Gesundheitswesen*

*Marie macht ein Praktikum im Krankenhaus. Dort fallen neben dem üblichen Hausmüll wie Papier, Glas und Verpackungen auch gefährliche Abfälle an, zum Beispiel Spritzen, infektiöse Abfälle, ja sogar Körperteile. Krankenhäuser brauchen deshalb ein spezielles Abfallkonzept. Damit muss sich Marie vertraut machen, damit sie sich nicht selbst oder andere gefährdet.*

1. *Informieren Sie sich im Internet oder in einem Krankenhaus über das Abfallkonzept. Berichten Sie.*
2. *Welche Stoffklassen/Fraktionen gibt es im Krankenhaus? Wie wird damit umgegangen. Begründen Sie die Sicherheitsmaßnahmen.*

# 8.1 Umweltprobleme weltweit

*Schon vor 200 Jahren, als auf der Erde erst etwa eine Milliarde Menschen lebten, machte sich der englische Wissenschaftler Thomas Robert Malthus (1766–1834) Gedanken darüber, wie viele Menschen auf unserem Planeten Platz haben würden. Er sah die Ursache für die soziale Not, die damals in Europa herrschte, darin, dass die Bevölkerung sich rascher vermehrte, als die zu ihrer Erhaltung notwendigen Nahrungsmittel produziert werden konnten. Seitdem wächst die Weltbevölkerung weiter bedrohlich an. Im Jahre 2017 lebten schon 7,5 Milliarden Menschen auf der Erde. Bis 2025 rechnet man mit einem Anstieg der Weltbevölkerung auf 8,5 Milliarden.*

Die **Bevölkerungsexplosion** zeigt große regionale Unterschiede. Während in den Industrieländern nur ein geringes Wachstum (0 %–0,4 %) oder sogar ein Rückgang zu verzeichnen ist, nimmt die Bevölkerung in den Entwicklungsländern, in denen drei Viertel der Weltbevölkerung leben, immer noch stark zu (1,3 %–2,4 %). Man schätzt, dass in den Entwicklungsländern gegenwärtig etwa 500 Millionen Menschen an Hunger leiden oder unterernährt sind. Andererseits herrscht in den Industrieländern heute Nahrungsmittelüberfluss.

Mit dem rasanten Wachstum der Weltbevölkerung haben Landwirtschaft, Industrieproduktion, Verkehr und Energieverbrauch stark zugenommen. Die Menschheit ist dabei, den eigenen Lebensraum, die Erde, durch globale Umweltzerstörungen zu gefährden.
So wurde bisher etwa die Hälfte aller tropischen Regenwälder gerodet, um für die stark wachsende Bevölkerung Holz zum Kochen, Siedlungsland und landwirtschaftliche Nutzflächen zu gewinnen. Sie fallen zunehmend als globale Kohlendioxidspeicher aus. Gleichzeitig stieg die Kohlendioxid-Konzentration der Atmosphäre durch die verstärkte Nutzung fossiler Brennstoffe (Kohle, Erdöl und Erdgas) stark an. Dadurch verringert sich die Abstrahlung von Wärme in den Weltraum. Die Erde erwärmt sich. Man spricht vom **Treibhauseffekt**. Auch andere Gase aus Landwirtschaft und Industrie tragen zum Treibhauseffekt bei, z. B. Wasserdampf, Methan und FCKW (**F**luor**c**hlor**k**ohlen**w**asserstoffe).
Mögliche Folgen der Erderwärmung könnten sein: Abschmelzen der Polkappen, Anstieg des Meeresspiegels, Überschwemmungen in Küstenregionen, Zunahme von Wüsten und Dürregebieten, Hungerkatastrophen. Deshalb hat die UN-Klimakonferenz von 1997 im japanischen Kyoto beschlossen, den Ausstoß von Treibhausgasen weltweit zu reduzieren.

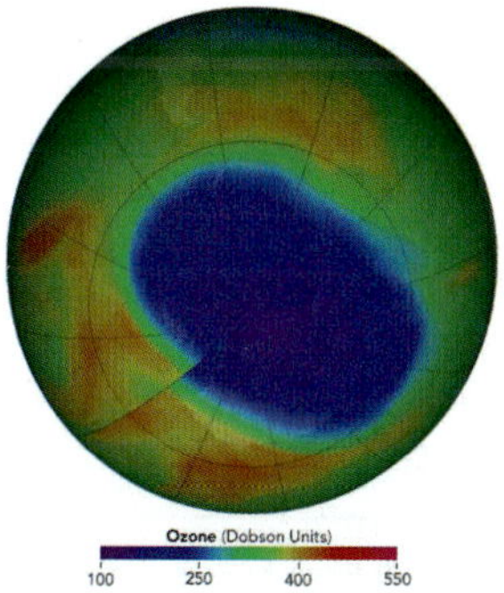


1. Ozonloch im Oktober 2017

2. Erhöhung der globalen Durchschnittstemperatur: Gefährdung der Arktis durch Abschmelzen des Eises

Seit Anfang der 80er-Jahre beobachten Meteorologen im Winter über der Antarktis ein **Ozonloch**, welches sich von Jahr zu Jahr vergrößert. Später stellte man das gleiche Phänomen auch auf der Nordhalbkugel fest. Wie kommt das Ozonloch zustande? In der Stratosphäre entsteht aus Sauerstoff ($O_2$) durch Einwirkung von UV-Strahlen Ozon ($O_3$). Es bildet dort einen Schutzschild, der die Erde vor der harten Strahlung aus dem Weltall abschirmt. Gase aus industrieller Produktion, z. B. FCKW, steigen in höhere Luftschichten und zerstören dort das Ozon. Durch die Abnahme des Ozongehalts in der Stratosphäre können in erhöhtem Maße harte UV-Strahlen bis auf die Erde vordringen und dort unter anderem Hautkrebs beim Menschen verursachen und Pflanzen schädigen. Im Jahr 1995 hat die UN-Konferenz zum Schutz der Ozonschicht in Wien Maßnahmen zur Reduzierung der FCKW-Emission beschlossen.

Die **Verschmutzung der Meere** hat viele Ursachen. Besonders auffällig ist eine Ölverschmutzung. Ursachen sind Tankerunfälle, illegale Altölentsorgung der Schiffe, undichte Pipelines oder Bohrinseln. Oft werden dabei ganze Küstenregionen verseucht: Strände können nicht betreten werden und die Existenz der Fischer ist gefährdet, denn sie dürfen die vergifteten Meerestiere nicht fangen und in den Handel bringen. Vögel leiden besonders stark unter der *Ölpest*. Ihr Gefieder verklebt. Sie können nicht mehr fliegen und ihre Körperwärme nicht mehr halten. Viele Vögel sterben elend an Erschöpfung.

Über die Flüsse gelangen häusliche und industrielle Abwässer ins Meer. Auch sie schädigen das Ökosystem, vor allem die Küstenregionen und die flachen Randmeere (Nord- und Ostsee, Mittelmeer). So führt z. B. die Zufuhr von gelösten Phosphor- und Stickstoffverbindungen zu starkem Algenwachstum. Abgestorbene Pflanzenreste türmen sich an manchen Stränden meterhoch auf, ein klares Zeichen für *Überdüngung*. Absinkendes totes Pflanzenmaterial wird von Bakterien zersetzt, was zu Sauerstoffmangel im Meer und zu Fischsterben führt.

Noch bis in die Jungsteinzeit hinein waren die Menschen Jäger und Sammler. Sie lebten von dem, was sie in der Natur fanden. Seit sie sesshaft geworden sind, greifen die Menschen immer stärker in die Landschaft und Natur ein. Vor allem Land- und Forstwirtschaft, Siedlungsbau, Tourismus und Rohstoffabbau gefährden den **Lebensraum von Pflanzen und Tieren.** Man schätzt, dass in Mitteleuropa bereits die Hälfte aller Tierarten und ein Drittel der Pflanzenarten ausgestorben oder gefährdet sind. Natur- und Artenschutz hat die Aufgabe, zur Erhaltung der Naturlandschaft beizutragen, um so die Lebensräume von Pflanzen und Tieren zu sichern.

3. Nationalparks in Deutschland

1. Informieren Sie sich über das Wachstum der Erdbevölkerung. Berichten Sie.
2. Erstellen Sie eine Collage über Umweltkatastrophen.
3. Informieren Sie sich über Nationalparks, Natur- und Landschaftsschutzgebiete in Deutschland (z. B. Lage, gesetzliche Schutzvorschriften). Berichten Sie.

## Energiewende in Deutschland

*Wie oft haben Sie in den letzten Wochen den Begriff „Energiewende" in der Zeitung gelesen oder im Radio oder Fernsehen gehört? Wissen Sie, was damit gemeint ist? Unter „Energiewende" versteht man den Wechsel der Energiebereitstellung von fossilen Brennstoffen wie Kohle, Erdöl und Erdgas sowie von Atomkraft zu erneuerbaren Energien wie Wind- und Sonnenenergie. Für diesen Weg, der in Deutschland nach langen Diskussionen jetzt eingeschlagen wird, gibt es zwei wichtige Gründe:*

*1. Verminderung des Ausstoßes von Treibhausgasen: Schon seit Mitte der 90er-Jahre wurde im Rahmen von internationalen Klimakonferenzen beschlossen, die globale Erwärmung der Erde auf weniger als zwei Grad gegenüber dem Niveau vor Beginn der Industrialisierung zu begrenzen. Man spricht vom* ***2-Grad-Ziel****.*

*2. Ausstieg aus der Atomenergie: Nach der Reaktorkatastrophe von Fukushima im März 2011 wurden in Deutschland die sogenannten* ***Restrisiken der Kernenergie*** *neu bewertet und es wurde entschieden, bis Ende 2022 vollständig aus der Kernenergienutzung auszusteigen.*

*Erneuerbare Energien sollen zur tragenden Säule der zukünftigen Energieversorgung ausgebaut werden: Man will deren Anteil am Energieverbrauch von rund 10 % im Jahr 2010 auf 60 % im Jahr 2050 steigern. Zu den* ***erneuerbaren Energien*** *gehören vor allem Windenergie, Solarenergie, Biomasse, Geothermie und Wasserkraft.*

*Windenergie steht vor allem an den Küsten und auf hoher See zur Verfügung. Eine besondere Herausforderung ist der Ausbau des Fernleitungsnetzes, um den Strom von den Küsten zu den Verbrauchern im Binnenland zu transportieren.*

*Sonnenkollektoren findet man bereits auf vielen Dächern. Solarthermische Anlagen wandeln die Sonneneinstrahlung in Wärme um, z. B. zur Erwärmung von Brauchwasser in Haushalten oder in Schwimmbädern. Photovoltaikanlagen erzeugen Strom, welcher direkt im Haushalt genutzt werden kann oder in das Netz eingespeist wird.*

*Biogasanlagen verwerten durch mikrobiologische Vergärung biologische Abfälle, z. B. Stallmist, Gülle, Holzabfälle usw. und dienen der Erzeugung von Methan-Gas. Das Biogas lässt sich in Heizungen verwenden.*

*Unter Geothermie versteht man die im Boden gespeicherte Erdwärme. Je tiefer man in das Innere der Erde vordringt, desto wärmer wird es, in Mitteleuropa um etwa 3 °C pro 100 Meter Tiefe.*

*Schon in vorindustrieller Zeit nutzte man die Wasserkraft zum direkten Antrieb von Mühlen oder Sägewerken. Heute wird mit Wasserkraft in Deutschland fast ausschließlich elektrischer Strom erzeugt.*

*Im Rahmen der Energiewende wird auch angestrebt, den Energieverbrauch langfristig zu senken. Der Stromverbrauch soll bis 2050 um 25 % gegenüber 2008 gemindert werden; bis 2020 soll er bereits um 10 % sinken. Der Energieverbrauch im Verkehrssektor soll bis 2050 um rund 40 % gegenüber 2005 zurückgehen, z. B. durch sparsamere Verbrennungsmotoren und Elektrofahrzeuge. Weiterhin soll die Wärmedämmung von Gebäuden verbessert werden.*

1. *Informieren Sie sich über die Nutzung erneuerbarer Energien: Wind-, Solarenergie, Biogasanlagen und Geothermie. Berichten Sie.*
2. *Sammeln Sie regelmäßig Presseberichte über die Energiewende. Diskutieren Sie darüber.*

# 8.2 Gewässerbelastung

*Immer wieder gibt es beunruhigende Schlagzeilen wie „Ausgelaufene Chemikalie verschmutzt Rhein" oder „Massives Fischsterben in der Ilm". Dem gegenüber stehen erfreuliche Nachrichten, z. B. über den ersten internationalen Badetag in der Elbe, als Zeichen einer erheblichen Verbesserung der Wasserqualität.*

Schon seit alters her werden unsere **Oberflächengewässer** durch menschliche Nutzung beeinträchtigt. Unter Oberflächengewässern versteht man im Gegensatz zum Grundwasser Fließgewässer wie Flüsse und Bäche sowie stehende Gewässer wie Seen und Teiche. Verschiedene **Baumaßnahmen** verschlechtern die ökologische Qualität der Fließgewässer. Dazu gehören z. B.:

- Begradigung und Vertiefung der Flussläufe für die Schifffahrt,
- Anlegen von Staustufen zur Wasserkraftnutzung,
- Zerstörung von Flussauen zur Landgewinnung.

Dies alles führt zur Vernichtung von Arten und verändert die Artenvielfalt im und am Fluss.

Auch **Schadstoffeinleitungen** in die Flüsse gefährden den Artenbestand. Schwermetalle aus Industrieabwässern, Chemikalien aus Industrie und Haushalten sowie Pestizide aus der Landwirtschaft verunreinigen das Wasser. Hinzu kommt Chlor aus dem Trinkwasser. Verantwortlich für die hohe Versalzung einiger Flüsse sind die Abwässer des Kalibergbaus. Ein besonderes Problem stellt die übermäßige **Nährstoffeinleitung** von Phosphaten und Stickstoffverbindungen in Seen und Flüsse dar. Sie wirken wie Dünger auf das Pflanzen- und Planktonwachstum. Die Phosphat- und Stickstofffracht gelangt zusammen mit anderen Schadstoffen ins Meer und führt auch dort zu Überdüngung und Vergiftung.

Viele Schadstoffe werden von den im Wasser lebenden Tieren über die Nahrung aufgenommen und im Körper gespeichert. Wegen der hohen Verdünnung im Wasser wirken sie aber selten tödlich auf den Organismus. Die gefährliche Bedeutung liegt in der Anreicherung über die **Nahrungskette.** Isst der Mensch dann schadstoffbelastete Fische oder Muscheln, kann dies seine Gesundheit gefährden.

**1.** Informieren Sie sich über Flutkatastrophen (z. B. an Rhein, Elbe, Donau). Berichten Sie über Ursachen und Maßnahmen zu ihrer Vermeidung.

**2.** Informieren Sie sich, z. B. beim ADAC, über die Qualität von Badegewässern. Berichten Sie.

1. Algenplage am Kochelsee

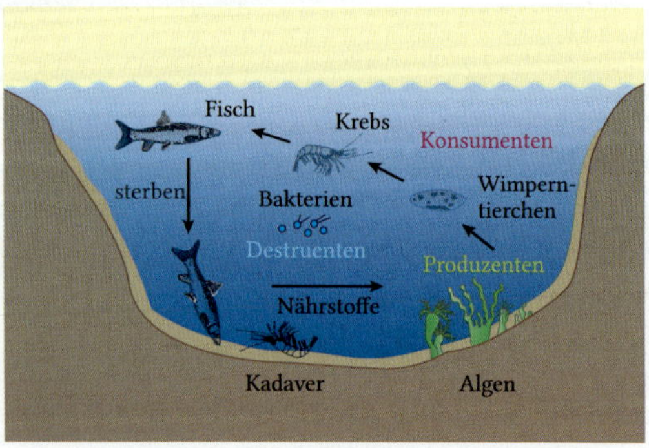


2. Nahrungskette: Fisch frisst Krebs – Krebs frisst Wimperntier – Wimperntier frisst Algen

## 8.3 Trinkwasser

*Wasser ist unser wichtigstes Lebensmittel. Ein Mensch kann längere Zeit ohne Nahrung, aber nur wenige Tage ohne Wasser überleben. Der Flüssigkeitsbedarf des menschlichen Körpers beträgt etwa 3 Liter täglich. Tatsächlich aber verbraucht jeder von uns durchschnittlich 130 Liter Wasser am Tag. Wie kommt es zu diesem hohen Wasserverbrauch?*

Deutschland ist ein wasserreiches Land. Von dem nutzbaren Wasserangebot von 182 Mrd. Kubikmetern (1 Kubikmeter = 1 000 Liter) werden nur 40 Mrd. Kubikmeter für unterschiedliche Zwecke gefördert (s. Abb. 1). Die **Trinkwassergewinnung** erfolgt aus dem Grundwasser (in Deutschland zu über 74 %), aus Quellwasser oder aus Oberflächengewässern wie Flüssen, Talsperren und Seen. Um die Trinkwasserversorgung zu sichern, werden **Wasserschutzgebiete** ausgewiesen, in denen die landwirtschaftliche, gewerbliche und industrielle Nutzung beschränkt ist.

Je nach seiner Herkunft enthält Trinkwasser unterschiedliche Mengen an Mineralstoffen und anderen Verbindungen. Dies wird deutlich an den Abweichungen in der **Wasserhärte** (Grad deutscher Härte (°dH)). Sie beschreibt vor allem den Kalkgehalt des Wassers. Je härter das Wasser, d. h., je höher der Kalkgehalt, desto höher muss das Waschmittel dosiert werden und desto schneller verkalken Haushaltsgeräte.

Für die hohe Qualität unseres Trinkwassers sorgen über 6 000 Wasserversorgungsunternehmen. Ein großer Teil des Rohwassers muss gar nicht oder nur geringfügig aufbereitet werden. Dann wird das Wasser mechanisch und chemisch gereinigt und schließlich entkeimt.

Ein besonderes Problem stellt der **Nitratgehalt** von Trink- und Mineralwasser dar. Nitrat gelangt bei der übermäßigen Düngung mit Gülle (Flüssigmist aus Massentierhaltung) ins Grundwasser. Im Magen bildet sich daraus das giftige Nitrit, welches vor allem für Babys sehr schädlich ist. Aus Nitrit kann sich im Körper Nitrosamin bilden, welches krebserregend ist.

**1.** Erkundigen Sie sich beim örtlichen Wasserwerk nach der Wasserhärte Ihrer Region. Prüfen Sie die Dosierung Ihres Waschmittels. Berichten Sie.

**2.** Informieren Sie sich über den Nitratgehalt von Mineralwässern. Welche Mineralwässer sind für die Zubereitung von Babynahrung geeignet? Berichten Sie.

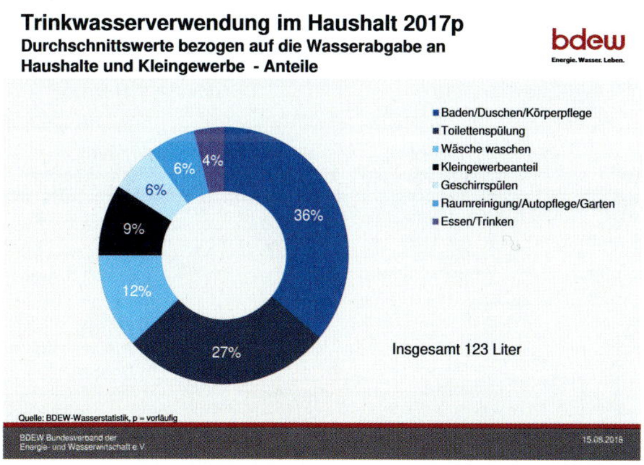


1. Wasserverbrauch in Deutschland

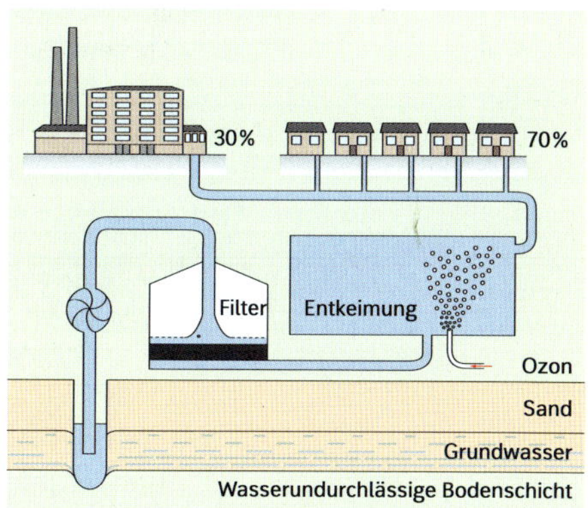


2. Trinkwassergewinnung aus Grundwasser

# 8.4 Reinhaltung der Gewässer durch Abwasserklärung

*Ein weit verzweigtes Abwasser-Kanalsystem führt den Kläranlagen die täglich anfallenden Abwässer aus den Haushalten zu, wo sie in einem dreistufigen Verfahren gereinigt werden.*

In der **mechanischen Reinigungsstufe** entfernt ein Rechen zunächst die sperrigen Bestandteile des Abwassers. Im anschließenden Sandfang setzen sich bei entsprechender Fließgeschwindigkeit Sand und schwere Schwebstoffe ab. Aufschwimmende Öle und Fette werden nun durch einen Abscheider entfernt. Im Vorklärbecken sinken schließlich bei geringer Fließgeschwindigkeit auch die leichten Schwebstoffe zu Boden und sammeln sich dort als Schlamm. Durch die mechanische Reinigungsstufe wird etwa ein Drittel aller im Abwasser enthaltenen Verschmutzungsstoffe entfernt.

Das mechanisch vorgeklärte Abwasser enthält jedoch noch gelöste anorganische und organische Verbindungen. Es wird deshalb in der **biologischen Reinigungsstufe** in gut belüftete Belebtschlammbecken geführt. Hier bauen Mikroorganismen 80 % bis 90 % der gelösten Schmutzstoffe ab. Im Nachklärbecken setzen sich ausgeflockte Stoffe ab. Sie werden in den Faulturm geführt, wo anaerobe Bakterien den weiteren Abbau organischer Schmutzstoffe bewirken. Dabei entsteht unter anderem Methangas. Es kann als Heizgas genutzt werden. Der ausgefaulte Schlamm wird verbrannt, auf Deponien gelagert oder als Düngemittel in der Landwirtschaft eingesetzt.

Das biologisch gereinigte Abwasser enthält noch große Mengen gelöster Phosphate und Stickstoffverbindungen, die z. B. aus Waschmitteln stammen. In der **chemischen Reinigungsstufe** werden sie durch Fällungsmittel aus dem Abwasser entfernt. Die geklärten Abwässer fließen in die sogenannten Vorfluter. Das sind natürliche Gewässer, zum Beispiel Bäche oder Flüsse. Das Umweltbundesamt (UBA) fordert die Ausrüstung der Kläranlagen um eine **vierte Reinigungsstufe**. Membran-Filter sollen u. a. Krankheitserreger und Abbauprodukte von Medikamenten, die zunehmend ins Abwasser gelangen, entfernen, damit sie nicht in unser Trinkwasser gelangen.

1. Erläutern Sie anhand von Abb. 1 die Wirkungsweise einer dreistufigen Kläranlage.
2. Ermitteln Sie, welche Haushaltsabfälle nicht im häuslichen Abwasser entsorgt werden sollten. Berichten Sie.
3. Nennen Sie Maßnahmen zur Verringerung der häuslichen Abwassermenge.

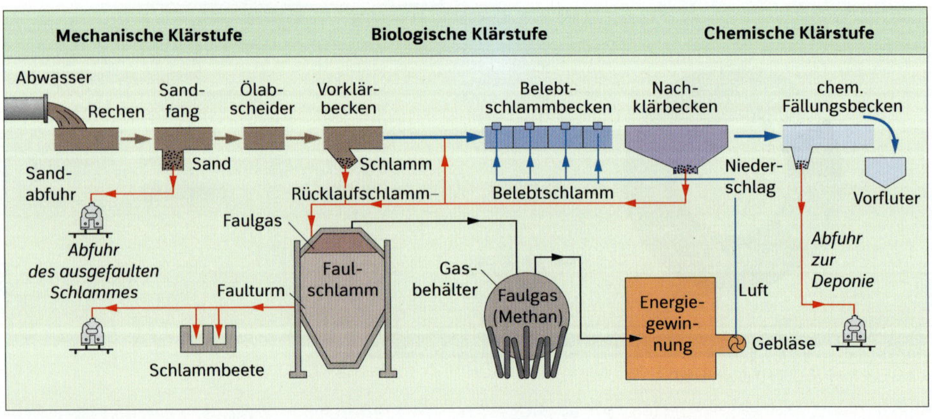


1. Dreistufige Abwasser-Kläranlage

## 8.5 Gefahrenstoffe in der Luft

*Reine Luft besteht hauptsächlich aus Stickstoff, Sauerstoff, Edelgasen und Kohlendioxid. Doch die Luft, die wir atmen, ist angereichert mit Gasen, Dämpfen, flüssigen und festen Stoffen, die eigentlich nicht hineingehören. Welche Stoffe sind das und wer verursacht diese Luftverschmutzung?*

Die Belastung der Luft wird vor allem durch private und industrielle Verbrennungsprozesse von Kohle und Erdöl hervorgerufen. Der *Kraftfahrzeugverkehr* belastet die Luft durch die **Schadstoffe** Kohlenmonoxid und Stickstoffoxide, bei Dieselfahrzeugen zusätzlich durch Ruß. Kohlenmonoxid und Stickstoffoxide, Schwefeldioxid, Kohlenwasserstoffe und Ruß entstehen auch beim *Heizen der Häuser*. Deshalb ist die Luft in dicht bebauten Städten mit hoher Verkehrsbelastung besonders verschmutzt. Die von der *Industrie* erzeugten Abgase sind so vielfältig wie ihre Produkte. Zu ihnen gehören Staub, Schwefeldioxid, Stickoxide und Chlorverbindungen.

Die Abgabe von Schadstoffen an die Luft bezeichnet man als **Emission**, das Einwirken dieser Stoffe auf Menschen, Tiere, Pflanzen und Sachen als **Immission**. Immissionen durch Schadstoffe in der Luft verursachen zahlreiche Schäden.

Abgase wie Schwefel- und Stickoxide verbinden sich in einem chemischen Vorgang mit der Luftfeuchtigkeit. Es entstehen schweflige und salpetrige Säure, die mit dem Wind verbreitet und in Form von **saurem Regen** aus der Luft ausgewaschen werden. Saure Niederschläge sind verantwortlich für die Übersäuerung von Böden und Gewässern, schädigen Pflanzen, darunter ganze Waldgebiete, und greifen Kunstdenkmäler und alte Gebäudefassaden an.

Eine besonders hohe Belastung der Luft durch Staub und Aerosole ist oftmals mit bloßem Auge erkennbar. Bei bestimmten Wetterlagen steigen diese Partikel nicht höher als 200 Meter. Zusammen mit den anderen Luftschadstoffen bilden sie den **Smog**, eine besonders starke Luftverschmutzung. Sie tritt vor allem im Winter bei Windstille und Nebel auf. Wärmere Luft schiebt sich über bodennahe Kaltluft und verhindert das Entweichen der Giftstoffe (Inversionswetterlage). Wintersmog reizt Atemwege und Augen. Werden bestimmte Grenzwerte überschritten, wird Smogalarm ausgelöst, um die Bevölkerung zu informieren. Im Extremfall kann der Kfz-Verkehr verboten und Verbrennungsanlagen können Beschränkungen auferlegt werden.

In Deutschland besteht gerade in Ballungsgebieten weiterer Handlungsbedarf zur Verbesserung der Luftqualität. So werden die seit dem Jahr 2005 gültigen EU-Grenzwerte für Feinstaub (PM10) in zahlreichen deutschen Kommunen zu oft überschritten. Die ersten Umweltzonen wurden zum 1. Januar 2008 in den Städten Berlin, Köln und Hannover eingerichtet. Mittlerweile haben sich weitere Städte angeschlossen. Fahrzeuge ohne eine Umweltplakette dürfen die Umweltzone nicht durchfahren, sonst drohen 40,00 € *Bußgeld* und ein *Punkt in Flensburg*.

Während **Ozon** in der Stratosphäre die lebenswichtige Aufgabe als Schutz vor UV-Strahlungen erfüllt, ist es in Bodennähe schädlich. Ozon ($O_3$) kommt nicht wie andere Luftschadstoffe direkt aus den Abgasen der Industrieanlagen und Kraftfahrzeuge, sondern bildet sich tagsüber während intensiver Sonneneinstrahlung aus Sauerstoff ($O_2$).

1. Verkehrszeichen Umweltzone

Weil hohe Ozonbelastungen nur im Sommer auftreten, spricht man von Sommersmog.

| *Ozonkonzentration Mikrogramm/m³* | *Anmerkung* |
|---|---|
| < 120 | Geringe Belastung |
| 120–180 | Erhöhte Belastung |
| 180–360 | Hohe Belastung |
| > 360 | Sehr hohe Belastung |

Das bodennahe Ozon wird eingeatmet und etwa zu 50 % von der Lunge absorbiert. Das eingedrungene Reizgas durchlöchert die schützende Schleimschicht der Atemwege und kann direkt das Lungengewebe angreifen. Folgen sind Schwellungen, Sekretstörungen und Verkrampfungen im Lungenbereich. Wie stark das Ozon auf die Atemwege wirkt, ist abhängig von der Ozonkonzentration der Luft, der Dauer der Einwirkung und der Intensität der körperlichen Betätigung.

Besonders gefährdet sind Personen mit Funktionsstörungen im Atemtrakt, z. B. Asthmatiker, und Kinder, weil sie einen kürzeren Atemweg und einen empfindlicheren Stoffwechsel haben. Bei erhöhter Ozonbelastung sollten diese Personen im Haus bleiben; körperliche Anstrengungen und Ausdauersport bei sehr hoher Ozonkonzentration sollte jeder vermeiden.

1. Erläutern Sie den Unterschied zwischen Emission und Immission. Erklären Sie, warum „saurer Regen“ in industriefernen Regionen Schäden verursacht.
2. Informieren Sie sich über Smogalarm. Welche Einschränkungen können verfügt werden?
3. Informieren Sie sich über Feinstaub. Berichten Sie.

**Luftreinhaltung – was jeder tun kann**

- *Keine Räume beheizen, die Wärme nicht ernsthaft benötigen (z. B. Garagen oder Keller)*
- *Möglichst umweltfreundliche Brennstoffe verwenden*
- *Fenster im Winter nur kurz zum Lüften öffnen; nicht Dauerlüften*
- *Auf eine gemäßigte, behagliche Raumtemperatur achten*
- *Feuerungsanlage regelmäßig warten*
- *Tanken von schwefelfreiem Benzin*
- *Umweltschonendes Fahren (Motor nicht im Stand warmlaufen lassen, Kavalierstarts vermeiden, benzinsparendes Tempo fahren)*
- *Unnötige Fahrten mit dem Kfz vermeiden; lieber das Fahrrad nehmen oder öffentliche Verkehrsmittel benutzen*
- *Fahrgemeinschaften bilden*
- *Sich für den Ausbau öffentlicher Verkehrsmittel, Fahrradwege und verkehrsberuhigter Zonen einsetzen*
- *Beim Autokauf umweltfreundliche Techniken (z. B. benzinsparende Motoren) bevorzugen*

## 8.6 Abfallbeseitigung

*Es ist aufwändig, aber wir haben uns daran gewöhnt: Wir trennen Leichtverpackungen, kompostierbare Abfälle und Papier vom restlichen Hausmüll und bringen Glasflaschen zum Container. Das war nicht immer so. Noch bis in die 80er-Jahre des vorigen Jahrhunderts landete der gesamte Hausmüll in derselben Tonne und wurde vollständig auf Mülldeponien gelagert. Heute haben Vermeidung und Verwertung von Abfällen Vorrang vor ihrer Beseitigung.*

**Verordnungen und Gesetze** regeln den Umgang mit Abfällen. Als oberstes Prinzip gilt, dass Güter so zu produzieren sind, dass Abfälle so weit wie möglich vermieden werden. Alle Produkte sollen langlebig und mehrfach zu verwenden sein. Wenn möglich, sollten bei der Produktion Stoffe aus verwerteten Abfällen eingesetzt werden. Gebrauchte Erzeugnisse müssen zurückgenommen und verwertet werden.
Sind Abfälle nicht zu vermeiden, gelangen sie, wenn möglich, zur Verwertung. Dies geschieht durch Sammeln geeigneter Stoffe zur **Wiederverwendung** oder das Gewinnen von Stoffen aus Abfällen, den *sekundären Rohstoffen*. Wenn es umweltverträglicher ist, können Abfälle auch als Ersatzbrennstoffe zur Energiegewinnung dienen.
Nur Abfälle, die nicht ins oben beschriebene Kreislaufsystem passen und nicht als Sonderabfall zu behandeln sind, werden zu Siedlungsabfall. Organische Substanzen sollen getrennt erfasst und z. B. als **Kompost** verwertet werden. Der Rest gelangt in **Hausmüllverbrennungsanlagen** und wird dort verbrannt oder er wird, evtl. vorbehandelt und mineralisiert, auf **Hausmülldeponien** dauerhaft gelagert. Abfälle müssen so gelagert werden, dass sie die Gesundheit von Menschen, Tieren und Pflanzen nicht gefährden und keine schädlichen Umwelteinwirkungen herbeiführen. Deponien werden mit entsprechenden Abdichtungen und Drainagen zum Schutz des Grundwassers ausgerüstet und sollten eine Auffangvorrichtung für Deponiegas besitzen.
Elektro- und Elektronikgeräte sind als Begleiter des täglichen Lebens nicht mehr wegzudenken. Entsprechend groß ist mit ca. 2 Millionen Tonnen jährlich die Menge der ausgesonderten Altgeräte. Zu ihnen gehören Waschmaschinen, Kühlschränke und

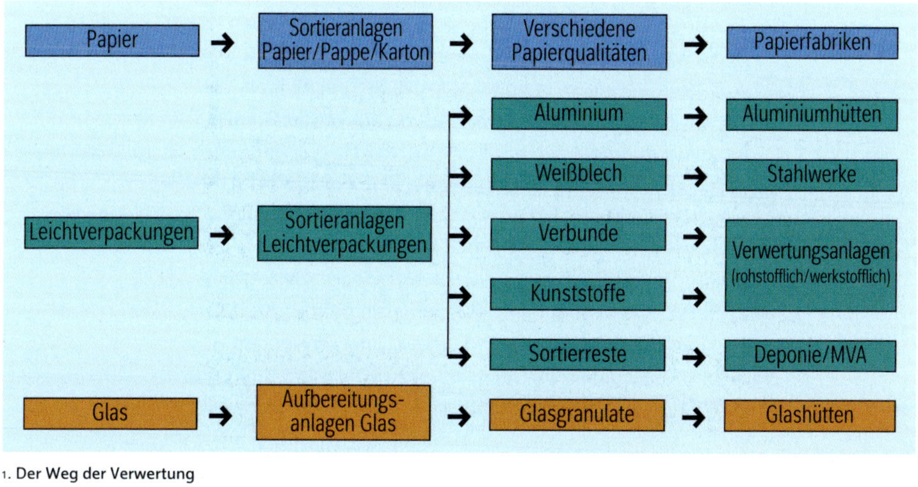


1. Der Weg der Verwertung

Staubsauger, Computer, Drucker, Telefon- und Faxgeräte, Fernseher und Hi-Fi-Anlagen. Sie enthalten wertvolle Rohstoffe wie Stahlblech und Kupfer, die in den Wirtschaftskreislauf zurückgeführt werden. Man spricht vom **Recycling**. Umweltschädliche Bestandteile wie Blei, Cadmium und PCB werden als Sonderabfall getrennt und belasten nicht die Hausmülldeponien. Auch Altautos mit ihrem hohen Anteil an verschiedenen Metallen sind eine wertvolle sekundäre Rohstoffquelle. Verwertbar sind auch die in den Fahrzeugen verarbeiteten Kunststoffe und Glas. Ein besonders wertvoller Rohstoff ist Altpapier. Es stammt aus grafischen Papieren wie Zeitungen und anderen Druckerzeugnissen und aus Verpackungen. Im Vergleich zu Papierprodukten auf Frischfaserbasis verursacht die Herstellung von Recyclingpapieren eine deutlich geringere Umweltbelastung.

1. Erläutern Sie anhand von Abb. 1, S. 201, den Weg der Müllverwertung.
2. Erläutern Sie, wie Sie selbst handeln, um Abfälle zu vermeiden.
3. Entlang unserer Autobahnen und Straßen sieht man in letzter Zeit viel Müll, zum Beispiel Getränkebecher, Plastikflaschen usw.
   a) Überlegen Sie, wie man diese Umweltverschmutzung vermeiden könnte.
   b) Überzeugen Sie in einem Rollenspiel einen Freund/eine Freundin, dass es besser ist, den Müll nicht aus dem Fenster zu werfen, sondern ordnungsgemäß zu entsorgen.

## Müllvermeidung – was jeder tun kann

*Müllvermeidung heißt in erster Linie, Rohstoffe und Energie zu sparen:*

- *Müll trennen.*
- *Schon beim Kauf von Konsumartikeln überlegen, ob der Gegenstand, den man gerne erwerben möchte, wirklich gebraucht wird. Irgendwann wird auch er zu Müll.*
- *Nur Waren von guter Qualität, Langlebigkeit und Reparaturfreundlichkeit kaufen.*
- *Nicht immer neue, sondern gebrauchte Gegenstände kaufen, mieten oder tauschen. Dinge, die nicht mehr gebraucht werden, nicht wegwerfen, sondern verschenken oder verkaufen.*
- *Auf Verpackungen achten! Mehrwegverpackungen und recyclingfähige Verpackungen bevorzugen. Aluminiumverpackungen, Weichschäume und Verbundmaterialien, kleine Portionsverpackungen, z. B. für Marmelade, oder Mehrfachverpackungen, z. B. bei Pralinen, meiden.*
- *Gegen die tägliche Flut von Werbeprospekten einen entsprechenden Hinweis am Briefkasten anbringen.*
- *Bei batteriebetriebenen Geräten aufladbare Akkus verwenden.*
- *Behälter von Reinigungs-, Kosmetik- und Körperpflegeartikeln durch materialsparende Nachfüllpackungen wiederverwenden.*
- *Wiederverwendbare Brotdosen und Trinkflaschen benutzen.*
- *Plastiktüten durch Einkaufstaschen und Körbe ersetzen.*

# Übung: Mensch und Umwelt

### *A1 Globale Umweltprobleme*

a) Erläutern Sie anhand folgender Zahlen die möglichen Auswirkungen der Bevölkerungsentwicklung für das Weltklima.

| | *Energieverbrauch* | *$CO_2$-Ausstoß* |
|---|---|---|
| Deutschland | 44 t/Einw. | 13 t/Einw. |
| USA | 65 t/Einw. | 22 t/Einw. |
| Indien | 0,26 t/Einw. | 0,7 t/Einw. |

b) Informieren Sie sich über die aktuelle Entwicklung des Ozonlochs über der Nord- und Südhalbkugel. Berichten Sie.

c) Informieren Sie sich über die „Rote Liste" gefährdeter Tiere und Pflanzen in Deutschland sowie über das Washingtoner Artenschutzabkommen von 1973. Berichten Sie.

d) Informieren Sie sich über die Entwicklungshilfe der Bundesrepublik Deutschland. Berichten Sie.

e) Die EU-Kommission hat 2008 Klimaziele verabschiedet, die alle Mitgliedsstaaten bis zum Jahre 2020 erreichen müssen. Sammeln Sie aktuelle Zeitungsberichte und recherchieren Sie im Internet. Berichten Sie.

f) Im Jahre 2011 hat sich in Japan infolge eines starken Erdbebens und einer hohen Tsunami-Flutwelle ein verheerender Reaktorunfall (Fukushima) ereignet. Informieren Sie sich über Umweltgefahren durch radioaktive Strahlung. Berichten Sie. Informieren Sie sich, welche Konsequenzen in Deutschland und anderen Ländern aus dem japanischen Reaktorunfall gezogen wurden/werden. Berichten Sie.

### *A2 Gewässerbelastung*

Informieren Sie sich über die Gewässergüte ausgewählter Flüsse, z. B. Rhein, Elbe, Weser, Donau. Berichten Sie.

### *A3 Trinkwasser*

a) Informieren Sie sich über die Trinkwasserversorgung in Entwicklungsländern. Berichten Sie.

b) Informieren Sie sich über die Problematik des sog. Stagnationswassers. Berichten Sie.

### *A4 Luftverschmutzung*

a) Informieren Sie sich über die Entwicklung der Waldschäden in Deutschland. Berichten Sie.

b) Informieren Sie sich über Feinstaub ($PM_{10}$), Entstehung, Wirkung auf die Gesundheit, Recht. Berichten Sie.

### *A5 Abfallwirtschaft*

a) Erläutern Sie anhand von Zahlen die Bedeutung des Dosenpfandes für die Umwelt.

b) Erläutern Sie die Regelungen des Altfahrzeug-Gesetzes.

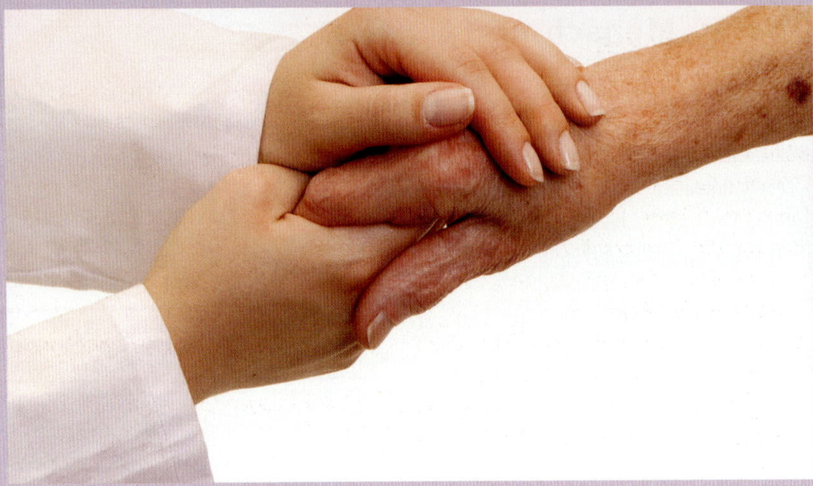

# 9 Krankenpflege

*Pflege alter Menschen*

*Nach einem Oberschenkelhalsbruch und einem dreiwöchigen Krankenhausaufenthalt soll die 82-jährige Josephine Huber wieder nach Hause entlassen werden. Bisher lebte sie allein, zukünftig wird sie sich aber nicht mehr selbst versorgen können. Deshalb zieht sie zu ihrer Tochter Elisabeth und deren Familie. Der Medizinische Dienst stuft Frau Huber in den Pflegegrad 3 ein. Ein ambulanter Pflegedienst unterstützt die Tochter bei der Pflege der hilfsbedürftigen Mutter.*

1. *Informieren Sie sich bei den Krankenkassen über das Pflegestärkungsgesetz (PSG II). Berichten Sie.*
2. *Was spricht für und was spricht gegen die Versorgung alter, kranker Angehöriger in der eigenen Familie? Diskutieren Sie.*
3. *Begründen Sie, weshalb die Pflege eines alten Menschen innerhalb der Familie schwieriger erscheint als die eines Kindes.*

*Familienunterstützende Dienste*

*In vielen Städten und Gemeinden gibt es familienunterstützende Dienste. Diese stellen Personal für die stundenweise Betreuung von Menschen mit Behinderung und Pflegebedürftigen zur Verfügung, die mindestens über den Pflegegrad 2 verfügen.*

1. *Informieren Sie sich in Ihren Wohnort über solche dienstleistenden Unternehmen. Berichten Sie.*
2. *Inwieweit bilden die familienunterstützenden Dienste zum Schulassistenten (Schulbegleiter, Integrationskraft) aus? Berichten Sie.*
3. *Informieren Sie sich in Ihrem Wohnort, wie man ehrenamtlich tätig werden kann hinsichtlich der Betreuung alter und kranker Menschen. Diskutieren Sie innerhalb Ihrer Klasse, inwieweit eine Bereitschaft zur ehrenamtlichen Tätigkeit vorhanden ist.*

# 9.1 Pflegeberufe haben Zukunft

### 9.1.1 Sicherheit und Gesundheitsschutz in Pflegeberufen

*Im Jahre 2015 arbeiteten in Deutschland etwa 2,8 Millionen Menschen in Pflegeberufen, z. B. in Krankenhäusern oder Altenpflegeeinrichtungen. Aufgrund des demografischen Wandels in unserer Gesellschaft ist die Pflege ein Berufszweig mit guten Zukunftsaussichten.*

Allerdings weisen die Pflegeberufe auch spezifische Belastungen und Risiken für die eigene Sicherheit und Gesundheit auf. Als besonders **belastende Arbeitsanforderungen** nennen Mitarbeiter/-innen in der Pflege immer wieder das Arbeiten im Stehen, das Heben und Tragen schwerer Lasten sowie den starken Termin- und Leistungsdruck bei der Arbeit. Viele Pflegekräfte klagen nach einigen Jahren der Berufstätigkeit über charakteristische gesundheitliche Beschwerden wie z. B. Rückenschmerzen; manche erkranken an Berufskrankheiten wie Infektionen mit Hepatitis oder werden sogar arbeitsunfähig.

Die **Berufsgenossenschaft** für Gesundheitsdienst und Wohlfahrtspflege (BGW) ist die gesetzliche Unfallversicherung für Personen, die in einem Arbeits-, Dienst- oder Ausbildungsverhältnis in solchen Betrieben stehen. Als Versicherungsfälle gelten Arbeits- und Wegeunfälle sowie anerkannte Berufskrankheiten. Vorrangig gilt es, Arbeitsunfälle zu verhüten, die Beschäftigten vor Gesundheitsgefahren am Arbeitsplatz zu bewahren, ggf. verletzte Arbeitnehmer gesundheitlich wieder herzustellen und sie beruflich wieder einzugliedern sowie sie und ihre Familien durch Geldleistungen sozial abzusichern (z. B. durch Witwen- und Waisenrenten). Dazu erlassen die Berufsgenossenschaften u. a. Vorschriften, bieten Schulungen an und kontrollieren die Betriebe bezüglich der Einhaltung solcher Arbeits- und Gesundheitsschutzmaßnahmen.

Alle Mitarbeiter/-innen in Pflegeberufen sollten die Vorschriften der Berufsgenossenschaft, die am Arbeitsplatz ausliegen müssen, genau lesen und zum Schutz der eigenen Gesundheit einhalten.

1. Beschaffen Sie sich bei der Berufsgenossenschaft (www.bgw-online.de) Unfallverhütungsvorschriften. Berichten Sie.
2. Informieren Sie sich über anerkannte Berufskrankheiten in der Pflege. Berichten Sie.

| Gefährdung | Maßnahmen (Auswahl) |
|---|---|
| **Rücken:** Fehlbelastungen beim Bewegen, Umlagern und Umbetten von Patienten | – Höhenverstellbare Betten<br>– Hebehilfen (Lifter) nutzen<br>– ggf. zwei Pflegekräfte einsetzen<br>– Schulung „rückenschonendes Arbeiten" für Mitarbeiter |
| **Haut:** Häufiges Händewaschen, Kontakt mit Reinigungs- und Desinfektionsmitteln kann zu Ekzemen und Allergien führen | – Hautschutz- und Hygieneplan erstellen<br>– Schutzhandschuhe tragen |
| **Infektionen:** Erhöhtes Infektionsrisiko durch Blut und Sekrete sowie bei Nadelstichverletzungen | – Hygieneplan erstellen<br>– Schutzhandschuhe, Einmalkittel, Mundschutz<br>– stichsichere Kanülen und Abwurfbehälter |
| **Stolper-, Rutsch- und Sturzunfälle:** Stress, Hektik, Stolperfallen, nasse, rutschige Böden, ungeeignete Schuhe | – Sicherheitsschuhe tragen<br>– rutschhemmende Böden verlegen<br>– gewischte (feuchte) Flächen mit Schild kennzeichnen |
| **Psychische Belastungen:** Zeitdruck, Schicht- und Wochenenddienst, Umgang mit verwirrten Patienten | – Urlaubs- und Dienstpläne<br>– Arbeitsorganisation<br>– Supervision |

1. Gefährdungen in Pflegeberufen (Auswahl)

### 9.1.2 Kommunikation mit Patienten

Kommunikation wird allgemein definiert als Austausch einer Nachricht zwischen einem **Sender** und einem **Empfänger**. Von *verbaler Kommunikation* spricht man, wenn die Information durch die Sprache vermittelt wird. Neben den Worten spielen dabei auch die Betonung, der Klang der Stimme, die Sprechgeschwindigkeit usw. eine wichtige Rolle. Die *nonverbale Kommunikation*, z. B. durch Mimik, Gestik usw., vermittelt viel über den Gemütszustand des Redners, z. B. Aufregung, Ungeduld, Ablehnung. Bei der *medialen Kommunikation* werden Informationen über verschiedene Medien, z. B. Bücher, Fernsehen usw., vermittelt.

Eine Nachricht offenbart aber nach dem Kommunikationsmodell des Psychologen Schulz von Thun neben dem **Sachinhalt** noch drei weitere Aspekte: Sie gibt einen Hinweis auf die **Beziehung**, in der der Sprechende – der Sender – zum Empfänger steht. Außerdem enthält sie eine **Selbstkundgabe**, sagt also etwas über die Befindlichkeit des Sprechenden aus. Nicht zuletzt beinhaltet sie einen **Appell**, d. h. den Versuch einer Einflussnahme auf den Empfänger.

Jeder Patient ist ein **Individuum** mit persönlichen Problemen und spezifischen Kommunikationsbedürfnissen, auf die sich die Pflegekräfte einstellen müssen. So gibt es z. B. ängstliche Patienten, Schmerzpatienten, ungeduldige Patienten, anspruchsvolle Patienten. Besondere Herausforderungen stellen kleine Kinder, ältere, gebrechliche oder verwirrte Menschen oder ausländische Patienten mit anderen kulturellen Hintergründen und Sprach- und Verständnisproblemen dar. Besonders wichtig ist es, die **Intimsphäre** der Patienten während der Gespräche, der Untersuchungen und Behandlungen sicherzustellen. Alle Daten von Patienten unterliegen dem **Datenschutz** und müssen vertraulich behandelt werden.

1. Analysieren Sie folgende Frage eines Arztes an seinen Patienten im Hinblick auf Sachinhalt, Selbstkundgabe, Beziehung und Appell: „Sie nehmen doch Ihre Tabletten regelmäßig?“
2. Erstellen Sie allgemeingültige Kommunikationsregeln für den Umgang mit Patienten.

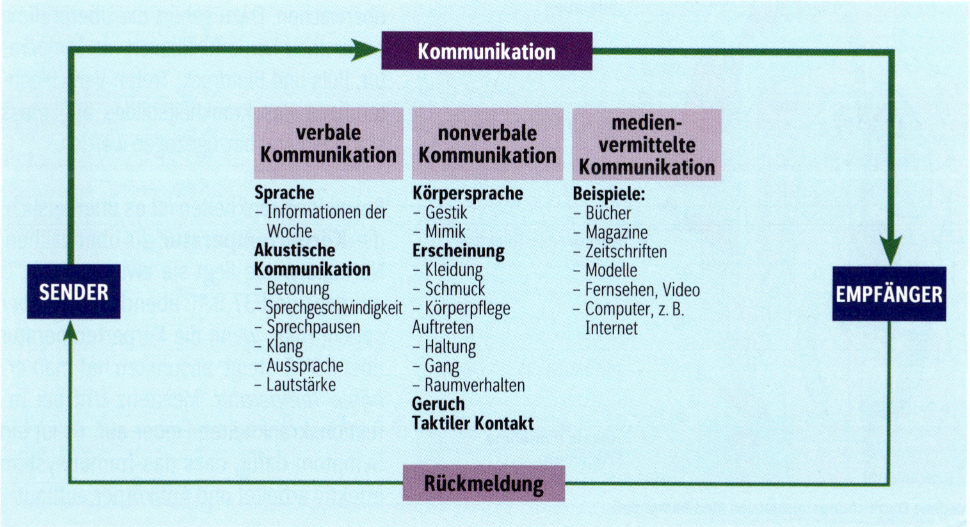


1. Kommunikationsmittel

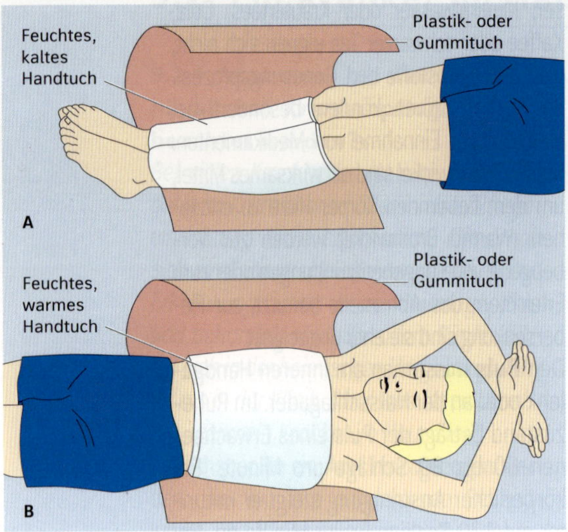


3. Waden- und Brustwickel

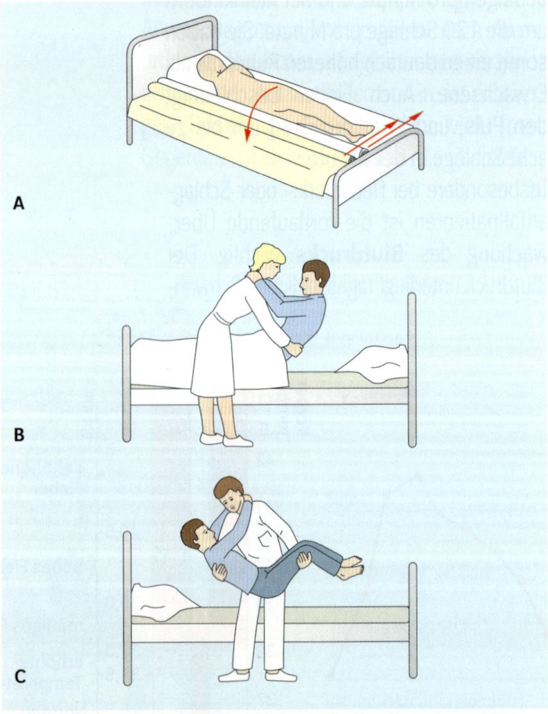


4. Handgriffe bei der Krankenpflege: A Bettlaken wechseln; B Aufsetzen auf dem Bett; C vom Bett in den Stuhl setzen

kungen, wobei die Messung beim Arzt nur eine Momentaufnahme ist. Deshalb sollten Betroffene zu Hause mehrmals am Tag ihren Blutdruck überprüfen. Ihn misst der Arzt mit Druckmanschette und Manometer und mithilfe des Stethoskops (s. S. 58) oder der Laie mit modernen vollautomatischen Geräten per Knopfdruck. Die Werte eines normalen Blutdrucks sollten 140 zu 90 nicht überschreiten. Von Bluthochdruck spricht man, wenn die Messwerte darüber liegen (s. S. 59). Eine gesunde cholesterin- und salzarme Ernährung sowie Verzicht auf Alkohol und Nikotin unterstützen in der Krankenpflege die Genesung eines Bluthochdruckpatienten.

Kranke benötigen viel Schlaf und Ruhe, um wieder gesund zu werden. Wenn es der Arzt erlaubt, sollten sie aber zum Waschen und zu den Mahlzeiten aufstehen und, wenn möglich, an der frischen Luft spazieren gehen. Dies regt Kreislauf, Atmung und Muskulatur an und beugt der Bildung von Blutpfropfen in Arterien und Venen, den gefährlichen Thrombosen, vor. Während dieser Zeit kann das Bett gerichtet und das Zimmer gut gelüftet werden. Der Patient erhält mehrfach am Tag kleinere Mahlzeiten mit leicht verdaulichen Speisen. Dazu gehören frisches Obst und Gemüse sowie verdünnte Fruchtsäfte. Der Flüssigkeitsbedarf beträgt mindestens 2 Liter pro Tag, mitunter auch mehr.

**1.** Stellen Sie Vor- und Nachteile der verschiedenen Thermometer hinsichtlich Handhabung und Messgenauigkeit gegenüber.

**2.** Erklären Sie die Notwendigkeit der regelmäßigen Pulsmessung bei Patienten.

**3.** Warum muss der Blutdruck bei Herz-Kreislauf-Erkrankungen regelmäßig kontrolliert werden?

### 9.2.2 Kranke Kinder brauchen viel Zuwendung

*Irgendwann einmal wird jedes Kind krank. Diese Situation erfordert von den Eltern häufig starke Nerven und Geduld. Denn Kinder sind während ihrer Erkrankung oft schlecht gelaunt und wissen nicht so recht, was sie eigentlich wollen.*

Im Gegensatz zu größeren Kindern können kranke Babys oder Kleinstkinder nicht sagen, wo es ihnen weh tut. Sie **verhalten** sich unruhig, sind quengelig und schreien. Besonders der Mutter gegenüber sind sie anhänglich und möchten keinesfalls allein sein. Kranke Kinder schlafen viel und mögen oft weder essen noch trinken.

Erste erkennbare **Symptome** für eine Erkrankung des Kindes sind Fieber, Durchfall, Erbrechen, Nahrungsverweigerung oder Atemnot. Dauert das Fieber mehr als einen Tag an, sollte ein Kinderarzt um Rat gefragt werden. Er kann die Schwere der Erkrankung beurteilen, für Kinder geeignete Medikamente und eventuell fiebersenkende Zäpfchen verschreiben. Gegen hohes Fieber nützen Wadenwickel auch bei Kindern. Fiebernde Kinder dürfen nicht zu warm zugedeckt werden.

Nicht alles, was einem kranken Kindergartenkind hilft, darf man bei Säuglingen anwenden. Kochsalzhaltige Nasentropfen bei wässrigem Schnupfen eignen sich ebenso für Babys wie für größere Kinder. Wird der Schnupfen eitrig, ist die Nase verstopft und kommt Atemnot hinzu, ist dies ein Fall für den Arzt. Kampfer- und mentholhaltige **Heilmittel,** die bei größeren Kindern mit Husten schleimlösend wirken, dürfen Säuglinge nicht erhalten.

Will ein krankes Kind zwei, drei Tage nichts **essen**, ist dies nicht weiter schlimm. Es muss jedoch ausreichend **trinken**, insbesondere bei fiebrigen Erkrankungen und bei Durchfall. Am besten geeignet sind stilles Mineralwasser, verdünnte Fruchtsäfte, Früchte- und Kräutertees, Fleisch- oder Gemüsebrühe. Bei Halsschmerzen helfen lauwarme Kräutertees, zuckerfreie Salbeibonbons und Halswickel. Ist das Schlucken erschwert, z. B. bei Mandelentzündung, sollten Speisen gegeben werden, die gut „rutschen". Lieblingsspeisen, leichte und vitaminreiche Kost fördern den Appetit.

Wenn der **Arzt** es erlaubt hat und das kranke Kind sich entsprechend fühlt, muss es nicht unbedingt im Bett liegen. Das Krankenlager kann ins Wohnzimmer verlegt werden, es darf in einem zugfreien Raum bei normaler Raumtemperatur spielen und sich zwischendurch ausruhen oder schlafen. Von seiner Krankheit kann das Kind dadurch abgelenkt werden, dass viel mit ihm gespielt wird. Neben allen pflegerischen und medikamentösen Maßnahmen sorgen vor allem Liebe, Zuwendung und viel Zeit für eine baldige Genesung.

1. Ein krankes Kind wird gepflegt

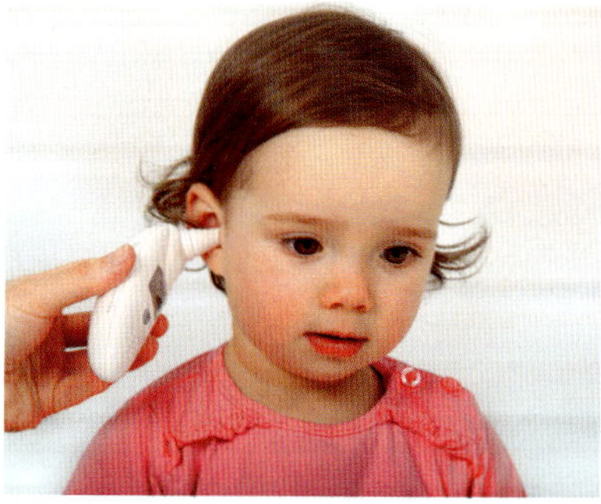

2. Fieber messen bei einem Kind

Kranke Kindern dürfen keine **Arzneimittel** für Erwachsene erhalten, weil die Wirkstoffdosierung anders erfolgen muss. Außerdem sollten die für das Kind bestimmten Medikamente niemals neben dem Krankenbett stehen bleiben. Am besten sind sie in einer abschließbaren Hausapotheke aufgehoben (s. S. 216).
Ist eine Kühlschranklagerung vorgeschrieben – dies gilt zum Beispiel für Insulin, für Zäpfchen und für Augentropfen – muss eine Temperatur zwischen +2 °C und + 8 °C eingehalten werden (Kühlschrank).

1. Fassen Sie typische Krankheitssignale beim Säugling, Kleinkind und Kindergartenkind zusammen. Vergleichen Sie.
2. Wie lassen sich Fieber und Puls bei Babys am geeignetsten messen? Sammeln Sie Tipps.
3. Ermitteln Sie kindgerechte Speisen und Zwischenmahlzeiten bei unterschiedlichen Erkrankungen, die einen Genesungsprozess begünstigen.

**Wann helfen Hausmittel?**

| *Heilpflanze* | *Verwendete Teile* | *Mittel* | *Anwendung* |
|---|---|---|---|
| ***Echte Kamille*** | *Blütenköpfchen* | *Tee, Dampfbad* | *Äußerlich: feuchtwarmer Umschlag, Gurgeln; Bindehautentzündung, Entzündung von Mundhöhle und Rachen, bei Abszessen<br>Innerlich: Magenverstimmung, Durchfall, Blähungen, Koliken, Unruhe, Schlafstörungen, Erkältungen, Infektionskrankheiten* |
| ***Pfefferminze*** | *Blätter* | *Tee, Öl* | *Tee: Magen- und Verdauungsbeschwerden<br>Öl: Kopfschmerzen, Migräne, Ermüdung, Mundpflege, Hals-, Nasen-, Rachenentzündung* |
| ***Schwarzer Holunder*** | *Blüten, Früchte, Blätter* | *Tee, Saft* | *Erkältung, Bronchitis, Asthma* |
| ***Fenchel*** | *Früchte* | *Tee, Öl* | *Verdauungsstörungen, Blähungen, Koliken; Husten, Keuchhusten, Asthma, Bronchitis; wirkt appetitanregend* |
| ***Hagebutte*** | *Fruchtfleisch, Samen* | *Tee, Saft, Marmelade* | *Vorbeugend gegen Erkältungen, bei Blasen- und Nierenleiden* |
| ***Kümmel*** | *Samen* | *Öl, Tee* | *Äußerlich für Massagen<br>Innerlich als Tee bei Blähungen, Koliken* |
| ***Ingwer*** | *Wurzel* | *zerkauen* | *Gegen Reiseübelkeit, Schwangerschaftsübelkeit* |
| ***Anis*** | *Samen* | *Tee* | *Magen- und Verdauungsbeschwerden, Husten, Erkältungen* |

### 9.2.3 Die Pflege älterer Menschen

*Bedingt durch die zunehmende Lebenserwartung und eine niedrige Geburtenrate nimmt der Anteil älterer Menschen in unserer Gesellschaft stetig zu. Dies bringt für den Einzelnen und die Gesellschaft vielfältige soziale, finanzielle und medizinische Herausforderungen mit sich.*

Ältere Menschen leiden mehr oder weniger unter zahlreichen **Altersbeschwerden**. Ursache hierfür ist ein allgemeiner Funktionsrückgang der Zellen. Ihre Fähigkeit nimmt ab, lebensnotwendige Stoffe aufzunehmen, zu verarbeiten und Stoffwechselprodukte auszuscheiden. So lässt z. B. die Heilungsgeschwindigkeit von Wunden bei alten Menschen nach, weil das Körpergewebe mangelhaft ernährt wird. Durch Zellschwund erschlafft die alternde Haut und wird trocken und faltig, die Knochen werden brüchiger und die Körpergröße nimmt ab. Verzögert abgebaute oder nicht mehr ausgeschiedene Stoffwechselprodukte erschweren die Tätigkeit von Nerven- und Muskelzellen. Bestimmte Körperbereiche neigen zur Verkalkung, Verfettung oder Entartung. Die Leistungsfähigkeit des Immunsystems sinkt; ältere Menschen sind deshalb anfälliger für Erkrankungen. Ebenso lassen Seh- und Hörvermögen nach. Die Geschwindigkeit geistiger Abläufe und die Reaktionsfähigkeit vermindern sich. Auch die Blasenmuskelspannung und das Fassungsvermögen der Blase nehmen ab, sodass in vielen Fällen der Harn nur noch kurze Zeit oder gar nicht mehr gehalten werden kann (Inkontinenz).

Aufgrund des Alterungsprozesses sind immer mehr Menschen auf Hilfe angewiesen und benötigen zum Teil umfangreiche **Pflege und medizinische Versorgung**. Häufig übernehmen nahe Verwandte die Pflege ihrer alten Angehörigen, oft unterstützt von Alten- und Krankenpflegern ambulanter Pflegedienste. Andere entscheiden sich für den Wechsel in eine stationäre Pflegeeinrichtung, ein Altenpflegeheim.

Bei der **Ernährung** älterer Menschen muss berücksichtigt werden, dass der Kalorienbedarf ebenso wie der Bedarf an Kohlenhydraten und Fetten vermindert ist, die Menge an Eiweiß aber unverändert bleiben sollte. Weil das Durstempfinden gestört ist, wird oft viel zu wenig getrunken. Zuwenig Flüssigkeit kann zu Verstopfung und zu Austrocknung mit akuten Verwirrtheitszu-

1. Alte Frau mit Rollator (Gehhilfe)

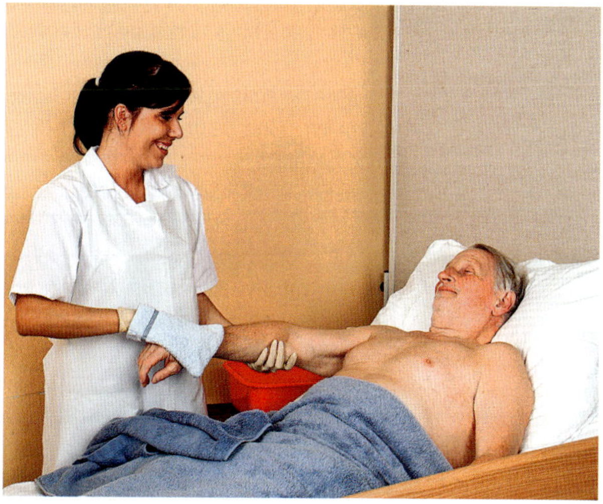

2. Pflegebedürftiger bekommt Hilfe beim Waschen

ständen führen. Um die Durchblutung zu verbessern und die Elastizität und Leistungsfähigkeit der Körpers soweit wie möglich zu erhalten, wird regelmäßige körperliche Bewegung empfohlen.

Viele alte Menschen leiden unter Bewegungseinschränkungen oder sind bettlägerig. Bei schwerster Bettlägerigkeit, ausgelöst durch einen Schlaganfall oder einen Sturz, ist der Patient oft unfähig, sich selbstständig im Bett zu drehen. Nun besteht die Gefahr des Wundliegens. Durch den ständigen Druck des eigenen Körpergewichts auf bestimmte Stellen wird das Gewebe zu wenig durchblutet, die Haut platzt auf und das Gewebe darunter kann absterben. Eine solche Wunde, die durch Liegen entsteht, nennt man **Dekubitus**. Besonders dekubitusgefährdet sind Ellenbogen, Fersen, die Schulter- und Hüftknochen sowie der Kreuzbeinbereich im Rücken. Mithilfe einer Spezialmatratze und eines Lagerungsplans, bei dem der Patient möglichst alle zwei Stunden in eine andere Position gelagert wird, kann das Wundliegen verhindert werden.

Die häufigste Ursache für Pflegebedürftigkeit im Alter ist die **Demenz**. Sie beginnt meist mit leichten Gedächtnisstörungen wie dem Vergessen von Erledigungen. Das Kurzzeitgedächtnis nimmt mehr und mehr ab, während lange zurückliegende Erlebnisse noch gut erinnert werden können. Später kommen Orientierungsstörungen hinzu. Der Erkrankte kann z.B. nicht mehr den aktuellen Wochentag nennen oder sich in der Wohnung zurechtfinden. Die Aktivitäten werden weitgehend zusammenhanglos, die persönliche Hygiene wird nicht mehr aufrechterhalten. Schließlich versteht der Patient die Sprache nicht mehr und erkennt auch seine Angehörigen nicht. Manche Erkrankte leiden unter Persönlichkeitsveränderungen mit Erregungs- und Angstzuständen, laufen rast- und ziellos durch die Räume und werden aggressiv gegenüber ihren Mitmenschen. Eine besonders schwere Form von Demenz verursacht die **Alzheimer-Krankheit**. Bei dieser Gehirnerkrankung kommt es zum Schwund der Gehirnrinde. Erste Anzeichen sind hochgradige Vergesslichkeit, später ist das Gedächtnis völlig erloschen.

Bei schwerer Demenz sind die Erkrankten vollständig auf die Hilfe anderer angewiesen. Weil die Angehörigen mit der Pflege überfordert sind, leben die meisten dieser Patienten in Pflegeheimen.

Über die Pflegekasse können bestimmte **Hilfsmittel** zur Altenpflege angefordert werden. Es gibt Hilfen zum Essen und Trinken, wie z. B. Schnabeltassen, rutschfeste Teller mit extra hohem Rand und speziell geformte Bestecke. Hilfen für Körperpflege und Hygiene sind Haltegriffe für die Badewanne und Toilette, Badewannenlifter, Toilettenstühle, Gummieinlagen für das Bett und Windelhosen. Die Mobilität unterstützen Unterarmgehhilfen, Gehstuhl („Rollator"), Rollstühle oder Treppenlifte. Als Hilfsmittel für die optimale Pflege und Lagerung Schwerstbettlägeriger gibt es höhenverstellbare Pflegebetten und Wechseldruckmatratzen.

---

**1.** Informieren Sie sich über Alterserkrankungen wie Demenz, Alzheimer oder Parkinson. Referieren Sie über deren Ursachen, Symptome und Behandlungsmöglichkeiten.

**2.** Erkundigen Sie sich in einem Sanitätshaus über Hilfsmittel für die Pflege. Berichten Sie.

**3.** Stellen Sie die vier Stadien eines Dekubitus vor.

---

## Pflegeprozess

*Die Pflege von alten, behinderten und kranken Menschen wird heute in der Pflegewissenschaft als systematischer Prozess begriffen. Der Pflegeprozess gliedert sich in einzelne Phasen bzw. Schritte, die zu einem geschlossenen Regelkreis miteinander verbunden sind. Diese systematische und in Form des Pflegeplans schriftlich dokumentierte Arbeitsweise schafft für alle an der Pflege Beteiligten Transparenz und ermöglicht ihnen ein strukturiertes abgestimmtes Arbeiten.*

*1. **Schritt** Am Anfang steht die **Informationssammlung**, um den Ist-Zustand des Pflegebedürftigen zu ermitteln. Im Rahmen von Anamnesegesprächen, Pflegevisiten, durch Befragungen und Beobachtungen des Patienten werden pflegerelevante Informationen gesammelt. Checklisten helfen, die gewonnenen Daten systematisch zu erfassen und zu sortieren. Zwei Listen zur Ermittlung des individuellen Pflegebedarfs haben weite Verbreitung in der Pflegepraxis gefunden (s. unten): **ATL** (Aktivitäten des täglichen Lebens) von L. Juchli und **ABEDL** (Aktivitäten, Beziehungen und Erfahrungen des Lebens) von M. Krohwinkel.*
*2. **Schritt** Die systematische Auswertung der gesammelten Informationen zeigt, welche **Ressourcen**, also Fähigkeiten und Fertigkeiten, die zu betreuende Person hat, aber auch welche **Pflegeprobleme** zu lösen sind. Kann ein Patient z. B. selbst zur Toilette gehen oder braucht er dabei Hilfe?*
*3. **Schritt** Mit der Erkenntnis von Problemen und Ressourcen können realistische **Pflegeziele** formuliert werden. Damit beschreibt man einen gewünschten Zustand des Patienten, der mit Unterstützung der Pflege erreicht werden soll. Man unterscheidet häufig zwischen Nah- und Fernzielen.*
*4. **Schritt** Danach werden alle pflegerischen Maßnahmen geplant, die zur Erreichung der Pflegeziele notwendig sind. Im **Maßnahmenplan** werden auch Pflegezeiten und Personaleinsatz festgelegt, z. B. Medikamentengabe dreimal täglich.*
*5. **Schritt** Die **Durchführung der Pflegemaßnahmen** wird dokumentiert. Dafür stehen in der EDV oder auf Papier verschiedene Formulare zur Verfügung, z. B. Leistungsnachweis, Medikamentenblatt usw.*
*6. **Schritt** Mit der regelmäßigen **Überprüfung** (Evaluation) der Pflegeplanung schließt sich der Regelkreis. Die Häufigkeit richtet sich nach Krankheitsbild und dem Behandlungsverlauf.*

| ATL (nach L. Juchli) | ABEDL (nach M. Krohwinkel) |
|---|---|
| 1. Ruhen und schlafen | 1. Kommunizieren können |
| 2. Sich bewegen | 2. Sich bewegen können |
| 3. Sich waschen und kleiden | 3. Vitale Funktionen des Lebens aufrechterhalten können |
| 4. Essen und trinken | 4. Sich pflegen können |
| 5. Ausscheidung | 5. Essen und trinken können |
| 6. Regulierung der Körpertemperatur | 6. Ausscheiden können |
| 7. Atmen | 7. Sich kleiden können |
| 8. Für Sicherheit sorgen | 8. Ruhen und schlafen können |
| 9. Sich beschäftigen | 9. Sich beschäftigen können |
| 10. Kommunizieren | 10. Sich als Mann oder Frau fühlen und verhalten können |
| 11. Sinn finden | 11. Für eine sichere Umgebung sorgen können |
| 12. Sich als Mann oder Frau fühlen | 12. Soziale Bereiche des Lebens sichern können |
| 13. – | 13. Mit existenziellen Erfahrungen des Lebens umgehen können |

**Grundausstattung einer Hausapotheke**

- *Mullbinden, 6 und 8 cm breit*
- *Verbandspäckchen klein/mittel/groß*
- *Heftpflaster*
- *Pflaster in verschiedenen Größen*
- *Pressrolle Verbandswatte*
- *Elastische Binden, 6 und 8 cm breit*
- *Fingerstülpverband*
- *Lederfingerling*
- *Dreieckstücher*
- *Fieberthermometer*
- *Schere/Verbandsschere*
- *Pinzette*
- *Sicherheitsnadeln*
- *Verbandsklammern*
- *Einmal-Latexhandschuhe*
- *Wärmflasche*
- *Wund-Desinfektionsmittel*
- *Fein-Desinfektionsmittel*
- *Mittel gegen Insektenstiche*
- *Mittel gegen Durchfall und Verstopfung*
- *Mittel gegen Erkältungskrankheiten*
- *Mittel gegen Halsschmerzen*
- *Schmerztabletten*
- *Evtl. vom Arzt verordnete Medikamente*

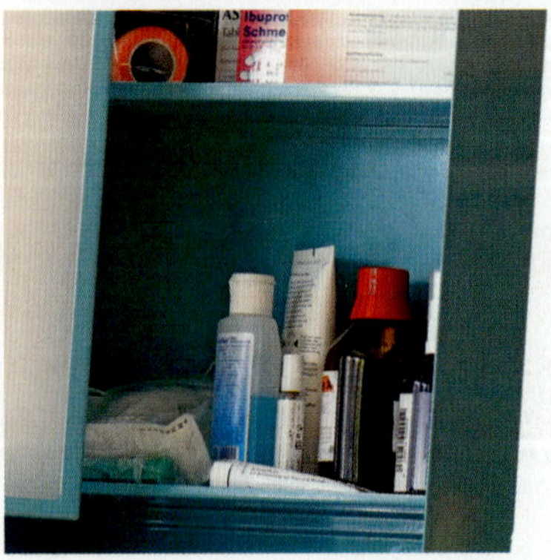

1. Hausapotheke

### 9.2.4 Die Hausapotheke

Mit einer sinnvoll zusammengestellten Auswahl von Medikamenten und Hilfsmitteln in einer Hausapotheke kann – falls notwendig – erste Hilfe geleistet werden. In die Hausapotheke gehören zunächst einmal alle **Medikamente**, die gegen akute Beschwerden benötigt werden. Ergänzt werden sie durch Medikamente gegen Alltagserkrankungen wie Kopfschmerzen oder Durchfall. **Verbandsmittel** bei Verbrennungen und Verbrühungen, Verstauchungen und zur Desinfektion und Abdeckung von Wunden dürfen nicht fehlen. Auch **Instrumente und Hilfsmittel** wie ein Fieberthermometer, eine Verbandsschere, eine Wärmeflasche und eine Pinzette sollten vorhanden sein. Ein kurz gefasstes Nachschlagewerk über die häufigsten Erste-Hilfe-Maßnahmen darf nicht fehlen. An der Innenseite der Tür können die **Telefonnummern** vom Hausarzt, Rettungs- und Notfalldienst und Vergiftungsberatung angebracht werden.

Selbstverständlich muss die Hausapotheke abschließbar sein, damit Kinder zu ihr keinen Zugang haben. Weil Medikamente trocken und kühl gelagert werden sollen, ist das Badezimmer nicht der richtige Ort. Beim Einkauf von Medikamenten sollte das Datum deutlich sichtbar auf der Verpackung notiert und die Beipackzettel aufbewahrt werden. Dosen und Tuben sind nach Gebrauch sorgfältig zu verschließen, damit ihr Inhalt nicht verdirbt.

Bei regelmäßigen **Kontrollen** werden Arzneimittel, die nicht mehr benötigt oder deren Verfallsdatum überschritten ist, aussortiert, andere nach Bedarf ergänzt.

**1.** Stellen Sie fest, ob in Ihrem Haushalt eine Hausapotheke vorhanden ist. Überprüfen Sie die Ausstattung.

# 9.3 Erste Hilfe

*Erste Hilfe im Betrieb*

*Charlotte hat sich in Ihrem Betrieb verletzt. Als sie in der Küche Tee aufgießen wollte, ist heißes Wasser übergeschwappt und sie hat sich an der Hand und am Arm verbrannt. Evi, ihre Arbeitskollegin, war in der Nähe und hat gleich erste Hilfe geleistet.*

1. *Besorgen Sie sich die DGUV Vorschrift 1 (www.bgw-online.de) und lesen Sie § 26. Berichten Sie über die Anzahl und Ausbildung von Ersthelfern im Betrieb.*
2. *Jede Verletzung und jede Erste-Hilfe-Leistung im Betrieb müssen schriftlich festgehalten werden. Besorgen Sie sich ein Verbandbuch (www.bgw-online.de). Berichten Sie darüber, was dort zu dokumentieren ist und warum dies erfolgen muss.*

*Erste Hilfe in der Pflege*

*Herr Meyer lebt allein in seiner Wohnung und wird regelmäßig vom mobilen Pflegedienst unterstützt. Als die Altenpflegerin Roswitha morgens in seine Wohnung kommt, sieht sie Herrn Meyer bewusstlos im Wohnzimmer neben dem Couchtisch liegen. An seinem Hinterkopf tritt Blut aus. Der Sturz muss wohl gerade erst passiert sein. Schnelles Handeln ist da vonnöten.*

1. *Welche Erste-Hilfe-Maßnahmen muss Roswitha direkt durchführen? Praktizieren Sie diese beispielhaft mit einem/einer Mitschüler/-in durch.*
2. *Welche vorbeugenden Maßnahmen sind bei immobilen Menschen innerhalb der Wohnung zu ergreifen, um Stolperfallen aus dem Weg zu räumen? Notieren Sie eine Liste für die seniorengerechte Wohnraumgestaltung.*

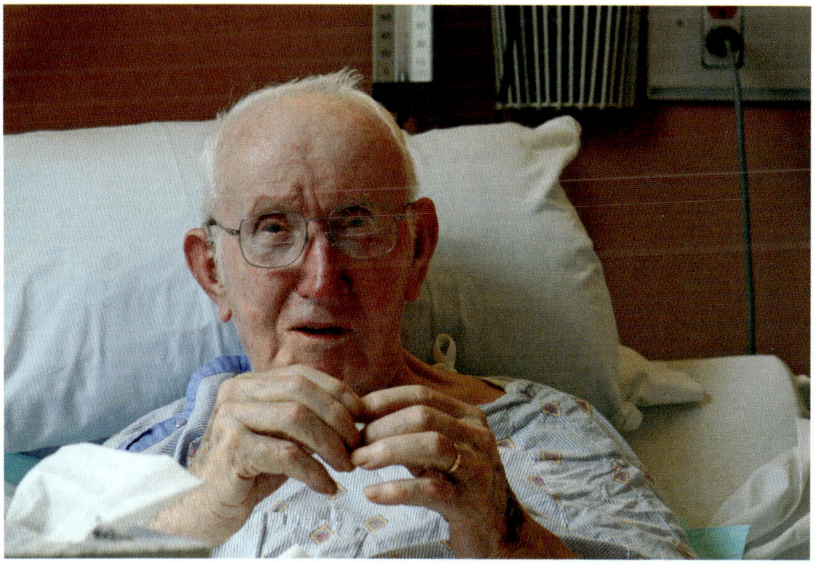

### 9.3.1 Erste Hilfe am Unfallort

*Bei einem Verkehrsunfall sollte, ebenso wie bei schweren Unfällen im Haushalt oder am Arbeitsplatz, eine bestimmte Reihenfolge der Sofortmaßnahmen am Unfallort eingehalten werden. Zunächst muss der* ***Unfallort abgesichert*** *werden, um sich selbst, andere Unbeteiligte sowie Verletzte nicht zusätzlich zu gefährden. Dies geschieht durch das Einschalten der Warnblinkleuchten des Autos und ein in ausreichendem Abstand aufgestelltes Warndreieck. Sind weitere Unfallzeugen vorhanden, sollte man sie bitten, den Gegenverkehr zu warnen und einen Notruf über das Handy oder auf Autobahnen über die nächste Notrufsäule zu veranlassen.*

Bei einem Notruf müssen möglichst präzise **Meldungen** gemacht werden:

1. Wo ist der Unfall passiert?
2. Was ist geschehen?
3. Wie viele Personen sind verletzt?
4. Welche Art der Verletzung liegt vor?
5. Wer spricht?

Nach der Beantwortung dieser fünf W-Fragen sollte man weitere Rückfragen durch die Leitstelle abwarten. Nur sie beendet den Notruf. Besteht für den Verletzten unmittelbare Gefahr an der Unfallstelle, muss er aus der Gefahrenzone entfernt werden. Besser ist es jedoch, der Verletzte bleibt an der Unfallstelle liegen und wird dort versorgt.

Ist die Unfallstelle abgesichert und die Meldung veranlasst, kontrolliert man sofort Atmung und Kreislauf des Verletzten. Sind sie nicht feststellbar, muss sofort mit **Wiederbelebungsmaßnahmen** begonnen werden. Dazu gehören Herzmassage und Mund-zu-Nase-Beatmung.

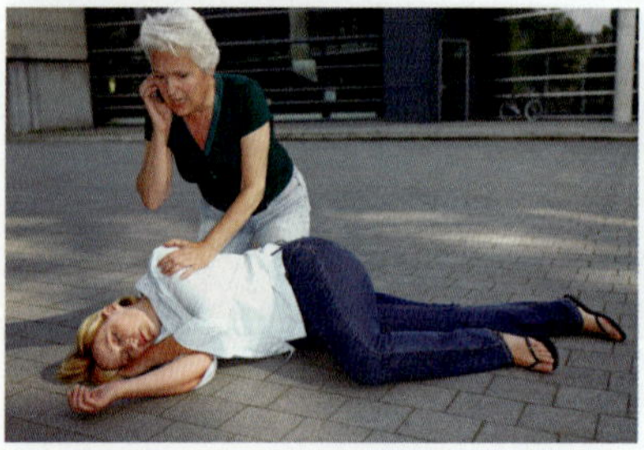

1. Erste Hilfe

Bei starkem Blutverlust wird zuerst die Blutung durch Abdrücken der Arterie oder Anlegen eines **Druckverbandes** gestillt. Starke Blutungen und Atemstillstand führen jeweils innerhalb von wenigen Minuten zum Tod, wenn nichts dagegen unternommen wird. Weil der Erfolg der **Atemspende** vom Zustand des Kreislaufs abhängig ist, hat die Blutstillung Vorrang.

Bei einem Blutverlust von mehr als einem Liter besteht Lebensgefahr durch **Schock.** Der Verletzte sollte dann in die Schocklage gebracht werden. Eine bewusstlose Person wird am sichersten in der **stabilen Seitenlage** gelagert. Sie bietet Schutz vor Erstickung z. B. durch eine Verlegung der Atemwege durch Zurückfallen der Zunge.

Nachdem diese lebensrettenden Sofortmaßnahmen durchgeführt worden sind, können weitere Verletzungen behandelt werden. Wegen der Infektionsgefahr werden Wunden noch vor Knochenbrüchen versorgt.

In vielen Fällen gehört zur ersten Hilfe die **Versorgung von Wunden**. Als Wunden bezeichnet man Verletzungen, bei denen die Haut durchdrungen wurde. Die Haut schützt unseren Körper gegen das Eindringen von Krankheitserregern. Bei einer Wunde ist dieser Schutz unterbrochen. Es besteht erhöhte Infektionsgefahr. Grundregel jeder ersten Wundversorgung ist daher, die Wunde und deren Umgebung nicht zu betasten oder zu berühren. Einmal-Handschuhe schützen auch den Helfer selbst vor Infektionen und sollten bei jeder ersten Hilfe benutzt werden.

Wunden werden mit keimfreien Wundauflagen abgedeckt. Dies kann bei kleineren Verletzungen ein Pflaster sein; größere Wunden werden mithilfe eines entsprechend großen Verbandspäckchens verbunden. Die Wundauflage darf nicht mit den Fingern berührt werden. Sehr stark blutende Wunden erhalten einen Druckverband. In einer Wunde steckende Fremdkörper dürfen nur vom Arzt entfernt werden. Das Herausziehen könnte ein bis dahin abgedrücktes großes Blutgefäß öffnen, sodass eine lebensgefährliche Blutung entstehen kann.

Ist es zu einer Abtrennung von Gliedmaßen, z. B. einem Finger, gekommen, wird die Arterie abgeklemmt. Die Gliedmaße wird in ein keimfreies trockenes Verbandtuch gewickelt und möglichst kühl gelagert. Auf diese Weise besteht eine gute Chance, den Finger wieder annähen zu können.

**Verbrennungen** sind Schädigungen der Haut durch Hitze. Eine leichte Verbrennung erkennt man an einer Hautrötung (Verbrennung 1. Grades). Wenn Brandblasen auftreten, liegt eine Verbrennung 2. oder 3. Grades vor. In diesem Fall muss ein Arzt Hilfe leisten. Als erste Hilfsmaßnahme kühlt man die verbrannte Stelle unter fließendem lauwarmen Leistungswasser mindestens zehn Minuten lang. Größere Brandwunden deckt man anschließend mit einem Brandwundenverband ab.

**Verätzungen** verursachen ähnliche Verletzungen wie Verbrennungen. Sie sollten ebenfalls mit reichlich fließendem Wasser gespült werden.

Die erste Hilfe umfasst alle Maßnahmen am Unfallort bis zum Beginn der ärztlichen Behandlung. Von den richtigen Hilfsmaßnahmen kann das Leben eines Menschen abhängen. Es ist daher für jeden wichtig, wenigstens die lebensrettenden Sofortmaßnahmen zu beherrschen. Entsprechende Kurse werden von allen Rettungsorganisationen durchgeführt.

---

1. Nennen Sie verschiedene Beispiele von Unfällen im Haushalt. Welche Erste-Hilfe-Maßnahmen sind durchzuführen?
2. Viele Menschen trauen sich nicht zu, erste Hilfe zu leisten. Unterlassene Hilfeleistung ist jedoch strafrechtlich verfolgbar. Inwieweit kann *jeder* erste Hilfe leisten? Listen Sie auf.

---

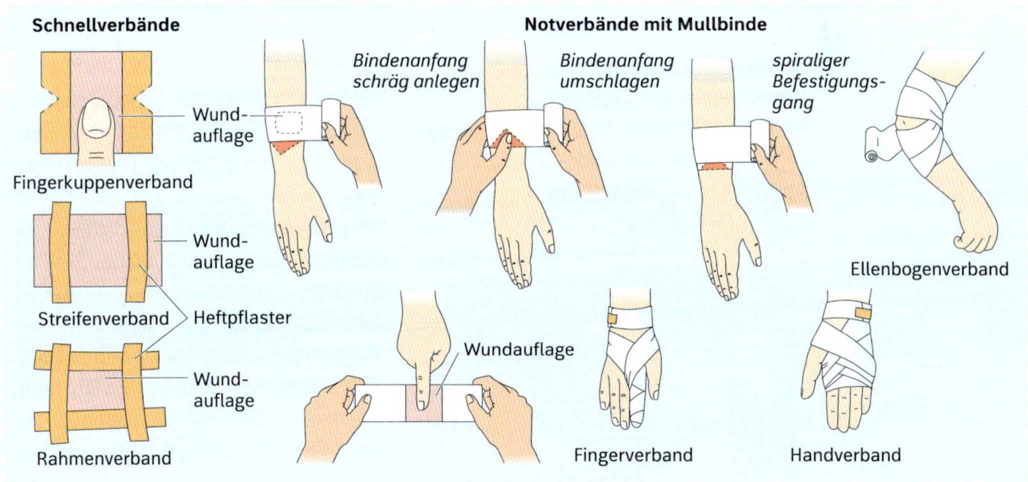


2. Einfache Verbände

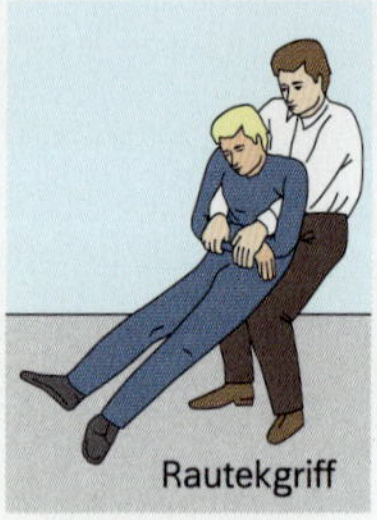


**Rautekgriff:** Zum Transport des Verletzten aus dem Gefahrenbereich. Vorsichtig und schonend vorgehen. Den Verletzten zu einem sicheren Ort ziehen und dort versorgen.

### 9.3.2 Erste-Hilfe-Maßnahmen

Alle Erste-Hilfe-Maßnahmen sollten in einem Kurs geübt werden.

*Verstauchungen:*
Sofort kalte Umschläge machen oder kühlen mit Eisbeutel oder Coolpack; Gelenk ruhig stellen und hoch lagern.

*Verrenkungen:*
Gelenk kühlen und ruhig stellen. Keine Einrenkungsversuche durchführen! Dies ist Sache des Arztes.

*Knochenbrüche:*
Ruhigstellen in der gegebenen Lage: Mit eingerollter Decke o. Ä. sowie Schals, Tüchern o. Ä. fixieren.
Bei offenen Brüchen Blutung stillen.

*Gehirnerschütterung:*
Gefahr der Gehirnblutung!
*Merkmale:* Schwindel, Übelkeit, Kopfschmerzen, evtl. Bewusstlosigkeit.
*Maßnahmen:* Verletzten hinlegen, stabile Seitenlage. Atmung und Kreislauf beobachten.

*Schädelbasisbruch:*
Lebensgefahr durch Atemstillstand!
*Merkmale:* Geringe Blutung aus Nase, Mund oder Ohr. Bewusstlosigkeit.
*Maßnahmen:* Seitenlagerung, Atmung und Kreislauf beobachten.

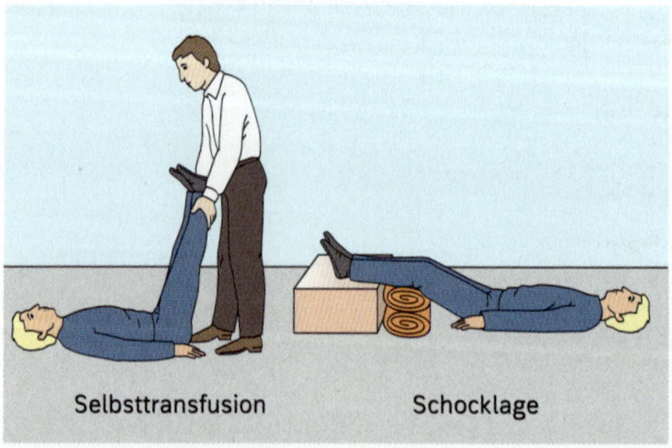


**Schock:** Herz-Kreislauf-Störung, Lebensgefahr!

*Hitzeerschöpfung:*
Kreislaufstörung durch Wasser- und Salzverlust.
*Merkmale:* Hochgradiger Schwächezustand. Puls schnell und flach, Blässe, Frösteln.
*Maßnahmen:* Im Schatten flach lagern, leicht zudecken, Salzwasser in kleinen Schlucken zu trinken geben (1 Teelöffel Salz auf 1 l Wasser).

*Hitzschlag:*
Entsteht bei feucht-heißer Witterung durch Wärmestau im Körper.
*Merkmale:* Hochroter Kopf, trockene, heiße Haut, hohes Fieber, unsicherer Gang.
*Maßnahmen:* Mit erhöhtem Oberkörper im Schatten lagern. Kleidung öffnen, kühlende Umschläge.

*Sonnenstich:*
Entsteht durch direkte Sonneneinstrahlung auf den unbedeckten Kopf.
*Merkmale:* Wie Hitzschlag, jedoch Körperhaut kühl. Kopfschmerzen, Übelkeit, Unruhe.
*Maßnahmen:* Mit erhöhtem Kopf im Schatten lagern, kühlende Umschläge machen.

*Schock:*
Herz-Kreislauf-Störung, Lebensgefahr!
*Ursachen:* 1. Direkter Blutverlust. 2. Durch psychische Belastung wie Angst, Schreck oder Schmerz versackt das Blut in erweiterte Gefäße von Bauch und Beinen.
*Merkmale:* Frieren, kalter Schweiß, Blässe, Unruhe, schlechte Ansprechbarkeit, schneller Puls, der rasch schwächer wird.
*Maßnahmen:* Beruhigen, warm halten, Schocklage. Selbsttransfusion durch Hochhalten der Beine; allerdings nur, wenn keine körperlichen Verletzungen vorliegen. Nur kurz anwenden.

**Erste-Hilfe-Maßnahmen**

Alle Erste-Hilfe-Maßnahmen sollten in einem Kurs geübt werden.

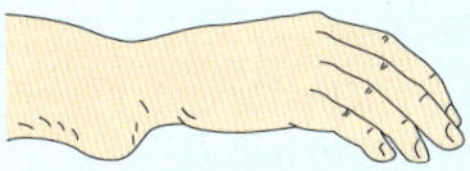

**Unterarmbruch**

**Ruhigstellen des Arms**

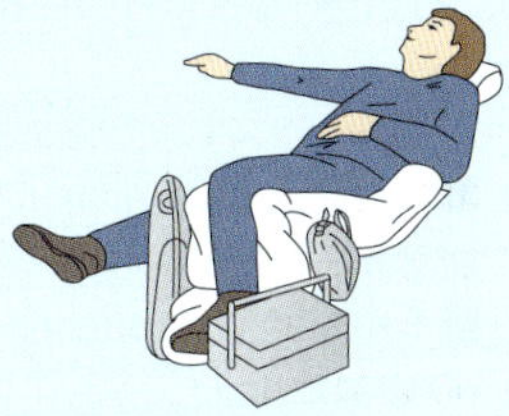

**Ruhigstellen des Beins**

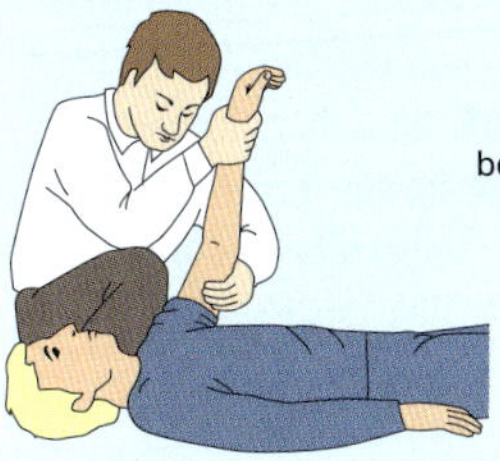

Abdrücken am Oberarm

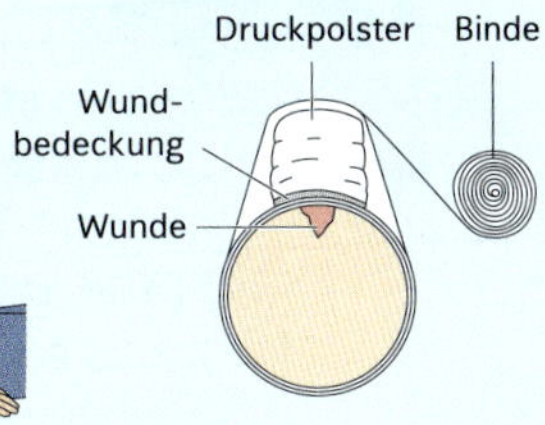


**Maßnahmen zur Blutstillung**
Druckverband

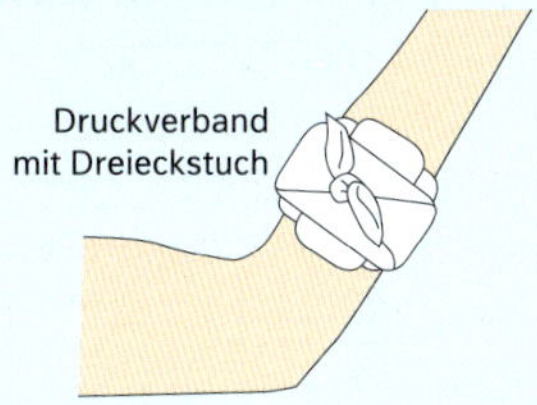


Druckverband mit Dreieckstuch

## Rettungskette

*Oft sind es medizinische Laien, die einen Verletzten als Erste finden. Sie müssen die ersten Glieder der Rettungskette in Gang setzen, damit dem Verletzten schnell und wirkungsvoll geholfen werden kann.*

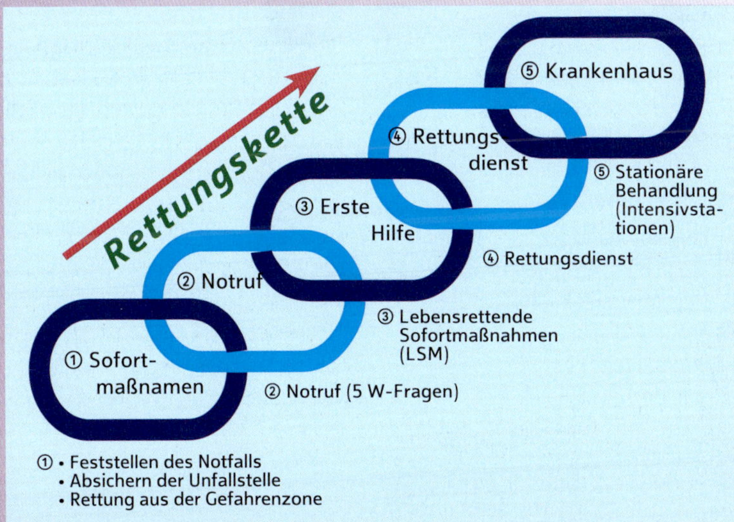

**Durchführung der Stabilen Seitenlage**

Durch die Stabile Seitenlage wird sichergestellt, dass die Atemwege freigehalten werden und Erbrochenes, Blut etc. ablaufen können – der Mund des Betroffenen wird zum tiefsten Punkt des Körpers. Der Betroffene wird so vor dem Ersticken bewahrt.

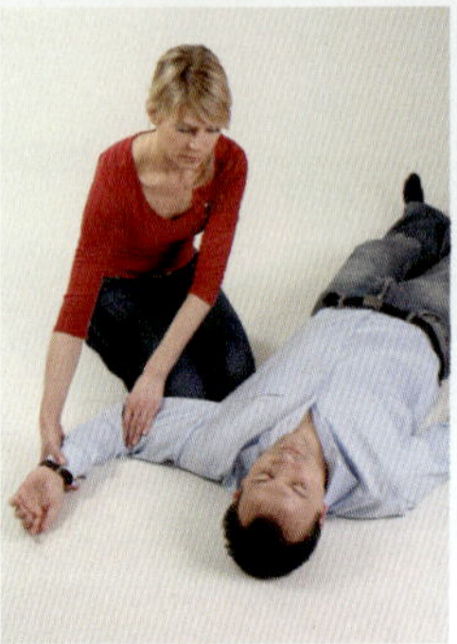

- Seitlich neben dem Betroffenen knien
- Beine des Betroffenen strecken
- Den nahen Arm des Bewusstlosen angewinkelt nach oben legen, die Handinnenfläche zeigt dabei nach oben

- Fernen Arm des Betroffenen am Handgelenk greifen
- Arm vor der Brust kreuzen, die Handoberfläche des Betroffenen an dessen Wange legen
- Hand nicht loslassen
- An den fernen Oberschenkel greifen und Bein des Betroffenen beugen

- Den Betroffenen zu sich herüber ziehen
- Das oben liegende Bein so ausrichten, dass der Oberschenkel im rechten Winkel zur Hüfte liegt

- Hals überstrecken, damit die Atemwege frei werden
- Mund des Betroffenen leicht öffnen

- Die an der Wange liegende Hand so ausrichten, dass der Hals überstreckt bleibt
- Rettungsdienst informieren (112 wählen)

**Maßnahmen zur Wiederbelebung**

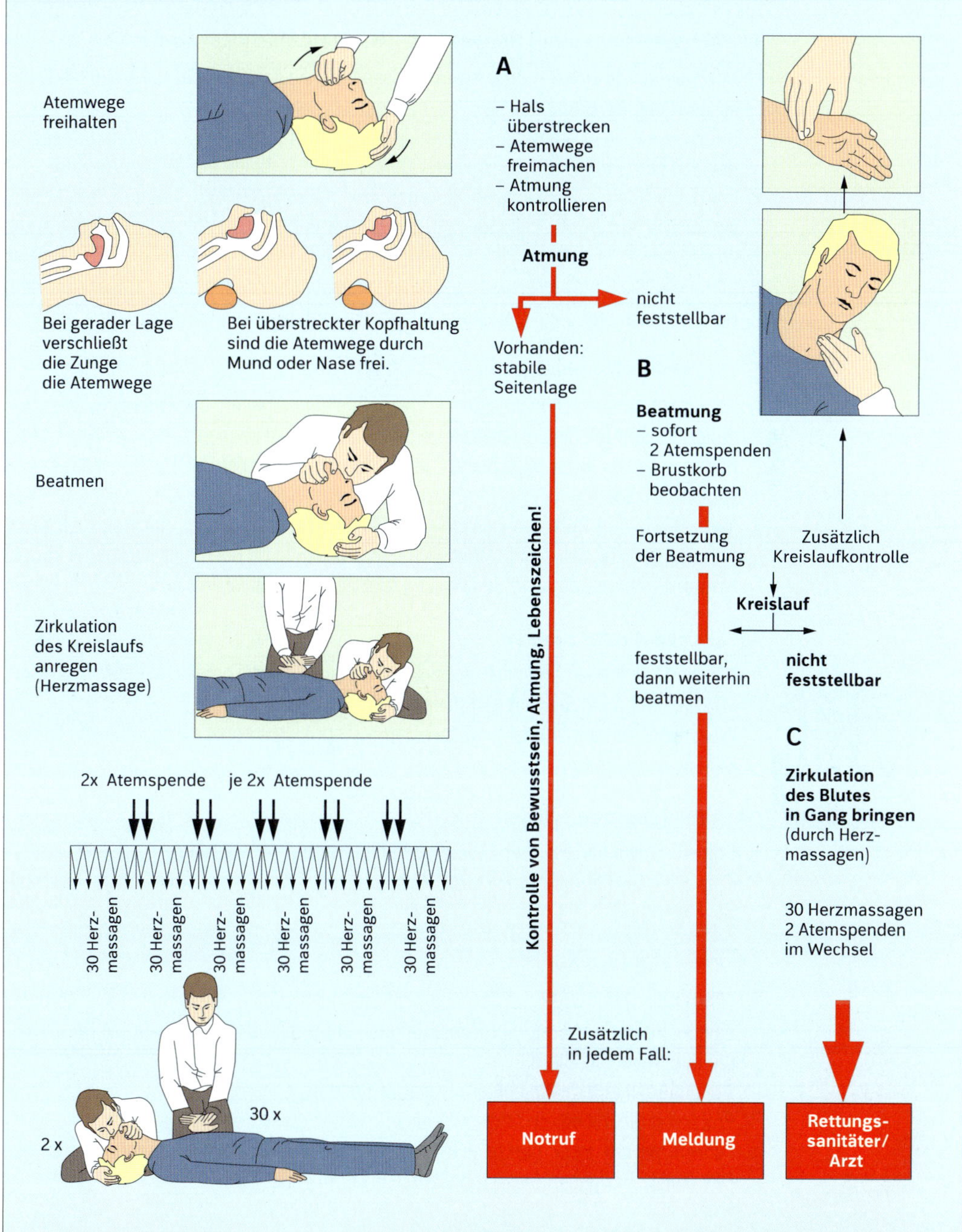

# Übung: Häusliche Krankenpflege

### *A1 Pflegeversicherung, Pflegegrade und Medizinischer Dienst*

1. Informieren Sie sich bei Ihrer Krankenkasse über die Aufgabenbereiche des Medizinischen Dienstes. Berichten Sie.
2. Informieren Sie sich bei den Krankenkassen oder im Internet über die fünf Pflegegrade nach dem Pflegestärkungsgesetz. Berichten Sie und nennen Sie Unterschiede.
3. Erarbeiten Sie die unterschiedlichen Begriffe: stationäre Pflege, teilstationäre Pflege, ambulante Pflege, Kurzzeitpflege, Tagespflege und mobile Pflege sowie betreutes Wohnen.
4. Sammeln Sie Zeitungsartikel zu aktuellen gesundheitspolitischen Geschehnissen. Halten Sie die Ergebnisse in einer Collage fest und diskutieren Sie darüber.

### *A2 Krankenpflegemaßnahmen*

1. „Was Großmutter schon wusste“: Erstellen Sie eine tabellarische Übersicht verschiedener Hausmittel, die bei leichten Erkrankungen helfen können.
2. Messen Sie bei Ihren Mitschülern den Blutdruck. Halten Sie die Ergebnisse fest und vergleichen Sie.
3. Messen Sie den Puls eines Mitschülers am Handgelenk und an der Halsschlagader ohne körperliche Belastung. Messen Sie ihn anschließend nochmals nach einer kurzen körperlichen Anstrengung. Stellen Sie Unterschiede heraus.

### *A3 Kranke Kinder pflegen*

1. Welche Maßnahmen sind bei Pseudo-Krupp durchzuführen? Fassen Sie Tipps zusammen.
2. Wie kann man Kindern mit Asthma helfen?
3. Welche Sofortmaßnahmen sind bei einem epileptischen Anfall durchzuführen? Fassen Sie Tipps zusammen.

### *A4 Alte Menschen pflegen*

1. Erstellen Sie einen Plan für eine rollstuhlfahrergerechte Wohnung.
2. Entwerfen Sie Piktogramme für die Wohnungseinrichtung eines an Alzheimer erkrankten Menschen.

### *A5 Erste Hilfe leisten*

1. Führen Sie ein Rollenspiel durch, indem Sie einen Unfall simulieren. Üben Sie dabei eine Notrufmeldung und Sofortmaßnahmen am Unfallort. Besprechen Sie Ihr Verhalten mit den Mitschülern.
2. Üben Sie mit einem Mitschüler die stabile Seitenlage.
3. Probieren Sie mit einem Mitschüler das Schienen eines Beinbruchs.
4. Führen Sie mit Ihrer Klasse eine Betriebsbesichtigung beim Blutspendedienst des DRK durch. Verfassen Sie darüber einen Erfahrungsbericht.

### *A6 Intimsphäre und Datenschutz*

1. Nennen Sie Beispiele, wie die Intimsphäre in Arztpraxen und Krankenhäusern sichergestellt wird.
2. Nennen Sie Beispiele, wie der Datenschutz in Arztpraxen und Krankenhäusern sichergestellt wird.

# Sachwortverzeichnis

# Bildquellenverzeichnis

**Innenteil:**
**Fotos**

**alamy images, Abingdon/Oxfordshire:** S. 124.1 (CHROMORANGE/Essbach)
**bildredaktion1.de/Gabriela Schneider-Albert, Berlin:** S. 216.1
**Bundesverband der Energie- und Wasserwirtschaft e.V., Berlin:** S. 197.1
**commons.wikimedia.org:** S. 155.2 (Marc Lieberman)
**Deutsche Gesellschaft für Ernährung e. V., Braunschweig:** S. 42.1
**Deutsches Grünes Kreuz e.V., Marburg:** S. 180.1
**fotolia.com, New York:** S. 9.1 (shock), 13.1 (Janni ), 14.1 (motto), 15.2 (sharryfoto), 16.1 (areafoto), 16.2 (Wißmann Design), 19.1 (Ursa Studio), 24.4 (Sebastian Kaulitzki), 24.7 (elsar), 24.13 (Anatomical Design), 31.1 (Sven Bähren), 35.1 (Monkey Business), 39.1 (viperagp), 53.1 (Minerva Studio), 58.2 (Sebastian Kaulitzki), 59.1 (Aleksandr Markin), 59.2 (Pete Saloutos), 60.1 (Erwin Wodickas), 67.1 (detailblick), 79.1 (Aliencat), 81.2 (lom123), 85.2 (Peter Galbraith), 91.1 (Peter Maszlen), 92.2 (chatsimo), 104.1 (benik), 104.3 (Picture-Factory), 107.2 (Mikhail Basov), 114.1 (Yang MingQi), 119.1 (Sven Bähren), 120.1 (Andreas Speer), 143.1 (Joelle M), 144.2 (nyul), 147.1 (Nicole Effinger), 148.1 (Franz Pfuegl), 148.2 (Ewa Walicka), 162.1 (Sebastian Kaulitzki), 178.1 (gradt), 191.1 (Buzz-Photo), 192.1 (Claudia Paulussen), 193.2 (Ivan Starastin), 204.1 (Sandor Kacso), 205.1 (Peter Maszlen), 217.1 (Andrew Gentry)
**Getty Images, München:** S. 121.1 (DarrenMower)
**istockphoto.com, Calgary:** S. 13.2 (ktaylorg), 153.2 (DenKuvaiev)
**Doris Kaiser, Unna:** S. 117.2, 171.1
**MEV Verlag GmbH, Augsburg:** S. 7.1, 15.3, 83.3, 127.1, 144.1, 150.1, 199.1
**NASA, National Aeronautics and Space Administration, Washington, D.C.:** S. 193.1
**Photo- und Presseagentur GmbH FOCUS, Hamburg:** S. 24.2 (SPL), 24.5 (Innerspace/SPL), 24.8 (Gschmeissner/SPL), 24.11 (Murti/SPL), 24.14 (ISM), 37.1 (TarpMagnus), 150.1 (LAS/SPL)
**Picture-Alliance GmbH, Frankfurt:** S. 11.1 (Tim Brakemeier/dpa Fotoreport), 20.1 (dpa-infografik), 20.2 (OKAPIA KG), 23.1 (OKAPIA KG), 23.2 (OKAPIA KG), 23.3 (Goll), 30.1 (dpa-infografik), 31.2 (ksass), 57.1 (dpa-infografik), 65.2 (Jens Kalaene), 70.1 (Stephanie Pilick), 72.2 (M./chromorange), 74.1 (Wissen Media Verlag), 77.2 (John_Lerskau), 83.2 (OKAPIA KG), 87.1 (OKAPIA KG), 90.1 (OKAPIA KG), 97.3 (Christoffel-Blindenmission), 104.2 (OKAPIA KG), 110.2 (CPA Media), 123.1 (arifoto UG), 141.1 (Goll), 157.2 (dpa-infografik), 174.1 (OKAPIA KG), 179.1 (medicalpicture), 182.1 (OKAPIA KG), 183.2 (OKAPIA KG), 196.1 (Sueddeutsche Zeitung Photo)
**Sebastian Schleicher/DRK:** S. 222.1, 222.2, 222.3, 222.4, 222.5
**shutterstock.com, New York:** S. 95.2 (evekeen), 106.1 (javi_indy), 117.1 (Photographee.eu), 171.1 (DonyaHHI), 184.1 (wavebreakmedia), 213.2 (Lisa S.)
**stock.adobe.com, Dublin:** S. 15.1 (Victor), 40.1 (grafikplusfoto), 41.1 (Ralf Geithe), 57.2 (Boyarkina Marina), 60.2 (Patchara), 62.1 (Gina Sanders), 77.1 (Tyler Olson), 92.1 (Dario Lo Presti ), 97.2 (Dario Lo Presti ), 105.2 (pridannikov), 106.2 (ag visuell), 110.1 (Christos Georghiou), 122.2 (eranicle), 122.3 (eranicle), 122.4 (Kateryna_Kon), 125.1 (G.Light), 125.2 (portokalis), 130.1 (sinhyu), 136.1 (bilderstoeckchen), 136.2 (yurolaitsalbert), 137.1 (YakobchukOlena), 151.1 (goodluz), 160.1 (chombosan), 161.1 (drubig-photo), 165.1 (Birgit Reitz-Hofmann), 169.1 (Archivist ), 169.2 (Juulijs), 171.1 (DonyaHHI), 174.2 (RioPatuca Images), 183.1 (Sebastian Kaulitzki), 211.1 (Кирилл Рыжов), 211.2 (onoky), 213.1 (famveldman), 218.1 (Robert Kneschke)
**ullstein bild, Berlin:** S 110.3
**Wikipedia gemeinfrei:** S. 155.1, 155.2, 157.1
**Zeichnungen**
**Bildungsverlag EINS GmbH, Köln/Birgitt Biermann-Schickling, Hannover:** S. 18.1, 25.1, 25.2, 26.2, 33.1, 33.2, 33.3, 34.1, 54.1, 54.2, 55.1, 55.2, 55.3, 55.4, 69.1, 69.2, 75.1, 75.2, 75.3, 76.1, 78.1, 78.2, 82.1, 82.2, 93.1, 94.1, 94.2, 96.1, 97.1, 98.1, 99.1, 99.2, 102.1, 103.1, 108.1, 108.2, 109.1, 109.2, 113.2, 113.3, 114.4, 115.1, 132.1, 133.2, 140.1, 152.1, 152.2, 155.3, 156.1, 162.2, 164.2, 171.2, 173.1, 175.1, 179.2, 189.1, 196.2
**Bildungsverlag EINS GmbH, Köln/Angelika Brauner, Hohenpeißenberg:** S. 11.2, 11.3, 20.3, 21.1, 24.1, 24.3, 24.6, 24.9, 24.10, 24.12, 24.15, 27.1, 28.1, 28.2, 28.3, 28.4, 28.5, 28.6, 29.1, 43.1, 43.2, 43.3, 43.4, 44.1, 44.2, 44.3, 44.4, 45.1, 45.2, 46.1, 46.2, 47.2, 48.1, 48.2, 49.1, 50.1, 56.1, 56.2, 58.1, 61.2, 63.1, 63.2, 63.3, 63.4, 63.5, 64.1, 64.2, 65.1, 68.1, 68.2, 70.2, 71.1, 72.1, 73.1, 79.2, 80.1, 80.2, 80.3, 81.1, 83.1, 84.1, 84.2, 85.1, 86.1, 88.1, 100.1, 100.2, 107.1, 111.1, 112.1, 112.2, 113.1, 114.2, 114.3, 116.1, 134.1, 135.2, 139.1, 139.2, 142.1, 154.2, 158.1, 165.2, 168.1, 168.2, 176.1, 181.1, 181.2, 182.2, 188.1, 197.2, 198.1, 208.1, 209.1, 210.1, 210.2, 210.3, 210.4, 219.1, 220.1, 220.2, 221.1, 223.1
**Bildungsverlag EINS GmbH, Köln/Elisabeth Galas, Bad Breisig:** 51.1, 101.1, 105.1, 122.1, 161.1
**Bildungsverlag EINS GmbH, Köln/Claudia Hild, Angelburg:** S. 186.1, 186.2, 186.3, 194.1

**Umschlagfoto: fotolia.com, New York:** (V. Yakobchuk) **stock.adobe.com, Dublin:** (Alexander Raths, Racle Fotodesign)

Wir arbeiten sehr sorgfältig daran, für den Abdruck aller Bilder die Rechteinhaberinnen und Rechteinhaber zu ermitteln. Sollte uns dies im Einzelfall nicht vollständig gelungen sein, werden berechtigte Ansprüche selbstverständlich im Rahmen der üblichen Vereinbarungen abgegolten.